高度成長展開期の
日本経済

原 朗【編著】

日本経済評論社

目 次

序　章　高度成長の始動と展開……………………………………原　朗　1

　　1．1950〜60年代の時期区分　1
　　2．市場経済と制度設計　6
　　3．本書各章の概要　11
　　4．『始動期』各章と『展開期』各章との関連　18

第1部　経済計画と経済政策

第1章　経済計画と東海道新幹線……………………………原　朗　31

　　はじめに　31
　　1．高度成長と所得倍増計画　32
　　2．高度成長と総合開発計画　37
　　3．高度成長と東海道新幹線　41
　　おわりに──高度成長の限界とその歴史的位置　48

第2章　国民所得倍増計画と財政・金融政策………………伊藤正直　61

　　はじめに　61
　　1．高度成長期の財政・金融　64
　　2．新長期経済計画の見直しから国民所得倍増計画の策定まで　71
　　3．国民所得倍増計画のアフターケア　80
　　4．国民所得倍増計画における財政・金融問題　85
　　おわりに　94

第3章　貿易自由化の政治経済学 …………………… 岡崎哲二　101

　　はじめに　101
　　1．戦後日本の貿易自由化——概観　102
　　2．貿易自由化の段階的実施　104
　　3．財別自由化スケジュールの決定要因　107
　　おわりに　110

第2部　産業構造と合理化——労働力市場の変容

第4章　労働力不足と分業構造の変化
　　　　——自動車産業を対象に ………………… 植田浩史　115

　　はじめに　115
　　1．自動車産業の成長と下請システムの展開　117
　　2．1950年代——大量生産と分業構造の形成　120
　　3．1960年代——労働力不足下の分業構造の展開　127
　　おわりに——展望　138

第5章　自主技術開発と労働市場 …………………… 宣在源　141
　　　　——高学歴技術者組織化の試み

　　はじめに　141
　　1．概観・資料　142
　　2．採用　148
　　3．配置　150
　　4．権限　153
　　5．昇進　155
　　おわりに　159

第3部　産業構造と合理化──流通部門の変容

第6章　流通部門の投資活動 ……………………………………… 山口由等　165
　　　　　──都市問題から流通近代化へ

　はじめに　165
　1．高度成長展開期の流通政策、都市計画　166
　2．流通投資の増加　169
　3．卸売部門の建設投資と近代化　175
　4．小売業の設備投資　179
　おわりに　186

第7章　衣料品問屋の盛衰 ………………………………………… 柳沢遊　191
　　　　　──東京の紳士服製造卸売業者を中心に

　はじめに　191
　1．衣料品卸売業全体の変化概観　193
　2．既製服製造卸商の機能と実態　196
　3．既製服製造卸売経営の代表事例　211
　4．原反の仕入れと元売卸商　222
　おわりに　224

第4部　地域社会と生活

第8章　出稼ぎ労働者の諸類型 …………………………………… 加瀬和俊　235
　　　　　──出稼ぎ者に占める農家世帯員の比重に注目して

　はじめに──課題の設定とその意義　235
　1．出稼ぎ者統計の錯綜状況と出稼ぎ労働者類型との対応関係　238
　2．季節労働者の失業保険金受給問題と出稼ぎ者　242
　3．出稼ぎ者・季節労働者の構成とその推移　244
　おわりに　264

第9章　地方自治体の渇水対策と企業・農民・住民……沼尻晃伸　269
　　　──静岡県三島市を事例として

　はじめに　269
　1．東洋レーヨン三島工場の誘致と自治体　271
　2．渇水問題の発生と自治体　275
　3．1960年代半ばにおける「公害対策」と自治体　283
　おわりに　291

第10章　戦後文学のみた高度成長2 ……………………伊藤正直　299
　　　──家族の変容と都市化

　はじめに　299
　1．庄野潤三『夕べの雲』　301
　2．立松和平『遠雷』　310
　3．笹沢佐保『拳銃』　319
　おわりに　329

第5部　戦後アジアと日本

第11章　対アジア政策の積極化と資本輸出………………金子文夫　335

　はじめに　335
　1．国際収支構造の転換　336
　2．対アジア政策の積極化　341
　3．資本輸出の増大　354
　おわりに　366

あとがき　373

序章　高度成長の始動と展開

原　　朗

1．1950〜60年代の時期区分

　はじめに、高度成長期の時期区分について概括的な説明を試みておく。高度成長期を「始動期」「展開期」「収束期」の三期に区分して考察することとし、まずいくつかの経済指標の動向を検討して時期区分のおおよその基準年次を示しておきたい。1955年から73年までの日本の高度成長期は、通常65年を境として高度成長第一期と第二期に区分されるが、本書では問題発見のためにあえてこれを「始動期」「展開期」「収束期」の三期に区分して考察したいと考える。ここで「始動期」とは1955年から59年までの5年間、「展開期」は60年から69年までの10年間、「収束期」は70年から74年までの5年間を指す。景気循環と関連づければ、「始動期」はいわゆる神武景気から短い不況を経て岩戸景気の初期まで、「展開期」は岩戸景気中期から2回の不況を経て「いざなぎ景気」の終了まで、「収束期」は1970〜71年不況から国際通貨危機を経て第一次石油危機ののちマイナス成長に陥った74年まで、ということになる。

　大まかに政治史との関連をみれば、「始動期」は鳩山・石橋・岸政権期、「展開期」は池田・佐藤両政権期、「収束期」は佐藤政権末期から田中政権期にほぼ相当する。

　この時期区分が通説と異なるのは、まず岩戸景気の初期までを「始動期」に含め、岩戸景気中期以降を「展開期」とする点であり、ついで1965年不況を構造的重要性をもつ画期とせず、むしろ岩戸景気からいざなぎ景気まで続く成長展開期の中の不況の一つでやや大型のものと位置づける点である。したがってこの時期区分が岩戸景気を分断する点と、1965年不況を展開期のさなかに位置づけ、展開期の中の前半と後半を分ける不況と見ている点の2点が問題と

されよう。この論点についてはすぐあとで触れるが、後述するように上記の区分は四半期別の経済成長率・設備投資増加率・利益率・利子率・賃金率・物価・国際収支などの経済諸指標の動向を観察したうえで一応の基準年次を示したものであることを付言しておく。

さきに『高度成長始動期の日本経済』を公刊したとき、われわれは1950年代の前半を戦後復興期から高度成長期への過渡期として、後半を本格的な高度成長期が開始された時期として捉え[1]、この二つの時期をあわせて「成長始動期」と名付けて、本格的な高度成長が全面的に展開した「成長展開期」の経済史的分析に進む足がかりを構築しようと試みた。

本書での考察は「成長展開期」に重点を置くため、その直接の前提となる「成長始動期」としては、戦後復興期から高度成長期への過渡期としての1950年代前半については一部の章を除いて詳しく論及せず、本格的高度成長が開始された50年代後半以降のみを主たる対象時期としたい。全体としては、分析の主たる対象時期をなるべく成長展開期の10年間に絞りこみ、その前提としての5年間の始動期とその帰結としての5年間の収束期には簡単に触れるのみとした。誤解を避けるために繰り返して説明すると、前著では50年代を一括して「始動期」と名付けたが、そのうち50年代前半は、40年代後半の復興期から50年代後半以降の高度成長期に移行する過渡期として、言い換えれば過渡的始動期として考えており、50年代後半は本格的始動期であると位置づけている[2]。以上を一応の前提として、まず高度成長展開期における諸経済指標の動向を概観しよう。

生産面で高度成長の推進力となった民間設備投資の増加率は、1958年半ばから60年初頭までに急増し、61年半ばまで高水準を維持している。製造業の利益率もこれと一致した動きを示し、外貨準備も上昇を続けて61年に20億ドル水準に達する。当時「神武景気」の後に「鍋底不況」が心配されたことからすれば、「神武景気」のみでは本格的高度成長軌道が定置されたとは受け取られておらず、結果的にはV字型回復により不況が短期で終わってただちに「岩戸景気」が展開し始め、その時点でようやく本格的な高度成長が展開しつつあると判断するに至ったとする方が自然であろう。成長始動期を「神武景気」の発端から「岩戸景気」初期までを含むものとし、「岩戸景気」の中期以

降を成長展開期とする判断は、この見方に立つからである。端的にいえば、1958年後半から59年にかけての1年半における民間設備投資増加率の急上昇までを成長始動期に含めて考えたい。

　先にあげた論点の第一、「岩戸景気の分断」は、上記のように短期間の「神武景気」が急激な国際収支の悪化により不況に転じ、政策当局が景気の反動への危機感から来るべき不況を「鍋底不況」に至るものと誤って判断した時点では、前述したようになお高度成長は持続されるものとは認められておらず、V字型回復とよばれた1958年後半から59年に至る設備投資の急増を経て、60年以降の設備投資増加率と経済成長率が持続する時期に至ってはじめて日本経済の高度成長が認知されたと判断し、50年代後半を成長始動期（念のため重ねて申し添えれば過渡的始動期ではなく本格的始動期）、60年代を成長展開期と捉えたからである。やや誤解を招く恐れはあるが、たとえて言えばロジスティック曲線初期の徐々に上昇する時期から急激な上昇に転移する時期が成長始動期で、急激な持続的上昇を示す中期が成長展開期、漸減して上限に達する後期への転移期が成長収束期とイメージすることもできよう。別の比喩的な表現を用いるなら、50年代前半は高度成長のいわば助走期にあたり、50年代後半からスタートダッシュと疾走期に入り、60年代に全力疾走およびペース配分をも配慮した中間疾走期に移行し、70年代前半が内的・外的要因からフィニッシュならびに失速期に至ったと言い換えてもよい。

　すなわちここでは1960・61両年における設備投資増加率の高水準の持続をもって成長展開期に入ったとし、62年と64～65年の2回の不況を経て、さらに65年末から67年初頭に民間設備投資増加率が再び急増し、70年前半まで高水準を保つ点までを含めて本格的な成長展開期と考える。このときも製造業利益率は設備投資の動向と一致した動きを示す。外貨準備は62年不況でいったん減少するが、すぐ回復して68年前半まで一貫してほぼ20億ドルの水準で終始する。

　この間、注目すべきことは1965年末から67年半ばまでに求人倍率が急上昇して1を超え、69年末には1.5倍近くまで上昇したことであり、60年代に消費者物価の緩やかな上昇とは対極的に安定していた卸売物価も上昇傾向を示してくることである。また、62年不況と64～65年不況をもたらした経常海外余

剰の赤字が、65年以降黒字に転じ、67～68年に行われた2回の公定歩合引き上げの際に一旦は増勢を弱めたが68年以降には黒字幅を拡大したことである。これらの諸指標の示すところを総合すると、「いざなぎ景気」と呼ばれる長期好況は、65年末から67年末までの好況と、68年から70年前半までの好況とが連続して長期大型好況になったものと判断できる。

　上述の論点の第二、「1965年不況論」についての本稿の見解は、65年のいわゆる「構造不況」ないし「証券恐慌」を過度に強調することは、高度成長期全体を展望するうえで問題があるとするものである。この不況は、国債発行のアナウンス効果により初めて切り抜けることができたように、当時はたしかに深刻な不況だと受け止められたが、景気下降期間は1年に止まり、翌66年の実質経済成長率も9.8％に直ちに回復を示して長期大型の「いざなぎ景気」が展開し、実質2桁の高度成長がさらに継続されていった事実を考慮すると、「構造不況」の意義を循環的要因のみでは説明できない構造的「危機」と過大評価することはできず、60年代前半（展開期前半）と60年代後半（展開期後半）とを分ける一つの区切りとして65年不況を捉え、高度成長はその前後にわたって展開していったと捉えるほうが事実に即していると思われる。この見方は、高度成長政策に対して批判的かつ警戒的な立場を堅持していた日本銀行すらその後自認した見解[3]と一致する。

　1965年不況展開期の前半と後半における成長の様相には、急激な成長が持続的に展開したがゆえにそれなりの変容がみられることは当然だが、ここでは急成長の持続的展開それ自身を重視して、両者を一括して高度成長展開期と捉え、70年代前半における高度成長収束期と対比しているわけである。

　念のため付言すれば、こういう通説とは異なる時期区分を敢えて提案した所以は、変動相場制への全面移行と第一次石油危機への懸命な対応ののち、第二次石油危機を乗り切って1980年代の世界経済の中で「経済大国」と呼ばれ、熱狂的かつ投機的な好況に突入していった過程と、そこから逆転して「失われた十年」さらには「失われた二十年」へと低迷を続ける過程との中長期的・大局的な対比をも意識しているからである。

　前書第1章で産業連関表のスカイライン図の長期的概観により示したように[4]、高度成長が収束した後も農林水産部門の縮小とサービス部門の比重増大

という形で産業構造の質的変化が持続するだけでなく、高度成長展開期に着実に国際競争力をつけていた鉄鋼・機械両部門が、むしろ高度成長収束後になって輸出を爆発的に増大させ、日本の産業・貿易構造全体の発展パターンを急変させていった。高度成長期における産業構造の量的・質的変化はそれ以前の戦前・戦時・戦後の時期に比べれば確かに巨大なものであったが、高度成長期以後の変化をも考慮して中・長期的に見ると、高度成長期における産業貿易構造の変化はそれ以降の時代に比べれば相対的には小さいかのようにみえる。より長期的な観点からみれば、高度成長期における経済的規模の量的急増が質的変化を着実に推進し、これが起爆剤となってそれ以降の産業貿易構造の量的・質的な急変をもたらしたものと受け取ることもでき、比喩的には高度成長期そのものが戦後日本経済の量的成長と質的変貌の「始動期」にあたるとさえ見られよう。この点はとくに国際的視点からみた場合に重要であって、世界経済の中での日本の経済的地位を見る場合には、高度成長期のみではなくそれ以降の時期とを合わせて考察することが不可欠となる。

　以上は外貨準備と経常収支という枢要な２点を除いて世界経済との関連を直接には考察しておらず、貿易関係や資本輸出入などを通じての日本経済と世界経済との緊密な具体的関連を十分に含んで考慮してはいない。対外経済関係の視点にたってこの時期を観察し直すと、1960年代前半と後半ではまた異なる様相を示している。通常よく指摘されるのは、需要面での成長要因が国内市場の比重を低めて「輸出主導」型にシフトし、かつ国内の成長要因が「財政主導」型になった点を強調するいわゆる二つの「コクサイ」化（国際化と国債化）論であるが、輸出競争力が強化されさらに資本輸出も拡大して国際化が進展したことは当然だとしても、後者の財政主導論については、65年末の福田蔵相の国債発行発言が景気反転の最大の契機となったことと、60年代後半のいざなぎ景気自体が財政需要により支えられていたこととは直ちには一致しない。景気反転効果は確かに認めてよいが、いざなぎ景気が財政需要によってのみ支えられていたわけではなく、発行された国債の内容もその大半は純然たる赤字補填国債とは区別される建設国債の範囲にとどまっていたから、二つの「コクサイ」化のみを強調して60年代半ばにおける変化に注目してこの時期を特徴づけてきた通説はなお吟味を要するものであろう。

成長展開期に続く成長収束期については、本書各章で十分に言及したとはいえないので、ここで簡単に補足しておきたい。1968年に国際収支が黒字基調となり、かつ労働力過剰から労働力不足への転換点を超えたことを前提として、70年代に入ると71年の国際通貨危機、73年の世界経済の総フロート制への移行と第一次石油危機による急激な局面の転換により、日本の国内での高度成長は収束期を迎えた。

　この1970年後半から71年末までの不況と同年の国際通貨危機と外貨急増、72～73年の物価急騰と73年末以降の第一次石油危機に至る時期については、国際要因ぬきに考えることはできないことはいうまでもない。しかし、74年のマイナス成長への転落と高度成長の終焉は多く国際要因に重点を置いて説明されているが、世界経済全体としては国際通貨危機も68年にすでに顕著な形で発現していたし、「いざなぎ景気」後半の68年半ばから70年前半の時期についても、生産・流通その他各種の国内要因のみならず国際要因との密接な連関を考慮し、かつ1970～74年の時期と激動との関連をも含めて統一的に考察することが求められていると考える。さきに示唆しておいた「成長収束期」のイメージは以上のような観察によったものである。

　念のため今一度繰り返しておくと、成長始動期・展開期・収束期の三区分は、さしあたりあくまでも問題発見のための索出的な手段としての仮説である。本書が1970年初頭までを成長展開期とするのは、通説が主として国内的な景気循環の局面から65年不況を構造的危機として重視し、高度成長期全体の第1期と第2期との分水嶺としていることに対置して独自の時期区分を提出したわけであるが、65年不況が成長展開期の前半と後半とを区切るそれなりに重要な意義を持っていること、とくに対外経済関係の局面において注目すべき転換が示されていることを軽視しているわけではない。

2．市場経済と制度設計

　高度成長期の日本経済に関する分析は、日本経済論の分野で早くから活発に展開されており、近年になって経済史研究者による高度成長期の叙述も増加しつつある。その双方について研究史を包括的に辿ることはここではできないが、

まず、本書の主題である成長展開期に関係する 1960 年代初頭以降についての日本経済論分野における研究を時期順に追って摘録すれば、章末の文献一覧表 A のようになる。

また、高度成長期に関する歴史書で経済成長に関する叙述を含むものや、一般書で経済面に触れたもの、さらに日本経済論分野の研究者による歴史叙述を含めて時期順に見れば同様に文献表 B の文献などをあげることができよう。

ついで、経済史的・経営史的な視角に立つ研究者が高度成長期を取上げて近年に執筆・刊行した事例を概観すれば文献表 C に示すものを数えることができる。なお、ここには掲げなかったが、各種の社史・経済団体史・自治体史・官公庁史などにおいて、早くから経済史・経営史の研究者が高度成長期についての優れた叙述をしていることにも留意すべきである。

このように概観してみると、高度成長に関する文献は汗牛充棟の趣があり、どう選択してもここで立ち入って議論するには到底紙幅が許さない。本来はこれら三つの流れのそれぞれに即して研究史を概括し、主要な論点を検討すべきところであるが、以下では本書が上記の第三の流れに属するものであることを述べたうえで、これらの優れた成果に学びつつ、われわれが行った共同研究についてまず問題を取上げる新たな視角として意識していた「市場経済と制度設計」について若干の説明を行ったのち、本書の編別構成ならびに各章の内容を説明することによって、すでに研究史上の文献を熟知されている篤学の読者にわれわれの意図を察していただくようお願いすることとしたい。

高度成長期は、全体としてさまざまな領域において急速な変化が進展し、大小さまざまなボトルネックが生じつつも、これらはそれぞれ経過的に解決され、急激な変化の影響を受ける各種企業や自営業者・労働者諸階層自身もこの事態の推移にそれなりに対応することが可能であり、結果として全体的な経済拡張がスムーズに進展した時期であった。したがって、それぞれの領域の実情、発生したボトルネックの実態と根拠、対応策の性格、その経過的な成果等について検討することが要請されよう。

高度成長期の日本経済を検討するにあたって、前述したように本書では 20 世紀の日本経済の歴史を鳥瞰する観点として「市場経済と制度設計」という視角を意識しつつ、各自がそれぞれの論点を設定している。この視角は前著『高

度成長始動期の日本経済』の「あとがき」でも簡単に触れたように、さしあたり「産業組織や政策介入、企業間関係、企業統治構造、覇権的経済圏の設定」などに関わる問題群をイメージしたものであるが、高度成長期のみでなく、いずれは20世紀の全期間を通じて日本の市場経済の特質を、制度設計とその定着ないし不安定化、あるいは不可逆的変化の浸透あるいは逆行による復旧等々の観点から検討し、その中に前著と本書でとりあげた高度成長期の日本経済を位置づけたいと考えた。大局的に見れば20世紀前半に東アジアで形成した大日本帝国が崩壊に至り、戦後の世界秩序形成と変容の中で、日本がいかなる制度設計を模索し、いかなる市場経済を創出してきたかを考察するために素材を提供しようと試みたい。

やや舌足らずな説明ではあるが、以下でわかりやすいようにまず「制度設計」という用語そのものについて考えよう。『雑誌記事索引』による年別ヒストグラムによれば、「制度設計」という概念が頻繁に用いられるようになったのは1990年代後半からのことであり、2006年ごろがそのピークであったと認められる。さしあたり経済に関わる「制度設計」についてその用例を大まかに整理すれば、主として中央政府・地方自治体などの経済政策体系における経済計画・社会資本整備政策・財政政策・産業政策などの諸分野と、中央・地方両政府が政策の立案・実施にあたって民間企業・経済団体などと取り結ぶ諸関係などがまず取り上げられている。この場合、「制度」という語は学術的かつ抽象的に用いられているわけではなく、やや緩やかな具体的な脈絡で用いられている場合が多い。

「市場経済」としてはふつう景気循環・成長率などの経済諸指標・企業活動などにあらわれる資本蓄積活動や、諸社会階層（労働・農業・中小商工業ほか）の動き、および対外経済関係の3分野などが考えられようが、「制度設計」の観点との関連でさらに考えれば、通例の「市場経済」に埋め込まれた民間の各種の制度をも含めて考えるべきであろう。市場経済の中の個々の企業においても、それぞれ企業内部で各種の制度を形成しており、従業員や労働組合、経営者と株主、取引先などがさまざまな関係を取り結び、制度設計とその実施、実績を見た上での再設計を繰り返している。また、同業種の産業でも、業界団体という制度を形成して各種の活動を展開し、さらに全国規模・地域規模で資本

家団体を形成し、中央・地方両政府に働きかけている。

　政府の側でも、これらの業界団体や資本家団体により「市場経済」に埋め込まれた各種の制度による情報把握を前提とせずには制度を設計し政策を立案して実行に移すことは難しい。市場経済と制度設計について考察する場合には、その制度がどのように構成されてきたか、どう定着していくかについても考察する必要がある。既存の市場構造や市場慣行を前提として、新制度にいかに組み込むか、市場情報をいかに正確に把握するか、既存の市場の特質を利用していかに利益誘導や利益補償を組み込んだ制度を開発するか、展開されつつある市場経済に計画的要素をいかに組み込むか、協調的市場行動を新制度にどう結び付けるか、などがただちに問題となるであろう。

　組織化された市場の諸制度にどう介入していくか、歴史的に形成された市場経済の特質をどう把握して制度設計に組み込むか、そうして形成されてきた新しい制度を定着させるためにはどのような措置が必要か、政策協調的な市場制度をどう設計するか、経済環境が変化して計画なり政策なりの目標が変化したときにどう制度の運用を切り替えるか、設計変更をするか、というふうに、「制度の定着」ないし「制度の変容」、そして「制度の再設計」という時間的な観点をも合わせて考慮のうちに入れておかなければならないと思われる。

　また、それぞれの「制度の特質」についての議論も当然に必要とされるであろう。この場合には、企業内部における諸制度、産業内部における諸制度、資本と労働の両面に関する国民的な市場経済内部の諸制度、国民的な市場経済と国民国家の市場経済・市場機構への関与をめぐる諸制度、さらに複数の国民経済と国民国家にわたる諸制度など、大まかに考えても五つの次元を想定し得る。われわれがすでに用いている表現でいえば、企業統治構造・企業間関係と産業組織・資本家団体と労働組合・政策的介入・覇権的経済圏などという用語法がそれに相当する。

　戦後日本の高度成長期を念頭においてやや具体的に敷衍すれば、占領下の復興期から高度成長始動期にかけて覇権国アメリカの市場経済モデルの導入が試みられ、新たな企業間競争のルールの下で貿易自由化・産業合理化と成長促進政策を組み込んだ市場機構を構築し、各産業が強靭な国際競争力を築きあげてアメリカ市場と東アジア市場に特色ある市場戦略で急速に進出し、遥かにグロ

ーバル経済のなかでの経済大国を展望しつつもその後の世界経済の激動の中で大きな変貌を見せる、という過程があとづけられよう。

この過程の中での諸経済主体の相互関係と中央・地方政府による積極的財政政策・産業育成政策などの意図との間の複合的作用の中から戦後日本の市場経済の特質が形成されることになり、そこに戦後日本の制度設計の帰結が示されるのである。高度成長期に現存した現実の市場経済の特質とその動態的変容を、制度設計との関連でどう理解するかがここで追究されなければならない論点となろう。

ここで、高度成長期という限定をいったん離れ、われわれがこれまで行ってきた作業のみに限って戦時期・復興期の日本経済を含めて市場経済と制度設計という観点からごく概括的に見直してみよう。

まず戦時の日本についてみれば、統制下で展開してきた市場組織化、財政・産業政策による市場介入、覇権的経済圏構想が全面的に展開し、経済総動員体制がとられ、戦後復興期にもさまざまな市場の計画化が実施される過程で、物資動員計画、生産力拡充計画、資金統制計画、食糧政策・人口移動、対植民地経済関係、下請工業、地域開発、企業整備など、すでにわれわれは市場を利用した計画的資源配分政策の全体像を提示してきた[5]。

統制解除後の1950・60年代には、戦後的世界貿易秩序への編入と日本経済の対応が課題となった。国内的には、産業合理化政策による企業投資活動の促進、産業構造の高度化に向けた産業調整政策、具体的には産業合理化の進展、輸出入取引法と輸出入カルテル等の対応、繊維産業の高度化、石油化学工業等の投資調整が展開した。この結果、素材部門の低価格、安定的、大量生産を基礎に多様な産業の発達が見られた。対外的には中国と北朝鮮を欠いた形での新たな東アジアとの関係再構築が課題となった[6]。

さらに本書では、従来から検討を続けてきた課題に加えて、生活・消費・都市人口の急増、消費水準の向上と高度化に見合う物流機能の上昇、商業形態の高度化と多様化、それを担う高度なマーケティング能力をもつ製品企画・開発・製造・販売機構の整備、流通部門内部の摩擦回避や高度化対策の分析を試みた。安定就業システムの形成、商業形態の革新、商店街の整備と小売商運動などの研究成果や、対外関係では世界および東アジアとの経済関係の再建、対

外決済と外貨問題、それらと国内産業調整とを繋ぐ外貨割当制度などの研究を進めてきた。

　1970年代以降の日本経済を20世紀の市場経済と制度設計という一貫した視点から歴史的に分析した研究はまだ少ないが、変動相場制移行に伴う金融・財政政策の柔軟な対応、オイルショック後の構造不況産業における設備調整・廃棄、産業の情報化・省エネルギー化、機械工業などにおけるアジアとの国際分業の展開など迅速な構造再編を迫られており、80年代以降はさらにそれを加速するアメリカを先頭とするグローバリゼーションと規制緩和という先進国相互の世界経済戦略の中で、日本の市場経済は大きな設計変更を迫られている。これら20世紀最後の30年間についても、産業組織の変容、産業構造政策の変化、APECに見られるアジア・太平洋地域の経済協力体制の中での市場のあり方の調整や、日本および日本企業の地位と役割を展望すべきであろう。

　以上、まことに概括的な走り書きではあるが、市場経済と制度設計という緩やかで広い視点から長期的にみた近現代の歴史の中に、当面の課題である高度成長始動期・展開期・さらには収束期の日本経済の動態を位置づけてみよう、というのが前著と本書の意図するところであった。共同研究の遂行にあたり繰り返し討論されてきたこの市場経済と制度設計という観点が、本書各章の叙述において生の形で明示的に直接表現されているわけではないし、課題設定や分析対象について、執筆者個々人の自発性を最大限に尊重するというわれわれの共同研究のスタイルは今回も維持したので、体系性に欠けるところがあるのは自認するが、市場経済と制度設計に関わる第一次史料を掘り起こし、それに基づいて実証的な研究を行い、討議を重ねて認識を深め、さらには長期的視点に立って通史にまとめること、近現代日本経済の歴史的特質についてのより正確な共通の認識を創り出すことがわれわれの願うところである。われわれの今回の試みが次の世代の研究者諸氏にとっての捨石となり、さらに高い次元で研究を深められるための素材となれば望外の幸せである。

3．本書各章の概要

　先に刊行した『高度成長始動期の日本経済』（以下『始動期』ないし前著と略

す）と本書『高度成長展開期の日本経済』（以下『展開期』ないし本書と略す）とでは、編別構成を若干変化させた。本書では成長展開期に重点を置いて分析するが、前著で触れなかった分野については本書で始動期と展開期の両方にわたり検討している章があり、また前著ですでに展開期について検討した章もあるので、始動期と展開期を含む高度経済成長期全体については両書を合わせて参照されることを乞うものである。また収束期についても前述したように本書ではごく簡単な展望を述べるにとどまっている点をお断りしなければならない。

　前著『高度成長始動期の日本経済』各編各章と本書『高度成長展開期の日本経済』のそれとの対応関係を考慮しつつ、本書の編別構成について述べておこう。

　前著では、市場経済の下での制度設計の役割を念頭に置きつつ各種のテーマを取り上げ、〈産業構造と合理化〉〈成長産業と企業〉〈産業調整〉〈都市化と労働者〉〈戦後アジアと日本〉という５部にまとめて検討したが、本書では前著の編別区分を前提としつつ分析対象時期の重点の移動に応じて、〈経済計画と経済政策〉〈労働力市場の変容〉〈流通部門の変容〉〈地域社会と生活〉〈戦後アジアと日本〉の５部に編成した。

　まず、簡単に本書各章の概要を紹介し、その上で前著との関連について補足的な説明を行っておくことにしよう。

　本書の第１部では〈経済計画と経済政策〉を中心的に扱った。第１章「経済計画と東海道新幹線」（原朗）は、高度成長期の象徴として広く受け入れられている池田勇人内閣・所得倍増計画・東京オリンピック・東海道新幹線という観念複合を再吟味し、国民所得倍増計画が本来は池田内閣以前の岸信介内閣の時期に発議されており、計画策定当局の観点からみれば倍増計画以前の新長期経済計画の展開中に長期展望として立案されたものの延長線上にある点や、東京オリンピック直前に開業した東海道新幹線も当然にそれより早く幹線輸送力強化のため第一次・第二次国鉄５ヵ年計画などを踏まえ、新長期経済計画との関連で着工されていた点などを指摘し、国鉄に限らず民間諸団体・諸企業も倍増計画以前から高度成長に適合的な積極的投資計画と制度設計に踏み切っており、倍増計画はそれらの動きを一気に加速させた効果をもつが、市場経済の急速な拡大は計画自体の再検討を余儀なくさせ、それが中期経済計画への移行と

いう制度再設計をもたらしたことなどが分析される。

第2章「国民所得倍増計画と財政・金融政策」(伊藤正直)は、国民経済全般にわたる巨大な制度設計に即してその貨幣経済的側面を分析し、国民所得倍増計画において財政・金融政策がどのように位置づけられていたかを検証する。計画策定に関わった財政金融分科会の議論を通じて、政策構想には経済企画庁―中山伊知郎と、池田首相―下村治の二つのラインがあったこと、政府公共部門部会や民間部門部会のトップがともに池田―下村ラインの強い影響の下で極大成長路線を施行していたこと、にもかかわらず財政金融小委員会の主流は極大成長路線には批判的で、むしろ成長抑制的な立場であったことを解明している。こうした基本姿勢は65年の証券不況、長期国債発行が行われてからも維持され、ケインズ的総需要管理政策が自覚的に追求されるのは、ニクソンショック、オイルショックを契機とする景気低迷と大量国債発行後の事態であることが示される。

第3章「貿易自由化の政治経済学」(岡崎哲二)では、1960年代に日本で進められた貿易自由化政策を対象として、経済政策の決定要因を新たな政治経済学の視点から検討している。貿易・為替管理の枠組みの下で通産省が逐次発表していた「輸入公表」に基づき、いくつかの時点における各財の自由化状況を特定し、そのデータを各財とそれを生産する各産業の属性に結びつけることにより、各財の自由化タイミングの決定要因を分析した。その結果、内外価格比が大きいほど、また国内の生産企業数が多いほど、その財が早期に自由化される確率が低かったことが明らかになった。日本政府は当時、貿易自由化の実施にあたって、各財の国際競争力と各産業の企業構成、特に自由化の中小企業への影響を考慮する必要があることを強調していたが、実際の自由化のプロセスも、この方針に従って行われたことになる。この事実は、戦後日本の産業政策が経済効率の観点だけでなく、特定の政治的・社会的要因を反映して決定されたことを示している。

第2部〈産業構造と合理化――労働力市場の変容〉の第4章「労働力不足と分業構造の変化――自動車地域を中心に」(植田浩史)では、高度成長期の労働力需給の変化が機械工業の分業構造に与えた影響につき、自動車工業を素材に検討した。50年代初頭の不況期に大量解雇と労使紛争を経験したトヨタ自

動車は若年労働力の採用を控えたため従業員平均年齢が上昇し、他方若年労働力の採用を進めた下請企業では平均年齢が低く抑えられた。この企業規模間賃金格差が、低い時間賃率で利用可能な部品の外注・下請生産の拡大を促進させた。しかし50年代末から1960年代には労働力の逼迫が進み、外注先の中小企業でも賃金上昇が生じて中小企業新卒者賃金が大企業を上回る現象もみられ、外製のメリットは薄くなった。こうして1960年代にこれら企業で設備投資が活発化したが、この状況下でも中小企業の賃金体系では30代前後で賃金が頭打ちになるため独立して新規に工場を創業するインセンティブが機能して開業が続いたこと、また生産の安定的拡大を目指す組立工場側では品質、価格、納期の最低限度を満たす下請が求めていたことにより、下請制の拡大が見られたことを解明した。

　第5章「自主技術開発と労働市場──高学歴技術者組織化の試み」(宣在源)では、通商産業省や科学技術庁が作成した技術者名簿を基に、1960年代初頭の内部労働力市場の動向とその明示的・実質的ルールの形成を扱っている。技術者の新規採用の大半は大学卒業者となり、主要企業に関しては旧帝国大学出身者が多くの比重を占めていたが、需給が逼迫した際は短大卒が補完していた。需給対策としてはまず配置転換により対応し、一部は工業高校卒業者を養成して職種転換させ補っていた。こうした流動的雇用は、技術者自身にも受け入れられていた。

　また研究所の技術者が管理部門に多く配置されるのに対し、生産部門の技術者は製造業務とともに設計業務にも多く配置された。ただし、技術者配置に関して明確な基準を設定した企業は少なく、その前提となる職務分析を実施する企業も少なかった。新規採用者の配置は採用試験順位や適性検査ではなく、見習い期間の適性チェックによって決定され、経営者は計画的な企業内異動が望ましいと考えていたが、実際には必要に依って随時異動させていた。1970年代に定着したといわれる職能資格制度は、60年代にはいまだ安定しておらず、雇用は保障されているものの昇進・昇給は制度的には保証されていなかった。

　第3部〈産業構造と合理化──流通部門の変容〉では、流通部門とりわけ消費財流通部門の合理化投資と、消費財の高度化・多様化に応じた製造卸売業の活発な動きを追っている。

第6章「流通部門の投資活動——都市問題から流通近代化へ」（山口由等）は、従来高度成長期の設備近代化については製造業が注目されてきたが、この時期に商業で活発な設備投資がなされた点に着目し、物流インフラと卸売業・小売業にわたる商業・流通投資を、企業による投資と社会的な資本形成という二つの観点から分析した。この時期の流通部門への投資は、物流の大量化に対応する効率化を目的としていたが、次第にそれ自体が建設投資活動の中での地位を上昇させていった。流通近代化は都市計画上の課題や地域ごとの流通整備計画策定により進められ、企業の主体的投資のみならず公的資本による卸売団地や流通センターの整備が行われ、とくに卸売部門では都市計画の影響を強く受けてその一環ともなった。1960年代半ば以降は企業間の競争と成長により小売部門で設備投資が急速に増加し、セルフサービス店・スーパーマーケットの全国的普及、店舗投資規模の大型化、卸売業を巻き込んだ店舗網・流通網の構築など新ビジネスモデル導入が次々と行われ、その結果、店舗から物流施設にわたる流通全体の資本形成が加速したことなどを解明している。

　第7章「衣料品問屋の盛衰——東京の紳士服製造卸売業者を中心に」（柳沢遊）では、衣料品問屋の存在形態とその活動を、十余年にわたり動態的に考察した。東京既製服製造卸協同組合のメンバーを中心に、1955年、61年、68年の3時点で、各組合員紳士服業者の経営がどう変化したかを観察し、上位企業と脱落企業の性格を検討した。上位企業についてみれば、60年代における紳士服市場の拡大とそれに対応した業界再編成により、60年代後半に東京の紳士服製造卸企業の新たな台頭がみられる。58年不況を克服した商店の多くは、年商規模1～2億円前後で伸び悩みつつも、当該市場の重層的拡大に助けられて65年不況にも対応しえた。生き延びた企業の特徴は、すぐれた原反の仕入れの確保、自家工場の複数建築、下請企業の労賃上昇圧力への対応、百貨店はじめ数百店におよぶ販売先の安定的確保とそのための「チョップ」の確立などであった。しかし、60年代後半にはアパレル系紳士服業者や大メーカー系列下に組織化された卸商が台頭し、その製造・販売が既存の製造卸業者を圧迫して、30年代後半に千代田区神田岩本町周辺に集積した紳士既製服製造卸商店の時代は、75年前後には終焉を迎える。

　第4部〈地域社会と生活〉は、高度成長期に起きた生活と地域社会の変容を

扱う。

　第8章「出稼ぎ労働者の諸類型――出稼ぎ者に占める農家世帯員の比重に注目して」（加瀬和俊）では、単純労務・底辺的労働者層を外国人労働者に依存せず、国内の就業者層により調達した日本の独自性に注目し、基幹的労働者層の失業率の減少により生じた失業保険財政の余裕が、季節的な失業給付金を季節的労働者に一方的に給付する状況をつくり、職安・市町村役場の支援をも受けつつ、彼等の労働供給のインセンティブを高めたという事実を指摘している。都市出身の相対的高学歴者層の労働力化が市場経済の論理によって可能であったのに対し、需要側の支払能力に制約がある底辺的労働力階層については市場の吸引力の制約を補完する制度設計が有効だったという対比がみられる。

　第9章「地方自治体の渇水対策と企業・農民・住民――静岡県三島市を事例として」（沼尻晃伸）は、工業開発に伴って生じた都市部の渇水問題を、新規立地企業の土地所有（ならびに地下水採水）と地域住民や農民の水利用・水辺利用との対抗関係を、東レ三島工場の用地取得と採水を素材に検討している。県の工場誘致に基づき締結された用水利用の契約内容が、市議会と地元住民に通知されておらず、ここに端を発した用水利用の軋轢の経過からは、50年代には市が市域内の水利用を本格的に維持管理する段階になお到達していなかったことが判明する。60年代に入って市議会や住民運動により水利用を巡る地域内の軋轢が高まると、60年代半ばには県が「企業の公共性」を唱えて「公害対策」を打ち出した。その内容は、各種水道・用水建設などの基盤整備が中心で湧水の枯渇自体が続いたため、農民・住民の水利用は整備された水道や用水に依存する度合いを強めた。その一方で、変化した水利用を前提に農民・住民・企業・市当局間での用水利用に関する協議が行われ、農民や住民の要求が渇水対策に埋め込まれる場合があった点も指摘している。

　第10章「戦後文学の見た高度成長2――家族の変容と都市化」（伊藤正直）は、伊藤整、佐木隆三、黒井千次、中里喜昭を取上げた前著第12章の続編として、庄野潤三『夕べの雲』・立松和平『遠雷』・笹沢佐保『拳銃』の3作品を取上げ、西川長夫・本多秋五・佐々木基一らの評論を概観したのち高度成長期における家族構成の変化や家族関係（親子関係・夫婦関係・親族関係）の変化、家族意識の変化など、総じて家族関係の変容とりわけ核家族化に注目して考察

を進め、都市に住むサラリーマンの郊外団地における核家族型小家族の生活や、農村共同体が解体し「農村家族」の崩壊する局面に際会しての農村青年の意識と行動、さらには高度成長期の各時期の変化に対し都市の日本型「近代家族」がどう反応したかを跡づけて、家族という紐帯が急速に解体していく方向性を凝視し、高度成長以後の日本社会でここに見られた「近代家族」がさらに揺らいでいくことを展望している。

　第5部〈戦後アジアと日本〉では、敗戦による帝国圏の解体を経験した日本が、戦後の世界秩序の中で新たな対アジア関係を結び始めることを、資本輸出を中心に扱っている。

　第11章「対アジア政策の積極化と資本輸出」（金子文夫）は、1960年代の日本とアジアの経済関係、とくに資本輸出の起動力の問題を分析した。65年に日本の国際収支構造は経常収支黒字・長期資本収支赤字という先進国型に転換し、この年から翌66年にかけて、日本は台湾円借款供与、日韓条約調印、東南アジア開発閣僚会議主催、アジア開発銀行設立、インドネシア債権国会議主催など、対アジア経済外交政策を積極化させた。しかし、こうした外務省主導の政策展開は、必ずしも日本の国際収支構造の転換を意識してなされたものではなく、むしろ大蔵省の消極的姿勢を制して政治的判断により行われたものであった。それ以前の時期に比べれば、輸出拡大および国債発行により国際収支上また財政上の制約が緩和されつつあったことにも留意すべきであろう。とはいえ、65年のベトナム戦争本格化に起因するアメリカの対日圧力、また64年のOECD加盟とUNCTAD総会を通じて高まった先進国責任論を背景とし、これらの政治的判断が優先して一連の経済外交が展開されたことも確かである。この結果、65年以降の日本のアジアへの資本輸出は国家資本が主導する形となり、さらにこうして整備されたアジア進出の枠組みを前提にして、国際収支構造の転換が広く認識されるようになった68年以降、資本輸出は民間資本主導型に転換していく。資本輸出についてみれば、成長展開期の前半と後半との間で大きな変化が見られた。

4．『始動期』各章と『展開期』各章との関連

　以上が本書『展開期』における各章の概要であるが、前著『始動期』と本書『展開期』との編別構成はさきに述べたようにやや入り組んでいるので、これを整理して本書に即しつつあらためてその関連を述べれば以下のようになる。

　前著第1部の〈産業構造と合理化〉では、まず産業構造変化について第1章「高度成長期の産業構造」（原朗）が、高度成長期の産業構造変化の巨大さを確認した上で1960-65-70年接続産業連関表の組み替え作業を行い、その分析に基づき産業構造変化の本格的起点が1950年代末～60年代初めの「岩戸景気」下での鉄鋼業・機械工業の連鎖だった点を強調した。ここでは始動期については総括的指標を概観するにとどまり、むしろ展開期およびそれ以降への言及が多い。個々の産業における生産性上昇については、前著第2章「戦後日本の産業合理化――鉄鋼生産設備のヴィンテージ変化とその生産性効果」（岡崎哲二）が、1950年代の「産業合理化」政策推進の背景に戦時・戦後の設備ヴィンテージ上昇があったことを指摘し、鉄鋼業の設備別データを用いて第一次合理化計画が設備ヴィンテージの上昇を抑えて労働生産性を上昇させたことを解明した。本書第1部〈経済計画と経済政策〉の第1章原論文は、各種の経済計画のうち成長始動期に最大の隘路とされた交通問題を素材として、高度成長期の象徴となった東海道新幹線の建設計画を検討した。これは前著第1部第3章「国鉄の輸送力増強と市場競争」（林采成）の論点、1950年代以降の国鉄が設備投資を予算により制約され、戦時期以来培われた配車技術を活用し輸送効率を高めて需要拡大に対応したが1960年代には限界に直面した、という指摘を引き継いでいる。本書第2章伊藤論文は、同じく高度成長期を代表する国民所得倍増計画につき、従来注目されなかった財政金融政策の側面を分析する。前著は財政金融政策を対象とする章を欠いていたので、この章では簡単に始動期の財政金融にも言及している。第3章岡崎論文は、成長展開期にあたる1960年代の貿易自由化政策を焦点に産業政策の決定要因を検討し、その経済的・政治的・社会的要因との関連を検証した。前著第3部の〈産業調整〉に関する分析の一部も本書第1部に引き継がれている。

前著第1章の産業構造分析を前提に、本書第2部と第3部では〈産業構造と合理化〉を取上げ、第2部で労働力市場の変容を、第3部では流通部門の変容を取上げる。第2部〈産業構造と合理化——労働力市場の変容〉では、前著第2部〈成長産業と企業〉第4・5章の自動車産業に関する分析を引き継ぎ、自動車部品工業で労働力不足が製造業企業に与えた変化を集積地域に即して分析した第4章植田論文と、自主技術開発による高学歴技術者の組織化の重要性に注目して内部労働市場の形成を論じた第5章宣論文を配する。労働力構成・配置に関わる論考としては、まず東洋工業のケースを中心にした前著第4章「高度成長初期の自動車産業と下請分業構造」（植田浩史）と、トヨタを対象に同様の問題を扱った本書第4章植田論文が対応する。新三菱を対象とした前著第5章「『国民車構想』とモータリゼーションの胎動」（呂寅満）も含めて、高度成長期に重要性を高めた自動車産業とそれを担ったここに企業の動向に関する検討を行っている。企業内の労使関係に関しては、昭和電工の事例を取上げた前著第11章「企業合理化と『職制改正』」（宣在源）が、先行研究が職能資格制度を日本的人事制度の終着点とみなし、それに到達しえなかった1950年代の職制改革を失敗と評価したのに対し、戦時期や60年代との連続性を重視して、50年代を日本的人事制度の歴史的前提の定着期に当たるとみなし、職務給導入や50年代の職制改正が既存研究の評価以上に経済成長に適合的だったと結論した。

　商業・サービス業など流通部門の比重増大も前著第1部第1章の産業構造概観で注目された変化だったが、本書では第3部〈産業構造と合理化——流通部門の変容〉を独立させ、流通部門における投資の重要性に注目して都市問題と流通近代化を扱った第6章山口論文と、衣料品分野とりわけ紳士既製服の製造卸問屋の盛衰を展望した第7章柳沢論文の2章を配し、消費水準の高度化や消費生活の変化に応ずる流通面の変容を検討した。本書第6章は前著第10章「都市経済の成長——東京の事例」（山口由等）における問題関心の延長線上にあり、高度成長始動期の消費拡大により大都市で商業と工業との関連が密接かつ多面的に展開した点や、東京の商業における個人業主所得の高さと高度成長期における労働力の産業別構成に言及している。本書第7章柳沢論文も、衣料品の生産・流通に主要な機能を担った製造卸販売業の企業動態を、成長始動期

の 1950 年代の半ばから展開期にあたる 60 年代初頭と後期の三時点を通観して分析し、展開期の 60 年代に紡績会社・繊維商社の系列企業等の進出により上位企業の大きな交替があった点を解明した。同時に、縫製部門を有する既成服製造問屋の展開過程を分析し、周辺各県への展開を含めて、都市部における縫製労働力の増加にも注目している。これらの論点は前著では含まれなかったので、本章は成長始動期についても検討を加えている。

成長始動期と展開期には、鉄鋼・自動車・家電のほか運輸や流通などの諸産業が急速に成長する一方、成長率が鈍化して次第に構造不況に向かう産業も存在した。ここに産業構造高度化への円滑な調整のため産業構造改善・産業転換や投資調整・生産調整などの問題が生ずる。これに関しては、『始動期』の第 3 部〈産業調整〉で集中的に検討した。前著第 7 章「繊維産業における需給調整政策」(渡辺純子) が 1950〜60 年代初頭にかけての綿紡織業を取上げ、主要な輸出産業の地位をなお保ちつつ次第に構造不況化する過渡的な時期にあったと位置づけ、さらに紡績業を軸としつつ産業の発展と衰退に関する包括的な研究に進んだ[7]。輸出関連の雑貨や陶磁器など中小企業業種における輸出カルテルを分析した前著第 8 章「輸出カルテル助成政策」(寺村泰) は、産業調整が直接の対象ではないが、綿紡織業の場合と同様にのちの産業調整援助政策に連なる市場への介入・調整が定着・強化される過程を叙述した。また、前著第 9 章「石油化学工業における投資調整」(山崎志郎) は、1950〜60 年代の成長期に通産省は投資調整・需給調整政策による介入を図ったが、その手法や業界の協調的体質は、成長減速後の不況カルテル申請や構造不況業種となった 1970 年代の産業調整政策に継承されたことを指摘した。本書では直接に産業調整に関する章は設定しえなかったが、展開期に相当する 1960 年代は構造不況が顕著となる 70 年代の直前の時期にあたり、構造不況に陥っていく要因や産業調整のあり方を輸出雑貨工業など中小企業業種での産業調整も含めて解明すべき課題が残されている。

ついで高度成長が都市、農村を問わず地域社会に大きな変容をもたらした点を検討するため、前著第 4 部〈都市化と労働者〉を継いで、本書第 4 部は〈地域社会と生活〉と題し、地域に関する諸問題を取り上げた。高度成長期の地域開発は、成長を促す重要な一契機になると同時に、地域経済と地域社会を変貌

させ、地方自治体の政策変化とあいまって民衆の生活に巨大な変化をもたらした。第8章加瀬論文では農業就業者および地方在住出稼ぎ専業労働者の都市労働市場への季節的流入の実情を論じ、成長始動期も含めて高度成長期を通じ顕著に見られた農村から都市への出稼ぎ労働者につき農家世帯員の比重に注目しつつその諸類型を検出した。労働力の量的な需給関係については、この章に関連して出稼農民像の変容に関する論考がある[8]。第9章沼尻論文で地方自治体の渇水対策と企業・農民・住民の利害の葛藤を高度成長期に随伴して顕在化した公害問題と関連で論じ、50年代と60年代半ばにおける変化に注目している。これも前著では触れえなかった論点である。

さらに第10章伊藤論文は、前著第12章「戦後文学の見た高度成長」（伊藤正直）の直接の続編として、高度成長期における家族の変容に注目し、時代の観察者としての文学者による高度成長期の描写とその意味とを検討する。前著では同時代の自己認識の表現者としての小説家達が、職場内人間関係と主人公の労働意識の描写によって労働過程と労働意識の変容を主題化することに成功しており、成長を支えた労務管理が労働者各階層と彼等の人生行路に与えた影響を考えさせる内容を示したが、その続編として執筆された本書第10章伊藤論文は、労働過程と労働意識の次元から進んで労働者の家族の変容に注目し、都市化に伴うサラリーマンの増加や都市郊外の地域開発・住宅開発・団地造成と団地生活、工業化の進展に伴う都市近郊農業の急激な変貌と農村家族の崩壊、家父長的権限の弱化と大衆消費型社会形成による家族の変貌を検討して、高度成長の収束後の文学作品への脈絡を展望する。

第5部は前著と同じ〈戦後アジアと日本〉とし、資本輸出の実態を検討して1950年代前半と50年代後半の差を明らかにし、資本輸出の貿易との強い関連を検出した前著第13章「資本輸出の展開——対アジア進出を中心に」（金子文夫）での分析に連続して、本書第11章の金子論文では1960年代における日本の対アジア政策の積極化と資本輸出の本格的再開過程を分析して、積極化の転換点が成長展開期さなかの65～66年にみられたことの意義を考察している。

以上をもってまことに不十分であるが前著と本書各章との関連についての説明を終わり、最後に第2節冒頭で触れた高度成長期に関する諸文献を掲げてこの序章を閉じることとしよう。

文献表A　日本経済論関係

篠原三代平『日本経済の成長と循環』創文社、1961年6月
篠原三代平『高度成長の秘密──日本経済15講』日本経済新聞社、1961年9月
大内力『日本経済論』下、東京大学出版会、1963年12月
小宮隆太郎編『戦後日本の高度成長』岩波書店、1963年12月
篠原三代平『経済成長の構造──転機日本経済の分析』国元書房、1964年6月
日本経済政策学会編『日本経済の構造変化──高度成長の回顧と展望』日本経済政策学会年報13、勁草書房、1965年4月
中村隆英『現代の日本経済』東京大学出版会、1965年7月
篠原三代平『日本経済論──転型期の解明』青林書院新社、1965年11月
宮崎義一『戦後日本の経済機構』新評論、1966年10月
加藤泰男『戦後日本の「高度成長」と循環』未来社、1967年6月
篠原三代平『日本経済論講義』青林書院新社、1967年9月
大島清・榎本正敏『戦後日本の経済過程』東京大学出版会、1968年7月
正村公宏『現代日本経済論』日本評論社、1968年7月
中村隆英『戦後日本経済──成長と循環』筑摩書房、1968年12月
日本銀行調査局『日本経済の高度成長の現状と問題点』1969年9月
楫西光連・加藤俊彦・大島清・大内力『日本資本主義の没落Ⅷ』東京大学出版会、1969年12月
南亮進『日本経済の転換点──労働の過剰から不足へ』創文社、1970年1月
エコノミスト編集部『戦後日本経済研究の成果と展望』〈上〉近代経済学編〈下〉マルクス経済学編、毎日新聞社、1970年5～6月
中村隆英『経済成長の定着』東京大学出版会、1970年12月
村上泰亮編『経済成長』リーディングス・日本経済論4、日本経済新聞社、1971年4月
玉垣良典『日本資本主義構造分析序説』日本評論社、1971年5月
日本経済政策学会編『高度経済成長の再検討』同学会年報19、勁草書房、1971年5月
鶴田満彦『現代日本経済論──高度蓄積の構造』青木書店、1973年3月
江見康一・塩野谷祐一編『日本経済論──経済成長100年の分析』有斐閣、1973年8月
大内秀明『日本資本主義の再編成──高度経済成長とその破綻』現代評論社、1974年4月
川上正道『戦後日本経済論』青木書店、1974年4月
川口弘・篠原三代平編『図説日本経済論──戦後の経済発展のすがた』有斐閣、1974年7月
中村隆英『日本経済の進路』東京大学出版会、1975年9月
林直道『現代の日本経済』青木書店、1976年12月、第5版1996年1月
宍戸寿雄『日本経済の成長力』ダイヤモンド社、1977年5月
吉富勝『現代日本経済論──世界経済の変貌と日本』東洋経済新報社、1977年7月
中村隆英『日本経済──その成長と構造』東京大学出版会、1978年3月、第三版1993年

6月
正村公宏『日本経済論』東洋経済新報社、1978年8月
降矢憲一『成長の軌跡――戦後日本経済論』日本経済新聞社、1979年5月
香西泰・萩野由太郎『日本経済展望』日本評論社、1980年6月
香西泰『高度成長の時代――現代日本経済史ノート』日本評論社、1981年4月
池上惇『日本経済論』同文舘出版、1981年11月
南亮進『日本の経済発展』東洋経済新報社、1981年12月、第3版2002年2月
鶴田俊正『戦後日本の産業政策』日本経済出版社、1982年2月
内田星美『工業社会への変貌と技術』「技術の社会史」5、有斐閣、1983年1月
エコノミスト編集部編『証言・高度成長期の日本』上・下、毎日新聞社、1984年4月
宮崎義一『日本経済の構造と行動――戦後四〇年の軌跡』上・下、筑摩書房、1984年5月
佐和隆光『高度成長――「理念」と政策の同時代史』日本放送出版協会、1984年9月
中村隆英『昭和経済史』岩波書店、1986年2月
中村孝俊『現代日本資本主義――再編・展開・現段階』新日本出版社、1987年5月
内田忠夫『日本経済論』東京大学出版会、1987年9月
正村公宏『実践ゼミナール 日本経済』東洋経済新報社、1987年11月
森口親司『日本経済論』創文社、1988年2月
小宮隆太郎『現代日本経済――マクロ的展開と国際経済関係』東京大学出版会、1988年11月
橋本寿朗『日本経済論――二十世紀システムと日本経済』ミネルヴァ書房、1991年5月
吉川洋『日本経済とマクロ経済学』東洋経済新報社、1992年4月
降旗節雄『日本経済の構造と分析――レクチャー現代資本主義』社会評論社、1993年4月、増補改訂版1994年1月
井村喜代子『現代日本経済論』有斐閣、1993年8月、新版2000年1月
伊藤修『日本型金融の歴史的構造』東京大学出版会、1995年8月
西川憲二『日本の「高度成長」と技術革新』桃山学院大学総合研究所、1996年3月
鈴木多加史『日本経済分析（改訂版）』東洋経済新報社、2001年3月
土志田征一『経済白書で読む 戦後日本経済の歩み』有斐閣、2001年10月
正村公宏・山田節夫『日本経済論』東洋経済新報社、2002年4月
橘木俊詔編『戦後日本経済を検証する』東京大学出版会、2003年1月
久保新一『戦後日本経済の構造と転換――IT化・グローバル化を超えて』日本経済評論社、2005年7月
松葉正文『現代日本経済論――市民社会と企業社会の間』晃洋書房、2006年4月
大内力『日本経済論』下、東京大学出版会、2009年7月
大来洋一『戦後日本経済論――成長経済から成熟経済への転換』東洋経済新報社、2010年8月
村上和光『現代日本経済の景気変動』御茶の水書房、2010年10月

村上和光『日本型現代資本主義の史的構造』御茶の水書房、2012月6月

文献表B　一般書関係
毎日新聞社編『高度成長の軌跡——昭和35〜39年』「一億人の昭和史」7、1976年7月
朝日新聞社編『高度成長への信仰』1〜3「朝日新聞に見る日本の歩み」昭和36〜41年、同社、1977年3〜5月
柴垣和夫『講和から高度成長へ』「昭和の歴史」9、小学館、1983年6月
宮本憲一『経済大国』同10、同社、1983年7月
エコノミスト編集部編『証言・高度成長期の日本』上・下、毎日新聞社、1984年5月
毎日新聞社編『高度成長——昭和31-38年』「昭和史 決定版」15、1984年11月
松田延一『高度経済成長下の国民生活』中部日本教育文化会、1985年1月
高度成長を考える会編『高度成長と日本人』1「〈個人編〉誕生から死まで」2「〈家庭編〉家族の生活」3「〈社会編〉列島の営みと風景」日本エディタースクール出版部、1985年2月〜86年8月、新装復刊2005年4〜6月
菅孝行『高度成長の社会史——暮らしの破壊40年』農山漁村文化協会、1987年3月
竹内宏『昭和経済史』筑摩書房、1988年9月
講談社編『昭和 二万日の記録 12 安保と高度成長』同社、1990年5月
諸井薫編『昭和生活文化年代記 3 30年代』TOTO出版、1991年3月
吉村克己『池田政権・1575日——高度成長とともに安保からオリンピックまで』行政問題研究所出版局、1985年5月
村松友視編『昭和生活文化年代記 4 40年代』TOTO出版、1991年3月
泉麻人編『同5 50〜60年代』同社、1991年11月
女たちの現在を問う会編『高度成長の時代女たちは』インパクト出版会、1992年2月
中村隆英『昭和史』Ⅱ、東洋経済新報社、1993年4月
間宏編著『高度経済成長下の生活世界』文眞堂、1994年4月
間宏『経済大国を作り上げた思想——高度経済成長期の労働エートス』文眞堂、1996年7月
小浜裕久・渡辺真知子『戦後日本経済の50年——途上国から先進国へ』日本評論社、1996年9月
吉川洋『高度成長——日本を変えた6000日』読売新聞社、1997年4月、中公文庫、2012年4月
鈴木正仁・中道實編『高度成長の社会学』世界思想社、1997年5月
エコノミスト編集部編『高度成長期への証言』上・下、日本経済評論社、1999年10月
猪木武徳『経済成長の果実——1955-1972』日本の近代7、中央公論新社、2000年2月
読売新聞20世紀取材班編『20世紀 高度成長日本』中公文庫S17-7、2001年12月
河野康子『戦後と高度成長の終焉』日本の歴史24、講談社、2002年10月、同学術文庫、2010年6月

草野厚『歴代首相の経済政策全データ』角川 one テーマ 21 C-87、2005 年 1 月
伊藤正直・新田太郎監修『ビジュアル NIPPON 昭和の時代——高度経済成長期から現在まで、50 年間の軌跡』小学館、2005 年 8 月
宮崎勇『証言戦後日本経済——政策形成の現場から』岩波書店、2005 年 9 月
赤澤史朗ほか編『高度成長の史的検証』年報・日本現代史 14、現代史料出版、2009 年 5 月

文献表 C　経済史・経営史関係

川合一郎ほか編『講座日本資本主義発達史論 5　昭和 30 年代』日本評論社、1969 年 2 月
伊藤正直「〈高度成長〉とその条件」歴史学研究会・日本史研究会編『講座日本歴史 11　現代 1』東京大学出版会、1985 年 9 月
安場保吉・猪木武徳編『日本経済史 8　高度成長』岩波書店、1989 年 5 月
原朗「高度経済成長の開始」歴史学研究会編『日本同時代史 3　55 年体制と安保闘争』青木書店、1990 年 11 月
金澤史男「所得倍増計画と高度経済成長」「昇りつめた高度成長」同、『4　高度成長の時代』1990 年 12 月
伊藤正直「ドル危機・石油危機と経済大国化」「円高と経済摩擦のなかで」同、『5　転換期の世界と日本』1991 年 1 月
米川伸一・下川浩一・山崎弘明編『戦後日本経営史』Ⅰ～Ⅲ、東洋経済新報社、1991 年 2～11 月
伊藤正直「高度成長の構造」坂野潤治ほか編『シリーズ日本近現代史　構造と変動　4 戦後改革と現代社会の形成』岩波書店、1994 年 1 月
原朗「戦後五〇年と日本経済」『年報　日本現代史』創刊号、東出版、1995 年 5 月
中村政則「一九五〇—六〇年代の日本——高度経済成長」岩波講座日本通史第 20 巻現代 1、1995 年 7 月
武田晴人『日本経済発展のダイナミズム』東京大学出版会、1995 年 7 月
森川英正・米倉誠一郎編『日本経営史 5　高度成長を超えて』岩波書店、1995 年 12 月
武田晴人『日本経済の事件簿——開国から石油危機まで』新曜社、1995 年 12 月
橋本寿朗『日本企業システムの戦後史』東京大学出版会、1996 年 7 月
岡崎哲二『工業化の軌跡——経済大国前史』読売新聞社、1997 年 2 月
加瀬和俊『集団就職の時代——高度成長のにない手たち』青木書店、1997 年 5 月
浅井良夫『戦後改革と民主主義——経済復興から高度成長へ』吉川弘文館、2000 年 1 月
橋本寿朗『戦後日本経済の成長構造——企業システムと産業政策の分析』有斐閣、2001 年 12 月
西田美昭・加瀬和俊編『高度経済成長期の農業問題——戦後自作農体制への挑戦と帰結』日本経済評論社、2000 年 2 月
原朗編『復興期の日本経済』東京大学出版会、2002 年 7 月

中村隆英・宮崎正康編『岸信介政権と高度成長』東洋経済新報社、2003年4月
渡辺治編『高度成長と企業社会』日本の時代史27、吉川弘文館、2004年8月
浅井良夫「現代資本主義と高度成長」歴史学研究会・日本史研究会編『日本史講座 10 戦後日本論』東京大学出版会、2005年7月
加瀬和俊「農村と地域の変貌」同上書、2005年7月
橋本寿朗・長谷川信・宮島英昭『現代日本経済』有斐閣、1998年8月、第3版2011年6月
武田晴人『日本経済の戦後復興——未完の構造転換』有斐閣、2007年10月
武田晴人『高度成長』岩波新書・シリーズ日本近現代史⑧、2008年4月
武田晴人『戦後復興期の企業行動——立ちはだかった障害とその克服』有斐閣、2008年8月
原朗編『高度成長始動期の日本経済』日本経済評論社、2010年6月
浅井良夫「日本の高度経済成長の特徴」国立歴史民俗博物館編『高度経済成長と生活革命』歴博フォーラム、吉川弘文館、2010年7月
加瀬和俊「高度経済成長の諸条件と農業部門の位置」同上書
石井寛治・原朗・武田晴人編『日本経済史5 高度成長期』東京大学出版会、2010年9月
下谷政弘・鈴木恒夫編著『講座日本経営史5 「経済大国」への軌跡 1955-1985』ミネルヴァ書房、2010年9月
大門正克・大槻奈巳・岡田知弘・佐藤隆・進藤兵・高岡裕之・柳沢遊編『高度成長の時代』1「復興と離陸」青木書店、2010年10月、2「過熱と揺らぎ」2010年12月、3「成長と冷戦への問い」2011年3月
武田晴人編『高度成長期の日本経済——高成長実現の条件は何か』有斐閣、2011年8月

注
1）1950年代後半、本書でいう高度成長展開期前半について私はかつて概説的に論じたことがある。その執筆時点における筆者の高度成長始動期から展開期にかけての景気循環・技術革新とエネルギー革命・巨大企業と中小企業・労働力と賃金・経済政策と政治経済関係・海外市場への進出などに関する包括的な見解としては原朗「高度成長の開始」（歴史学研究会編『日本同時代史3 五五年体制と安保闘争』青木書店、1990年11月）192～228頁を参照。また、高度成長展開期後半と収束期を含む概観は拙稿「戦後五〇年と日本経済」（『戦後五〇年の史的検証』「年報・日本現代史」創刊号、東出版、1995年5月で素描している）。
2）われわれの前著が刊行されたのち、武田晴人編『高度成長期の日本経済——高成長実現の条件は何か』（有斐閣、2011年8月）はさっそくこれを取上げられ、1950年代を高度成長始動期とする前著の見解は1955年を画期とする氏らの視点と異なっており、50年代の過渡的な性格を重視すべきであって、50年代前半期を戦後復興から高度成長期への過渡期として、後半を本格的な高度成長が開始された時期とし、この2つの時期を

あわせて分析することが必要だというわれわれの前著の見解は理解できないと疑問を提示された（同書7頁注11）。前著『成長始動期』の「はしがき」での私の説明が不十分だったため、この批判がなされたものと思われるが、私も「1955年から1973年までの日本の高度成長期」と冒頭に記しているように、開始の時点に関し「1955年を画期」としている点では武田氏も私も違いはない。あえて違いを求めるなら、武田氏が1950年代前半を「復興期後半期」（同書6〜8頁）とされ、氏の前著『日本経済の戦後復興』でその「過渡的性格」を「未完の構造転換」という副題に籠められたのに対し、私の前著での試論は同じ時期を戦後復興期から高度成長への「過渡期」と捉えて、高度成長「始動期」に含め、さまざまな局面で高度成長の始動要因を探ってみようと試みた点がやや異なるかもしれない。氏が強調される「過渡的な性格」の意義と、私が用いた「過渡期」的な始動期の意味とは同じではなかろうから、私が意識していた戦後日本の農業人口急減の起点が1950年国勢調査以降に明瞭であることや、ドッジ・ライン後の各種産業の合理化努力の効果、大型労働争議の持続などの意義についても見解がやや異なるかもしれない。氏は私が「1940年代を経済統制の時代として」「1つの時代と捉える」と批判されたが、私はくりかえし戦前平時・戦時統制期・戦後変革期・戦後統制期・戦後平時の全体をバランスよく把握すべきことを主張してきたつもりであり、戦前平時から戦時統制期への突入の持つ意味、戦時統制期の不可逆的な変化の意味、戦後変革期の歴史的画期としての意義、ドッジ・ラインと朝鮮戦争に至る戦後復興期の統制の継続の持つ意味、講和から戦後平時にかけての過渡期の意味、それぞれの重要性を意識しつつ議論を進めてきたつもりであった。単に「統制」の有無によって時期区分をしてきたわけではないことを述べておきたい。

3）『日本銀行百年史』第6巻、1986年、174〜176頁。
4）拙稿「高度成長期の産業構造」（『高度成長始動期の日本経済』第1章）22〜23頁の図1-1〜図1-3と、24〜26頁の図1-4〜図1-6とを対比されたい。ごく簡単な説明は同書26頁下段から27頁上段にかけて記しておいた。
5）原朗編著『日本の戦時経済——計画と市場』東京大学出版会、1995年、同『復興期の日本経済』東京大学出版会、2002年。
6）原朗編著『高度成長始動期の日本経済』日本経済評論社、2010年。
7）渡辺純子『産業発展・衰退の経済史——「10大紡」の形成と産業調整』有斐閣、2010年。
8）加瀬和俊「出稼農民像の変容——季節労働者失業保険金問題を手がかりに」（『国立歴史民俗博物館研究報告』第171集［共同研究］高度経済成長と生活変化、2011年12月発行）、25〜41頁。なお、これに関連して、加瀬和俊『集団就職の時代』青木書店、1997年、農村および農業の高度成長との動態的な関連については同「農村と地域の変貌」（『日本史講座10 戦後日本論』東京大学出版会、2005年所収）も参照。

第 1 部　経済計画と経済政策

第1章　経済計画と東海道新幹線

原　　朗

はじめに

　高度成長期の市場経済と制度設計との関係は、政府が設定した経済計画を一応の基準としつつも、その計画目標を常に上回る成長をとげた活発な市場経済の動向に促されて経済計画がさらに改訂され、それを軸に国土開発計画や道路整備計画、その他各種の広い意味での経済計画が構想され、それが民間企業の規模拡大意欲をさらに刺激していったと要約することができよう。この時期の経済計画として最も注目を集めたのは国民所得倍増計画であるが、その成立過程と成長展開期におけるその動向については本書第2章が検討しているので詳しくはそれにゆずり、本章では広義の制度設計としての経済計画全般の展開過程を、とくに国土開発計画・交通体系再編成政策に留意しつつ、高度成長始動期から展開期に向かう時期の市場経済と制度設計との動態的な連関の一端を検討したい。

　序章で述べたように、高度成長展開期にあたる1960年代についての記憶として、「池田勇人内閣・所得倍増計画・東京オリンピック・東海道新幹線」という観念複合は、高度成長の象徴としてすでに広く受け容れられているといってよい。本章ではこの観念複合を再吟味して、第一に、通常「池田内閣の所得倍増計画」と呼ばれるものの発端が実はその直前の岸信介内閣の時期に相当程度準備されていたこと（第2章第2節参照）を再確認し、第二に、各内閣が標榜した「経済計画」と並行しつつ展開された国土総合開発計画との不即不離の関連に注目し、第三に、オリンピック直前に開業し高度成長の象徴として注目された東海道新幹線についてその建設計画を検討し、それがすでに高度成長始動期から着々と準備されていた結果であることを略述することにしよう。

1. 高度成長と所得倍増計画

　さしあたり必要な限りで高度成長期の経済計画の展開過程について一応その概略を辿っておこう。高度成長始動期の制度設計を経済計画の面からみれば、1954年12月に成立した鳩山一郎政権が「総合経済6か年計画の構想」（55.1.28）を出発点として経済自立5ヵ年計画（55年12月）を策定し、ついで岸政権は新長期経済計画を策定しており、前者についてはすでに優れた研究がある[1]。経済自立と完全雇用を目標としたこれらの計画に対応して、開発計画としては「総合開発の構想」や第一次道路五ヵ年計画・道路公団・首都圏整備法などが手掛けられており、またGATT加盟と日ソ共同宣言による国際連合加盟が国際社会復帰の面での成果である。56年12月に成立した石橋湛山政権は2ヵ月の短命に終わり、57年2月に成立した岸信介政権は「新長期経済計画」（同年12月）で目的として「極大成長・生活水準向上・完全雇用」を掲げた。第2章が強調するように、この目的は次の「国民所得倍増計画」の目的と全く同一であり、重点政策課題が異なるものだったことに注目したい[2]。開発計画としては名神高速道路・新幹線建設計画・首都高速道路公団などがあり、世界経済との関連では60年初頭に貿易為替自由化方針が決定された。

　岸内閣は日米新安全保障条約批准反対闘争により総辞職に追い込まれ、1960年7月に成立した池田勇人政権は、前内閣による諮問への答申を受けて12月に「国民所得倍増計画」[3]を閣議決定し、目的をそのまま継承しつつも、前半3年間9％成長という積極政策に突き進んだ。開発計画としては太平洋ベルト地帯構想・新産業都市・全国総合開発計画があり、世界経済との関連ではOECDへの加盟とIMF8条国への移行が重要であった。東海道新幹線と東京オリンピックがこの時期を象徴する。

　東京オリンピック開会の直前、1964年に開業したこの東海道新幹線も、大規模な土木工事その他各般の整備を必要としたから、当然にそれよりずっと早く、57年の第一次国鉄五ヵ年計画や61年からの第二次5ヵ年計画を踏まえて、新長期経済計画との関連で着工されていたわけであり、新幹線とオリンピックの二つが民衆の意識に強く結合して残されたとしても、事実としては成長始動

期以来の建設過程があったことは、第三の論点として後述する。

　成長展開期の経済計画については、国民所得倍増計画の実施とその成功が、市場経済を大きく刺激した点が注目されてきた。国民経済の規模を10年で2倍以上に増大させるという中央政府の政策構想自体が、おりから旺盛となりつつあった民間企業の投資意欲を強く刺激し、高水準の熾烈な投資競争により高度成長に拍車をかけて、貿易自由化に耐えうる国際競争力が形成されていった。これがそれ以降の時期の制度設計と市場経済の直接の前提となり、大きな影響力を持ったというのがほぼ通説であろう。

　民間諸団体[4]・諸企業も倍増計画以前から高度成長に適合的な積極的投資計画と制度設計に踏み切っており、倍増計画はそれらの動きを一気に加速させた効果をもつが、市場経済の急速な拡大は計画自体の再検討を余儀なくさせ、それが中期経済計画への移行という制度設計自体の変更をもたらすことになる。倍増計画以前に通産省や業界団体が長期計画を作成した例は数多く見出される。1951年に早くも第一次鉄鋼合理化計画が作成され、外航船舶建造融資利子補給臨時措置法（53.1.5）、通産省の合成繊維育成5ヵ年計画（53.3.9）、電源開発調整審議会の電力5ヵ年計画（53.10.13）、鉄鋼3社の第二次鉄鋼合理化計画案（54.1.22-23）、通産省の石油資源開発5ヵ年計画（54.9.1）、銅合理化3ヵ年計画（54.10.19）、セメント新増設3ヵ年計画（54.10.25）、硫安合理化5ヵ年計画（54.10.28）、石灰窒素工業会の石灰窒素合理化3ヵ年計画（55.2.21）、通産省の石油化学工業育成5ヵ年計画、合成樹脂工業育成5ヵ年計画（55.6.9）、電源開発調整審議会の電力6ヵ年計画（56.1.19）と電源開発新5ヵ年計画（56.12.19）、通産省の鉄鋼需給20ヵ年計画（56.5.15）、機械工業振興臨時措置法、電力9社の原子力発電計画（57.2.22）、国防会議の第一次防衛力整備3ヵ年計画（57.6.14）、通産省の新炭田開発5ヵ年計画（57.7.29）、原子力委員会の原子力開発長期計画（57.8.30）と発電用原子炉の長期計画（57.12.18）、通産省の自動車生産長期計画（57.8.31）と鉄鋼長期生産計画（57.9.18）、電子工業振興5ヵ年計画（58.7）、運輸省の港湾整備5ヵ年計画（58.9.17）、運輸省の工業用水需給8ヵ年見通し（59.10.5）等々、育成計画・整備計画ともにあわせて枚挙にいとまがない[5]。成長始動期の新長期経済計画や成長展開期に実行された国民所得倍増計画は、これら政府各省各部局・産業界の諸団体・諸企業の諸計画の奔流の

上に乗って作成され、実施されていったわけである。

「オリンピック景気」と名付けられた 1963～64 年の景気はやや小さな好況であったが、60 年代前半の高度成長は、経済規模の急激な拡大と同時に物価問題や都市の過密問題・住宅問題・公害問題など成長の「ひずみ」をも発生させ、池田政権自身が「ひずみの是正」を取り上げざるを得ず、64 年 1 月に池田首相は「国民所得倍増計画の残された期間における中期の経済計画いかん」を経済審議会に諮問した。答申として作成された「中期経済計画」[6]は、所得倍増政策の総点検作業としての意味をもち、東京オリンピック閉会式直後に表明された病気による池田首相退陣の直後、64 年 11 月 9 日に首班指名をうけた佐藤榮作内閣に対して 11 月 17 日に答申された。事実上、池田政権の所得倍増計画は「中期経済計画」策定という所得倍増政策の総点検をもって幕を閉じたのである[7]。

したがって、この中期経済計画は佐藤内閣により作成されたというよりは倍増計画のアフターケア作業[8]の結果として、むしろ池田政権末期における検討を反映したものであり、「ひずみの是正」[9]が政策目的とされたが、結果的には計画期間である 64 年から 68 年までの成長の実績が 10.1％ と、戦後日本の経済諸計画の中では最高の数値を示した。

以後の過程については第 2 章ではあまり触れないので、ここで簡単に素描しておくこととしよう。佐藤政権自体は「社会開発」(Social Planning) をスローガンに掲げ、経済発展に伴う各種の社会変動を予測し、社会的摩擦を最小限にとどめる政策体系を標榜した。1967 年 3 月の「経済社会発展計画——40 年代への挑戦」[10]は「均衡がとれ充実した経済社会への発展」を、70 年 5 月の「新経済社会発展計画」[11]は「均衡がとれた経済発展を通じる住みよい日本の建設」を計画の目的とした。佐藤内閣は政治外交面では日韓基本条約の締結から沖縄返還にいたる諸課題を実現させたが、経済政策においては積極的に行動しなかった。首席秘書官の回想記で「極言すれば、日本の経済が成長しつづけるのを自然にまかせただけであった」とすら述べられている[12]。確かに全体として見れば、池田政権 1,575 日よりずっと長い佐藤政権 2,797 日の間に、経済は市場経済自身の力によって大きく変貌したことを重視すべきであるが、中央・地方政府の各官庁が各種の計画を設定し市場経済の誘導を試みたことなども見逃す

べきではない。この間に 65 年の証券恐慌[13]への対処として戦後初の国債発行があり、ついで「いざなぎ景気」という大型景気が長期にわたって持続した。資本取引の自由化が進められ、石炭・繊維など衰退産業の再建整備・構造改善も法制化された。公害対策基本法の制定、鉄鋼業の八幡・富士合併や第一・勧銀両行合併をめぐる大型合併論議、新全国総合開発計画による大規模プロジェクト構想、すべてこの間のことである。これらのさまざまな事象の中に、成長収束期への道は用意されていった。

1970 年 1 月成立の第三次佐藤内閣は、翌年 7 月の国際通貨危機に直撃され、ドルショックにより対外的に円切り上げを余儀なくされた上、国内的には通貨増発による物価上昇が起きた。71 年 6 月に沖縄返還交渉を妥結させ、翌年 5 月の沖縄復帰実現をまって佐藤は 72 年 7 月に辞任する。

ついで日本列島改造論を掲げて 1972 年 7 月に成立した田中角栄政権が 73 年 2 月に福祉社会志向を表明して「経済社会基本計画」[14]を作成し、「国民福祉の充実と国際協調の推進の同時達成」を目標としたが、計画の出発時点で国際通貨の総フロート移行に直面し、米国に追随して中国との国交回復を行ったものの、田中の持論である『日本列島改造論』（72 年 6 月）が全国的な土地投機を誘発した。さらに 73 年秋に第 4 次中東戦争勃発に伴う第 1 次石油危機によって「狂乱物価」状況に陥り、ロッキード事件による金脈問題で 74 年 12 月に退陣した[15]。計画の目標年度 77 年までの実績としては情勢の急変により 3.5％へと落ち込んだ。なお、田中政権は国土利用計画法も制定している[16]。

経済計画の概観は以上で終えるが、このうち最も注目を集めた所得倍増計画については、本章の関心からしてやや立ち入っておこう。池田が 1959 年 2 月の広島の時局講演会で「月給二倍論」を述べ、同年 3 月 9 日の『日本経済新聞』に「私の月給二倍論」を発表したのは、同年 1 月 3 日の『読売新聞』で「賃金二倍を提唱」した中山伊知郎の発想を巧みにとらえたものだったが、池田が中山の見解をただちに利用できたのは、その背後にあった下村治を中心とする池田のブレーン組織の活動によるものであり、なかでも高度成長政策路線の推進力となったのが下村治であった[17]。経済企画庁を中心に立案されてきた国民所得倍増計画を一応尊重する形をとりつつ閣議決定に際して「初期 3 年は 9％成長」という条項を強く付加したのは下村らの建策を確信した池田の政治

的決断によるものであり、また大平正芳らの「計画」の語を避けるべきだとの意見に対して、「計画」の語を用いることが政治的にみて必要なのだと退けたのもまた池田の判断であった[18]。

所得倍増計画に基づいた鉄鋼連盟の長期需要予測は1970年粗鋼4,800万トンであったが、60年現在の粗鋼年産2,200万トン程度を前提として単純に計算すれば、これは粗鋼年産600万トン規模の製鉄所4個以上の新設を可能とするものであり、八幡製鉄の堺・日本鋼管の福山・川崎製鉄の水島などの計画が着工された。現実に需要が生じてからでは遅すぎると考えて、長期計画の下での将来需要を予測しそれに依拠して投資計画が立てられるようになり、「自動車の長期計画に合わせて鉄鋼の需要見通しが作られ、石油精製の能力増強計画が作られるという形で各業界は将来需要に大きな期待をかけ合っており、いわば『期待が期待を呼ぶ』増幅効果が大きくなった」と62年度の経済白書は記している[19]。

この倍増計画では、経済計画における政府部門と民間部門の役割についての政策的な整理が行われ、経済計画が内閣の政策運営上不可欠な仕組みとして定着していくこととなった。経済計画は自由企業と自由市場を基調とする体制に基礎を置くという大前提のもとに、国が直接の実現手段をもつ政府公共部門ではできるだけ具体的で実効性のある計画を作り、民間部門については予測的・展望的な性格のものにとどめて企業の創意工夫に期待し、必要な限りで望ましい方向に誘導する政策をとることとされた。政府は経済の潜在的成長力を正しく評価して成長要因を積極的に培養し、成長阻害要因を排除する任務にあたり、社会資本の充足・教育訓練による人的能力向上と科学技術振興・社会保障の充実と社会福祉の向上・民間産業の誘導の4点を政府が果たすべき役割とした。

ここで民間産業の誘導とは、政府は民間企業活動の内部には直接立ち入らずに企業活動の環境を整備しつつ好ましい方向に誘導することを指し、市場経済の機構に対する補正的意味である程度の介入を必要とする分野として具体的には電力・ガス・運輸・金融の四分野をあげ、さらに貿易為替自由化に対応し国際競争力を持つ工業の高度化のため「新しい産業秩序の形成」も必要であるとした。民間企業は、計画で描かれた国民経済の将来の動向ないし一般的市場予測の計画数値を参考としつつ、企業自体がもつ各種の情報をもとに企業自体の

長期計画を立てるものとされた。こうして自企業の属する産業全体の長期的動向の予測と自企業のシェア拡張戦略によって将来の市場規模を強気に予測し、設備投資計画や利益計画を作成することが一般化していった。

　国民所得倍増計画が総合的な構成で作成された結果、各分科会は必然的に経済審議会による作成作業の担当官庁である経済企画庁の所掌範囲を超えて、ほとんどすべての各省庁の権限に関与せざるを得なくなり、それと同時に民間経済界の実務者にも依拠せざるを得ないこととなった。計画作成の前提として、各業界作成が把握している経済実態に関する資料の提供が必要とされた。一官庁のみならず全省庁が計画作成に関与したことは、各省庁が中期・長期の計画ないし予測を作成することを促したし、計画立案過程に関与した民間経済界の代表者にとっては、それぞれの産業ごとの市場予測や企業の将来計画を構想する際の目安を示すことになった。こうして、国民所得倍増計画という形に体系化された制度設計は、1960年代における市場経済発展を加速させるものとなった。

　民間部門については基本的に「企業の創意と工夫」に委ねるわけであるから、この計画の計画としての重点は第2部の「政府公共部門の計画」にあることになる[20]。なかでも「社会資本の充足」は最も重視されており、その内容は「産業の適正配置の推進」「総合的な交通体系の確立」「住宅および生活環境の整備」「国土保全と有効利用」と詳述されていた。国土開発計画や交通計画の系列との関係が、ここにあらためて吟味されなければならないわけである。

2．高度成長と総合開発計画

　こうして経済計画の流れを概観してみると、国民所得倍増計画から新経済社会発展計画にいたる一連の計画と並行して、国土開発計画の系列が経済計画の一環として重要な役割を演じていたことにも注意を払うべきであろう[21]。1952年7月の電源開発促進法などを先駆として、すでに54年9月時点で『総合開発の構想（案）――全国総合開発計画の資料』が、閣議決定には至らなかったが部内資料として作成され、これは翌55年末の経済自立5ヵ年計画にほぼ連なっていた。佐久間ダムが完成した56年には全国総合開発計画の準備作業が

開始され、同年4月の首都圏整備法・翌57年5月の東北開発促進法に基づき翌58年7月の首都圏基本計画・8月の東北開発促進計画が策定される。これらは57年12月の北海道総合開発計画と並んで、タイミングとしてはほぼ57年12月の新長期経済計画に対応する。59年3月には九州地方開発促進法、それに基づく11月の九州地方開発促進計画、60年4月の四国地方開発促進法に基づく10月の四国地方開発促進計画が策定された。

　これらは所得倍増計画の立案過程と並行しているが、1960年12月の国民所得倍増計画が太平洋ベルト地帯構想を打ち出したことは大きな反響とベルト地帯から外された地方の強い反発をよんだ[22]。所得倍増計画が採用した開発方式は、立地小委員会を中心として構想した太平洋ベルト地帯構想であるが、これは京浜・中京・阪神・北九州の四大既成工業地帯の中間点に中規模の新工業地帯を造成整備し、既成地帯密集部への集中は制限して隘路打開への追加投資にとどめ、近接・周辺地域への工場分散を促進し交通網を整備して外延を拡大し、北海道・東北・裏日本は既定計画の実施に加えて計画後半期に外部条件の整備をはかる、というものであった。

　これらの産業配置構想とともに、総合的交通体系確立が重視される。高度成長実現のためには輸送隘路の解決と近代的合理的交通体系の創出が「最も重要な課題」であると強調され、国鉄・トラック・内航海運・民鉄の国内貨物輸送、国鉄・民鉄・バス・乗用車・航空機・旅客船の国内旅客輸送についての目標を提示して、道路・鉄道・内航海運・港湾・空港・電話など各部門についての政策が示される。

　経済企画庁の『総合的交通体系（所得倍増計画および全国総合開発計画草案から）』[23]は、所得倍増計画の交通体系小委員会の事務局職員の分担執筆によるが、倍増計画本体には含まれなかった基礎資料や小委員会討議の経過を記している。まず所得倍増計画の概要を紹介し、国内交通については輸送需要の見通しと道路・港湾・国鉄など基礎的交通施設への投資額を検討し、内航海運・国内航空も含めて国内交通政策の方向を示し、ついで国際交通に関し外航海運・国際航空・国際観光を、通信については電話・郵便・国際電気通信を、観光・リクリエーションを検討した上で計画作成上の問題点をのべ、末尾に「全国総合開発計画と交通施設の整備」の1章を添えている[24]。

需要推計の要点は第一に自動車・航空輸送の拡大、第二に油類・鉄鋼の輸送量増大と石炭・穀類の減少、第三に電気機械・自動車・耐久消費財などの道路輸送依存度の増大、第四に消費性旅行の増大と要約され、所得倍増計画における投資額は道路 4.9 兆円、港湾 5,300 億円、国鉄 1.5 兆円と算出される。国鉄のうち第二次 5 ヵ年計画（1961〜65）分は 9,750 億円で輸送力増強対策に 5,835 億円、うち東海道新幹線は 1,735 億円とされた。最終章では全国総合開発計画の概要が紹介され、拠点開発の構想と交通施設の整備、とくに道路・港湾・国鉄への地域別投資額が示されている。

　ついで、この太平洋ベルト地帯構想への批判を反映し、修正・発展させるべきものとして 1961 年 7 月に全国総合開発計画草案が閣議で了解され、62 年 10 月に『全国総合開発計画』（全総、ないし一全総)[25] が閣議決定されて、ここでは拠点開発方式が採用された。

　拠点開発方式とは、この計画の基本的課題を都市過大化と地域格差の是正とするものとされたため、開発方式も工業の分散を図り、東京などの既成大集積と関連させつつ開発拠点を配置し、交通通信機関によりこれを有機的に連携させ相互に影響させて周辺地域の特性を生かしつつ連鎖反応的に開発する、というものである。

　『全国総合開発計画』の目標と投資規模は、「国民所得倍増計画」と「国民所得倍増計画の構想」に即して、都市の過大化の防止と地域格差の縮小を配慮しつつ資源の有効利用と資本・労働・技術の適切な地域配分により地域間の均衡ある発展をはかるものとされた。国民生活に直接関連する住宅・上下水道・交通・文教・保健衛生などの公共施設については地域間格差是正に重点を置き、産業発展のための公共的基礎施設としての道路・港湾・鉄道・用水などについては貿易自由化に対処して国民経済的視野に立つ産業立地体制を整えるものとされた。この総説に続く各章は、産業の配置と発展の方向・都市発展の方向・産業基盤の整備・国土保全施設の整備・住宅および生活環境の整備・観光開発の方向・労働力の確保・人間能力の開発の 8 章であり、それらのうち最も頁数が割かれているのは「産業基盤の整備」で、交通通信施設の整備・用水の確保・土地の利用・電力の確保の各節に分かれ、交通体系の整備の方向については育成すべき大規模地方開発拠点と既成大集積とを結ぶ大動脈的幹線路を極力

先行的に整備し、輸送の経済的・時間的距離を短縮することがここでも第一に強調された。鉄道については主要幹線の複線化の全線完成と電化など動力方式の近代化を促進しつつ、大動脈としての新幹線は前期に東京・大阪間を完成させ、さらに大阪以西への延長をも考慮するというものであった。

この間、1962年5月に新産業都市建設促進法が制定され、全国各地の都市は新産業都市への指定を求めて激しく競争した。すでに61年11月の低開発地域工業開発促進法に基づき、62年9月に第一次指定、63年10月に第二次指定がなされていたが、64年1月から4月にかけての13の新産業都市が指定されるに至るまで、地方自治体は中央政府に熾烈な陳情を繰り返し、中央政府の制度設計が地方政府の競争を惹起し、地方財界がこれを強力に支援し続ける、という事態が全国各地に起こったのである[26]。ついで同年7月の工業整備特別地域整備促進法制定が同じ事態を起し、9月に6地域が指定されるまで陳情合戦が繰り返された。

国土交通体系に関する制度設計はこのように展開してきたが、交通・輸送能力の面での隘路を発生させないために、内航海運のほか陸運における道路整備と鉄道整備が重視された。とりわけ高速道路の建設による貨物の輸送能力増強と、鉄道の幹線輸送力整備による旅客輸送能力の向上が求められた。1954年の第一次道路5ヵ年計画は予算規模2,600億円で58年を目標年度とし、56年4月には日本道路公団が設置された。翌57年には第一次計画を打切り62年度までの1兆円規模の第二次5ヵ年計画が定められ、名神高速道路の着工をみた。58年3月には道路整備特別措置法、59年には特定港湾施設整備法が制定され、同年6月には首都高速道路公団が設立された。61年には65年を目標とする2,500億円規模の第一次港湾整備計画が作成され、62年12月には首都高速道路の一部が開通した。同年には阪神高速道路公団も設立され、63年7月には名神高速道路の一部が開通、次節でみる東海道新幹線が東京オリンピック開会式直前の64年10月に開業してすぐ、65年7月に名神高速道路も開通した。

倍増計画のアフターケア作業が中期経済計画に結実する時期から1967年2月の経済社会開発計画にかけては、各地方開発促進計画の改定と制定が重ねられ、近畿圏・中部圏・首都圏についての基本整備計画の制定・改定が行われた。

これらを踏まえて1969年5月に『新全国総合開発計画』（新全総）という意

欲的な計画が佐藤内閣のもとで閣議決定された。前の全総が「地域間の均衡ある発展」を基本目標としたのに対し、新全総は「豊かな環境の創造」を掲げたが、開発方式としては大規模開発プロジェクト構想が採用された。これは新幹線・高速道路等のネットワークを整備し、大規模プロジェクトを推進して国土利用の偏在を是正し、過密過疎や地域格差の解消をはかる、というものであった。この年東名高速道路も全通しており、新全総は翌年5月の新経済社会発展計画にほぼ照応しており、70年には本四架橋公団も発足している。

　1972年7月に成立した田中角栄内閣は、すぐ8月に首相の諮問機関として日本列島改造問題懇談会を設け、意欲的な国土交通体系の再整備を構想した。10月の新全国総合開発計画一部改定は、経済計画としては翌73年5月の経済社会基本計画に対応する。ただし、次の第三次全国総合開発計画の策定は田中内閣の下では行われず、77年11月に福田赳夫内閣のによる居住環境の整備と定住構想を強調した、高度成長期の新全総とは異質なものであった。

　1972年には東北自動車道、73年には九州自動車道の一部が開通し、74年の中国縦貫道一部開通に連なって、75年に東海道・山陽新幹線の東京—博多間全通に至ったのである。交通体系の面での高度成長期の遺産は、ほぼ以上のごとき経過をたどって展開した。国土交通体系の高度成長期における重要性は、上記の略説にはとどまらない重要性をもっているが、本稿ではこれ以上立ち入って議論する余裕がない。以下では、これまで注目されてきている全総から新全総への展開という総合開発計画の系列と対比して、重要性では劣ることがないにもかかわらずさほど注目されてこなかった交通体系の側に着目し、かつ物流において重要性を持つ内航海運・道路輸送より鉄道旅客輸送の面で高度成長展開期の象徴として世界的に注目を浴びた東海道新幹線の成立過程という一点に絞ってやや詳しく検討してみることとしよう。

3．高度成長と東海道新幹線

　東海道新幹線は、その開業が1964年10月10日の東京オリンピック開会直前の64年10月1日であり、かつ10月24日のオリンピック閉会式の翌25日に池田勇人首相の辞任が表明されたことと相まって、新幹線・オリンピック・

池田内閣・高度成長を強く国民全体の印象に焼き付けるものとなった。しかし当然のことながら、新幹線の実現は一朝一夕にできるものではなく、以下に述べるようにその前史は相当以前にさかのぼる。

古くは1910年に桂太郎内閣の後藤新平逓信大臣兼鉄道院総裁が狭軌から広軌に改築する具体案を提起して強力に主張したが、11年4月に広軌鉄道改築委員会を設置し8月に答申を受けたものの、実際にはすでに委員会設置以前の1月に桂首相と西園寺公望政友会総裁とのいわゆる「情意投合」により広軌改築案を取り下げ適当な時期に内閣を譲るものとされていた経過があり、以後は地方を地盤とする政友会の原敬らの鉄道路線延長を主眼とした建築を主に改築を従とする「建主改従主義」と、広軌論の後藤らや反対党の憲政会が主張する「改主建従主義」とが激しく対抗しつつ[27]、原敬内閣による全国に150本の鉄道を縦横に張り巡らす鉄道敷設法別表の決定により事実上狭軌路線が確定し、広軌論が敗退したという国有鉄道の規格論争が第1の前史をなす。

また、日中全面戦争期に入って、軍事上の必要から東海道・山陽本線の輸送力強化と内地・大陸との交通体系を強化するため、1938年12月に鉄道省内に鉄道幹線調査分科会が設けられた。軍部の要望を受けて翌39年7月に鉄道幹線調査会が設置され、11月に答申があった。このいわゆる「弾丸列車」計画に昭和15年度以降15ヵ年継続工事として第75回帝国議会で5億5千万円を超える予算がつき、用地買収も急速に進行し、難工事を予想された新丹那トンネル・日本平トンネル・逢坂山トンネルなど数ヵ所で着工しつつも、戦況の悪化により44年6月に中止された計画があった。これが第2の前史といえよう。

これら戦前の経過は措くとしても、東海道新幹線の実現に帰結する動きは、すでに戦時末期と戦後復興期に国鉄輸送が旅客輸送面でも貨物輸送面でも限界に達し、復興期から高度成長始動期へと向かう動きの中でとくに東海道線の輸送力不足が顕在化し、その対応策として何らかの抜本的な措置が必要とされていた。貨物輸送においては、電化に伴う大型電気機関車の投入などの施策にもかかわらず輸送力不足の解消に至らず隘路化し、国鉄当局は輸送力増強が緊急かつ最優先の課題であるという認識で一致していた。1955年5月の十河信二国鉄総裁の就任は、ちょうどこの時期にあたっていた[28]。十河は後藤新平に勧誘されて鉄道院に入り、鉄道省経理局長をつとめたのち、満鉄理事として経済

調査会委員長や主に華北で活動した興中公司社長としての経歴があった[29]。総裁就任直後の十河は表面上その持論である広軌論をただちに打ち出すことをせず、慎重に輸送成績・営業成績・通勤輸送・貨物輸送や事故防止対策・労務対策・運賃改定問題・総裁の権限など、国鉄経営の全般についての見直しを進め、常務会設置などの改革を行っていたが、そのなかで当時極限に達していた前述の東海道本線の輸送力増強が問題となった。当時の東海道本線はなお全線電化に至らず、東京—大阪間8時間のダイヤが組まれており、56年11月ようやく全線電化が完成してこれを7時間30分に短縮、翌57年から第1次5ヵ年計画を設定し、翌58年10月に電車特急こだまにより東京—大阪間6時間30分運転となる、という段階にあった。

　以上のような背景の中で東海道本線の輸送力増強問題に対処するため、1956年4月11日の第16回常務理事会で国鉄部内にまず東海道線増強調査会を設置することを決定した。この増強とは通常は線増、すなわち複々線化という改良工事の設備投資を意味するが、十河はすでに一旦国鉄を退任していた島秀雄を技師長として復帰させ、島を調査会の委員長としてその慎重冷静な説得力を活用し、5月末以降に数個の案を自由に比較検討させた。56年6月には経営委員会を改組して理事会とし、経営全般の態勢が整備され、翌57年6月25日の委員会答申は本線の増強につき緊急を要するという内容であったが、この間十河は56年7月27日に静岡管内視察中に記者団に対して東京—大阪間を広軌により4時間で運転すると述べている。57年5月25日には鉄道技術研究所が創立50周年講演会を銀座山葉ホールで開催し、東京・大阪3時間運転も可能との発表を行っている。

　十河は着々と広軌別線案への意見集約を図るかたわら、戦前の鉄道省・満鉄・興中公司や林銑十郎内閣組閣参謀[30]などの経験で蓄えた彼自身の政治力を生かして、鳩山一郎首相をはじめとする多くの政治家に働きかけていた。1957年6月25日に東海道線増強調査会は本線の強化について緊急を要する旨を答申し、これを受けて十河は同年7月2日に運輸大臣に対し「東海道本線の増強につき適切な配慮」を要請し、また7月29国鉄本社に幹線調査室を設置し、大石重成を室長として「東海道新線の調査、測量、設計およびこれに必要な用地、施設の保存、管理」を担当させた。

こうしてついに8月30日には東海道本線の輸送力増強と近代化を調査審議するため運輸省に日本国有鉄道幹線調査会を設置する旨の閣議決定を得た。9月11日の第1回委員会開会冒頭の委員長決定に際し、委員長に想定された大蔵公望は委員長就任の条件として運輸大臣に対し答申の尊重と財政的保証を要求し、中村三之丞運輸大臣はこれを受け入れて大蔵に委員長就任を要請した[31]。元満鉄理事で広軌派の大蔵が委員長に就任したこの時点、ないし日本国有鉄道幹線調査会設置の閣議決定と委員の人選が決定した時点で、実質的には東海道新幹線の着工が確定したとみてよい。総裁就任からこの時までほぼ2年3ヵ月であった。

　委員会は1957年11月22日に東海道線に新規路線を緊急に建設する必要ありとの答申第1号を出し、翌58年3月27日には幹線調査会第1分科会が広軌別線案を妥当と結論し、4月2日には同第2分科会が所要資金1,725億円、利子を含め1,948億円で将来の収支は十分償うに足ると結論した。こうして7月7日に日本国有鉄道幹線調査会委員長は運輸大臣に対し「東海道新規路線建設はあらゆる施策に先行し、かつ強力に推進するよう政府並びに日本国有鉄道に決断と努力を要望」するとの最終答申を行った。同年12月12日には、すでに2月25日に内閣内に設けられていた交通関係閣僚協議会が東海道新幹線の早期着工を決定し、12月19日に東海道新幹線の早期着工、短期間完成を閣議に報告し承認された。これに基づき59年3月31日に東海道幹線増設費として59年度予算30億円が承認され、4月13日の東海道本線東京―大阪間線路増設工事につき運輸大臣認可を受けて、戦前の弾丸列車構想により掘進がすでに開始されていた熱海の新丹那トンネル東口で4月20日に新幹線起工式が挙行された。この年十河は4年の任期を終えたが再任され、2期目の4年間は新幹線建設とそれに伴い在来各線に生ずる各種の問題の処理にあたった。

　以後の詳細な経緯は省略するが[32]、1960年度予算では207億円、61年度は440億円が認められた。すでに59年ごろから接触していた世界銀行の調査団一行が60年5月に来日して1ヵ月ほど調査したのち、61年5月2日に世界銀行からの借款8,000万ドルが調印され、その結果として内閣の交代に関わらず新幹線の建設が中止されることなく政府の保証を受けた形になったことは特記するに足る事項であろう[33]。62年には3月末に実行予算131億円の増額が認

められ、年度予算として610億円、7月に改良費より100億円を移行して予算を増額し、63年2月に62年度第二次補正予算として161億円を増額し、63年度予算は885億円と増加した。明治から大正にかけ鉄道院・鉄道省で一貫して経理局に所属し、経理局長にまで至った十河は、引退後いかに久しくとも国有鉄道で有数の経理のエキスパートであり、その経験が新幹線建設のための資金調達に生かされたのである。

　新幹線実現に不可欠な技術面での課題の解決はすべて島秀雄技師長に率いられる各分野の技術者にゆだねられた。東海道新幹線がいかに多くの技術的課題の解決に依拠していたかを見るために、当時の鉄道技研の課題別分担表の項目のみを一覧すれば以下のごとくである。線路（地質と土質の調査・路盤と土工・軟弱地盤・橋梁・トンネル・地盤・建物）、軌道（構造、レールの断面・材質・溶接・締結装置、コンクリート枕木・木枕木、軌道・軌道試験車・レール探傷・軌道整備限度）、車両の動力性能（加減速性能・主電動機・走行抵抗・ディーゼル機関車）、車両の強度（剛性、台車の強度・負荷、軸受・密閉装置、動力伝達装置）、車両の運動（走行安全車両、振動と乗心地、蛇行動・車端衝撃と緩衝装置）、車両のブレーキ（ブレーキ方式・摩擦・粘着限界と滑走防止）・空気力学・空気調和・騒音（風洞試験・列車の空気抵抗・トンネル内空気圧変動・車体の気密・列車のすれちがい）、架空電車軸とパンタグラフ（トロリ線とすり板・電車線の風圧変異・架空電車線の材料と保守・電気試験車の架線測定装置）、き電方式（交流き電・誘導対策・変電所集中制御・異常電圧対策）、信号保安（自動列車制御装置・列車集中制御装置・地点検知装置と列車選別装置・HF形列車検知器・トンネル警報装置・軌道回路誘導対策・自動列車制御用継電器・転轍機転換鎖錠装置）、これらのあらゆる課題を国鉄技術陣は解決していった[34]。当時の鉄道技術研究所には旧海軍の技術者も多く、新幹線の新技術開発にもかかわった[35]。十河国鉄総裁は1963年5月20日に2期の任期8年を満了して退任するが、東海道新幹線は翌64年10月1日に開業し、10月10日から開会する東京オリンピックに先んじて工期5年で完成した。退任については予算不足責任論が影響したとみられる。

　任期終了直前、4月11日に開会され13ヵ国が参加したECAFE主催の新幹線研究週間（スタディ・ウィーク）における主催者挨拶で、79歳の十河は新幹線が国鉄を三つの面で近代化するものであるとして以下のように述べた。「第

一は新幹線の提供する画期的な輸送サービスにより東海道線の収支は大幅に改善され、国鉄財政は強固な基盤を与えられ、近代化された企業として永遠の生命を持続しうるにいたるであろうと確信する。つまり経営の近代化である。第二は多年磨かれた鉄道技術を全面的に駆使して近代化を達成し、輸送機関としての鉄道の優位性を日ならずして実証するであろう。つまり鉄道技術面の近代化である。第三は精神面の近代化である。新幹線は全職員の士気を鼓舞し狭軌的な物の考え方を広軌的なものに切り換える契機となったことである」[36]。

実質的な総裁退任演説とみられるこの挨拶で、十河は各国鉄道関係者に対し次のように呼びかけた。「交通機関は互いに相補い相助け、連携を密にして初めてその使命を達成できると信ずる。今日参集された各国の鉄道がともに相助けて共通の困難を克服し技能を結集すれば鉄道本来の目的を達成し、人類の幸福に大いに寄与、鉄道を通じて平和の下に各国を結びつける大きな力となることを期待できる」。

十河の新幹線への期待は、国内についてみればその生前には1972年3月15日の岡山までの開通、75年3月10日の博多までの開通により東海道・山陽新幹線の完成を見るにとどまった。しかし高度成長も収束に近づいていた70年5月に全国新幹線鉄道整備法が制定され、71年1月の告示で東北（東京―盛岡）・上越（東京―新潟）・成田（東京―成田）新幹線、同年7月には東北（盛岡―青森）・北海道（青森―函館―札幌）・北陸（東京―長野―富山―大阪）・九州（福岡―鹿児島）新幹線、同年12月に九州（福岡―長崎）新幹線が指定された。

1973年11月にはさらに北海道（青森―函館―札幌―旭川）・北海道南回り（長万部―室蘭―札幌）・羽越（富山―新潟―秋田―青森）・奥羽（福島―山形―秋田）・中央（東京―甲府―名古屋―大阪）・北陸中央（敦賀―奈良―名古屋）・中国横断（岡山―鳥取―松江）・四国（大阪―徳島―高松―松山―大分）・四国横断（岡山―高知）・東九州（福岡―大分―宮崎―鹿児島）・九州横断（大分―熊本）と告示による整備計画の指定が進んだ。全国の主要都市のほとんどすべてを新幹線で結ぼうというこの整備計画は、その規模においてかつて井上勝が構想した1892年6月の鉄道敷設法による33区間、1922年に政友会の原敬内閣が構想した鉄道敷設法別表改正による全国を縦横に結ぶ案と匹敵する。

これらの壮大な計画のうち、1973年11月告示による諸路線は第一次石油危

機に直面して事実上凍結され、経済情勢の好転を待ってから徐々に凍結が解除されていくという経過をたどったが、十河の死去は81年10月3日であったから、翌82年6月23日の東北新幹線（大宮―盛岡間）、82年11月15日の上越新幹線（大宮―新潟間）開業を見るには至らなかったが、全国新幹線鉄道整備法による諸計画の設定までは見届けたことになる。しかしフル規格の新幹線はその後89年に北陸新幹線の高崎―軽井沢間に着工するまで中断され、96年から工事再開も徐々に検討されるようになり、整備新幹線建設費も99年以降2,000億円台を保って建設されていくことになった。

　こうして高度成長収束期にあたる1972年3月には新幹線は東京から岡山まで開通していた状態になるが、その一面で新幹線建設は国鉄経営に大きな影響をもたらすものでもあった。他の幹線の強化計画を差し置いて資金を新幹線建設に振り向けた結果として、当時の課題とされていた東北・北陸本線の強化計画は立ち遅れ、電化の完成も遅延することになった。東海道新幹線が完成して東京と名古屋・京都・大阪との空間的距離を時間的に短縮することに成功したのと同時に、全体としての国鉄経営は赤字に転落していったのである。当初は構想されていた新幹線による貨物輸送の計画も早い時期に見送られ、旅客輸送に徹した東海道新幹線は大都市間では大きな成果を上げたが、その陰に残された問題も多かった。次期総裁石田禮助以降の国鉄は周知のごとく赤字に苦しみ、全国各地の旅客輸送ならびに国鉄の貨物輸送は、高度成長の展開とともに困難の度を増し、陰影の中に落ち込んでいくことになる。高度成長の象徴として「富士と桜と新幹線」の図柄が多用されるようになった反面、新幹線の運賃収入の伸びを上回る勢いで国鉄経営は悪化を重ね、87年4月1日の国鉄分割民営化・JR発足に帰結するに至った。

　世界最初の新幹線の実現は大都市間高速旅客輸送の典型例として世界各国に相次いで導入されるという形で日本の高度成長期の光り輝く側面の象徴となったから、新幹線という新機軸の制度設計は成功したと見て良いが、国鉄の制度疲労を克服することはできず、ついに国鉄という制度自身を民営化して市場経済の競争のなかに置き、鉄道輸送の再生を図ることになったのである。ただし、新幹線建設はその後も続けられている[37]。

　日本の新幹線は海外でも中長距離旅客輸送機関としての鉄道に再び脚光を当

て、1981年9月にはフランスのTGV、91年にはドイツのICE、2007年3月に台湾高鉄、2010年11月の韓国KTX、2008年8月の中国（北京—天津）、2009年12月の武漢—広東、2011年10月の北京—上海など、各国に高速鉄道建設の波を引き起こした[38]。日本自身は2011年5月に東京大阪間のリニア新幹線の整備計画を決定し、技術的に新たな段階の高速交通に挑んでいる。国内の幹線輸送力の強化というさしせまった課題を契機に着手された新幹線は、まず国内の旅客輸送の面で高速道路と並んで高速交通の主役の一つを担うことになり、さらに海外の鉄道に大きな影響を与えることになった。

おわりに——高度成長の限界とその歴史的位置

　以上は新幹線という一例のみに限って高度成長期に実現した新制度につきその準備過程を中心に示したものにすぎないが、国鉄のみならずこれと一部競合する高速道路建設についても中長期にわたる建設計画があってはじめて高度成長展開期に花開いた各種の制度が数多く形成されたのであり、民間部門に目を向ければ巨大企業でも中小企業でも高度成長始動期からの数多くの制度設計に基づいて高度成長展開期の急激な規模拡大がなされたことには十分注意しておかなければならない。

　さらにいえば、筆者が前書で産業連関表のスカイライン図で表示したように、高度成長期における日本経済の産業構造の変化はそれ自体として大きなものではあったが、その後1970年代半ばから80年代前半にかけての通常「安定成長期」と呼ばれる時期に実際には機械工業主軸・鉄鋼業副軸の輸出急伸並びにサービス業の急増という産業構造急変があったことと対比してみれば、高度成長期全体がそれ以降の時期の産業構造の急速な変化の「始動期」ともいうべき様相を示していた。その意味では、始動期が前提となって展開期があり、この両者が収束期にさらに変容して全体としてそれ以降の時期への大きな転換のエネルギーを貯え、これが第二次石油危機以降の世界経済の中で日本のいわゆる「経済大国化」をもたらしたと概括されよう。

　ここでやや視角を広げて高度成長展開期から収束期への転換について素描を試みよう。さきに1970年以降の佐藤政権末期は、すでに成長展開期というよ

りは成長収束期に含めて考えるべきではないかとの仮説を述べたが、これは政治史的には 70 年 1 月の第三次佐藤内閣発足以降にあたる。すでに 68 年の国際収支の黒字基調への転換と労働力の過剰から不足への転換あたりで日本の高度成長はその収束点に近づきつつあり、70 年後半からの製造業利益率の急落と不況への突入が経済史的には成長収束期に入ったことのあらわれであったと考える。この点も実は 73 年秋の第一次石油危機という外因それ自体によって日本の高度成長が終焉したとする通説に対して批判的に再吟味したいという意図を秘めている[39)]。

　すなわち、長期にわたって続いてきた高度成長が石油危機という外因によって突如遮断されたという通念を再検討し、高度成長の展開が行き着いた時点で高度成長の要因それ自身に各種の限界が表れ始め、高度成長はそれ自身が生み出したさまざまな内因が複合的に作用し始めたところに、通貨と石油という 2 つの外因が加わりそれが最後の決定的契機となって高度成長が終焉したと考える見方をとるほうが事態を正しく捉えることになるのではないかと考える。

　高度成長の限界として第一に考慮しなければならないのは労働力市場における需給の逼迫であろう。一般求人倍率は 1966 年の 0.5 倍前後から急速に上昇して 67 年半ばに 1 を超え、69 年末には 1.5 倍にまで駆け上がった。農村から都市への大量の労働力移動は高度成長の展開を支える大きな要因だったが、70 年前後にはその限界が示され始めたのである。求人倍率は 70〜71 年不況という景気変動要因の影響で一旦は 1 まで下落するが、72〜73 年には再び急上昇して 1.8 倍に迫る勢いを示す。石油危機後の求人倍率は急低下して 0.5 前後に落ち着くが、60 年代半ばの 0.5 倍水準と 70 年代後半の 0.5 倍水準ではその意味は全く異なるといってよい。完全雇用への到達過程とそれ以後の景気変動の過程とは区別して論じなければならない。第二の限界としては商品市場における需要開拓の限界をあげることができよう。高度成長を支え続けてきたのは「投資が投資を呼ぶ」メカニズムによる設備投資・建設投資の展開と「消費が投資を呼ぶ」と名付けてもよい家庭電器や自動車などの耐久消費財市場の急速な拡大であった。これらの耐久消費財需要は、岩戸景気中期からいざなぎ景気後期までなお堅調に推移したが、70〜71 年不況あたりを境としてかげりを見せ始める。第三の限界として、貨幣市場における成長通貨供給の限界を指摘す

ることもできようが、ここでは詳しく立ち入らない。旺盛な設備投資を支えた高貯蓄率も、高度成長による所得水準上昇の持続が保障されなくなった結果として、国内金融面でも徐々に変容し始めた。やや先走るが第四の決定的な限界として、以下に述べるように固定為替相場の維持が71年から73年にかけての国際通貨危機によって不可能になり、固定為替制のもとで国際競争力を維持し続けてきた前提が崩壊したことをあげることができよう。円為替相場の上昇と連動して競争力は減殺され、競争力優位の持続的維持は不可能になった。これら四つの限界に加えて、最後に決定的な終止符を打ったのが、第一次石油危機だったと位置づけられる。翌74年に日本はマイナス成長に陥ったにとどまらず、それまで景気変動の波に左右されつつも7％ないし6％を切ったことがなかった製造業利益率が、73年末の9％から一挙に3％台にまで落ち込んだことは、高度成長の収束を何よりも明確に示すものであった。

　さて政治面では、佐藤内閣最大の外交課題であった沖縄返還も、一旦は決裂した日米繊維交渉を修復する課題と密接不可分に結び付けられていた。沖縄に関する核持ち込み密約、繊維の輸出自主規制に関する日米密約の存在も近年明らかにされている。そして何よりも1971年における二つのニクソン・ショック――7月の米中和解と8月の金ドル交換停止――が佐藤内閣末期の大事件であり、同時に高度成長が終幕に近づいていることの証左でもあった。固定為替レートを前提とした日本経済と世界経済との密接な相互関係は、71年夏のニクソン・ショックによってその前提自身が崩壊に瀕することになり、円切り上げ回避政策による通貨膨張と物価上昇、同年12月のスミソニアンレート・翌72年7月の田中角栄政権の日本列島改造ブームによる土地投機、73年2月の国際通貨の総フロート制への移行と10月の第一次石油危機と狂乱物価をへて、74年のマイナス成長への転落は約20年にも及ぼうとした高度成長それ自体の終焉を意味したのである。「活力ある福祉社会の実現」をめざした73年2月13日閣議決定による「経済社会基本計画」は、総フロート制への移行とまったく時期が一致していたし、石油危機は戦後日本の高度経済成長がそのエネルギー基盤を喪失したことを意味した。この計画が意識していた「国際経済社会の基調変化」予想を遥かに上回るものだったのである[40]。

　1971年夏から73年初頭までの国際通貨調整過程と、73年秋の第一次石油危

機は、すでに限界に近づきつつあった国内景気動向の変動と相まって日本経済に強烈な打撃をもたらし、ほぼ20年近くに及ぼうとしていた高度成長を収束させた。74年には経済成長率がマイナスに転じ、「安定成長」軌道への移行は必至となった。エネルギー不足問題に加えて環境問題の深刻化は対応策の遷延を許さず、ここに日本経済は高度成長後の新局面に立つこととなった。

　その後の過程を駆け足で見ると、1970年代後半以降、それまでほぼ年率10％程度であった平均成長率は約半分の5％台に低下した。第一次石油危機による打撃を克服するため石油依存度を技術的努力によって急低下させ、公害防除技術も開発していた日本経済は、79年の第二次石油危機を他の資本主義国に比べれば巧妙に克服した。石油価格の急上昇により産油国が得た巨額のオイル・マネーは先進資本主義国の金融市場に投資され、先進資本主義国はこれを発展途上国に投じ、これら諸国は自国の産業基盤建設と設備投資のために日本から機械を輸入するという循環が成立した。第一次石油危機後に輸出競争力を着実に強化していた日本の機械工業はここに大きな需要を見出し、その他各種の要因も重なり合って日本は世界経済の中でその地位を急激に高め、「経済大国」と呼ばれるにいたったのである。ただし、平均成長率は高度成長期と比べればさらに一段低下している。

　1985年のプラザ合意以後、円高不況の懸念は直ちに円高好況にとって代わられ、日本経済は80年代に全盛期をむかえた。この好況は両三年内に投機的な様相を呈するにいたり、90年代への突入とともにバブルが崩壊していわゆる「失われた10年」の時期に入る。21世紀にはいって2002年からのちに「いざなぎ越え」とよばれるゆるやかな長期の上昇期にはいるが、活況感はあまりなく、むしろ「失われた20年」さらには「失なわれた30年」とまで呼ばれるほどのものであった。

　以上の概観を経たうえで、1950年代後半から70年代前半にいたる高度成長期をさらに長期的な視野にたって位置づけることを試みて、本稿を閉じることとしたい。かつて私が試論的に提出した歴史像では、高度成長期は日本史上においてはるか2000年前の弥生時代に対応する意義を持つというものであった[41]。この仮説の要点は、農業共同体が形成されたのが弥生時代であり、それが解体したのが高度成長期だというごく単純なものである。弥生時代が農業生

産力の急増と人口の爆発的増大をもたらしたことと対比して、1950年代後半から70年代前半にかけての高度成長は工業生産力の急増により農業共同体を実質的に解体し、人々の生存はもはや共同体には委ねられず、商品生産に基づく市場経済の荒波になかに生き抜くより他はなくなった、ということにつきる。他に考えられるのは戦国末期から幕藩制初期、および幕末維新から明治初期という二つの時期が人口支持力＝食糧生産力の急増を伴い、同時に太閤検地と地租改正という土地制度の変革に対応している。

　第二次大戦後の戦後変革から高度成長への時期は、これらの時期ほどの人口増加を伴わず、むしろ工業生産力の急増によって日本の歴史上決定的な経済的飛躍の時期となり、その反面で農業共同体ないし農村・農家・農民の根本的変質と解体をもたらした時期であるともいえよう。占領下での農地改革でもなお解体し得なかった農業共同体は、高度成長の始動と展開によってついに解体され、日本社会における諸個人の生存の基礎が共同体から商品生産へと移行することになった。下村治が高度成長への動きを早く捉えて「日本経済は歴史的勃興期にある」と主張したのは、結果的にみて正鵠を射ていたと判断される。高度成長によるこの大きな経済的飛躍の力は、日本人の所得水準と生活様式を一変させたといってよい。生産点の労働現場、流通機構、所得分配機構、国際競争力、総てが大きく一変した。それと同時に、この経済の高度成長それ自身が、それに伴う急激な変貌の結果として、いくつもの社会的な摩擦や難点をも生み出した。第一次石油危機後の省エネルギー化、第二次石油危機以降の経済大国化とマイクロエレクトロニクス化、ソ連東欧社会主義の崩壊以降の軍事技術の民間移転を契機とするIT化、バブル以後の長期低迷、先進国住民および後発急伸発展地域の過剰な経済的浪費と地球環境それ自体への過大な負荷の進展、国際金融危機と格差拡大、それら諸事象の検討は、20世紀最後の四半世紀と21世紀最初の10年の位置づけとともに深刻な再検討を迫っているが、高度成長期を対象とする本書では、これらの問題意識は各章それぞれの課題設定になお埋め込まれたままであり、本章も多くの課題を残している。

注
1）浅井良夫「『経済自立5カ年計画』の成立」(1)〜(5)（『成城大學經濟研究』145〜150、

1999年7月～2000年11月）ならびに岡崎哲二「長期経済計画と産業開発——『生産力拡充計画』から『経済自立五カ年計画』へ」（『岩波講座「帝国」日本の学知』第6巻、地域研究としてのアジア、2006年4月）を参照。
2）岸政権に関しては、さしあたり岸信介ほか『岸信介の回想』文藝春秋、1981年6月、大日向一郎『岸政権・一二四一日』行政問題研究所、1985年7月、細川隆一郎『岸信介』日本宰相列伝20、時事通信社、1986年1月、原彬久編著『岸信介証言録』毎日新聞社、2003年4月、中村隆英・宮崎正康編『岸信介政権と高度成長』東洋経済新報社、2003年4月などを参照。宮崎正康「高度経済成長の枠組み作成」（同上書所収）も岸内閣と所得倍増計画につき言及している。
3）総合研究開発機構（NIRA）戦後経済政策資料研究会編『国民所得倍増計画資料』全90巻・別巻1（解説第1巻浅井良夫・第19巻明石茂生・第49、68、69巻伊藤正直）1999年4月～2002年10月。
4）民間経済団体に関しては、『経済団体連合会十年史』上・下、経済団体連合会、1962～63年、『経団連の二十年』経済団体連合会、1969年、日本経営史研究所編『経済団体連合会三十年史』経済団体連合会、1978年5月、岡崎哲二・菅山真次・西沢保・米倉誠一郎『戦後日本経済と経済同友会』岩波書店、1996年4月、内田公三『経団連と日本経済の50年——もうひとつの産業政策史』日本経済新聞社、1996年10月、経済団体連合会編『経済団体連合会五十年史』経済団体連合会、1999年などを参照。
5）産業政策に関しては、通商産業調査会編『産業政策史回顧録』全43巻、通商産業省『通商産業政策史』第1巻　総説（隅谷三喜男・三和良一・武田晴人・前田靖幸・伊弁田敏充）、第8～11巻高度成長期（1～4）、第16巻統計・年表編、第17巻資料・索引編、および林信太郎・柴田章平『産業政策立案者の体験記録——戦後から高度成長期の産業創造への挑戦』国際商業出版、2008年7月などを参照。
　これに対する中央・地方の財政金融政策については、本書第2章のほか藤田武夫『現代日本地方財政史』上（現代地方財政の基本構造の形成）・中（高度成長と地方財政の再編成）・下（「転換期」の地方財政と制度改革）（日本評論社、1976～84年）、吉岡健次『戦後日本地方財政史』東京大学出版会、1987年3月、納富一郎ほか『戦後財政史』税務経理協会、1988年8月、大蔵省財政史室編『昭和財政史　昭和27-48年度』第1巻総説（中村隆英）第2巻財政——政策（林健久）制度（兵藤廣治）第3巻予算(1)（神野直彦）第4巻予算(2)（宮島洋）および第19巻統計、第20巻年表・索引（東洋経済新報社、1990年5月～2000年5月）、真渕勝『大蔵省統制の政治経済学』中央公論社、1994年5月、牧原出『内閣政治と「大蔵省支配」——政治主導の条件』中央公論新社、2003年7月などを参照。
6）『中期経済計画　付　経済審議会答申』経済企画庁、1965年1月22日閣議決定。
7）池田政権については、塩口喜乙『聞書池田勇人——高度成長政治の形成と挫折』朝日新聞社、1975年、国家予算歩みの会編集部『国家予算の歩み 10 池田勇人』同会、1979年11月、吉村克己『池田政権・一五七五日——高度成長と共に安保からオリンピックまで』行政問題研究所出版局、1985年5月、伊藤昌哉『池田勇人 その生と死』

（至誠堂、1966 年 12 月、改題『池田勇人とその時代』朝日文庫、1985 年 8 月）、同『池田勇人』日本宰相列伝 21、時事通信社、1985 年 11 月、藤井信幸『池田勇人——所得倍増でいくんだ』ミネルヴァ書房、2012 年 1 月などを参照。

8) 『国民所得倍増計画に対する批判』経済企画庁総合計画局、1962 年 5 月。

9) 『国民所得倍増計画アフターケア総合報告案』経済企画庁総合計画局、1963 年 11 月 18 日、ならびに『国民所得倍増計画中間検討総合報告案』経済審議会総合部会、1963 年 12 月 6 日。

10) 『経済社会発展計画——40 年代への挑戦』経済企画庁、1967 年 3 月 13 日。

11) 『新経済社会発展計画』経済企画庁、1970 年 5 月 1 日。なお、菊池信輝「社会開発の挫折とその背景——経済社会発展計画を中心として」（年報・日本現代史第 14 号『高度成長の史的検証』現代史料出版、2009 年 5 月）を参照。

12) 楠田實『首席秘書官——佐藤総理との 10 年間』文藝春秋、1975 年 3 月、同編著『佐藤政権・二七九七日』上・下、行政問題研究所、1983 年 12 月、和田純・五百旗頭真編『楠田實日記——佐藤栄作総理首席秘書官の二〇〇〇日』中央公論新社、2001 年 9 月、佐藤政権に関しては他に宮崎吉政『宰相 佐藤栄作』原書房、1980 年 12 月、衞藤瀋吉『佐藤栄作』日本宰相列伝 22、時事通信社、1987 年 3 月、千田恒『佐藤内閣回想』中公新書 835、1987 年 4 月、若泉敬『他策ナカリシヲ信ゼムト欲ス』文藝春秋、1994 年 5 月、新装版 2009 年 10 月、伊藤隆監修『佐藤榮作日記』全 6 巻、朝日新聞社、1998 年 11 月〜1999 年 4 月、堀越作治『戦後政治裏面史——「佐藤栄作日記」が語るもの』岩波書店、1998 年 12 月などを参照。

13) 『日本証券史資料』第 9 巻「証券恐慌」（日本証券経済研究所、1994 年 12 月、解題小林和子）、資本市場の現代史におけるその位置づけに関しては小林和子『株式会社の世紀——証券市場の 120 年』日本経済評論社、1995 年 12 月、243〜274 頁を参照。

14) 『経済社会基本計画——活力ある福祉社会のために』経済企画庁、1973 年 2 月 13 日閣議決定。

15) 戦後政治および行政学関係の文献としては、後藤基夫・内田健三・石川真澄『戦後保守政治の軌跡——吉田内閣から鈴木内閣まで』岩波書店、1982 年 3 月、佐藤誠三郎・松崎哲久『自民党政権』中央公論社、1986 年 5 月、渡邉昭夫編『戦後日本の宰相たち』中央公論社、1995 年 10 月、升味準之輔『現代政治——1955 年以後』上・下、東京大学出版会、1985 年、豊田悠基子『「共犯」の同盟史——日米密約と自民党政権』岩波書店、2009 年 6 月、西尾勝・村松岐夫編『講座行政学 2 制度と構造』有斐閣、1994 年 9 月、城山英明・鈴木寛・細野助博編『中央省庁の政策形成過程——日本官僚制の解剖』日本計画政学会計画行政叢書 9、中央大学出版部、1999 年 1 月、城山英明・細野助博編『続・中央省庁の政策形成過程——その持続と変容』中央大学出版部、2002 年 5 月、草野厚『歴代首相の経済政策全データ』角川書店、2005 年 1 月、増補版 2012 年などを参照。

16) 三木政権以降への展望を概観すれば以下のごとくである。1974 年 12 月からの三木武夫政権は直前の福田内閣のもとで立案されてきた「昭和 50 年代前期経済計画」（1976 年 5 月）で安定と国際調整を重視し、76 年 12 月からの福田赳夫政権は「第三次全国総

合開発計画」(77 年 11 月) を策定し定住構想を展開した。78 年 12 月からの大平正芳政権は第 2 次石油危機に直面したが「新経済社会 7 ヵ年計画」(79 年 8 月) を策定し、他の先進資本主義国に対比すれば相対的に早い経済の復調をもたらした。80 年 7 月からの鈴木善幸政権は第二次臨調を設置して財政再建と行政改革の徹底を図ったが、これらの諸政権はいずれも在任期間が短かった。82 年 11 月に発足した中曽根康弘政権は、87 年 11 月まで 5 年間の長期政権となったが、経済計画の設定に関しては消極的で、83 年 8 月に作成された「1980 年代経済社会の発展と指針」はその名称に「計画」の文字を含まず、戦後日本で継続的に設定されてきた経済計画はほぼ 1970 年代末までにここに一応の役割を終えたとみてよいと思われる。なお、中曽根政権期の 1987 年 6 月に「第四次全国総合開発計画」を策定し、多極分散型の交流ネットワークを提案した。

　中曽根政権後、1987 年 11 月から 89 年 6 月までの竹下登政権は「世界とともに生きる日本 (経済運営五ヵ年計画)」(88 年 5 月) を作成し、91 年 11 月から 93 年 8 月までの宮澤喜一政権は「生活大国五ヵ年計画——地球社会との共存を目指して」(92 年 6 月) を、細川・羽田両政権ののち 1994 年 6 月から 96 年 1 月までの村山富市政権は「構造改革のための経済社会計画——活力ある経済・安心できるくらし」(95 年 12 月) と「計画」を作成したが、98 年 7 月から 2000 年 4 月までの小渕恵三政権は「経済社会のあるべき姿と経済新生の政策方針」(99 年 7 月) とふたたび「計画」の文字を含めなかった。この間の宇野宗佑 (89 年 6 ～ 8 月)・海部俊樹 (89 年 8 月～ 90 年 2 月)・細川護煕 (93 年 8 月～ 94 年 4 月)・羽田孜 (94 年 4 ～ 6 月) 各政権はいずれも短命で、計画の策定には至らなかった。ただし、村山政権ののち、96 年 1 月から 98 年 7 月までの橋本龍太郎政権は、国土計画の面で「21 世紀の国土のグランドデザイン」(98 年 3 月) で多軸型国土構造の長期構想を発表した。敗戦直後から大平内閣の「経済社会 7 ヵ年計画」(1979 年 8 月) までの経済計画を大観した総合研究開発機構編・星野進保著『政治としての経済計画』日本経済評論社、2003 年 11 月は、福田内閣が立案した「昭和五〇年代前期経済計画」をもって「政治としての経済計画」は終わったとし、経済計画の立案が各内閣の政策体系を総合し目標を設定してこれが経済政策運用の要とされる時代が終ったと述べている。

17) 池田は、田村敏雄を事務局長として 1958 年 7 月 10 日に星野直樹・高橋亀吉・櫛田光男・平田敬一郎・下村治などによる研究会を組織し、この研究会はのちに「木曜会」と名付けられ、伊原隆・稲葉秀三らも参加した。下村治の主張は以下の諸文献に表明されている。下村治『経済成長実現のために——下村治論文集』宏池会、1958 年 12 月、金融財政事情研究会編『日本経済の成長力——「下村理論」とその批判』同研究会、1959 年 10 月、下村治『日本経済の成長力』日本開発銀行調査部、1959 年 11 月、宏池会調査部『経済成長——それを推進するものと、それがもたらすもの』宏池会、1962 年 3 月、下村治『日本経済は成長する——消費者物価・金利・酪農』弘文堂、1963 年 10 月、同「日本経済の構造変化と資本市場」日本証券経済研究所『証券経済時報』特別号、1969 年 6 月、同「国際化時代における世界経済の動向と日本経済」(『同』特別号、1971 年 3 月)、同『経済大国日本の選択』東洋経済新報社、1971 年 11 月、下村治・竹

中一雄『日本経済の転換点』東洋経済新報社、1972年10月、下村治博士追悼集編纂委員会編『下村治』非売品、1991年6月、水木楊『思い邪なし――下村治と激動の昭和経済』講談社、1992年6月、上久保敏『評伝 日本の経済思想 下村治』日本経済評論社、2008年4月、下村治『日本経済成長論』中公クラシックス、中央公論新社、2009年3月。

18) 池田政権に関しては、吉村克己『池田政権・一五七五日』行政問題研究所、1985年5月、伊藤昌哉『池田勇人』日本宰相列伝21 時事通信社、1985年11月、渡邉恒雄述『渡邉恒雄回顧録』中央公論新社、2000年1月、御厨貴・中村隆英編『聞き書 宮澤喜一回顧録』岩波書店、2005年3月、沢木耕太郎『危機の宰相』學燈社・魁星出版、2006年4月などを参照。

19) 経済企画庁による経済計画・開発計画の立案並びに現状把握については、経済企画庁調査局編『資料経済白書25年』日本経済新聞社、1972年5月、経済企画庁編『現代日本経済の展開――経済企画庁30年史』経済企画庁、1976年8月、林雄二郎編『新版 日本の経済計画――戦後の歴史と問題点』日本経済評論社、1997年10月、土志田征一編『経済白書で読む戦後日本経済の歩み』有斐閣、2001年10月、総合研究開発機構編・星野進保著『政治としての経済計画』日本経済評論社、2003年11月、宮崎勇『証言 戦後日本経済――政策形成の現場から』岩波書店、2005年9月などを参照。

20) 第3部「民間部門の予測と誘導政策」では、貿易・経済協力の促進と産業構造高度化・二重構造緩和の二項目がたてられているだけであり、第4部「国民生活の将来」も雇用の近代化と消費水準上昇・高度化の二項に留まるのに対し、第2部は「社会資本の充足」「人的能力の向上と科学技術の振興」「社会保障の充実と社会福祉の向上」「財政金融の適正な運営」と詳細である。

21) 何よりもまず前掲の星野進保『政治としての経済計画』の見解を参照。また、下河辺淳『戦後国土計画への証言』日本経済評論社、1994年3月も参照。

22) 藤井信幸『地域開発の来歴――太平洋ベルト地帯の構想の成立』日本経済評論社、2004年6月は結局効率の高いベルト地帯への投資が実行され高度成長促進効果を持ったとする。同書は所得倍増計画や高速道路建設計画にも触れている。

23) 経済企画庁総合計画局編『総合的交通体系（所得倍増計画および全国総合開発計画草案から）』交通協力会、1961年10月25日。

24) 交通体系小委員会の課題は「経済成長に伴い隘路が発生しないよう各交通機関の輸送力を増加して、合理的交通体系を確立する」ことであって、隘路の打開策・都市交通体系・産業立地との関係・将来の輸送構造の推計などが課題とされ、国鉄・道路（建設省）・内航海運・港湾・観光・外航海運（運輸省）・通信（電信電話―郵政省・電電公社・国際電電）・自動車輸送（運輸省）などについて検討された。後に1967年の段階で全般的な交通計画検討したものに『交通計画の全貌』日本高速自動車道協会、1967年8月10日があり、交通投資の配分と交通体系整備・道路整備5ヵ年計画・高速自動車道建設計画・国鉄近代化5ヵ年計画・港湾整備・空港整備5ヵ年計画・大都市（東京）対策や勤労・通学対策と私鉄増強計画などが取り上げられている。

25) 本間義人『国土計画の思想――全国総合開発計画の三〇年』日本経済評論社、1992

第 1 章　経済計画と東海道新幹線　57

年 7 月、宮崎正康「地域開発政策と格差是正」(中村隆英・宮崎正康・前掲書所収)。

26) 新産業都市について、山崎澄江「高度成長期地域開発政策の形成——新産業都市の事例」(『土地制度史学』第 163 号、1999 年 4 月)は、この 1962 年 5 月の新産業都市建設促進法と 10 月の全国総合開発計画を戦後における地域開発政策の本格的展開の画期としている。

27) 政友会と憲政党が交互に政権を交代した時期における両党の経済政策体系の対比については、拙稿「1920 年代における積極・消極両財政路線」(中村隆英編『戦間期の日本経済分析』、山川出版社、1981 年 2 月所収) 参照。

28) 十河総裁在任時の新幹線建設と東京オリンピックに関しては老川慶喜「東海道新幹線の開業」(同氏編『東京オリンピックの社会経済史』日本経済評論社、2009 年 10 月、第 7 章)という十河総裁の就任・再任・辞任と第 1 次・第 2 次合理化計画期の国鉄経営の推移に注目した優れた先行研究がある。また、十河の出身地である愛媛県西条市の西条図書館は、「十河信二記念文庫」「十河信二氏蔵書」など新幹線ならびに各種の鉄道関係文献を豊富に所蔵しており、本章の新幹線に関する以下の記述は西条図書館所蔵の鉄道関係文献資料の一部を利用したものである。文献の利用にあたり便宜をはかられた伊藤宏太郎西条市市長・田中明教育長・山路健図書館統括館長・久米昌弘西条図書館長・尾崎俊十河信二記念館館長および関係者各位に厚く感謝する。また、各文献資料の利用に協力された吉澤眞・加藤新一・山口由等の三氏に深く感謝する。一般的な国鉄関係の年表としては、日本国有鉄道『日本国有鉄道百年史』年表 (1972 年 10 月) および同『鉄道要覧——国鉄統計ダイジェスト昭和 54 年版』233〜342 頁の「日本国有鉄道推移概観」を参照した。

29) 十河信二の戦前の活動については、有賀宗吉『十河信二』・『同別冊』十河信二傳刊行会、1988 年 6 月、十河信二『有法子』交通協力会、1959 年、ウェッジ文庫版、2010 年 2 月、同『私の履歴書』第 8 集 (日本経済新聞社、1959 年 4 月) 及び北条秀一編『十河信二と大陸』私家版、1971 年 4 月ならびに拙稿「一九三〇年代における満州経済統制政策」(満州史研究会編『日本帝国主義下の満州』御茶の水書房、1972 年 1 月)、同「『大東亜共栄圏』の経済的実態」(1974 年度土地制度史学会秋季学術大会共通論題「一九三〇年代における日本帝国主義の植民地問題」第一報告 (『土地制度史学』第 71 号、1976 年)、のち柳沢遊・岡部牧夫編『展望日本歴史 20　帝国主義と植民地』東京堂出版、2001 年 2 月に再録)、同「『満州』における経済政策の展開」(安藤良雄編『日本経済政策史論』下、東京大学出版会、1976 年 3 月)、同「十河信二」(伊藤隆・季武嘉也ほか編『近現代日本人物史料情報辞典』吉川弘文館、2004 年 7 月、239〜240 頁) を参照。

30) 組閣の途中で十河は交代し、五カ年計画実行内閣を作ろうとする石原莞爾らのいわゆる「満州派」の企画は最終的に実現しなかったが、その経緯については「林内閣成立の経緯」(浅原健三日記)」(秦郁彦『軍ファシズム運動史——3 月事件から 2.26 後まで』河出書房新社、1962 年、増補再版 1972 年 4 月、新装版、原書房、1980 年 1 月、381〜396 頁所収) を参照。

31) その経過を抄録すれば以下の通りである。中村運輸大臣が会長選任の件を諮り、平山

復二郎委員の「戦前の幹線調査会にも委員として御参割されており、この方面に御造詣が深い大蔵委員に」との推薦が異議なく了承されたが、大蔵は「会長をおひきうけする前に一こと大臣にお伺いしたい」、「昭和十四年頃ですかこれと同様な会があり」、「その時も決議をした」が「それが何等実行されずに今日に至っておる」、「もしなさる気があるならばその当時の決議を実行されたらいい」「またこの会を開きまして私が会長をつとめますと同じような結果が出るのではないかと思」うが、「この会議における決議をどこまで実現するお気持ちがあるか、この際はっきり大臣のお気持を伺いたい」、資金の点も「非常な問題と思」うが「大臣の御決意をまず伺ってから会長をお受けしたい」と畳み掛け、中村運輸大臣は「はなはだ念の入ったお尋ねで恐縮に存」ずる、戦前の御努力には敬意を表するが、その後日本の経済はすこぶる成長しているので事情もだいぶ変わった、単に皆様方の御意見を承るだけに追わるものではなく「運輸当局として御指摘の資金の問題につきましても努力」するので「何とぞ会長を引き受け」るよう懇請し、これをうけて大蔵は会長就任を受諾した（「第一回日本国有鉄道幹線調査会議事概要」5〜7頁、1957年9月11日）。なお、この第一回委員会で十河は一委員として次の発言を行った。「戦前にスタートした広軌新幹線を下回るような輸送力増強計画では間に合わぬではないかと考える。国鉄が本来の使命を遂行できるよう御援助願いたい」（『日本国有鉄道百年史』第12巻、120頁）。

32）東海道新幹線の計画、建設、初期の運営などに関しては、すでに多くの文献がある。日本国有鉄道『日本国有鉄道百年史』第12、13、14巻（1973年）交通協力会、1969〜1974年、同新幹線総局『新幹線十年史』交通文化振興財団、1975年12月、同『東海道山陽新幹線二十年史』1985年3月、東海旅客鉄道新幹線鉄道事業本部『新幹線の30年——その成長の軌跡』1995年2月などのほか、日本国有鉄道諮問委員会『国鉄経営の在り方についての答申書』1963年5月、新幹線総局『新幹線鉄道要覧』各年度版、『広軌新幹線講演集——その完成過程報告』日本交通協会、1964年5月、新幹線総局『新幹線ハンドブック』1977年3月、『新幹線鉄道要覧（部内用）』各年版、国鉄新幹線総局広報室『新幹線ミニ百科』1980年3月などがある。また、新幹線を各側面から照射した注目すべき一般文献として、角本良平『東海道新幹線』中公新書、1964年4月、加筆改題『新幹線開発物語』中公文庫2001年12月、青木槐三『国鉄』新潮社、1964年8月、一條幸夫・石川達二郎『国鉄は変わる——未来にいどむ長期計画』至誠堂新書、1966年3月、須田寛『時刻表にみる国鉄旅客営業のあゆみ』日本交通公社、1978年3月、海老原浩一『新幹線——「夢の超特急」の20年』日本交通公社出版事業局、1984年10月、高橋正衛『新幹線ノート』同刊行会、1986年6月、原田勝正『新幹線の事典』三省堂、1989年8月、須田寛『東海道新幹線——その足取りとリニアへの展望』大正出版、1989年10月、同『東海道新幹線三〇年』同社、1994年10月、海老原浩一『新幹線——高速大量輸送のしくみ』交通ブックス、1996年12月、山之内秀一郎『新幹線がなかったら』東京新聞出版局、1998年12月、朝日文庫版2004年8月、須田寛『東海道新幹線』JTB、2000年7月、改訂新版『東海道新幹線Ⅱ』同、2010年4月、近藤正高『新幹線と日本の半世紀——1億人の新幹線——文化の視点からその歴

第 1 章　経済計画と東海道新幹線　　59

史を読む』交通新聞社、2010 年 12 月、須田寛『須田寛の鉄道ばなし——鉄道営業近代化への挑戦』JTB パブリッシング、2012 年 3 月など。当初、新幹線で貨物輸送を行うことも検討されていたが実現しなかった。この点については、運輸調査局『東海道新幹線における貨物輸送方式——流通技術を中心として』同局調査資料第 616 号、1965 年 3 月および関山栄次『新幹線概史』同刊行会、1978 年 4 月が詳しい。また、1971 年に結成された新幹線公害対策同盟と翌年の名古屋新幹線公害対策同盟連合会・名古屋新幹線公害市民集会・新幹線公害追放運動全国大会・新幹線公害反対全国連絡協議会や成田新幹線建設への江戸川区・浦安町の反対運動などと関連して、船橋晴俊『新幹線をめぐる地域紛争の社会学的研究』社会問題研究会、1984 年 4 月、船橋晴俊・長谷川公一・畠中宗一・勝田晴美『新幹線公害——高速文明の社会問題』有斐閣、1985 年 12 月などがある。

33) 世銀借款を受けて内閣交代に関わらず新幹線建設の完成を保証する案は佐藤榮作の示唆によるものだとされている。伊藤隆監修『佐藤榮作日記』第 1 巻、朝日新聞社、1998 年 11 月の 1961 年 2 月 1 日・21 日条に佐藤・十河・世界銀行並びに大蔵省関係者の会食に関する記述がある。同書 436〜449 頁。挿話風だが柳井潔『証言記録国鉄新幹線』新人物往来社、1985 年 2 月、18〜22 頁は佐藤蔵相が国鉄の兼松学に語った内容を述べている。

34) 鉄道技術研究所監修『高速鉄道の研究——主として東海道新幹線について』(1967 年 3 月) による。研究の開始にあたって、島技師長が提示したコンセプトは 3S と 3G、すなわち safe, speedy, sure と cheap, comfortable, carefree であった。なお、技術者による新幹線計画の簡潔な総括として、加藤一郎監修・ダイヤモンド社編『東海道新幹線——高速と安全の科学』同社、1964 年 8 月、加藤一郎「東海道新幹線計画の概要」(『日本機械学会誌』1964 年 11 月号) があり、名古屋幹線工事局編『東海道新幹線工事誌』岐阜工事、1965 年 3 月、大阪幹線工事局『東海道新幹線工事誌』1965 年 10 月、日本国有鉄道車両設計事務所・東海道幹線電車製作連合体『東海道新幹線電車技術発達史 (総論) (各論)』1967 年 3 月などの工事誌や、町田富士夫・堀内義朗・片瀬貴文・西村昭三『新幹線の計画と設計』山海堂、1968 年 11 月、島秀雄『D51 から新幹線まで——技術者のみた国鉄』日本経済新聞社、1977 年 3 月、および島秀雄「東海道新幹線の開発を振りかえる」(『日本機械学会誌』1973 年 10 月号)、同「東海道新幹線——解説」(同誌、1995 年 5 月号)、やや局地的ではあるが用地取得の詳細な経過を記した桑澤弘『国鉄東海道新幹線用地取得回顧録』近代文芸社、1996 年 3 月、島秀雄遺稿集編集委員会『島秀雄遺稿集——20 世紀鉄道史の証言』日本鉄道技術協会、2000 年 3 月、仁杉巖監修・深澤義朗編著『新幹線保線ものがたり——東海道新幹線、安全・超高速・快適へのあくなき挑戦』山海堂、2006 年 2 月、斎藤雅男『新幹線——安全神話はこうしてつくられた』日刊工業新聞社、2006 年 9 月、などがある。なお、高橋団吉『新幹線をつくった男——島秀雄物語』小学館、2000 年 5 月も参照。

35) 研究課題ごとの班長をみると、高速車両とその運動を研究した三木忠直・松平精および自動運転方式を担当した篠原泰は海軍航空技術廠、交流電化担当の尾形秀人は海軍技

術研究所、高速運転用電車線構造担当の粂沢郁郎と信号方式担当の川辺一は陸軍技術本部に在籍した経歴があり、以前から国鉄在籍だった班長は高速運転用軌道構造および全体の統括をした星野陽一と制動方式担当の狩野英の両名だった。前掲柳井潔、47 頁。

36) 『交通新聞』1963 年 4 月 12 日。十河の大局観は、第一次産業革命は人間の肉体的機能を機械が代替したが、今世紀の二つの世界大戦により人間の頭脳の昨日をも機械が受け持ち、人間には困難な作業も一団の電子計算機が瞬時に成し遂げ、世界戦争と技術革命が絡み合って今や世界は歴史始まって以来のもっとも大きな転換の渦中にある、「第一次産業革命の所産の鉄道事業がこの転換期に如何に対処すべきか、正に是国政上の一大問題である」(十河信二「技術革命と新幹線」、前掲『広軌新幹線講演集』所収。1963 年の講演と推定される)。この講演集は、1963 年 1 月以降日本交通協会に新幹線特別部会を設置して聴取した講演速記を 1964 年 5 月 27 日に発行したもので、十河と並んで島秀雄、加藤一郎、石原米彦、大石重成のほか、角本良平（営業）、赤星国夫（試作車両）、国松賢四郎（電気運転・通信・信号設備）、五十嵐勇（用地買収）、高橋輝雄（列車計画）、青木槐三（世界の関心）、俵英一（乗務員育成）、川本勇（技術開発）などの講演が記録されている。

37) 1992 年 7 月 1 日の新幹線鉄道直通線（いわゆるミニ新幹線）として山形新幹線、97 年 3 月 22 日の秋田新幹線、89 年に着工した長野冬季オリンピック開催に合わせた同年 10 月 1 日のいわゆる長野新幹線（北陸新幹線の一部でフル規格）、2004 年 3 月 13 日の九州新幹線一部開業を経て 2011 年 3 月 12 日の九州新幹線全線開通により新青森から鹿児島中央までの新幹線による連絡が完成することになった。この他に、新幹線鉄道規格新線（スーパー特急）やフリー・ゲージ・トレイン（FGT）などの建設が検討されている。

38) マレー・ヒューズ著・菅建彦訳『世界の高速列車大競争』山海堂、1991 年 6 月。

39) ただし、吉川洋『高度成長――日本を変えた 6000 日』（読売新聞社、1997 年 4 月、中公文庫、2012 年 4 月）は明確に内因の重要性を強調しており、重視すべき見解であると考える。

40) 以上の高度成長期に関する文献としては、序章の末尾で列挙した文献のほか、官庁史及び政策金融史として通商産業省通商政策産業史編纂委員会編『通商政策産業史』全 17 巻（通商産業調査会、1989～1994 年 12 月）と大蔵省財政史室編『昭和財政史 昭和 27～48 年度』全 20 巻（東洋経済新報社、1990 年 5 月～2000 年 5 月）、宇沢弘文・武田晴人編『日本の政策金融Ⅰ――高成長経済と日本開発銀行』（東京大学出版会、2009 年 9 月）などがある。

41) 拙稿「戦後五〇年と日本経済」(『年報・日本現代史』創刊号「戦後五〇年の史的検証」1995 年 5 月) 99 頁。なお、同年報第 14 号「高度成長の史的検証」には、石坂友司「東京オリンピックと高度成長の時代」という本稿のテーマと重なる論文がある。

第2章　国民所得倍増計画と財政・金融政策

伊藤正直

はじめに

　本章は、1960年に池田内閣の下で策定・実施された国民所得倍増計画において、財政・金融政策がどのような位置づけを与えられていたか、大蔵省がこの計画にどのようなスタンスをとったか、を検討しようとするものである。表2-1にあるように、高度成長期には、鳩山内閣の「経済自立5ヵ年計画」から第3次佐藤内閣の「新経済社会発展計画」まで6つ、田中内閣の「経済社会基本計画」まで入れれば7つの中期経済計画が策定・実施された。

　これらの計画の大部分は、計画期間を5年としているが、中国やかつてのソ連の5ヵ年計画のように計画期間が満了してから次の計画がスタートする訳ではなく、内閣改造ごとに新計画の立案・策定が行われていた。また、1970年の新社会経済発展計画まではすべて、成長率の計画目標値を実績値が上回った。あるいは、65年の中期経済計画までは物価目標は設定されず、最初の経済自立5ヵ年計画以外は、失業率目標は設定されなかった。

表2-1　1955年から1980年代末までの経済計画

	策定年月	計画期間	内閣	実質成長率 計画　実績	物価目標有○	失業率目標有○	計画の方法
1. 経済自立5ヵ年計画	1955.12	5年	鳩山	4.9 < 8.8	×	○	コルム方式*
2. 新長期経済計画	1957.12	5年	岸	6.5 < 9.7	×	×	想定成長率法
3. 国民所得倍増計画	1960.12	10年	池田	7.2 < 10.7	×	×	想定成長率法
4. 中期経済計画	1965.01	5年	佐藤	8.1 < 10.1	○	×	計量モデル
5. 経済社会発展計画	1967.03	5年	佐藤	8.2 < 9.8	○	×	計量モデル
6. 新経済社会発展計画	1970.05	6年	佐藤	10.6 > 5.1	○	×	計量モデル
7. 経済社会基本計画	1973.02	5年	田中	9.4 > 3.5	○	×	計量モデル

注：＊「コルム方式ではない、誤解だ」、という評価〈山田雄三〉もある。

さらに、これら諸計画の「目的」と「重点課題」をみると、それぞれ次のようになっている。まず、1955年の「経済自立5ヵ年計画」では、目的に、①経済の自立、②完全雇用の2つが、重点政策課題としては、①設備の近代化、②貿易の振興、③自給度の向上、④消費の節約の4つがあげられた。続く57年の「新長期経済計画」では、目的に、①極大成長、②生活水準向上、③完全雇用が、重点政策課題には、①産業基盤強化、②重化学工業化、③輸出拡大、④貯蓄増強の4つがあげられた。60年の「国民所得倍増計画」では、目的に、①極大成長、②生活水準向上、③完全雇用が、重点政策課題として、①社会資本充実、②産業構造高度化、③貿易・国際経済協力推進、④人的能力の向上と科学技術振興、⑤二重構造の緩和と社会安定化、⑥安定成長の確保と財政金融の適切な運営、の6つが掲げられている。57年計画と60年計画で、まったく同じ目的＝最終目標が掲げられていること、にもかかわらず、両者の重点政策課題がかなり異なったものとなっていることに、ここでは注目しておきたい。

1960年代後半に入ると、経済計画の目的、重点政策課題は、明示的に転換する。65年の「中期経済計画」では、目的は、歪みの是正となり、重点政策課題として、①低生産性部門の近代化、②労働力の活用、③国民生活の質的向上があげられる。67年の「経済社会発展計画」では、目的は、均衡がとれ充実した経済社会への発展とされ、重点政策課題として、①物価安定、②経済の効率化、③社会開発の推進が掲げられる。70年の「新経済社会発展計画」では、目的は、①均衡のとれた経済発展の基盤の強化、②充実した経済力にふさわしい国民生活実現のための社会的基盤の整備とされ、重点政策課題には、①国際的視点に立つ経済の効率化、②物価の安定、③社会開発の推進、④適正な経済成長の維持と発展基盤の培養があげられる。そこでは、産業基盤整備から生活基盤整備へ、経済開発から社会開発へ、といった政策課題の転換が、スローガンとして打ち出され、歪みの是正、国民生活の質的向上が正面に掲げられるようになったのである。

これら高度成長期の中期経済計画それぞれをどのように評価するのか、その歴史的役割をどう位置づけるかについては、計画策定時の論争だけでなく、その後も含めると、かなりの研究がある。そこでは、経済計画の性格は、いつ頃、指令的 directive、統制的 controlling なものから、指示的 indicative、装飾的

decorative なものに変化したか、民間部門と政府部門の両者はどのように関連付けられ、その位置づけはどのように変化したか、経済計画は日本経済の構造をどのように把握し、その成長力をどの程度に想定していたか、などが論点となった[1]。また、「政策運営手法としての経済計画」、「政治としての経済計画」という観点から、高度成長期の経済計画を検討したものも現れている[2]。

　これらにより、それまで指摘されながらも充分には検討されなかった個別政策と中期経済計画の関係、具体的には、農業基本法、特振法、全総、新全総、貿易自由化、資本自由化、社会保障政策、公害対策立法などの個別政策と中期経済計画との関連が分析されるようになった。とはいえ、経済計画を具体的に立案・策定した政策主体内部の関係はどのようなものだったのか、政策立案の過程で、どのような意見の相違や対立が存在していたのか、大蔵省や通産省は計画にどのようなスタンスをとったのか、などは、いまだなお十分には明らかではない。

　筆者は、かつて1960年代の中期経済計画に対する大蔵省のスタンスを検討したことがある[3]。本小論はいわばその続編であり、60年に策定された国民所得倍増計画を素材とし、この計画において、財政金融がどのように位置づけられていたのかを明らかにすることを直接の課題とする。また、あわせて、この計画に大蔵省がどのようなスタンスをとったかについてもふれたいと思う。

　戦後高度成長期日本における大蔵省の政策理念は、通説的には、少なくとも1965年の長期国債発行が再開されるまでは、均衡財政主義ないし健全財政主義として理解されている[4]。もちろん、これらの理念は、戦後の成長政策と矛盾する訳ではなく、均衡財政と資本蓄積優先の成長政策が整合的である場合も当然想定できる。しかし、チャーマーズ・ジョンソンに典型的にみられるように[5]、高度成長期の経済政策においてしばしば国家介入型の成長政策として摘出されてきたのは、通産省が担う産業政策あるいは内閣が公式に決定する中長期経済計画[6]であった。大蔵省が担ってきたとされる財政金融政策は、均衡財政主義からの脱却をみる場合でもケインジアン・ポリシーと関連させて論じられ、いわゆる総需要管理政策は高度成長期に存在したのか、あるいは総需要管理政策が自覚的に追求され始めたのはいつからか、などという形で議論されてきた。

一連の中期経済計画を上述のようにとらえるならば、それと総需要管理政策とを直ちに等置することはできないだろう。しかし、国民所得倍増計画が閣議決定されたのが大蔵省出身の総理のもとであり、総理のブレーンが大蔵省のキャリア官僚であったということを考えるならば、大蔵省の均衡財政主義と国民所得倍増計画とがどのように折り合いが付けられたのかは、やはり、改めて検討される必要があるだろう。

1. 高度成長期の財政・金融

(1) 財政規模

ごく駆け足で、高度成長期の財政と金融を概観しておこう[7]。まず、財政から。1956年度まで1兆円予算の下、横ばいであった一般会計は、56年12月の石橋内閣池田蔵相の出現とともに、「一千億減税、一千億施策」の積極主義へと転換した。以後、一般会計歳出は、成長率と競う形で伸びていく。歳出規模は、55年度の1兆円から、60年度1.7兆円、65年度3.7兆円、70年度8.2兆円となった。15年間で8倍以上の伸びをみせたのである。もっとも、対GNE（国民総支出）比の一般会計歳出比率は、高度成長期にほぼ10％前後で安定し続けており、財政の伸び率と成長率はパラレルな関係にあった。

(2) 一般会計

一般会計歳出は、1950年代前半までの、防衛関係費や産業経済費にかわって、地方財政費、公共事業費、社会保障費、教育文化費の4者がほぼこの順番で比重を高め、4者で全体の50〜65％を占めるようになった。なかでも、「高度成長期の日本財政の一つの特徴は政府固定資本形成ないし公共事業の比重が高いことである」[8]といわれているように、この時期の「リーディングセクター」となったのは公共事業費であった[9]。公共事業費の重点は、初期の災害復旧費・治山治水費から道路へと移り、これに港湾・漁港・空港などの整備、林道・工業用水、農業基盤整備などを加えると、公共事業費の3分の2に及んだ。均衡財政による「小さな歳出」のなかで、「道路を中心とする国土保全及び開

発費に傾斜させて、成長に必要な社会資本を優先的に充実させる」、その結果として生ずる都鄙不均衡を地方財政費によって補填する[10]というのが、高度成長期財政の基本構造であった。

(3) 特別会計

もっとも、これは一般会計のみをみた場合のことである。特別会計、政府関係機関、財政投融資を合わせると、みえる財政の姿はもう少し違ってくる。まず、特別会計から。日本は、世界で最も特別会計を多くもっており、高度成長期には常時40前後の特別会計が存在していた。高度成長期の特別会計の膨張は、とりわけ1960年代後半以降急テンポとなり、55年度には2兆円弱であった特別会計歳出は、65年度には6兆円、70年度には15兆円、75年度には35兆円を上回った。特別会計は、施行する事業の性格によって、事業、管理、保険、融資、整理の5種類に分けられるが、高度成長期には多くの高度成長型特別会計が新設された。すなわち「特定多目的道路整備」「特定土地改良工事」「特定多目的ダム工事」「特定港湾施設工事」などの事業特別会計がそれである。これらは、高度成長を支える各種中長期計画に対応するものとして、一般会計から離れて財源を確保し、機動的に事業を施行するためにそれぞれ新立され、従来の事業特別会計とは異なって収益性をもたなかった。また、融資特別会計の柱である「資金運用部」も後述の財政投融資と連動して、重要産業への融資、資源開発などインフラ整備への出資・融資を行う特別会計として、高度成長期にその比重を増大させた。

(4) 政府関係機関

また、この時期には、多くの政府関係機関も新設された。その多くは、先行する占領期に特別会計で処理していたものを、経営の弾力化や能率向上を目的に政府機関化したもので、この時期には、3公社（専売、国鉄、電電）と10公庫および輸銀・開銀が存在した。その支出規模は、1955年度の7,500億円から65年度には3兆円、75年度には12兆円に達した[11]。とくに公庫の多くはこの時期に新設され、56年度新設の北海道東北開発公庫から72年度の沖縄振興開発金融公庫まで、やはり経済成長促進の基盤整備の役割を担った。

(5) 財政投融資

　財政投融資制度は、実態としては戦前の大蔵省預金部時代以来存在していたといえるが、財投計画が予算の参考資料として国会に提出されるようになったのは1953年度からのことで、高度成長期には「第2の予算」といわれるほど巨大化した。その規模は、55年度の3,000億円弱から75年度には10兆円近くまで、一般会計の伸び率を桁違いに上回って増大し、運用対象機関も55年度の23機関から、75年度の53機関まで倍以上になった。

　初期には、電力・鉄鋼・海運などの基幹産業や地域開発・国土保全が、1960年代以降は、住宅・生活環境整備、道路などの公共事業、中小企業等が、主要な投融資先であった。55年度から75年度までの20年間に、その構成比を上昇させた投融資先は、住宅（13.8%→21.4%）、生活環境整備（7.7%→16.7%）、中小企業（8.1%→15.6%）、道路（3.7%→8.0%）等であり、構成比を低下させた投融資先は、基幹産業（15.8%→3.0%）、農林漁業（8.9%→4.1%）、地域開発（8.5%→3.3%）、国土保全（7.1%→1.2%）等であった[12]。一種の「信用割当」によって産業基盤整備を行うとともに、低利融資という形で実質的な利子補給を行ってきたのである。60年代後半から、財投は生活基盤整備に徐々にシフトし始めるが、財投は一般会計とは異なって収益性原理が前提となるから、いわゆる「財投回し」がこの領域で増大することは、逆に財政の公共性という点から大きな問題を生み出すことになる。ここからみる限り、財投は、明らかに「小さな政府」の「抜け道」として機能したといえる。

　以上のように、高度成長期の特別会計、政府機関、財投は、「経済開発」に直接係わる部分を多く担った。いいかえれば、当時の均衡財政は、本来一般会計プロパーで行うべき活動を、特別会計、政府機関、財投に回すことによって実現されたといえる。この意味では、当時の財政は、総体としてみれば設計主義的であったといえるかもしれない。

(6) 金融市場

　次に、金融をみよう。全国銀行[13]の預金は、1955年の3兆7,243億円から60年の8兆8,722億円、65年の20兆6,531億円、70年の41兆3,088億円へと

11.1倍の増加を示した。預金者の中での個人預金の割合は、55年37.1％、60年40.7％、65年33.2％、70年36.9％とほぼ3分の1前後を推移した。全国銀行の預貸率を計算してみると、55年85.8％、60年92.2％、65年93.1％、70年95.6％と持続的にその比率を上昇させており、預金の伸びを超えて貸出の伸びが見られたことになる。この間の現金通貨残高が、55年6,330億円、60年1兆1,062億円、65年2兆2,642億円、70年5兆978億円であったことと比較すると、貨幣乗数は傾向的に高まっており、高投資＝高貯蓄のサイクルが、現金＜預金＜貸出という形での伸び率の差をもたらしたといえよう。

この貸出の推移をみると、実際、1955年3兆1,958億円、60年8兆1,826億円、65年19兆2,179億円、70年39兆4,793億円へと、12.4倍のさらに高い伸びを示している。貸出の業種別をみると、55年の上位5位は、卸売り（9,700億円）、繊維品（3,533億円）、鉄鋼（1,831億円）、化学工業（1,697億円）、食料品（1,520億円）であったものが、60年には、卸売り（2兆1,244億円）、繊維品（7,412億円）、化学工業（4,999億円）、鉄鋼（4,129億円）、電気機器（3,721億円）、65年には、卸売り（4兆6,376億円）、繊維品（1兆3,360億円）、化学工業（1兆1,986億円）、輸送用機器（9,984億円）、鉄鋼（9,745億円）、70年には、卸売り（9兆2,589億円）、化学工業（2兆1,581億円）、輸送用機器（2兆883億円）、小売（2兆394億円）となっている。第2位以下の順位の変動はありながらも、55年から70年まで、卸売り業への貸出が、圧倒的な比重を占め続けたことが特徴であろう。

(7) 資本市場

あわせて資本市場の推移もみておこう。高度成長の始まりとともに証券市場は急速に拡大した。全国上場株式の株式数と時価総額は、1955年の107億株、1兆1,019億円から、60年335億株、5兆6,435億円、65年834億株、8兆8,044億円、70年1,190億株、16兆8,247億円へと増加し、15年間で株数では11.1倍、時価増額では15.3倍となった。56年から企業増資の波が何回かの高下を繰り返しつつ現れたためである。50年代後半の増資は、海運、鉄鋼、電力などの旧型重化学工業が目立ち、60年代に入ると、それらに加えて、電気機器や自動車の増資が進展した。証券市場への資金の投入も、投資信託ブーム

と証券会社の預り運用が相まって、新たに個人投資家の株式市場への参入を生み出した。

公社債市場についても、金融正常化のなかで社債市場の「正常化」が図られ、以後、公社債発行高、同残高が、持続的に増大していった。発行高ベースでは、55年の2,985億円が、60年8,846億円、65年2兆5,677億円、70年5兆1,877億円と17.4倍、残高ベースでは、55年の7,053億円が、60年2兆3,225億円、65年7兆2,298億円、70年16兆7,299億円と23.7倍もの躍進を示したのであった。このうち、事業債のみの残高をとってみると、55年2,274億円、60年6,928億円、65年1兆7,494億円、70年3兆441億円となる。これだけでみると、当該期には、いわゆるエクイティ・ファイナンスの割合はかなり低かったようにみえる。もっとも、当該期の公社債残高のなかでもっとも高い比率を占めていたのは金融債であって、長信銀の貸出原資は金融債であったから、この点を考慮すると公社債の位置づけはもう少し高くなる。

(8) 金融構造

高度成長期の金融構造については、「間接金融、オーバー・ローン、オーバー・ボロウイング、資金偏在」として把握するのが、現在でも通説であろう[14]。もちろん、そうした特徴づけに対しては、その後、「伝統的な（イギリス流の）"サウンド・バンキング"観念をベースにした、主として観念上の危機感」による「不健全性」論、「特殊性」論にすぎないという批判も登場した[15]。MM理論の定着もあって、間接金融対直接金融という対比より、市場型対相対型、ボンド型対ローン型という類型化のほうがより実態に適合的である、という議論もあらわれた。しかし、「不健全」であるか、「特殊」であるか、という価値判断を別にすれば、企業金融の側からみても、高度成長期には、そこでの外部資金依存度の高さや銀行借入比率の高さといった特徴は厳然として存在したし、金融機関サイドからみても、オーバー・ローンや「資金偏在」といった事実が存在しなかった訳ではなかった。

よく知られているように、ここで示されている特徴は、高度成長期都市銀行の資金需給をベースにして抽出されたものである。平残ベースでの都市銀行の預貸率は、1955年の80％台後半から、以後急速に上昇し、57年には100％を

越し、65年までその水準を維持する。都市銀行の預貸率が100％を下回るのは60年代後半に入ってからである。これに対し、地方銀行の場合は、同じ平残ベースで見た場合、55年から70年まで、ほぼ一貫して80％台の半ばにある[16]。都銀のマネー・ポジション、それ以外の金融機関のローン・ポジションという対照的な姿がみられるのである。「企業集団、メインバンク、系列融資」がワンセットで検討されてきたのも、こうした背景のゆえであった。

(9) 「金融正常化」

　高度成長の開始時点、1955年の頃、金融市場は著しい緩和を示し、オーバー・ローンはいったんは解消したかのようにみえた。こうした状況のなかで、日本銀行は「金融の正常化」を政策目標として掲げた。55年8月にまず公定歩合を日歩4厘引上げ、コールレート指導を取りやめ、政府短期証券の公募を大蔵省に申し入れた。金利体系の正常化、金利自由化を目指したのである。しかし、他方、景気の過熱により、都銀のオーバー・ローンは短期間で再出し、57年には、日本銀行は、都銀に対して強力な窓口指導を行った。神武景気の終了とともに公定歩合は引下げられたが、59年から岩戸景気が登場するなかで、61年には経常収支の悪化が始まり、日本銀行は年初から公定歩合の引上げを模索していた。しかし、政府の反対もあって実際に引上げが行われたのは61年7月になってからであった。

　この間の金融政策について、日銀調査局長をつとめた呉文二は、1950年代から60年代の金融引締めは国際収支対策としてなされたといわれているが、「（昭和）三一年秋に新木総裁が金融引締めを考慮していたらしいこと、三四年の金融引締めなどを考えると、三〇年代前半には日銀は国際収支が現実に悪化する前に、国内物価が上昇しだした段階で金融引締めを意図していたように思われる。すなわち、通貨の対内価値の安定を目標としていたといっても、格別間違いではないような気がする。日銀の政策目標が、三〇年代後半から通貨の対外価値の安定に定着したのは、池田首相の所得倍増計画と関係があるのではなかろうか」[17]と述べている。この点は、後に改めて検討したい。

(10) 新金融調節方式

　岩戸景気がほぼ終了した 1962 年 10 月、公定歩合の引下げとともに、日銀はいわゆる新金融調節方式の採用を発表した。新金融調節方式は、①成長通貨の供給を、貸出ではなく債券買入によって行う、②市中銀行に対し貸出限度額を設け、それを超える貸出を原則として行わない、という 2 点を柱とするものであった。この方式の採用によって、都銀のオーバー・ローンを解消し、市場機能の活用を図ることが目的であったとされている。ただし、『日本銀行百年史』は、「オーバー・ローンの激化と表裏の関係にある財政資金の引揚げ超過の規模が拡大傾向をたどり、またその対策としてとられた措置にいろいろ問題があったことで、これが……新金融調節方式を実施する直接的な契機となった」[18]と述べ、直接の契機としての財政需給との関係を強調している。

　ここには財政当局と日銀の間での政策認識のギャップの存在が暗示されているが、それだけでなく、日銀内部にも、新金融調節方式の運用について、自由化思想と統制的思想ともいうべき「二つの考え方があり、十分な調整は行われていなかった」という。「実際には、設備投資の盛行により、銀行の貸出しは増大した。都銀の日銀借入れが貸出限度額を越えそうになると、都市銀行以上に日銀が困ってしまい、貸出限度額が守られるように債券買入操作を行わざるをえなかった。そこで、都市銀行の貸出しを抑制するためには、従来どおり窓口指導を行わなければならなかった。三九年の貸出増加額規制の実施は自由化思想の敗北を意味するものであった」というのが、当時の実態であった[19]。

(11) オーバー・ローンの是正

　ここで述べられているオーバー・ローンの是正が、金融制度調査会で審議されたのは、1961 年 6 月から 63 年 5 月にかけての時期であった。所得倍増計画が閣議決定された半年後から審議が始まったのである。答申は、オーバー・ローンの原因について、「オーバー・ローンは、基本的には、民間投資を中心とした経済の高度成長が行われる一方、財政は、その規模が増大してきたとはいいながら、健全財政の建前が貫かれたというわが国経済の成長構造に帰せられるというべきである」と述べ、民間投資中心の成長が続く限りオーバー・ロー

ンの解消は困難との認識を示した。

答申は、オーバー・ローンの弊害について種々指摘しながら、「これまで都市銀行がきわめて低い支払準備を持って問題が生じなかったのは、その不足資金が最終的には日銀からの借入れによって補填されてきたためである。……銀行が支払準備の不足を日銀からの借入れに依存することは、銀行経営の自主性、健全性にもとり、同時に預金者保護の観点からも問題であるといわねばならない。また、現在のように銀行の支払準備が少な過ぎる状態では、日銀の金融政策の有機的・一体的運用が困難といわざるをえない」と、都市銀行の支払準備の低位とそれを補填する日銀貸出に、問題の根因を求めている。新金融調節方式の実施は、これへの対応であったが、指摘されている問題点は、この実施によってもまったく解決されなかった。

2. 新長期経済計画の見直しから国民所得倍増計画の策定まで

上述のような財政・金融の推移を前提として、以下、国民所得倍増計画の立案・策定・実施の過程をみることにしたい。岸内閣の「政治の時代」から、池田内閣の「経済の時代」への転換を象徴するものといわれた国民所得倍増計画は、1960年12月に閣議決定された。計画は、10年間に国民経済の規模を倍増することを目標に掲げ、エネルギー政策、人的能力の開発、計画と財政の関係などについて大胆な問題提起を行ったが[20]、計画に近い構想は、すでに前年59年には出されていた[21]。岸内閣は、59年6月5日の閣議において、さきに自民党七役会で決定した「国民所得倍増計画」と「経済十ヵ年計画」の取扱いについて、秋の予算編成までに企画庁で詳細な計画を立案することを決定していたのである。もっとも、国民所得倍増計画の形成史という観点からみると、58年の新長期経済計画まで遡る必要があるだろうし、大蔵省の計画に対するスタンスという点を重視するならば、さらに遡って、55年の経済自立5ヵ年計画から検討する必要があるだろう。

(1) 経済自立5ヵ年計画

経済自立5ヵ年計画は、戦後初めて閣議決定された長期経済計画であった。よく知られているように、戦後占領期から、経済安定本部、経済審議庁は、経済復興計画（1949年5月最終案完成）を始め、いくつもの長期経済計画案を作成したが、これらは、いずれも政府の正式の計画にはならなかった。55年5月の閣議で「経済審議庁設置法の一部を改正する法案」が策定、法案は7月20日公布施行され、経済審議庁は経済企画庁に組織替えした。この組織替えに伴い、条文に長期計画の推進が加えられ、また、新たに関係各省庁に勧告する権限が、「長期経済計画を策定し、並びに長期経済計画に関する重要な政策及び計画について、関係行政機関の事務の総合調整を行うこと」と明記された。この法改正が、中期経済計画を政府の正式計画とする根拠となった。法改正を踏まえ、政府は、55年7月経済審議会に対して、「経済自立と完全雇用達成のための長期経済計画」についての諮問を行い、12月5日答申、12月23日経済自立5ヵ年計画は閣議決定された。

経済自立5ヵ年計画の審議過程での最大の争点は、財政問題への経済企画庁・経済審議会の発言権の問題と、予算規模の問題であった。経済企画庁は、長期経済計画は予算に反映されなければ実行性を持ち得ないと主張し、「総合経済6ヵ年計画の構想」（1955年1月18日）を年度予算に反映させようとした。しかし、大蔵省は、将来の予算が長期経済計画によって縛られることを強く嫌い、財政支出・財政投融資の金額を示そうとはしなかった。また、国際収支悪化による外貨危機という状況下で緊縮財政を遂行していた大蔵省にとって、中期経済計画の策定が、財政拡大への道を開き、緊縮政策を揺るがすことも強い懸念材料であった。こうして経済審議会においては、計画の立案方式をめぐって経済企画庁と大蔵省が対立し、一般会計の規模をめぐって、農林省を初めとする各省庁と大蔵省とが対立したのである。結局、答申は、大蔵省の意見を少数意見として付すという異例の形で決着した。

(2) 新長期経済計画とその見直し

策定された経済自立5ヵ年計画は2年間で放棄され、新長期経済計画にとっ

てかわられた。政権交代に加え、神武景気という大型好景気の出現により、経済自立5ヵ年計画の目標が、最初の2、3年で達成されることが明らかになったためでもあった。新長期経済計画は、1957年12月17日に岸内閣によって策定、閣議決定された。前の5ヵ年計画が復興や自立を目標としたのに対し、新長期経済計画は、①極大成長、②生活水準向上、③完全雇用を目的に掲げた。また計画の性格として「自由企業、自由市場を基調とする体制のもとにおいて、経済運営の指針となるべき」ことを謳った。さらにその計画実現の手段として、「直接的統制手段にうったえることを極力抑制し、民間企業の創意と活動力が経済発展の原動力となることに期待をおき、主として計画内容の周知徹底や、財政、金融、貿易為替政策等の間接手段によって計画の実現をはかろう」とした。

　国民生活水準の向上のために経済成長の極大化を目標とし、そのために民間部門には予測と誘導をはかり、政府部門は社会資本の充実に努めるという、のちの国民所得倍増計画において鮮明となる姿勢がこの計画には盛り込まれていた。また、計画作成の方法として「想定成長率法」がもちいられ、貯蓄投資、雇用、貿易などのバランスを制約条件としながら、実現可能な最大の経済成長率が選定され、6.5％の成長率が選ばれた[22]。この想定成長率法は、所得倍増計画における方法論上の準備作業の出発点となった。

　新長期経済計画は、10～20年という長期間にわたる経済見通しの作成も課題とした。これについては、1958年春から、総合計画局を中心とする諸外国経済計画研究会（58年4月）、稲田献一、星野芳郎を中心とする科学技術研究会（58年5月）、山田雄三を委員長とする方法論研究会（58年7月）、赤松要を委員長とする貿易構造研究会（58年9月）が、経済企画庁内に次々に設置され、その検討にあたっていた。これらの諸研究会での検討を受けて、59年4月、経済審議会に長期経済展望部会とエネルギー部会が設置された。長期経済展望部会のメンバーは、東畑精一を部会長とし、内田俊一、有沢広巳、小汀利得、中山伊知郎が委員となり、部会の下部機構として、総括、資本構造、鉱工業、エネルギー、農林水産業、貿易、雇用・教育・技術、国民生活、財政・金融の9部門を設置した[23]。こうした構成の方式は、国民所得倍増計画の際の部会設定に引き継がれた。

(3) 経済十ヵ年計画の試みと仕切り直し

　1959年5月末、岸総理は経済十ヵ年計画の策定について言及し、6月5日の閣議において、秋の予算編成までに企画庁で詳細な計画を立案することを決定した[24]。総選挙を控えて、来年度予算に間に合うように基本構想を立案するというのが岸総理の意向であり、7月8日にはその意向に沿って、岸首相、菅野企画庁長官、船田自民党政調会長の会談がもたれている。8月7日の閣議において、正式に長期経済計画の作成について了解され、以下の手順により計画を作成することになった。

　その手順とは、9月中に計画の基本構想を明らかにし、来年度予算編成に資するものとし、経済企画庁は各省と連絡を保って基本構想に必要な資料を整備し、構想の確立後はすみやかに経済審議会に諮問して計画の策定に入る、というものであった。この手順にしたがい、企画庁総合計画局は10年後のマクロ経済構造の投影作業をはじめ、8月26日に「投影作業のための概算資料」を自民党経済調査会に提出した。これは、1969年度において実質国民総生産が倍増することを目標にした場合主要経済指標がどうなるかを試算したものであった。その後9月1日、総合計画局は「中期的経済政策に関する問題点（試案）」を自民党経済調査会に提出、国民所得を倍増し、当面する構造変化に対応し格差問題の是正に努めて、社会的緊張を最小限にとどめるための条件を提示するなど、作業は岸総理の意向を反映して矢継ぎ早に進められた。

　しかし、このような自民党経済調査会と経済企画庁による性急な「基本構想」の作成に対しては、同庁の内部や大蔵省から強い批判が提示された。9月25日、大蔵省は省議で新計画の基本構想原案を検討し、総花的で重点がはっきりしない、健全な安定成長を図ることこそを強調すべきであり、明年度予算に関係する表現は避けるべきだ、との修正意見をまとめた[25]。それでも、企画庁は10月19日、「国民所得倍増計画の基本構想（案）」を各省連絡会議に提出し、10月20日には自民党経済調査会でも「国民所得倍増の構想」が了承された。これを受けて、政府は10月21日に経済閣僚会議を開いて23日には閣議で正式決定することとなった。しかし、21日の経済閣僚会議では、各閣僚（とくに池田通産相と佐藤蔵相）から、具体的な数値や体系化に多くの問題点が

あることが指摘され、基本構想の取扱いは29日の経済閣僚懇談会に持ち越された。結局、29日の経済閣僚懇談会で、所得倍増計画の政府基本構想は白紙に戻し、改めて経済審議会に所得倍増を目的とする新長期経済計画の作成について諮問することになり、審議は改めてスタートすることとなったのである。

(4) 国民所得倍増計画の諮問

こうして1959年11月26日「国民所得倍増を目標とする長期経済計画いかん」との諮問が、改めて岸総理より、石川一郎経済審議会会長に対してなされた。これを受けて、12月4日　経済審議会は、①早い機会に国民所得倍増を達成すること、②計画期間を前期5年、後期5年とし、③既存の総合政策部会を長期経済計画の総合部会とし、中山伊知郎を部会長として計画の大綱を決めることなどを決定した。総合部会は、59年12月15日、60年1月14日と開催され、計画の前提条件として、①日本経済の成長力をどうみるか、②世界経済の今後の大勢をどのように考えるか、について審議され、とくに①の成長力について議論が集中した。自給力に対する産業構造の変化や技術革新の影響、オーバー・ローンなどの金融的要素、貿易自由化と国際収支の関係などと成長力を制約する要因について諸々の意見が出され、結局総合部会で成長率をひとつにしぼることは不可能であり、前回の計画のとおり、複数の見通しを立ててしぼっていく、そのための小委員会を設置するということになった。

翌2月2日、総合政策部会は、政策検討小委員会（稲葉秀三委員長）と方法論小委員会（山田雄三委員長）の設置を決定し、両者は、それぞれ、計画の性質と方法（フレーム・ワーク）について検討を進めることとなった。稲葉委員会は、「政策の柱について」を検討課題とし、検討の結果、①社会資本の充実、②産業構造高度化への誘導、③人的能力の向上、④二重構造の緩和と社会的安定の確保、⑤経済的安定の確保（財政金融政策の適正化）を柱とすることとなった。また、山田委員会は、「所得倍増計画のためのフレーム・ワーク」を検討課題とし、①年成長率7.2%を想定する、②目標年度を1970年度とし、基準年次は1956〜58年度平均をとる、③基準価格は1958年度とする、④今後10年程度の期間について年率6.5〜8%の成長が可能と判断する、などをフレーム・ワークとすることとなった。

この小委員会での検討結果が、4月26日の総合政策部会で報告され、政府公共部門部会、民間部門部会、計量部会の4部門に分けて具体的な作業を進めていくことが決定された。総合政策部会は、以上の成果をとりまとめて「国民所得倍増計画作成要綱」を作成し、5月19日に経済審議会に提出した。

(5)　4部会、17小委員会のスタート

1960年6月2日、新設された4部会の合同会議が開かれ、各部会（小委員会）の委員、専門委員（約250名）の初顔合わせが行われた。政府公共部門部会、民間部門部会の下には、政策の柱に掲げられた検討事項を審議するために小委員会が設けられ、4部会、17小委員会の構成で所得倍増計画の作業は進められていった。

部会・小委員会の構成は以下の通りであった。部会は、総合政策部会（部会長　中山伊知郎）、政府公共部門部会（部会長　稲葉秀三）、民間部門部会（部会長　高橋亀吉）、計量部会（部会長　山田雄三）の4つ、小委員会は、政府公共部門部会の下に、投資配分小委員会（小委員長　稲葉秀三）、産業立地小委員会（小委員長　土屋清）、交通体系小委員会（小委員長　秋山竜）、住宅・生活環境小委員会（小委員長　谷重雄）、治山・治水小委員会（小委員長　福良俊之）、エネルギー小委員会（小委員長　巽良知）、科学技術小委員会（小委員長　向坊隆）、教育・訓練小委員会（小委員長　佐々木重雄）、社会保障小委員会（小委員長　今井一男）、財政金融小委員会（小委員長　森永貞一郎）の10委員会、民間部門部会の下に、民間総括小委員会（小委員長　高橋亀吉）、工業高度化小委員会（小委員長　石原武夫）、貿易小委員会（小委員長　赤松要）、農業近代化小委員会（小委員長　的場徳造）、中小企業小委員会（小委員長　竹内正巳）、賃金雇用小委員会（小委員長　内藤勝）、生活水準小委員会（小委員長　氏家寿子）の7委員会、であった。

計量部会および各小委員会の作業は、当初の予定では、審議は8月一杯までとし、9月には報告作成・提出することを目途とした。しかし、結局、9月は小委員会内部ならびに相互間の調整に使われ、各小委員会から報告が提出されたのは9月下旬ないし10月初旬になってからであった。各小委員会での作業は、①17の小委員会が政府公共部門、民間部門に分かれてそれぞれの担当分

野で詳細な検討を実施し、投資配分、民間総括小委員会はそれぞれの部会の調整を行う、②とくに計数的事項については、フレーム・ワークで算出された試算値を、検討材料ないし小委員会独自の推定作業の根拠として使用する、③これを、計量部会が、各部会の結果が経済全体で整合性からみて妥当であるかという観点から修正ないしチェックするという形で進められた。

　フレーム・ワークのモデルは、需要、供給、就業、分配部門から構成、それぞれ関連の変数を決定する方程式体系で構成された。方式としては、冒頭で述べたように想定成長率法、すなわち所得倍増という前提条件に対応した成長率を先決し、これを前提として、モデルに使用するパラメータを決定し、モデル体系に対応するよう各部門の数値を試行錯誤的に変更しながら最終的に決定していく方法がとられた。ただし、パラメータには資本係数とか消費性向、種々の所得弾性値など予測的なものと、行政投資率、間接税率、直接税率など政策的・制度的なものがあり、後者については部会からの代案に沿って変更可能であり、前者については予測値とはいえ、政策的意味合いも含め幅をもたせて変更可能であるとされた。

　なお、8月29日に開催された経済審議会では、各小委員会の経過が説明されたが、政府公共部門部会長からは租税負担率をあげないという前提では各小委員会が考えている公共投資計画に応じることができず、重点化とともに税制・財政の点で考慮して欲しいこと、民間部門部会長からは自由経済の観点から、政府には隘路の問題、金融・税制について要求的な答申を出したい意向があり、これに対応して公共投資に対応した公債発行の可否、一部の重要物資で物価の変動が大きいこと、成長制約要因として輸出の動向が問題であることなどの意見が出された。

(6) 池田内閣の発足と倍増計画の閣議決定

　こうして経済審議会で、国民所得倍増計画の立案作業が進められているさなか、新安保条約批准の過程での混乱の責任をとる、として岸内閣が退陣、1960年7月19日に池田内閣が発足した。発足した池田内閣は「寛容と忍耐」をスローガンとし、国民所得倍増計画を最大の政策課題として、「政治の時代」から「経済の時代」への大胆な舵切りを行った。もっとも、池田は、岸総理の要

請を受ける形で、岸内閣に通産大臣として入閣していた。そして、通産大臣時代から、池田のブレーンとなっていた下村治[26]の高度成長論をバックボーンにして、積極財政論、高度成長論を主張していた。

1959年には、岩戸景気が本格化するなかで、長期的成長への期待も高まり、59年1月3日には、『読売新聞』のコラムで中山伊知郎が「賃金二倍論」を発表し、池田も、2月に広島の講演で「月給二倍論」を提唱した。この池田の理論的バックボーンになったのが、下村治であった。下村は、その前年の58年、木曜会を結成し、経済理論や経済分析についての研究を進めていた。「七人の侍」といわれた木曜会のメンバーは、下村治のほかに、高橋亀吉、平田敬一郎、星野直樹、櫛田光男、稲葉秀三、伊原隆であった。そこでの議論について、下村は、次のように述べている。「アメリカのケインズ論は成長論から需要管理論に変化している。経済企画庁もその影響を受けていますが、需要の増加即成長という表現をする。……われわれが考えていたときの成長というのは、設備投資がどうであるかということが中心なんです。設備投資で生産力の増強、生産性の向上があって、それに見合った成長になるんだ。初めから需要論じゃないんですよ」[27]。

そして、この考え方に基づき、1959年2月には、「日本経済の基調とその成長力」を『金融財政事情』に発表し、新長期経済計画における想定成長率(6.5％)を日本経済の潜在的成長力からみて低すぎ、10％成長が可能であるとして批判していた。経済企画庁総合計画局長であった大来佐武郎、都留重人らとのいわゆる「成長力論争」は、ここから始まった。

池田と下村とを引き合わせたのは、宏池会の田村敏雄であった。田村は大蔵省若手官僚を集めて「土曜会」という勉強会を開き、のちに経済企画庁・経済審議会の所得倍増計画における主要経済指標の推定作業とは別個の推定作業(下村プラン)を行う実働部隊としたという[28]。60年8月には、下村プランが作成されており、そこでは10年間で10％成長が可能なことが詳細な数値を提示して主張されていた。これを背景にしてか、9月5日に池田内閣は、63年度まで平均9％の経済成長を達成するという新政策を発表したのである。

この点について下村自身は、「だから企画庁の場合とこっちの場合とでは、成長の条件をどう見るか、それを重視するかしないのかという根本のところが

違っていたんです。もう一つ違うといえば、企画庁は計画というのですが、私どものほうは計画なんていうものは成り立つはずがないんだということで、できるだけ成長を伸ばす政策しかないんだと考えておった」[29]と述べている。また、当時、大来総合計画局長の下で、倍増計画の策定作業にあたっていた宮崎勇の次のような回顧もある。「下村さんが、経済審議会の事務局としての企画庁の案とは違う案をつくる。目標は大体同じなんですが、できるだけ高い成長をして完全雇用を実現する、そのことを通じて国際均衡を回復して自立をする、所得拡大を通じて生活水準をよくする。民間投資を中心にして、投資が投資を呼ぶ形で拡大していくというのが下村さんの考え方です。企画庁の考え方は、民間投資だけでなく、公共投資もやって、社会資本を充実させて、拡大を図っていく。その目的についてはだいたい同じなんですが、その辺の感じは違うし、結果としてでてくる成長率も違う」[30]。

　9月下旬から10月初旬になると、上述のように各小委員会から報告案が提出され、10月10日付けで計画案の第二稿が校了し、同月25日には、総合政策部会で審議が行われた。この会議で計画案は決定し、11月1日経済審議会は政府に国民所得倍増計画を答申した。しかし、この答申には、自民党側から強い不満が出された。3年間9％成長は党の公約になっており、計画はその趣旨を十分に織り込んでいない、自民党農林漁業基本問題調査会の案に比べて農業の計画が消極的すぎる、というのが批判の要点であった。結局、12月27日「国民所得倍増計画の構想」を別紙として添付し、年9％成長の実現や農業近代化などの政策を弾力的に措置するという内容の付帯文をつけることで決着がついた。

　その基本的枠組は、今後、①技術革新と近代化が特定の産業や大企業中心から広く関連産業や中小企業に波及、深化する、②人口動態の先進国移行に伴って計画後半期に労働力不足が強まる、③貿易為替自由化が促進される、という変化を予想しつつ、①社会資本の充実、②産業構造の高度化、③貿易と国際協力の促進、④人的能力の向上と科学技術の振興、⑤二重構造の緩和と社会的安定の確保、⑥安定成長の確保と財政金融の適切な運営、を計画の中心課題として、安定的高度成長を持続し、国民生活水準の向上と完全雇用の達成を図る、というもので、当初方針を改めて確認するものとなった。

3. 国民所得倍増計画のアフターケア

(1) アフターケアのスタート

　スタートした国民所得倍増計画は、10年間に国民経済の規模を倍増することを目標に掲げ、エネルギー政策、人的能力の開発、計画と財政の関係などについて大胆な問題提起を行った。とはいえ、同計画は、それぞれの計画対象について出発点と目標を示したものの、その経過年次については触れることが少なく、ただ計画当初3年間についてのみ9％の成長率を期待しているに過ぎなかった。ところが、現実の日本経済の推移は、10年間の平均成長率7.2％、当初3年間9％という計画の高い目標成長率を、さらに上回るテンポで進行した。成長率は、1960年度13％、61年度14％と2桁、民間設備投資は計画の3倍近い年平均18.3％の伸び率を記録し、第二次産業の伸びは重化学工業を中心として計画2年目の61年度には10年後の目標値を達成してしまった。計画の目標と実績の乖離がスタート直後から表面化したのである。

　このため計画策定4ヵ月後の61年4月、計画と経済の実勢および各界の経済運営とを対比検討し、計画のアフターケアを行って必要な意見表明を随時行うために総合部会が設置され、同時に、技術革新の急速な進展に対応する人的能力の伸長・活用に関する長期的基本政策を確立することを目的として人的能力部会が設置されることになった[31]。計画スタート4ヵ月で見直しが要請されたのである。

(2) 総合部会の設置と議論

　この目標と実績の乖離をどうみるかについては、実績を前提にしてさらに進行することこそが望ましいといういわゆる下村理論の立場と、実績は中長期的には日本経済のバランスを崩し、国際収支、労働力、格差、物価などでボトルネックが生ずるという見方の対立が、アフターケア当初から存在した。設置された総合部会は、倍増計画の答申における「計画作成後の状況の検討や計画実施との関連において審議を続けられるような措置をとってもらいたい」という

要請に沿って設置されたものでもあったが、その立脚点はどちらかというと後者に近く、そこでは種々の定量的、定性的検討が白熱した議論を交えて行われた。

1961年4月28日に開催された第1回部会において、中山伊知郎部会長は、「実勢が計画の線を上回っているのは事実だ。どこかで落ち込みが来るか、目標が早く実現できるか、どちらかになる。これをつきつめることが根本問題だと思う」と問題提起を行い、設備投資、国際収支、格差・物価の3つの問題を、計画の進展に伴って惹起する摩擦として重点的に取り上げることとした。

議論は、現状の構造のままで予想より高い成長が続けば、どこにボトルネックが生ずるのか、あるいは生じないのか、という形で進行した。この過程で、国際収支面、労働、資金面での隘路が生ずる危険が大きいという議論が有力となり、同年6月、計画は大筋で正しいが、民間設備投資のテンポが速すぎて国民経済上のバランスを欠くようになっており、慎重な民間設備投資を望むという部会長談話が発表された。実際、景気の過熱のなかで、輸入増大を主因として国際収支の悪化が急激に進行した。このため、国際収支対策が緊急に必要となったが、同年11月、総合部会は、国際収支対策と長期的な計画推進のバランスを取るために、政府に対する弾力的な財政措置を要請するという部会長談話を発表した。

さらに、1962年3月には、物価、賃金、生産性の関係についての検討が行われ、「昨秋以来の国際収支改善対策の実施により、金融はかなり逼迫しているにもかかわらず、需要はかなり根強いものがあり……この実勢のまま推移すれば、今年下期の国際収支均衡の目標達成を困難にするおそれがある。従って、この際政府は、従来の金融引締政策を堅持し、特に設備投資の一層の抑制に努めるとともに、産業界、金融界も挙げて景気調整策の浸透に格段の協力を行う必要がある」との談話を発表した。総合部会では、計画の前倒しというかたちでは高成長、高設備投資に伴う種々の問題点を解決できない、という認識が次第に共通されていった。

(3) アフターケア後期

1962年10月の委員任期満了による交替を受けて、63年1月、経済審議会は

新体制の下での第1回の会議を開催した。この第1回の審議会では、経済審議会委員の大幅交替もあって、アフターケアの目的や範囲を見直すべきであるという意見が登場した。3月15日の総合部会において、中山伊知郎部会長は、「計画と実績の間に大きな違いがあった。これを現在の段階でどう考えるか。これがアフターケアを受け持つ部会の総括的な仕事だと思う。第一は、その原因の検討だが、原因の中には経過的なものも将来に大きい影響を与えるものもあろう。それをつきつめていくことが重要だ。もう一つの種類の問題は、倍増計画を立てたときには相当広い範囲でいろいろの要因を検討したのだが、それ以外にも相当重要なものはないか。将来の計画の実行、政策に影響をもつものとして取り上げなければならないものがあると思う。……将来の計画がどうなるかということは、この二つの検討を終わった後に改めて考えていただくという順序にしたい」とアフターケアの課題を提示した。

しかし、この中山部会長の提起に対し、「ここで謙虚に再検討を要することは、計画の打出し方が悪かったかどうかということもその一つだが、より根本的なことは、客観的な事情を見誤っていた点はないか、ということだと思う」、「ふたつ考え方があると思う。その一つは所得倍増計画をやり直すという考え方、もう一つは、前向きで解決する政策をどうすればよいかという点に重点を置いてやる考え方だ」という形で、計画そのものの見直しを含めて検討を行うべきであるという意見が登場した。アフターケアの方針・重点の置き方について、アフターケア後期の出発点から見解が対立したのである。

63年4月2日の経済審議会でも、同様の議論がより強い形で登場した。中山総合部会長の、「第一に、計画と実績の違いがどこにあり、その相違をもたらした原因は何かを究明する、第二に、わが国経済の現状をどのように評価すべきかを検討する、第三に、計画作成時に予想されなかった新しい条件や、計画で採り上げていない問題点をも検出し、それらが今後長期にわたって日本の経済の安定成長を図っていく上にどのような影響を与えるかを考える」という「前向き」の方向提示に対し、委員の側からは、「所得倍増計画をどうするかは後で考えるということだが、過去、現状の分析は大事だし大いにやっていただきたいが、一部委員から出たという前向きのこと、計画自体の検討もアフターケアの中に含まれているはずで総合部会は当然そこまでやるべきではないの

か」、「前向きという点だが、総合部会でやるのは前向きというが、結局現状分析にとどまって、本当に前向きではないのではないか。……分析の結果、計画自体を変えるなり、短期の計画を立てるなり前向きのことをするのでないと長期計画の意味はない」といった批判が続出した。中山素平、木川田一隆、今里広記など経済同友会のメンバーが、新たに経済審議会委員に加わったことがこうした見解表明の背後にあったといえる。

(4) 分科会の再組織

このような経済審議会の議論を受けて、1963年4月25日に開催された総合部会では、計画自体の再検討、再立案も含めた形で審議・検討を進めるという、従来よりも一歩立ち入った立場が表明された。「(昭和)35年秋に倍増計画を発表したが、その後36年には民間設備投資がどんどん進んだ。これでは危ないですよという警告をした。そういうのが常識的なアフターケアだが、今度はそれだけでは具合が悪い。2年間のずれが大きく、現在の経済状態は警告だけではすまない」、「現状の問題は、現在の問題がすべてその中に入っている。現在に立った政策の基本を立てるという気持ちでやってほしい。しかし、それを計画の改訂として出すか、アフターケアという形にするか、全く新しい形にするかは9月以降検討したい」。

議論の結果、アフターケアの基本方針について、①計画と実績の違いがどこにあり、その相違をもたらした原因は何か、②わが国経済の現状をどのように評価すべきか、③計画作成時に予想されなかった新しい条件や、計画で採り上げていない問題点をも検出する、という3つの観点から、計画の再検討を行うことが決まり、総括(中山伊知郎部会長、以下同)、国民生活(大原)、物価(馬場)、労働(福良)、産業構造(高橋)、社会資本(稲葉)、国際経済(水上)、財政金融(河野)という8分科会の新体制がスタートした。

(5) 中間検討報告の作成

以後、分科会は1963年12月まで頻繁に開催され、合計すると94回に及ぶ審議の末、同年12月6日に「中間検討報告」が作成された。アフターケアではなく「中間検討報告」とされた理由は、「その(倍増計画策定の)当時と今日

の日本経済の状態を考えますとわずかな期間ですが内外の状勢に相当の変化があります。何か覚悟を決めて方針を打ち出さなければならないように感じます。そのような状勢変化につきましてはごく最近迄この報告案にとりいれられてはおりますけれども、なおこの点について私共は改めて皆様の御意見をうかがう機会をもちたいと考えております。この様な意味も含めましてアフターケアと云う名前で始めた仕事ですが中間検討と改めた方がよい」（中山部会長の総合部会での説明）と考えたところにあったという。

中間検討報告は、計画と実績の乖離の検討に際して、計画の方法論上の問題や基準年次と目標年次、中間年度の位置づけなどの問題点を指摘した上で、高度成長の成果を、①工業構造の高度化、②国際競争力の強化、③雇用の大幅な増大、④1人当たり国民所得の増大と国民生活の向上、⑤社会資本に対する投資の増大の5点にまとめた。他方、報告は高度成長のひずみについても多く指摘し、①高度成長過程における安定性保持、②消費者物価の上昇、③低生産性部門の立ち遅れ、④経済社会発展の基盤整備の遅れをとくに強調した。さらに、今後の経済成長にとっての新たな条件として、①開放体制への移行、②労働力需給の逼迫、③高水準の産業設備投資をあげ、人的・物的生産性上昇の必要性を訴えた。

中間検討報告は、1963年12月19日総理大臣に提出された。翌64年1月、この報告の趣旨に沿って、総理大臣より改めて「国民所得倍増計画の残された期間における中期計画いかん」の諮問がなされ、同月22日の経済審議会において、この諮問をどう受け止めるかが議論された。議論は、「この5年間の新しい計画を作成するに当って、10年の倍増計画は形式的にも破棄して新しい見地から作成すべきものと解釈すべきであると考えるか、それとも10年の倍増計画の枠内のものなのか」から始まった。中山前部会長は、①高度成長に伴って出てきたアンバランスの是正、フォローアップを中心とする、②政府の政策を中心とした計画を立案する、③民間中心にガイドポストに限定して見通しを提示する、という3つのやり方があるとし、中山自身は、中間検討報告を作った際の「皆の意向としては政府の政策を中心にやることには気乗りしない空気であったし、民間部門をしばることはできるだけさけ、ガイドポストとしてやった方がよいという傾きが強かった。しかし、そのようなやり方ならば、私

自身としてはやる気はしない」とした。

　この中山説明に対しては、「倍増計画にはこだわらないが、計画ということにはこだわる。政府のは計画でよいが、民間の見通し、ガイドポストということを当初からはっきり決めるべきである」、「中山委員のあげた3つのポイントは相互に関連があるが、第2の点が大切である。自由化が進められ、アンバランスがでてきたとき、これを修正するのは予算か金融以外に手はない」と賛否両論がでた。結局、当初予定していた新しい部会の名称を計画部会から企画部会に変更して、審議がスタートすることとなり、これにあわせて総合部会はこの時点で廃止された。こうして、1961年4月から63年12月まで続いた所得倍増計画のアフターケアは終了し、65年からスタートする中期経済計画の審議が始まることとなった。

4．国民所得倍増計画における財政・金融問題

　国民所得倍増計画の諮問からアフターケアに至る過程は以上のようであった。上述から明らかなように、経済審議会での計画の検討作業は、政府公共部門部会と民間部門部会の2つを置き、公共部門については「行政投資率、間接税率、直接税率など政策的・制度的なもの」をパラメータとする計画性の強いもの、民間部門については「資本係数とか消費性向、種々の所得弾性値など予測的なもの」をパラメータとする予測性ないし期待性の強いものとし、全体のバランスをとるというものであった。先にみた宮崎勇の回顧、「企画庁の考え方は、民間投資だけでなく、公共投資もやって、社会資本を充実させて、拡大を図っていく」という回顧は、これをはっきりと示すものである。全体のトップであった中山伊知郎部会長の考え方もこうしたものであった。

　しかし、池田のブレーンとなった下村の考え方はこれとはかなり異なっていた。同じ宮崎の回顧、「下村さんが、経済審議会の事務局としての企画庁の案とは違う案をつくる。……民間投資を中心にして、投資が投資を呼ぶ形で拡大していくというのが下村さんの考え方です」という回顧は、このズレを簡潔に表現している。下村自身も、「企画庁は計画というのですが、私どものほうは計画なんていうものは成り立つはずがないんだということで、できるだけ成長

を伸ばす政策しかないんだと考えておった」と述べ、ズレの存在を自認していた。また、政府公共部門部会の稲葉部会長、民間部門部会の高橋部会長は、ともに、下村の主宰する「木曜会」のメンバーであったから、倍増計画の答申は、この2つの考え方の妥協ないし混在物だったのである。この点を、政府公共部門部会財政金融小委員会、アフターケア総合部会財政金融分科会での議論をトレースすることからみていきたい。

(1) 財政金融小委員会の経過

国民所得倍増計画は、重点政策課題の柱の最後に「安定成長の確保と財政金融の適正な運営」を掲げていた。この問題の審議を担当したのが、財政金融小委員会であった[32]。第1回の会合で、大来局長は「計画の役割について政府は公共部門について計画性をはっきり出し民間については、現在では物質的な面での隘路はなくなっている事でもあるので自主的活動にまち、必要に応じ誘導政策を考える事とした。従って、財政金融小委員会は量の問題のみならず質的、制度的問題も取上げてもらいたい」[33]と、小委員会の課題と方向を提示した。

小委員会は、1960年6月15日から9月24日までの間に9回開催され、さらに、9月22日に資金配分額の調整のため、財政金融、投資配分、社会保障の合同会議が開催された。小委員会の基本方針が確定したのは、7月8日の第3回で、①財政規模としてはおおむね現状通り推移し、その指標としては新長期計画と同様に財政収支バランスによる合計を取る、②租税負担率は現状程度（20.5％）とする、③社会資本不足を補填するために公債を発行することはしない、④軍事費は対GNP比一定として財政消費のなかにプールする、の4点が確認された。

この間、第1回、第2回の会合では、大蔵省主税局、主計局からの資料提出とヒアリングが行われ、歳入見通しや財政規模、租税負担率について議論がなされた。基本方針確定後の第4回の会合では、金融関係の事項につき日本銀行、大蔵省理財局、銀行局、為替局からの資料提出、ヒアリングが行われ、公債発行についての議論もなされている。第6回には、再び為替局から、外資導入、海外投資、資本収支についてヒアリングが行われ、計画期間中の外資導入や資本収支パターンについての議論が行われた。第7回には民間総括小委員会報告

案が出され、自民党新政策（3年間9％成長案）や金融政策について議論がなされた。この会合では、高橋民間部門部会長から、成長通貨の積極的供給についての強い要望が出され、これに委員側が通貨価値の安定論から反論するなど、明確な見解の対立がみられた。また、オーバー・ローンや消費金融についての議論もなされた。第8回、第9回は審議のまとめであり、全体会議に提出する財政金融小委員会報告（案）の検討が行われた。

(2) 小委員会での主要論点──財政問題

財政問題で主要な論点となったのは、①財政規模の想定、②目標年次における租税負担率、③公債発行の是非、④行政投資と社会保障の重点、⑤財政消費とくに公務員給与について、⑥将来の軍事費などであった。第1回の会合では、財政規模の想定や租税負担率を検討する前提として、従来に比べて重点的と位置づけられた財政に「どこまで深入りするのか」が、森永貞一郎小委員長より問われている。これに対して、稲葉政府公共部門部会長は、「大蔵省の予算編成権を侵して迄とは考えないが描いた餅では困るので今後の予算の目安となるようなものでありたい」、「先般税制調査会では負担率20％としているがこれなら毎年500億減税してゆくことになり増大する公共投資、社会保障費をまかなうことはむずかしい」として、「安定の限度一杯で財政面からの規模を描き出してほしい」と、財政権限に踏み込むことを求めた[34]。しかし、この稲葉部会長の方針に対しては、批判的な見方が委員から次々に出され、このため、第3回の会合に提出された「財政作業要領」では、財政規模については当面計数化しないこと、租税負担率についても諸外国の例を参照していくという一般的叙述にとどまった[35]。

　小委員会の中で、かなりの時間が割かれたのは、公債発行の是非であった。当時、内閣の一部で国債発行論が唱えられ、財界側委員ほかからも公債発行の要求があったためである。小委員会の基本的立場は、「現在の財政収入上の租税中心主義はかわらないと考えられるが、将来支出要求が旺盛となってきてそれでまかないきれない場合、公債発行の問題を生ずるがそれをどういう風に考えていくか。……国民経済に与える影響を金融部門との関連において考察してゆく」というものであった。この検討は、第4回以降の会合で行われたが、ヒ

アリングの対象となった大蔵省理財局、日本銀行は、いずれも、公債発行に対しては強い反対の意向を表明した。理財局は、公債発行には、①租税負担率を20％に抑え、需要との差を公債で賄う、②通貨供給の目的で行う、③長期について資金需給との関係で発行する、という3つの考えがあるが、いずれも説得力のない議論であり、「公債発行は軽々しく考えるべきでなく公債発行以前になすべき事が多い」と主張した[36]。日本銀行も、「日銀としてはあくまで健全財政を貫いてもらいたい。赤字公債を計画の中には折込まないでもらいたい。……赤字公債は一度発行するとずるずると大きくなる。財政が積極的になる場合、金融でしめようと思っても中々うまくゆかないからである」との主張を展開した[37]。

もうひとつ、行政投資については、行政投資、財政消費、社会保障関係の各支出の優先順位をどうするかが議論となった。成長重視の観点から、行政投資最優先、社会保障充実は次の目標に、という主張もなされたが、社会保障の充実は計画の柱でもあり、小委員会としては、「どちらかといえば計画の前半期には行政投資にウェイトを、後半期には社会保障にウェイトを置く」ということになった[38]。

こうした議論を経た結果、倍増計画における財政政策の運営基本方針は、①通貨価値の安定を第一とし健全財政を保持する、②公債発行は将来環境条件が整備された場合、償還財源のつくものに限り、市中公募の形で発行することは考えられるが、当分の間は不可でありその必要もない、ということになった。とくに公債発行については、大蔵省、日銀の強い反対論が通り、この原則が基本方針に盛り込まれた。もっとも、それまで大蔵省では、計画は計画、財政は財政、両者は別物という見方が強かったのに対し、倍増計画では社会資本の充実、社会保障の拡充にむけての財政支出の傾斜配分、すなわち行政投資の額が目標として示されるなど、計画と財政の連動関係がはじめて明確に位置づけられた。この意味では、大蔵省がはじめて経済計画に主体的にコミットした、あるいはせざるをえなくなったのが、この倍増計画であったということもできる[39]。

(3) 小委員会での主要論点——金融問題

　金融問題で主要な論点となったのは、①金融の弾力的運営の実をあげうるような金融正常化の促進の方策、②貯蓄投資バランスのとらえ方、③経済成長と通貨価値安定との関係、④国内金融と国際金融の関係、の４つであったが、なかでも激しい議論となったのは、③の通貨価値安定の問題であった。

　議論では、金融政策の基本的考え方として成長と安定のいずれに重点を置いて考えるかがまず問題とされた。これに対しては、「通貨価値の安定が経済成長の大前提であるからこれを強調すべきだという考え方」と、「戦後の復興段階ならばともかく……現段階においては、経済成長を金融面からどのように促進するかという観点で考えられなくてはならないという意見」が対立した[40]。

　この対立は最後まで解消することはなかった。たとえば、第７回の会合[41]で、高橋民間部門部会長は、「本案を読んでいると安定に重点を置きすぎている嫌いがある。もっと積極的なものがあってもよい」「現在の時点に立てば、通貨価値の安定が第一であるかは疑問である。戦後間もなくと違って、今、倍増計画を作るに当っては、金融政策の焦点はどこにあるかという考え方で書かなければいけない」「通貨の供給問題をもっとしっかり考えなくてはならない」「今迄は金融機関の機能を活用しておらず、ブレーキをかけている形となっている」「ここでは出来上がった所得を浪費しないで蓄積する面ばかりとり上げていて、蓄積をふやす根本である所得をふやす事にふれていない」と、繰り返し成長通貨の積極的供給の必要性を強調している。これに対し、委員側からは、「通貨価値の安定はこの財金小委の一つの枠である。この小委員会ではブレーキをかける位の考え方が必要である」（岩佐委員）、「金・外貨買入れで現金通貨が供給されていくなら通貨価値安定をうたう必要はないと思う。しかし、そうもいかないからオーバー・ローンが増える形になる。従って通貨価値の安定をうたう必要がある」（木村委員）、「本小委の立場としてはブレーキをかける事を主張する事が必要である」（森永小委員長）と、高橋批判が次々に出されたのであった。結局「他の小委員会がすべて成長促進の立場に至っているので財政金融の立場からは多少安定を強調する位で丁度よいのではないかとする意見が強く」安定通貨論の立場で、報告はまとめられることになった。

とはいうものの、9月26日に提出された「財政金融小委員会報告（案）」では、「経済成長のための所要資金の確保とその配分」が中項目として立てられており、そこでは「社会資本の充実という経済成長のための強力な政策意欲からかんがみて、この面への資金の確保は必須の要件である。しかし……主として租税を原資としている財政の規模がいたずらに拡大していくことには問題が多い。また生産に直結している民間部門の資金確保もゆるがせにできず……」「民間金融については、企業の創意工夫と自己責任の原則にのっとって高度の経済成長を期待するのが望ましく、金融はこれら企業の活動を効率的かつ円滑ならしむるよう機能することをたてまえとするべきある」とまとめられており[42]、健全財政、均衡財政のつけを、金融が財政投融資と連携してまかなう形となっていることにも留意する必要がある。

(4) アフターケアにおける財政金融分科会

倍増計画の発表後、岩戸景気のさなかにあった日本経済は一層ドライブがかかり、企業は、強気の設備投資計画をさらに上乗せし、春闘のベースアップ率も61年春から大幅に上昇していった。公共事業も太平洋岸の各地でいっせいに展開された。この結果、すでに述べたように、10年間の平均成長率7.2%、当初3年間9％という目標成長率は、あっという間に達成され、さらにそれを上回るテンポで進行した。政府財政規模も「社会資本の充実、社会保障の拡充等に応えるための支出増加を主体」とする「強い財政需要によって年々増大し、その国民総支出に対する割合は（62年度には）すでに計画の目標年次における水準を上回っ」[43]た。

このため、既述の通り、計画と実績の乖離について検討し、調整案を策定するためのアフターケア作業が1961年4月にスタートし、総合部会の下に財政金融分科会が設置された。同分科会は、63年5月27日の第1回から、同年9月20日の第7回まで開催された。以下、分科会での主要な議題と論点をみておこう。

第1回分科会では、今後の議論の進め方について、①経済成長の結果として金融の歪みが生じていることを検討すべきだ、②鉱工業生産額と設備投資額の間に計量的整合性がない、③そもそもの出発点である所得倍増計画の想定（た

とえば租税負担率20.5％といった）自体を問題とすべき、④むしろ政策面に問題があったのでは、といった意見が続出した。このため「殊に財政金融は問題が広汎であるばかりでなく、どの問題点も大きいわけであるから、差当たり大蔵省、日銀など政策当局の考え方を聴取し、その間に自ずから問題の焦点を見出してゆく」こととなり、①財政金融政策に対する当局の考えを聴取し、②公債問題についての最近の議論をまとめておくことから検討をスタートさせるという合意がなりたった。

　第2回分科会では、事務局より、財政については、①運営の基本スタンス、②財政規模、③租税制度、④財政支出、⑤景気調整上の役割、⑥財政投融資に関して、金融については、①運営の基本スタンス、②金利、③資金に関して、国際金融については、①外資導入、②海外投資、③為替政策に関して、それぞれ、計画の考え方、実績、現状の評価と問題点をまとめた文書が提出され、大蔵省主計局主計課長、日銀総務局長のヒアリングが行われた。この第2回分科会から第4回分科会までは、景気調整と財政金融政策との関連をどう理解すべきかをめぐって、積極論・消極論が激しく闘わされ、第4回分科会で、今後、①公債問題、②租税負担のあり方、③金利機能、④資本市場の問題を、それぞれどう考えるか、に絞って検討を進めるという案が提起され、⑤窓口規制など信用調整の問題、⑥開放体制移行に関わる問題を含めて検討することで、これが了承された。

　この課題設定にそって、以後具体的検討が始められたが、倍増計画策定過程での財政金融小委員会と異なって、議論の中心となったのは、財政問題ではなく、金融問題であった。「景気調整に関して、財政は今日まで脇役であったし、今後も当分はそうであろう。即ち財政政策はどちらかと云えば景気刺激的手段が主点であるが、現状においては当分かかる意味での補正的財政政策は必要とされる段階にはないと考えられるからである。従って、問題は結局金融による信用調整、殊に量的コントロールのあり方に絞られるに至った。この問題は企業サイド及び金融機関サイドの両面について検討することを要する」[44]というのが、分科会の共通認識となったからであった。

　こうして、第5回分科会では、信用調整のあり方、開放体制移行と国際短資移動の問題が議論となった。第6回分科会では、事務局作成の「所得倍増計画

のアフターケアに関する報告（案）」が提出され、さらに佐々木委員（日銀副総裁）の「財政規模の景気に与える影響を重視し、その対前年度増加割合を経済規模に応じて適当なものにするべきである」という意見が紹介された。報告案が「財政に緩やかで金融に厳しい」ものとなっていることに対する批判意見の紹介であった。議論は、産業構造分科会との関係のみならず、税制調査会との関係にまで及び、修正案を次回までに作成することとなった。最後の第7回分科会では、報告全体の構成のほか、公債政策についての考え方や時価発行増資についての考え方について、若干の調整を行うことが合意され、分科会の審議は、この第7回で終了した。

(5) 分科会での主要論点——金融問題

アフターケアで金融問題が中心となったのは、「景気過熱抑制における金融の役割」が重視されたからであった。「当分科会として景気調整問題を中心に検討するという論点では、結局は、金融機関の新規資金供給量は如何にすればコントロールされうるかという問題に尽きる。企業乃至金融機関のサイドでルールを設定するというのも、右のコントロールのための手段であり、また公定歩合等の金融諸政策もそれが信用創造上にどのような影響を及ぼしうるかという意味での政策に他ならず、従って、つきつめてみれば、新しく追加される資金量をどうすれば調整できるかが景気調整の中心課題となるのである」[45]（日銀佐々木委員）というのである。議論は、日本銀行の新金融調節方式、オーバー・ローン、開銀等政策金融、社債調整ルール、窓口規制と信用割当、適正通貨量、金利政策など、極めて多岐にわたった。

たとえば、窓口規制については「（昭和）36年4月に窓口規制を発動したが、この結果は4千数百億円の含み貸出を生じた。このことは銀行貸出について量的規制を行うのは不可能なことを意味する。従って今の在り方では民間資金の量的規制は難しく、道標程度のルールを敷くに留ろう」[46]（佐々木委員）としつつも、他方で「（窓口規制に拠らずにコントロールを行う自信があるかといえば）ない。（昭和）28年頃までは、市中銀行が預金増加額の範囲内で貸出を行う限り、即ち資金ポジション不変のままであれば貸出増加があっても構わぬと考えていたが、これでは市中銀行はその信用創造力に基づき貸出を行って預金を増

やすということになり、両建てでズルズル増加するのみである。そこで28年の引締め以後は貸出増加絶対額をメドとして窓口規制を開始したのである」[47]（同上）とその必要性を訴えている。また「調整手段としての金利の弾力的運用」についても「その引き上げ幅自体よりも、それがどのような環境においてどのように実施されたかを内容とする心理的効果に、より大きいものがあった」[48]（同上）と、その効果の限定性が強調されている。あるいは「金融機関サイドに対するルールの適用」についても、「産業資金の流れの適正化という面」から考えると、「当面は規制的ルールが先行されようが……助成的ルールも考えないと」（森永委員）いけない、「恒常的資金の超過需要のために上をどう抑えるかということが特に問題意識となっている」（河野分科会会長）という形での議論[49]が行われたのであった。

(6) 財政金融分科会報告

以上の議論を経て、1963年9月20日「所得倍増計画のアフターケアに関する報告」が財政金融分科会においてまとめられた。そこでは、「財政金融政策の推移とその評価」として、財政については、①健全財政と財政規模、②財政支出、③租税制度、④財政投融資、⑤財政の景気調整機能の5点、金融については、⑥金融政策の景気調整機能、⑦金利機能と金利水準、⑧成長資金の確保と配分、⑨外資導入と海外投融資の4点が柱として総括され、「今後の問題」として、①景気調整のための財政政策、②景気調整のための金融政策、③景気調整と短期外資の3点が掲げられている。

「今後の課題」では、財政面では「計画の想定をはるかに上回る規模において資金が投入され」、金融面でも「産業設備の近代化、合理化を進め産業構造の高度化を達成するに十分な両の資金が供給されるなど」「高度成長に資金的な裏付けを与えたという点では、倍増計画の期待した以上の働きを示したということができる」という評価を与えつつ、他面「特に経済の過熱、国際収支の逆調から総合引締め政策を余儀なくされたた結果、そこにいくつかの摩擦現象を生んだことは、財政金融政策の重要な機能の一つである安定化機能の面で欠けるところのあったことを反省せしめるものといえよう」と、当該期の財政金融政策についての批判的総括がなされている[50]。

そして「経済政策の基本を成長率の極大化におくべきか、或は、安定均衡におくべきかは、にわかに断定し難い」が、「過去再三にわたる景気変動が、経済社会に与えたマイナス面の経験は、今後安定面への配慮が一層必要であることを痛感せしめた」として、安定均衡を志向した財政金融運営がなされるべきであるとした。

　そのうえで、財政の景気調整的役割については「財政には本来の使命があり、また、制度的、実体的制約からその運用は硬直性を免れ難く、短期敏速にその効果を要請される引締め政策の主役は金融が担わなければならない」として、金融の役割の主導性を強調した。こうして金融の景気調整的役割について、公定歩合政策を中心としながら、オペレーション政策、支払準備率操作など、「正統的金融政策の予防的活用」を図るとともに、「金融機関の信用供与の総量を健全な枠内におさめる」ための質的調整が必要であって、「一定の融資基準を設け、投資の健全化、企業の資本構成の是正を促進することが望ましい」と述べ、金融政策や金融行政を通じた、金融の景気調整作用の発動を求めた。さらに、1960年の非居住者自由円預金勘定創設以来の短期外資の流入についても言及し、これまでプラスに働いてきた短期外資が撹乱要因となる恐れがあること、「経済の安定成長を阻害するおそれのあること」を指摘し、「直接的、制度的な規制と間接的な為替金融的な規制」の両者の実施を求めている[51]。

おわりに

　以上、所得倍増計画策定過程での財政金融小委員会、アフターケアの過程での財政金融分科会の議論をみてきた。これまでの検討から、倍増計画の政策構想主体には、丸めてしまえば、経済企画庁―中山伊知郎のラインと、池田―下村治のラインとが存在していた。政府公共部門部会、民間部門部会のトップが、ともに下村の主催する木曜会のメンバーで占められており、全体としては、極大成長の実現（「他の小委員会がすべて成長促進の立場に至っている」）に沿った形で構想が提起されていったにもかかわらず、財政金融小委員会・財政金融分科会の主流は、極大成長には批判的で、むしろ成長抑制的であったことが明らかとなった。

高成長が大幅な自然税収増を生んでいたことが、社会資本投資や公共投資の拡大という他の小委員会からの要請にある程度応えても、事後的に常に「均衡財政」を実現させており、これが「公債発行否定論」「健全財政論」の後支えをしたという皮肉な事情も存在した。逆に、金融面では、岩戸景気の進行が、都銀を中心とする銀行貸出の急増を生み、1955年の「金融正常化」に始まる金融市場の機能発揮、正常な金利体系の確立、金融機関経営の健全性への志向をすべて阻害しているという認識が、大蔵省や日銀あるいは民間金融界も含めて共有されるようになっていた[52]。これが、高橋民間部門部会長の強い批判にもかかわらず、「財政金融の立場からは多少安定を強調する位で丁度よい」というまとめとなって現れたのである。

アフターケアの場では、このスタンスは一層強化され、とりわけ金融面での景気過熱抑制の役割が強調されるまでになった。「正統的金融政策の予防的活用」と、店舗規制、金利規制や窓口規制などの「質的調整」を組み合わせて、金融の景気調整的役割が期待されたのである。

これとともに、財政については、①健全財政主義は、今後においてもその建前を変更すべきではないこと、②財政規模の急激な増大は、それが「計画策定当初における成長促進的な政策態度の集約的な表明として一般に受け取られ、景気動向に微妙な影響を与えた面のあったことは必ずしも否定できない」ので、今後は一層慎重な考慮を払う必要がある、とされた。ここから「今後は質的配分の面を一段と重視し、零細、総花的な使用に陥ることを避け、行政投資の地域配分等についても緊急度に応じた一層の重点化を指向する等、資金の重点的、効率的使用に特に留意する必要がある」「今後安定成長のためにも軽々に健全財政主義を放棄すべきでない」との結論が導き出されたのであった[53]。

以上のような財政政策の基調は、基本的には大蔵省の主張に沿ったものであった。このことを典型的に示すのは、道路事業をめぐる自民党、建設省と、大蔵省の対立である。1961年に自民党政調会建設部会と建設省が、倍増計画への対応として、総額2兆3,000億円の新5ヵ年道路整備計画を新たに策定し、所要財源確保のために道路公債発行に踏み切るとしたのに対し、大蔵省は、健全財政堅持という基本原則に反する、規模も過大である、として強く反対し、道路公債発行を否定するとともに計画枠の縮小を実現させたのであった[54]。

こうした大蔵省の基本姿勢は、証券不況のさなか、長期国債の発行が再開された1965年以降も、基本的には変わることはなかった。たとえば、67年3月に策定された経済社会発展計画に提示された財政政策をみると、同計画の策定過程では、国債発行を前提に、財政政策を積極的・構造政策的に発動すべきだという議論がなされ、計画の総論部分ではそうした記述があるものの、具体的方針である第3部では、財政の景気調節機能、財政の健全性の保持、財政支出の重点化、効率化と租税制度の合理化、財政の規模と内容の4つについて触れられながら、財政の健全性を堅持し、財政運営の弾力性を確保する見地から、今後の方向として一般会計の公債依存度を低下させていくことが適当と考えられる、とあたりさわりのない結論が書かれたにとどまっている[55]。

「構造的にも循環的にも財政はかく機能せよという財政の現実を無視した話ばかりに取り巻かれていたので、第三部は非常に神経質にきつく書いた」という大蔵省出向の計画官の回顧[56]があるように、理念としての健全財政主義はなお強固だったのである。実際には、「他省庁は、財政金融担当の計画官に対して各省からきている計画官を通じて、社会資本はこうしてくれ、といった注文は必ずつけてき」ており、このプロセスを経て公共投資が積み上がっていくというのが当時の実態であった。60年代後半の財政金融政策で重視されたのは、60年代前半と同様に、金融政策、金融行政の活用で、これが67年からの金融再編成を展望した澄田「金融効率化行政」(68年の太陽銀行誕生、71年の第一勧銀の誕生)へとつながっていった[57]。

転機は、70年代に入ってからのこととなった。70年度まで低下し続け、5％以下の水準となった国債依存度は、71年度から反転し、72年には19.1％(補正後予算)へと急上昇する。ニクソンショックと第一次石油危機を契機とする高度成長の終焉が、この転換をもたらしたのであり、70年代後半の国債大量発行への道がこうしてスタートする。健全財政主義が放棄され、ケインズ的な総需要管理政策が自覚的に追求されるようになるのである。「財政と金融の一体性」が改めて強調され、大蔵省は、市場調整主体として新たな姿で登場することになる[58]。

注

1) そのもっともバランスの良い叙述として、さしあたり、香西泰「高度成長期の経済政策」(安場保吉・猪木武徳編『日本経済史 8 高度成長』岩波書店、1989 年)を参照。
2) 総合研究開発機構編・星野進保著『政治としての経済計画』日本経済評論社、2003 年。
3) 伊藤正直「『開発主義』政策と大蔵省」(『ポリティーク』05、労働法律旬報別冊、旬報社、2002 年)。
4) 代表的には、林健久「健全財政主義──成立・展開・崩壊」(東京大学社会科学研究所編『戦後改革』第 8 巻、東京大学出版会、1975 年)。
5) チャーマーズ・ジョンソン『通産省と日本の奇跡』TBS ブリタニカ、1982 年(原著英文版も同年刊行)。
6) 経済自立 5 ヵ年計画から国民所得倍増計画までの、戦後経済計画の立案・策定・実施・調整過程については、NIRA・戦後経済政策資料研究会編『国民所得倍増計画資料』全 91 巻、日本経済評論社、1999~2002 年を参照。本章で使用する一次資料は、この資料集に収録されたものである。
7) 以下の、財政・金融の各種の数値については、基本的には、大蔵省財政史室編『昭和財政史 昭和 27~48 年度 19 統計』東洋経済新報社、1999 年、による。
8) 前掲香西泰「高度成長期の経済政策」250 頁。
9) 大蔵省財政史室編『昭和財政史 昭和 27~48 年度 2 財政──政策及び制度』東洋経済新報社、1998 年、364 頁(林健久執筆)。
10) 同上、365 頁。
11) ただし、公庫や銀行等の政府関係機関の場合、その収支に計上されるのは、利子や事務費などの損益項目のみであって、貸出・回収資金等の資金自体の動きは予決算には現われない。したがって、その果たした役割は、ここに出てくる数字よりはるかに大きい。
12) 前掲香西泰「高度成長期の経済政策」225 頁。
13) 全国銀行の範囲は、1989 年以前は、都市銀行、地方銀行、信託銀行、長期信用銀行である。相互銀行(現第二地方銀行)、信用金庫、信用組合、政府系金融機関は含まない。また、信託銀行の信託勘定も含まない。
14) 鈴木淑夫『現代日本金融論』東洋経済新報社、1974 年、第一章、参照。
15) 伊藤修『日本型金融の歴史的構造』東京大学出版会、1995 年、144 頁。
16) 同上、199~200 頁。
17) 呉文二『日本の金融界』東洋経済新報社、1981 年、180 頁。
18) 『日本銀行百年史』第 6 巻、日本銀行、1986 年、100 頁。
19) 前掲呉文二『日本の金融界』181~185 頁。
20) 財政については、行政投資の額をはじめて取り入れたことが、最大の特徴であった。
21) 池田は、1959 年 2 月の広島での講演で、いわゆる「月給二倍論」を提唱した。下村治(当時日銀理事)も、同じく 2 月に「日本経済の基調とその成長力」を『金融財政事情』に発表し、「新長期経済計画」における想定成長率(6.5%)は日本経済の潜在的成

長力からみて低すぎ、10％成長が可能であると主張した。これに、経済企画庁総合計画局長の大来佐武郎が反論、都留重人を含めた他の論客を交えたいわゆる「成長力論争」が、この頃行われた。

22) 当時、経済企画庁で総合計画局長として、新長期経済計画策定にあたっていた大来佐武郎は、次のように回顧している。「新長期経済計画では、成長の制約要因は何かということで貯蓄投資バランスと外貨バランス、労働力バランスと三つのバランスから、どれが天井になるかという方法論で検討した。……最大の制約要因は国際収支バランスではないかということになった。……ところが輸出がずっと伸びて外貨が制約にならなくなってきた」。エコノミスト編集部編『証言・高度成長期の日本』(上) 毎日新聞社、1984年、34〜35頁。

23) 長期経済展望部会での作業は精力的に進められたが、その作業の特徴は、①新長期経済計画と同様に想定成長率法を採用したこと、②経済の各部門（国民経済、財政、貯蓄・投資）の整合性（コンシステンシー）を保つように経済モデルを構築し、経済規模を試算するためのフレーム・ワークを作成したこと、③試算は、4つのケース（年成長率4％、5％、6％、輸出額100億ドル）で算定したこと、の3点にあった。長期展望部会のこの作業は、60年5月に、報告書「日本経済の長期展望（20年後の日本経済）」として閣議報告されたが、各部門の報告内容は執筆者責任で作成、相互間の統一性に欠けるものとなった。

24) 『日本経済新聞』1959年6月5日朝刊。ただし、企画庁自身は、経済十ヵ年計画の作成には慎重であり、十分準備を行った上で作業は来年から開始したいとの意向であったといわれている。

25) 『日本経済新聞』1959年9月26日。

26) 下村治は、1934年東京帝国大学経済学部卒業後大蔵省に入省、内閣物価局、経済安定本部などを経て、50年大蔵省専門調査官、53年日銀政策委員、57年大蔵省財務調査官、59年国民金融公庫理事を経て、60年7月には開銀理事に就任した。

27) 前掲エコノミスト編集部編『証言・高度成長期の日本』(上) 22〜23頁。

28) 同上83頁、および、沢木耕太郎「危機の宰相——池田政治と福田政治」『文藝春秋』1977年7月号。

29) 前掲エコノミスト編集部編『証言・高度成長期の日本』(上) 27頁。

30) 宮崎勇『証言 戦後日本経済』岩波書店、2005年、140頁。

31) 設置された人的能力部会については、経済成長の基礎となる技術革新と技術開発を促進させることを意図した科学技術政策、高度技術能力を有するマンパワー育成を図る労働力政策、そのための後期中等教育、高等教育の再編政策等との関連から極めて重要であるが、本稿の課題から外れるので、ここでは言及しない。

32) 以下の、財政金融小委員会における審議内容その他については、NIRA・戦後経済政策資料研究会編『国民所得倍増計画資料 第Ⅱ期』第37巻（小委員会審議経過・部会資料 財政金融小委員会）日本経済評論社、2000年を参照。

33) 同上、114頁。

34）同上、116頁。
35）予算編成権への介入を、当時大蔵省が強く懸念していたことについては、当時、大蔵省銀行局長であった石野信一の次のような回顧がある。「当時の主計局としては、とにかく昭和二八年に国際収支が非常に悪くなったので、一兆円予算というのを組んで、それで一応国際収支も立ち直ったこともあり、財政の膨張に対しては非常な拒否反応をもっていたわけですよ。ですから、倍増計画で具体的な歳出が縛られることについては、抵抗感をもっていました」。前掲エコノミスト編集部編『証言・高度成長期の日本』（上）71〜72頁。
36）前掲 NIRA・戦後経済政策資料研究会編『国民所得倍増計画資料 第Ⅱ期』第 37 巻、257〜259 頁。
37）同上、256 頁。
38）同上、22〜23 頁。
39）大蔵省主計局で、当時、長期計画を担当したのは鹿野義夫主計官であった。理財局、主税局、銀行局からは、局長、局次長が、直接各省庁説明やヒアリングに出席している。なお、「連載 日本の経済計画 座談会」第 3 回（『ESP』1980 年 12 月号）も参照。
40）前掲 NIRA・戦後経済政策資料研究会編『国民所得倍増計画資料 第Ⅱ期』第 37 巻、19 頁。
41）同上、485〜492 頁。
42）同上、557〜559 頁。
43）経済審議会編『国民所得倍増計画 中間検討報告』1963 年 12 月 19 日。
44）NIRA・戦後経済政策資料研究会編『国民所得倍増計画資料』第 90 巻（アフターケア 後期 総合部会 財政金融分科会）日本経済評論社、2002 年、512 頁。
45）同上、406〜407 頁。
46）同上、324 頁。
47）同上、409 頁。
48）同上、412 頁。
49）同上、523〜524 頁。
50）同上、674 頁。
51）同上、671〜693 頁。
52）宮崎勇の次のような回顧も参照。「もう一つ、『財政・金融』ということを課題として掲げました。……税収が上がってどんどん減税するということをやっていましたから、そこは反省点です。それから、金融のところは、社会資本の充実で公共投資も非常に大きく、公的資金の役割も非常に大きかったわけです。……公的資金が注入され、それに関連した施設がつくられた。公的金融をいつまでも続けてきたというところに問題があったといえる」、「資金は間接金融というか主として銀行が個人から集めて、それを産業に融資する。しかもそれはワンセット主義といわれて重工業、大企業中心の融資だった。……それを政府もある程度利用したという面もあるし、大銀行の独占にも貢献したことになります。……その元は倍増計画ではないか」前掲宮崎勇『証言 戦後日本経済』

154～155頁。
53)「財政金融分科会報告」(前掲経済審議会編『国民所得倍増計画 中間検討報告』)。
54) 大蔵省財政史室編『昭和財政史 昭和27～48年度 7 国債』東洋経済新報社、1997年、161～164頁。
55) 経済企画庁『経済社会発展計画——40年代への挑戦』1967年。
56) 高橋財政金融担当計画官の発言(対談時点では、大蔵省主税局長)前掲『ESP』1981年5月号。
57) 金融効率化行政については、澄田智「金融効率化行政の推進」(志村嘉一監修『戦後産業史への証言 4 金融の再編成』毎日新聞社、1978年)を参照。
58) 真渕勝『大蔵省統制の政治経済学』中央公論社、1994年は、財政と金融の制度配置という観点からこの問題にアプローチしているが、65年以降を「財政の政治化」過程として捉える点では、山口二郎『大蔵官僚支配の終焉』岩波書店、1987年と、ほぼ変わりはない。

第3章　貿易自由化の政治経済学

岡崎哲二

はじめに

　1960年6月、日本政府の貿易為替自由化促進閣僚会議は「貿易・為替自由化計画大綱」を決定した。59年の実績で40％であった「自由化率」[1]を3年後におおむね80％に引き上げることを骨子とした計画である。海外からの強い圧力を受けて、実際に以後、貿易自由化は計画を上回る速度で進展した。後述するように、50年代には、国内産業保護をはじめとするさまざまな産業政策目的のために外貨割当制度が用いられていたことから、自由化は各産業に大きな影響を与えることが予想された。そのため、全体的な自由化の流れは動かすことができないとしても、個々の財の自由化のタイミングをどのように設定するかは、産業政策上の重要な問題となった。本章では、政府が設定した財別の貿易自由化スケジュールとそれに影響を与えた要因について検討する。

　検討にあたっては、まず、貿易・為替管理の枠組みの下で通産省が逐次発表していた「輸入公表」に基づいて、いくつかの時点における各財の自由化状況を特定する。そのうえで、自由化時点に関するデータを各財、およびそれを生産する各産業の属性と結びつけることによって、自由化タイミングの決定要因を分析する。戦後日本の貿易自由化については多くの文献があるが[2]、このようなアプローチは、筆者の知る限り、初めての試みである。本章は、貿易自由化という戦後日本経済史上の画期をなす出来事のミクロ的な側面を明らかにするという意味を持つだけでなく、より一般的に経済政策の政治経済学に関する一連の文献の中に位置づけることができる[3]。

　以下、本章は次のように構成される。第1節では戦後日本の貿易自由化の流れを概観し、第2節では貿易自由化が政府の計画にしたがって段階的に実施さ

れたことを確認する。そのうえで第3節では、繊維産業と紙パルプ産業に焦点を当てて個々の財の自由化タイミングの決定要因を分析する。「おわりに」はまとめにあてられる。

1. 戦後日本の貿易自由化——概観

戦時期以来継続されていた政府による直接的貿易管理が終了したことにともなって、1949年12月、民間貿易の法的枠組みとして外国為替及び外国為替管理法（以下、外為法と略記する）が制定された。外為法は第1条で「この法律は、外国貿易の正常な発展を図り、国際収支の均衡、通貨の安定および外貨資金の最も有効な利用を確保するために必要な外国為替、外国貿易その他の対外取引の管理を行い、もって国民経済の復興と発展とに寄与することを目的とする」と規定しており、国際収支均衡や通貨安定というマクロ的目的のための手段であるだけでなく、外貨資金の有効な配分というミクロ的目的のための手段としての性格も合わせもっていた[4]。

これらの目的のために用いられたのが外貨予算制度である。すべての外貨が原則としていったん政府、日本銀行ないし外国為替銀行に集中され、そのうえで政府が四半期ないし半期ごとに外貨予算を編成して外貨の配分を決定した。外貨予算案の作成には通産省（輸入）と大蔵省（貿易外支払）が当たり、内閣総理大臣を会長とし関係閣僚をメンバーとする閣僚審議会で決定された[5]。

輸入貨物は大きく自動承認制（Automatic Approval, AA）物資と外貨割当制（Foreign Exchange Allocation, FA）物資に区分され、それぞれ別に外貨予算が配分された。自動承認制物資に関する予算はその対象となる財全体に一括して配分され、予算枠に余裕がある限り、各企業はそれを用いて自由に財を輸入することができた。一方、外貨割当制物資の予算は財別に配分された[6]。したがって外貨割当制物資に関しては、外貨予算の決定は、事実上、その期に特定の財を輸入し得る上限額を設定することを意味した。さらに外貨割当制物資を輸入する場合、各企業は事前に通産大臣に申請して外貨割当証明書の交付を受ける必要があった[7]。したがって、外貨割当制物資については、財別の輸入額の上限が外貨予算によって設定されただけでなく、外貨割当制度を用いて、企業別

の輸入額についても通産省が介入することが可能であった。

　このような意味で、自動承認制物資と外貨割当制物資の区分は非常に重要であり、貿易自由化とは外貨割当制の下にあった財を自動承認制に移し、外貨予算ないし輸入実績における自動承認制物資の比率を引き上げていくことを指していた。そしてその区分は閣僚審議会が決定し、通産省が逐次「輸入公表」という形で『通産省公報』『通商弘報』『官報』に告示した[8]。

　以上のような枠組みを前提として、通産省は、外貨割当制度をさまざまな産業政策目的のために利用した。第一に、外貨割当制物資に関して外貨予算が輸入の上限額を意味することから、外貨予算は国際競争から国内産業を保護する強力な手段となった。第二に、綿紡績業、羊毛紡績業、鉄鋼業のように原材料の大部分を輸入に依存している産業にとっては、原材料に対する外貨予算の配分が生産に大きな影響を与え、したがってそれは国内企業間の競争を政府がコントロールするための有力な手段となった。第三に、外貨割当証明書の発行を通じた企業別の外貨配分は、輸出と投資を政策的に促進するための手段となった。各企業が原材料輸入のための外貨割当を各企業の輸出実績にリンクさせる、いわゆる輸出リンク制は外貨割当が輸出促進政策の手段として用いられた典型的なケースである。また、綿紡績業、羊毛紡績業等で行われた原材料輸入のための外貨割当を各企業の設備能力にリンクさせる割当方式は、事実上、設備投資を促進する効果を持った[9]。

　このような日本政府による外貨割当制度の運用は、国際的な枠組みの観点から見れば、戦後の「過渡期」にある国に為替制限を認めたIMF第14条と国際収支上の理由による輸入制限を認めたGATT第12条に基づく措置であった。そのため、1950年代後半に日本経済が高度成長局面に入り、経常収支のバランスがほぼ回復すると、日本の貿易自由化を求める圧力がIMF、GATTや欧米諸国から強くなった。具体的には59年9～10月のIMF総会、同年10月のGATT総会で日本を含む各国について為替制限、輸入制限の撤廃が求められた。このような状況下で翌60年1月、日本政府は貿易為替自由化促進閣僚会議を設置し、同会議は60年6月に「貿易為替自由化計画大綱」を決定した。同年4月現在40％であった「自由化率」（政府輸入物資を除く59年の輸入総額に占める自由化品目、すなわち自動承認制品目の割合）を3年後におおむね80％に

表 3-1　貿易自由化の推移

年 月		自由化率(%)	非自由化品目数
1960	4	41	—
	7	42	—
	10	44	—
1961	4	62	—
	7	65	—
	10	68	—
	12	70	—
1962	4	73	492
	10	88	262
	11	88	254
1963	4	89	229
	6	89	227
	8	92	192

資料：大蔵省関税局編『税関百年史』下巻、日本関税協会、1972年、330頁。

引き上げることがその骨子であった[10]。IMF等が継続的に自由化圧力を加える中で、以後日本の貿易自由化は急速に進展した。上記の意味での自由化率は「貿易為替自由化計画大綱」決定から1年半を待たずに62年10月、目標の80％を超える88％に達した（表3-1）。

2．貿易自由化の段階的実施

「貿易・為替自由化計画大綱」は、上記のように3年間で自由化率を大幅に引き上げるという目標を掲げる一方、自由化を個々の産業の状況に応じて段階的に行うこととした。すなわち「大綱」は、自由化の実施にあたっては、①早期に自由化するもの、②早急には自由化できないが、おおむね3年以内を限度として、その間可及的速かに自由化するもの（近い将来自由化するもの）、③現状からの判断では上記期間中に自由化することには問題があるが、極力近い時期に自由化するよう努めるもの（所要の時日をかして自由化するもの）、④自由化は相当期間困難なもの、という4つカテゴリーに財を区分するとし、実際に、エネルギー、金属工業、機械工業、化学工業、繊維工業、軽工業その他、農林漁業の各部門の財について、それぞれ①～④に対応する自由化の目標時期を示した[11]。各財の目標自由化時期は、前掲『通商産業政策史』第8巻に整理されている（208～209頁)[12]。

「貿易・為替自由化計画大綱」の財別自由化計画はどの程度、実際の自由化スケジュールと関連していたであろうか。この点を知るためには、個々の財が実際に自由化された時点を特定する必要がある。各財の自由化時期を特定するために、ここではまず、「貿易・為替自由化計画大綱」に挙げられている財ないし財グループのうちで、グループの区分が大きいために対象を特定できないものを取り除いた。「光学機械」「繊維機械」「木材加工品」などがそれにあたる。その結果、「大綱」で取り上げられている96の財ないし財グループのうち

33が除かれ、63の財が残された。

63の財のうち、①早期に自由化するもの、②近い将来自由化するもの、③所要の時日をかして自由化するもの、④相当期間自由化が困難なものの数は、それぞれ20、18、13、12となる。また、産業別に区分すると鉱工業品が46、農林水産業品が17である。両産業間で①〜④のカテゴリーの構成を比較すると、明確に鉱工業品の方が、自由化スケジュールが早期に設定されていたことがわかる。農林水産業品は品目数で約6割が④相当期間自由化困難とされていた（表3-2）。

これらの品目は実際にはどのような時間的経過で自由化されていったであろうか。前節で述べたように、通産省は「輸入公表」によって、各時点で自由化されている品目およびそれ以外の非自由化品目のリストを告示した。そして各

表3-2 「貿易・為替自由化計画大綱」（1960.6）の自由化計画と実績

		品目数	自由化品目数			同品目数比（％）		
			1961.4	62.4	62.10	61.4	62.4	62.10
計	計	63	10	28	37	15.9	44.4	58.7
	①早期に自由化	20	7	19	19	35.0	95.0	95.0
	②近い将来自由化	18	3	9	13	16.7	50.0	72.2
	③所要の日時をかして自由化	13	0	0	3	0.0	0.0	23.1
	④相当期間自由化困難	12	0	0	2	0.0	0.0	16.7
鉱工業品	計	46	10	24	32	21.7	52.2	69.6
	①早期に自由化	16	7	16	16	43.8	100.0	100.0
	②近い将来自由化	17	3	8	12	17.6	47.1	70.6
	③所要の日時をかして自由化	11	0	0	3	0.0	0.0	27.3
	④相当期間自由化困難	2	0	0	1	0.0	0.0	50.0
農林水産業品	計	17	0	4	5	0.0	8.0	16.0
	①早期に自由化	4	0	3	3	0.0	25.0	25.0
	②近い将来自由化	1	0	1	1	0.0	50.0	50.0
	③所要の日時をかして自由化	2	0	0	1	0.0	0.0	25.0
	④相当期間自由化困難	10	0	0	0	0.0	0.0	6.7

資料：「『貿易為替自由化計画大綱』について」東海銀行調査部『調査月報』1960年8月、7〜8頁、前掲「貿易・為替自由化計画大綱」、『官報』1961年4月7日、1962年4月13日、1962年10月11日。

注：上記「『貿易為替自由化計画大綱』について」で、自由化時期が2つのセルにわたっている場合は、早い方の時期に分類した。
　　鉱工業品中の④区分のもの、農林水産業品の①区分のものは下記の通り。
　　鉱工業品の④：硫黄、マンガン鉱石。
　　農林水産業品の①：大豆、除虫菊、水産物缶詰、落花生。

時点の「輸入公表」は『官報』から得ることができる。ここでは、「貿易・為替自由化計画大綱」決定後に、大きな自由化品目の改訂が行われた1961年4月7日、62年4月13日、62年10月11日の「輸入公表」のデータを使用する。61年4月7日の「輸入公表」は、原綿、原毛等の繊維原料を中心に530品目を自動承認制に移したもので[13]、その結果、自由化率は44％から62％に大幅に上昇した。62年4月13日の「輸入公表」は、それまでの自由化の進展を踏まえて、自動承認制品目のリストを掲げるポジティブ・リスト方式から、非自由化品目のリストを掲げるネガティブ・リスト方式に移行した点、すなわち原則非自由から原則自由に規制枠組みを転換した点で重要な意味を持っている。62年10月11日の「輸入公表」では、石炭産業との関係で懸案となっていた原油を含む230品目が自由化され、その結果、自由化率は73％から88％に上昇した（前掲表3-1）。

　表3-2は、上記の63の財について、1961年4月、62年4月、62年10月の各時点で、そのうちいくつの財が自由化されていたかを、「大綱」の自由化目標時期のカテゴリー別に、示している。まず合計について見ると、61年4月時点では10（14.1％）であった自由化品目が62年4月に26（36.6％）になり、62年10月には36（50.7％）になったことがわかる。「大綱」に掲げられた財について、着実に自由化が進展したことになる。

　自由化目標時期のカテゴリー別に見ると、1964年4月時点では全体の自由化品目比率が14.1％であったなかで、①の財はすでに35.0％が自由化されていた。一方、②の財の自由化品目比率は平均をやや上回る15.8％で、③と④の財については、ここでのサンプルに関する限り、まったく自由化されていなかった。62年4月になると①の財の自由化品目比率は85％に達し、②の自由化品目比率も47.4％に上昇したが、③と④については依然として自由化が行われていなかった。①の財については62年4月の85％で自由化は頭打ちとなったが、②の財の自由化品目比率は62年10月には68.4％に上昇した。そしてこの時点では③と④の財も一部が自由化され、自由化品目比率はそれぞれ26.7％と11.8％となった。以上のように自由化は①、②、③、④の順に進展し、「大綱」で設定された段階的な財別の自由化スケジュールが、実際の自由化プロセスに反映されたことが確認される。

3. 財別自由化スケジュールの決定要因

　前節で見たような自由化のスケジュールはどのような要因によって決められたのであろうか。「貿易・為替自由化計画大綱」は、この点について「長年にわたり封鎖的経済の下で形成された産業経済に及ぼす過渡的な影響に十分考慮を払う必要がある。またわが国経済は西欧諸国と異なり、過剰就業とこれに伴う農林漁業における零細経営および広汎な分野における中小企業の存在などの諸問題を包蔵し、また育成過程にある産業や企業の経営、技術上の弱点などの多くの問題を有している」と述べている。すなわち、過剰人口を背景とした多数の中小零細経営の存在と幼稚産業等における国際競争力の不足が、自由化を一挙に実施することを困難にしていると考えられていた。

　このような見解は、「大綱」の翌年に全体的な自由化スケジュールの繰り上げを決めた、貿易為替自由化促進閣僚会議の「貿易・為替自由化促進計画」（1961年9月26日）においても表明されている。すなわち、「わが国経済は、近年の高成長にもかかわらず、今なお構造的な困難を持つ農林漁業の問題、広範な分野における中小企業の問題、育成過程にある産業や企業の経営、技術上の弱点、地域的失業および不完全産業の存在、など多くの問題を包蔵しており、今後の自由化の促進に当っては配慮すべき問題が少なくない」[14]。通産省もまた、61年6月の文書の中で、同様の見解を提示している[15]。

　　余りにも急速な自由化の繰り上げによって打撃を受けるのは、技術水準が低く合理化、近代化が遅れていて日本の自由化計画によると1963年4月以降相当の時日を借さなければ自由化できないとされている自動車、重電機、電子機器等の機械類であって、これらを一挙に自由化すると輸入品との競争に破れて、国際収支に大幅な赤字要因を与えるのみならず雇傭面等に深刻な影響が現われ、下請企業への影響も大きく、大きな社会不安に発展する可能性も予想される。特にこれらの産業は将来の経済成長と雇傭吸収の中核たるべきものであるから、これがいまだ幼稚段階で破壊されることとなると倍増計画の達成も困難となる。

以上の資料から読み取れるのは、各財の自由化のタイミングを決定するにあたって政府当局は、日本製品の国際競争力、日本の産業の企業規模分布、とくに中小企業の存在、雇用といった要因を考慮に入れていたことである。

この点を定量的に検証しよう。そのためには、各財の国際競争力の程度に関するデータを得る必要がある。ここでは、自由化対策の検討のために1960年当時、通産省が集めたデータを使用する。60年1月に貿易為替自由化促進閣僚会議の設置が閣議決定されたことをうけて、同年4月、通産省では、大臣官房企画室、通商局予算課と企業局企業第一課が省内の各原局に対して所管産業の自由化に関するヒアリング調査を実施した。ヒアリングにあたっては、各産業の個々の財について、需給状況、価格および原価状況、企業の構成、自由化を阻害している要因（原価の割高、相手方のダンピングのおそれ、過当競争、雇用維持の効果、その他）、阻害要因を克服するために必要な措置（企業の体質改善のための措置、生産規模拡大のための企業集中または生産分野協定、原材料対策、過当競争防止のための調整措置、関税措置、社会政策等、その他）、自由化移行が可能と考えられる時期、自由化を将来とも実施することが困難なものについてはその理由、戦前の状況（自由貿易下においてどのような事情にあったか、またその理由）を調査した資料を事前に準備することが求められた[16]。このヒアリングのために各原局・原課が準備した資料は、60年当時の各産業の状況、特に各産業の国際競争力の程度に関して貴重な情報を提供する。

以下では繊維局が作成した資料（通商産業省繊維局「繊維輸入自由化参考資料」）を用いて、個々の財の自由化のタイミングに影響を与えた要因について検討する[17]。繊維局は当時、繊維産業と紙・パルプ産業を所管しており、これら産業に焦点を当てる理由は、その製品がそれぞれ比較的同質的で輸入品と国産品の間での価格等の比較が意味を持ち得ること、および製品の間で自由化のタイミングに分散が大きく、要因の分析を行うのに適していると考えられることにある。

「繊維輸入自由化参考資料」には、綿糸布、亜麻・ちよ麻、麻織物、黄麻製品、梳毛糸、紡毛糸、毛織物、人絹製品、強力人絹製品、スフ製品、アセテート製品、合成繊維製品、絹・人絹織物、製紙用フェルト等、パルプ、紙、フルファッション式婦人長靴下、丸編み式婦人長靴下、丸編メリヤス生地・製品、

経網メリヤス生地、横編婦人セーター、刺繍レース・ボビン式レース、綿レース、合繊レース、染色関係の各財が取り上げられている。ここでは、そのうち同質性が高いと考えられる紙までの財を対象とする。

同資料は各財についてそれぞれの中の細分化された種類ごとに内外価格の比較を行っている。同資料の内外価格の提示の仕方には、日本国内と海外の市場価格を比較する方式、および日本国内市場価格と日本への輸入採算価格を比較する方式が混在しているが、ここでは、より多くのデータを採ることができる前者を利用して、内外価格比（国内価格／海外価格）を算出した[18]。観測数は38である。企業の構成に関する変数としては、同資料に記載されている各財の生産企業数を使用する。これらのデータを用いて次の式を、LOGITモデルを用いて推定する。1960年6月時点ではここで対象としている財はいずれも自由化されていなかったから、その時点から62年10月までの間に政府当局が行った各財の自由化に関する選択と、初期時点における各財の内外価格比およびその生産企業数との関係を調べることになる。

$$\Pr(LIB_i = 1) = F(RPRICE_i, FIRM_i, NATURAL_i, CHEMICAL_i)$$

ここで、LIB_iは自由化のタイミングを示すダミー変数であり、1962年4月に財iが自由化されていた場合に1、そうでない場合に0をとる。62年4月は全体の自由化率が73％となった時点にあたる（表3-1）。$RPRICE_i$は財iの内外価格比、$FIRM_i$は財iを生産している企業の数である。$NATURAL_i$と$CHEMICAL_i$は、それぞれ天然繊維製品、化学繊維製品を示すダミー変数を示している[19]。基本統計量は表3-3にまとめられている。

推定結果は表3-4の通りである。内外価格比の係数は有意に負となる。すなわち1960年時点で国内価格が海外価格より相対的に高く、したがって日本製品の国際競争力が低い財ほど、62年4月までに自由化される確率が低かった。これは上に見た記述資料が示す関係に一致する。また企業数の係数は有意に負、すなわち生産企業数が多い財ほど62年4月までに自由化される確率が低いという関係となっている。これも多数の中小企業の存在が自由化を難しくしているという資料の記述と整合的な結果である。また、$NATURAL_i$と$CHEMICAL_i$の係数はそれぞれ有意に正、負となる。これは内外価格比と企業

表3-3 基本統計量

	観測数	平均	標準偏差	最大	最小
LIB	38	0.263	0.115	1.000	0.000
RPRICE	38	1.145	0.202	1.503	0.643
FIRM	38	1,186	3.996	14,650	1

資料：本文参照。

表3-4 貿易自由化の決定要因

被説明変数：LIB	
RPRICE	-23.478 (-1.96)**
FIRM	-0.0594 (-2.11)**
NATURAL	6.383 (2.06)**
CHEMICAL	-4.187 (-1.72)*
Cons.	27.377 (1.91)*
観測数	38
Pseudo R^2	0.575

注：( ) 内は z 値。
** 5％水準で有意。
*10％水準で有意。

数をコントロールしたうえで、紙パルプ製品に比べて天然繊維製品は自由化が相対的に早く、合成繊維製品は自由化が遅かったことを意味し、内外価格比・企業数以外の自由化タイミングの決定要因の所在を示唆している。

おわりに

1960年代の日本で実施された貿易自由化は、外貨割当制度を利用したさまざまな産業政策、とくに国際競争からの国内産業の保護を撤廃することを意味した。そのため、各財の自由化のタイミングの選択は、産業政策当局と関連業界にとって重大な意味を持っていた。

この論文ではまず、いくつかの時点の「輸入公表」のデータを用いて、個々の財の自由化のタイミングを特定し、それが「貿易・為替自由化計画大綱」（60年6月）に示された財別の自由化スケジュールと一致していたことを確認した。そのうえで、各財の自由化のタイミングと、その財の内外価格比およびその財を生産している国内企業数の関係を定量的に分析し、内外価格比が大きく、国内の生産企業数が多い場合ほど早期に自由化される確率が低いという関係があったことを明らかにした。「貿易・為替自由化計画大綱」をはじめとする当時の政府文書は、貿易自由化の実施にあたって、各財の国際競争力と各産業の企業構成、とくに自由化の中小企業への影響を考慮する必要があることを強調していた。実際の自由化のプロセスも、このような方針を反映して行われ

たと見ることができる。

注
1)「貿易・為替自由化計画大綱」では「自由化率」は、「政府輸入物資を除く（昭和 34 年——カッコは引用者）輸入通関総額において占める自由な輸入にかかわる商品額の割合」と定義されている（貿易・為替自由化促進閣僚会議「貿易・為替自由化計画大綱」1960 年 6 月 24 日、通商産業省『自由化総括資料』）。
2) 通商産業省・通商産業政策史編纂委員会編『通商産業政策史 第 8 巻 第Ⅲ期 高度成長期(Ⅰ)』通商産業調査会、1991 年、第 2 章、中北徹「貿易と資本の自由化政策」（香西泰・寺西重郎編『戦後日本の経済改革——市場と政府』東京大学出版会、1993 年）第 12 章、Shinji Takagi, "The Japanese System of foreign exchange and trade control, 1950-1964," working paper, Columbia Business School, 1996.
3) Sam Peltzman, "Toward a More General Theory of Regulation," *Journal of Law and Economics*, 29: 109-148, 1976; Paul Joscow and Roger Noll, "Regulation in Theory and Practice: An Overview," in Gary Fromm ed., *Studies in Public Regulation*, Cambridge, MA: MIT Press, 1981; Randall, S. Kroszner and Philips E. Strahan, "What Drives Deregulation ?: Economics and Politics of the Relaxation of Bank Regulation," *Quarterly Journal of Economics*, 114(4)：1437-1467, 1999.
4) Tetsuji Okazaki and Takafumi Korenaga, "The Foreign Exchange Allocation Policy in Postwar Japan: Its Institutional Framework and Function," in Takatoshi Ito and Anne O. Krueger eds., *Changes in Exchange Rates in Rapidly Developing Countries: Theory, Practice and Policy Issues*, Chicago, The University of Chicago Press, 1999.
5) 内閣総理大臣以外の委員は、外務、大蔵、農林、通商産業、運輸の各大臣と経済企画庁長官であった（東京銀行調査部『外貨予算制度の解説』東京銀行調査部、1960 年、24〜26 頁）。
6) 通商産業省・通商産業政策史編纂委員会編『通商産業政策史 第 6 巻 第Ⅱ期 自立基盤確立期(2)』通商産業調査会、1990 年、122〜124 頁。
7) 同上。
8) 前掲『通商産業政策史 第 6 巻』123 頁。
9) 前掲『通商産業政策史 第 6 巻』153〜157 頁。"The Foreign Exchange Allocation Policy in Postwar Japan: Its Institutional Framework and Function," *op cit.* は羊毛紡績業について、企業別外貨割当の輸出促進および設備投資促進効果を明らかにしている。
10) 以上、前掲『通商産業政策史 第 8 巻』171〜215 頁による。
11) 前掲「貿易・為替自由化計画大綱」。
12) 出典は東海銀行調査部『調査月報』1960 年 8 月。
13) 前掲『通商産業政策史 第 8 巻』220 頁。
14) 貿易為替自由化促進閣僚会議決定「貿易・為替自由化促進計画」（1961 年 9 月 26 日）、

前掲『自由化総括資料』。
15) 通商産業省「わが国の国際収支に対する考え方」1961年6月26日、前掲『自由化総括資料』。
16) 前掲『通商産業政策史 第8巻』205頁、通産省大臣官房企画室・通商局予算課・企業局企業第一課「貿易自由化ヒヤリング要領（案）」、1960年3月31日、通産省企業局企業第一課『貿易自由化原局ヒヤリング資料(1)軽工業局繊維局関係』。「貿易自由化ヒヤリング要領（案）」では、通産省の各原局の他に、農林省、厚生省、大蔵省、運輸省についてもヒアリングを実施することを予定しているが、実際に行われたかどうかは現在のところ確認できない。
17) 前掲『貿易自由化原局ヒヤリング資料(1)軽工業局繊維局関係』。ほかに軽工業局、重工業局、鉱山局の資料が残されている（同前資料および、通産省企業局企業第一課『貿易自由化原局ヒヤリング資料(2)鉱山局重工業局関係』）。
18) 複数の海外市場のデータが掲載されている場合は、その中のもっとも低い価格を使用した。
19) リファレンス・グループは紙パルプ製品。

第2部　産業構造と合理化──労働力市場の変容

第4章　労働力不足と分業構造の変化
　　　——自動車産業を対象に

植田浩史

はじめに

　1950年代半ばから始まり70年代初めまで続いた日本の高度成長は、成長の過程で経済構造の大きな変化が生じた。経済構造の変化は経済主体である企業にとっては経営環境の変化となり、企業は経営環境の変化に対応する形で事業活動を展開させた。高度成長期の変化は、経済構造の変化と企業の事業活動の変化の相互作用として捉えなければならない。

　こうした状況を最も典型的に示すものの一つが、高度成長期における労働力市場の変化と、労働力市場の変化が与えた影響、とくに中小製造業企業に与えた影響である。1950年代初めの不況期に大量の解雇と労使紛争を経験した大企業部門に対し、50年代に急増する中小製造業では若年労働者の採用を拡大していた。本章の第2節で見るように、大企業である完成車メーカー（トヨタ自動車工業）では若年労働者の採用を控えることで従業員の平均年齢の上昇が進み、一方積極的に若年労働者の採用を進めた下請企業側では平均年齢が低く抑えられ、そのことが両者の平均賃金の差を生み、下請生産の拡大を促進させる一つの要因になっていた。

　しかし、この構造は、1950年代末から労働力市場が逼迫するなかで変化していく。日本の労働力市場では、高校進学率の上昇、高度成長による労働力市場の需給関係の変化が進んでいった。図4-1にあるように、新卒者の求人倍率は50年代末から急上昇し、一般職業紹介も数値は低いものの50年代と比べて60年代のほうが高い数値で推移していく。その結果として、よく知られているように新卒者の平均賃金の上昇が進み、中小企業の新卒者の賃金が大企業

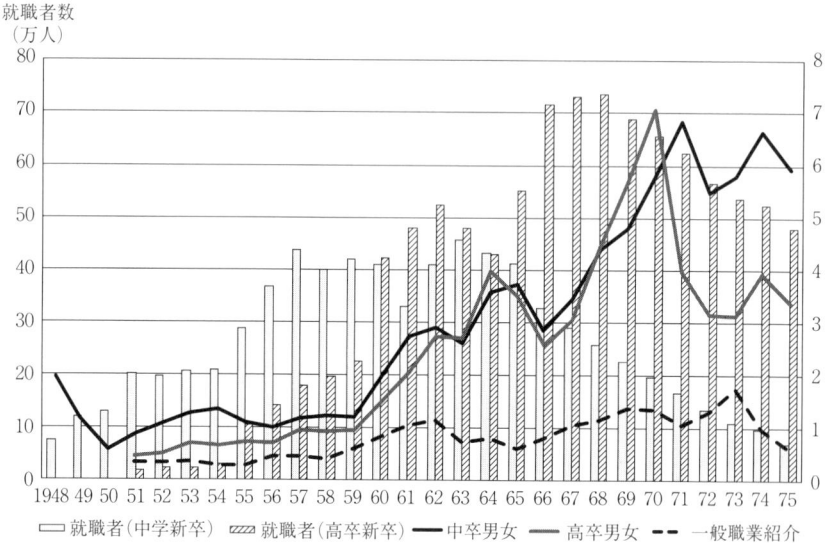

図4-1　労働市場の変化　職業紹介状況（求人倍率、就職者数）

就職者(中学新卒)　就職者(高卒新卒)　中卒男女　高卒男女　一般職業紹介

出典：総務省統計局「日本の長期統計系列」より作成。

を上回るといった状況も見られていく。本章で取り上げる自動車産業の事例で見れば、トヨタなど大企業側も積極的な新卒採用を行い、中小企業の新卒採用が難しい状況が生まれる。労働力市場の変化が見られた一方で、日本の自動車生産は拡大を続け、下請分業生産も広がりを見せていた。

　本章では、こうした労働力市場という事業環境が大きく変化するなかで、下請企業、とくに中小下請企業がどのような状況におかれ、どのような対応を行い、自動車生産の拡大にどのように貢献していったのか、さらにそのことが日本の自動車産業の特徴にどのように影響を与えていったのかについて、明らかにすることを課題とする。労働力市場の変化は、50年代の自動車産業の下請生産の拡大の条件と存立基盤を大きく変化させることになるのであるが、その一方で下請生産は拡大を続けていった。この関係を解き明かすことが本章の課題になる。

　第1節では、高度成長期の自動車産業と下請システムについて概観する。第2節では1950年代における自動車の大量生産の本格的な展開と下請システムの形成との関係についてトヨタ自動車工業を例に述べる。第3節では、60年

代の労働力市場の変化をトヨタ自動車工業関係の部品企業が集積する愛知県刈谷地区のデータを参考に紹介し、環境変化に対して中小下請企業がどのように対応していったのかを考察する。最後に、こうして形成されていった自動車産業における下請システムの特徴とその意味について検討する。

1. 自動車産業の成長と下請システムの展開

(1) 自動車産業の成長

敗戦後の日本では、自動車産業は崩壊した軍需産業に代わる民需産業として期待されていたが、発展のペースは遅かった。自動車生産、とくに四輪車生産が本格的に拡大するのは、二大企業であったトヨタ自動車工業と日産自動車がドッジ不況後の大争議から回復し、朝鮮戦争特需を迎えて以降のことになる。その後の生産台数の対前年比増加率は、生産台数がまだ少なかったこともあり、図4-2にあるように著しいものであった。その結果、1950年代半ばには四輪車生産が三輪車生産を上回り、50年代末に年産20万台に達した。

その後1960年代に入ると生産量は着実に増大し、70年には年産500万台を超えた。60年代の生産台数規模は50年代と比較して大きいこともあり、対前

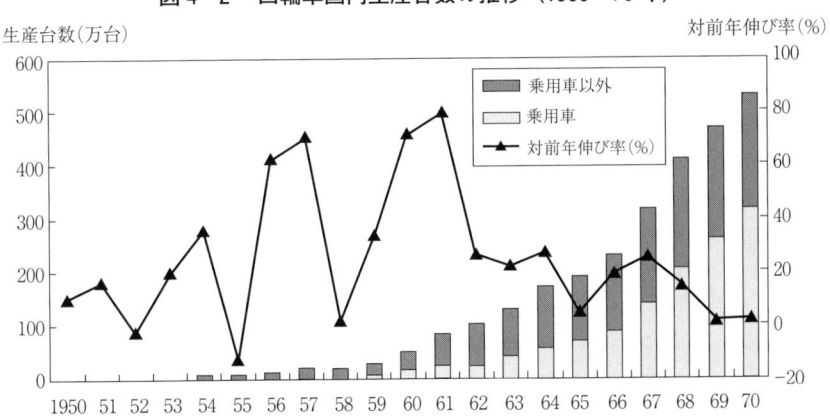

図4-2 四輪車国内生産台数の推移（1950～70年）

出典：日本自動車工業会編『日本自動車産業史』1988年より作成。

年比増加率の水準は低下したが、絶対的な伸びは大きかった。また、60年代の増加率は50年代と比較して上下の幅が小さく、安定的な拡大が見られていたことがわかる。

1950年代に高い成長率でようやく大量生産の礎を築いた日本の自動車産業は、60年代には安定的な成長過程に入ったといえる。60年代の生産拡大は、個別の自動車メーカーが新鋭の完成車工場を建設し、量産規模を拡大したことに加え、自動車生産に参入する企業数が増加したことにもよっていた。後発の自動車メーカーは、自動車生産に関する基礎的技術開発力が、先発メーカーと比較して劣っていたことは否めないが、そうした不利な条件を補ったのが、先発メーカーの生産拡大に対応して生産能力を拡大させていた部品メーカー群の存在であった。三輪車から四輪車へ参入した東洋工業は、地場の加工部品メーカーと他地域に存在し、すでに他の自動車メーカーとの取引の実績がある専門部品メーカーを使い分けながら、量産化に成功していた[1]。

(2) 下請システムの形成

多数の部品を大量に組み立てて完成品を作り上げる自動車産業では、部品の安定的な供給が産業発展にとって不可欠となる。ただし、部品の供給を、完成車メーカーの内製で行うのか外部から購入するのか（内外製の決定）、外部から調達する場合どういった企業から調達するのか（調達先の選択）、調達先に対して何を要望しどのような管理を行うのか（調達先の管理）、どういった取引関係を形成していくのか（取引関係の構築）、などについては、同じ自動車産業であっても、地域によって、時期によって、あるいは企業によっても異なる。

日本の自動車産業の場合、1930年代の自動車産業初期の段階で自動車メーカー側に部品生産を自前で行うだけの資本力と技術力が十分ではなく、すでに国内に普及していたフォード車やGM車向けの補修部品を生産していた既存の部品メーカー、他業種向けの仕事をしていた関連加工メーカーなどを利用しながら、生産をスタートさせていた。外部からの調達の位置づけは、時期によって変化していたが、本格的な自動車の量産が始まる50年代には、自動車メーカーは量産化に対応した生産体制を確立するために設備投資を行っていく一方で、設備近代化の優先順位が低位な工程や部品については外部から調達を進

め、全体として外部から調達する部品の量が増えていた。しかし、先述したように50年代の自動車産業のボリュームが小さく、自動車生産の伸び率が高いとはいっても上下の変動の幅が大きいことから、部品メーカー側にとって自動車産業、とくに特定の完成車メーカーと積極的に関わることに躊躇する企業が少なくなかったと考えられる。そのなかで、自動車産業に積極的に関わるための設備投資と技術導入を行い、自動車メーカー側のさまざまな要請にこたえる部品メーカーが現れていく。こうした部品メーカーが60年代の安定的な成長と生産規模の飛躍的な拡大という条件の下で、自動車メーカーとの関係を強めていくことになる。

　日本自動車産業の生産上の特徴である裾野の広い階層的な分業構造は、こうした国内生産の安定的で長期的な拡大という条件のもとで形成されてきた。安定的で長期的な拡大が、発注者側と受注者側に長期的・安定的・持続的な産業の成長への期待感を共有させ、そうした期待感を共有することで、長期的・安定的・持続的な関係を規範とした取引関係——双方の機会主義的な行動を排除し、発注者側は限られた協力企業に対し長期的・安定的そして拡大的に発注を行い、協力企業側は発注者側の品質・コスト・納期等の要求に対して積極的に対応し自らの能力を高めていく、という双方の協力関係——が形成され、日本的下請システムが形成されてきた[2]。

(3) 労働力市場と下請システム

　下請システムの形成にとって、労働力市場と企業規模別の労働力構成の違いは重要な意味を持っていた。次節で見る自動車産業では、1950年代には労働力構成の違いによる平均賃金の差と、中小企業や1次下請メーカー側にとって若年者の採用が比較的容易であるという労働力市場の状況が、発注側にとって下請企業を利用するインセンティブになり、下請企業側が下請受注を拡大できる条件となっていた。労働力市場が、下請関係が広がりを見せていたことと密接に関わっていたのである。

　しかし、前述したように、労働力市場のあり方は1960年代になると大きく変化する。詳しくは第3節で見るように、労働力市場は逼迫し、中小企業の新卒採用は困難となっていく。自動車メーカー、そして大規模な部品メーカーな

ど分業関係の上位にある企業群では、若年労働者の比重が上昇し、企業規模別の労働力構成は 50 年代と 60 年代では逆転する。60 年代の自動車産業の生産規模の拡大と下請システムの展開は、50 年代とまったく異なった条件で進んでいくことになるのである。

それでは、1950 年代と 60 年代の状況の違いのなかで、どのように自動車産業で下請システムが形成され、発展していったのか、そのことは日本の自動車産業の下請システムの特徴にどのような影響を与えることになったのか、この点を、50 年代と 60 年代の状況を見ながら検討していきたい。

2．1950 年代──大量生産と分業構造の形成

(1) 企業規模別賃金格差

労働省が 1955 年に実施した「労働事情実態調査」（労働省労働統計調査部編著『労働事情実態調査──中小企業を中心とした産業別分析』、以下「労働事業実態調査」）は、多くの産業の企業規模別の労働事情の特徴を伝えてくれる。この調査の「自動車及び附属品製造業」の従業者規模別の労働者構成（年齢別、勤続年数別）と賃金格差を見たのが表 4-1 である[3]。ここからは、自動車産業では規模によって年齢別、勤続年数別の労働者構成が異なっており、規模が小さくなるほど若年者あるいは勤続年数が短い労働者の割合が高いことがわかる。とくに 20 歳未満の比率は 500 人以上が 10％であるのに対し、100 人未満の層ではいずれも 3 割を超えている。規模別賃金状況は、500 人以上の現金給与総額が 10～29 人規模の 2.25 倍、決まって支給する給与でも約 2 倍になっている。この頃には大企業層には年功賃金が形成されていることに加え、労働者構成の違いが企業規模間の賃金の違いを大きくしていた。

なお、規模別に従業者の年齢別構成が異なるという状況は、どの業種でも自動車産業と同じように見られたわけではない[4]。表 4-2 に取り上げた各産業を見ると、20 歳未満の比率が各層を通して低い船舶製造修理業、逆に高い自転車等、といった違いに加えて、どの業種も全体的に規模が大きくなると 20 歳未満の構成比が低下しているが、その差は異なっている。また、それぞれの

第4章 労働力不足と分業構造の変化

表 4−1 「自動車及び附属品製造業」労務者の規模別年齢別構成と賃金格差（1955 年）

企業規模	年齢別構成(%)					勤続年数別構成 (%)					賃金 (10〜29 人＝100)	
	20歳未満	20歳以上30歳未満	30歳以上40歳未満	40歳以上50歳未満	50歳以上	1年未満	1年〜3年	3年〜5年	5年〜10年	10年以上	現金給与総額	決まって支給する給与
500人以上	10.0	34.8	29.8	21.1	4.0	5.5	13.0	19.3	29.4	32.5	224.6	199.4
200〜499人	27.2	37.9	21.8	10.7	2.1	20.1	34.8	20.6	20.9	13.3	143.3	135.0
100〜199人	20.6	37.2	24.7	12.7	4.5	18.3	23.9	25.5	20.4	11.7	145.1	138.4
30〜99人	31.0	33.7	20.8	9.4	4.8	25.5	30.8	22.4	18.1	2.8	114.2	111.2
10〜29人	34.2	35.7	19.6	7.1	3.2	31.2	32.2	18.4	15.1	2.9	100.0	100.0
5〜9人	38.5	32.8	17.1	5.7	5.7	33.8	32.8	19.0	13.3	0.9	95.3	95.8

出典：労働省労働統計調査部編著『労働事情実態調査──中小企業と中心とした産業別分析──第三分冊』（労務行政研究社、1957年）より作成。

表 4−2 「鉄鋼鋳造」「船舶製造修理」「自転車等」労務者の規模別年齢別構成と決まって支給する給与（1955 年）

	企業規模	年齢別構成（％）					決まって支給する給与（10〜29人＝100）
		20歳未満	20歳以上30歳未満	30歳以上40歳未満	40歳以上50歳未満	50歳以上	
鉄鋼鋳造	500人以上	10.8	32.3	29.7	22.4	4.6	187.5
	200〜499人	15.7	34.8	26.8	16.8	5.7	140.0
	100〜199人	15.4	28.3	25.0	17.9	10.7	124.3
	30〜99人	16.0	30.5	23.2	17.2	12.8	126.2
	10〜29人	15.1	29.6	21.1	18.2	15.8	100.0
	5〜9人	19.6	32.3	23.7	14.1	10.1	91.1
船舶製造修理	500人以上	3.7	28.3	36.5	24.9	6.3	219.5
	200〜499人	6.1	28.3	32.3	20.6	12.5	154.5
	100〜199人	9.6	32.0	23.9	21.6	12.7	126.6
	30〜99人	10.1	33.8	22.3	18.3	15.3	120.0
	10〜29人	12.2	36.9	16.7	18.2	15.8	100.0
	5〜9人	6.3	37.9	12.6	13.9	29.1	90.6
自転車等	500人以上	20.1	41.9	17.2	13.6	6.9	132.2
	200〜499人	28.2	32.9	20.5	13.2	5.1	128.9
	100〜199人	24.0	36.2	18.8	14.7	6.0	131.0
	30〜99人	34.0	34.4	16.3	9.4	5.7	105.3
	10〜29人	34.0	37.2	10.8	10.3	7.4	100.0
	5〜9人	30.8	44.8	9.3	9.3	5.6	94.9

出典：表 4−1 と同じ。
注：決まって支給する給与は常用労働者へのもの。

産業で規模別の賃金格差が見られるが、その程度も異なっている。若年者の比率の違いと賃金の差が直接的にリンクしているわけではないが、業種を越えた特徴である一方、その程度については業種によって異なっていることを確認しておきたい[5]。

(2) トヨタ自動車工業と従業者構成と分業構造

自動車産業は、高度成長期に入り生産を急速に拡大させるが、その中で従業者規模別の労働者構成の違いと賃金の格差は、発注側である自動車メーカーと下請側である部品メーカー側の間でより顕著になっていく。表4-3は、1960年前後のトヨタ自動車工業（以下トヨタ）と当時の1次下請企業の従業者の年齢別構成を見たものである。明らかに両者の間で従業者の年齢別構成に違いが見られ、1次下請メーカーの方が若年労働者の比重が高い。トヨタは、50年代半ば以降、自動車生産台数が急増していたが、トヨタの正規従業員が本格的に増加するのは、60年代に入ってからであった。50年代は、50年代初めに生じた労働争議の影響もあり、正社員の採用には慎重であった。一方、1次下請

表4-3 トヨタ自動車工業と1次メーカーの従業者年齢別構成

(単位：人、％)

企業	対象	年齢	～18歳	19～20歳	21～25歳	26～30歳	31～35歳	36～40歳	41～50歳	51歳～	計
トヨタ自動車工業（1959年1月）	全体（正規社員）	従業員数 構成比	192 3.8	155 3.0	231 4.5	975 19.2	1022 20.1	958 18.9	1352 26.6	197 3.9	5,082 100.0
	臨時工計	従業員数 構成比		233 27.8	399 47.6	119 14.2	52 6.2	16 1.9	14 1.7	5 0.6	838 100.0
新川工業（1959年）	総計	従業員数 構成比	113 21.5	94 17.9	168 31.9	32 6.1	51 9.7	32 6.1	30 5.7	6 1.1	526 100.0
中庸スプリング（1961年3月）	総計（製造部門）	従業員数 構成比	42 30.7	30 21.9	26 19.0	11 8.0	3 2.2	2 1.5	13 9.5	10 7.3	137 100.0
東海理化電機（1959年）	総数	従業員数 構成比		382 47.9		293 36.7		73 9.1	27 3.4	23 2.9	798 100.0

出典：トヨタ自動車工業は、慶応大学産業研究所産業調査プロジェクト『自動車産業の近代化と労働組合 第3回報告書』発行年不明、新川工業、中庸スプリング、東海理化電機、小島プレス工業はユネスコ国内委員会社会科学調査団経済班『自動車工業における技術革新の及ぼす諸問題（第一冊～第三冊）』1960～61年より作成。

注1：新川工業、東海理化電機は臨時工を含む。
　2：東海理化電機の年齢別構成の区分は、若い方から19歳以下、20～29歳、30～39歳、40～49歳、50歳以上となっている。

の従業者数は、トヨタからの受注生産が増大するのにともなって50年代半ばから若年層を中心に増加していた。そのため60年前後には両者の従業者構成に大きな違いが見られ、そのことが両者の平均的な賃金の差を大きくさせた[6]。多くが数十人以下の規模である2次下請の年齢構成についても、若年者の比率が高く、とくに男子工員については半数を20歳未満が占めていた（表4-4）。

同様な傾向は、東洋工業とその1次下請メーカーとの間でも確認できる[7]。

表4-4　2次下請工場の年齢構成（工員のみ）1959年9月時点

	調査時の企業番号										総計（人）			年齢別構成（％）		
	4	12	9	5	2	14	21	3	1	19	6	合計	男	女	合計	男	女
16歳未満	7				2							9	7	2	5.6	5.5	6.3
16～19歳	8	12	4	12	4	3	4	9	4	4	1	65	61	4	40.6	47.7	12.5
20～29歳	9	6	5	4	1	1	7	3	2	2	1	41	33	8	25.6	25.8	25.0
30～39歳	3	2	6	2	3	6	1		2	3		28	16	12	17.5	12.5	37.5
40～49歳	2		1		3	3			2		1	12	8	4	7.5	6.3	12.5
50歳以上			2		1				1		1	5	3	2	3.1	2.3	6.3
計	29	20	18	18	14	13	12	12	11	9	4	160	128	32	100.0	100.0	100.0

出典：大阪府立商工経済研究所『地域経済と中小企業集団の構造　第10輯　豊田自動車部品工業』1960年3月より。

表4-5　東洋工業と1次下請：本工・臨時工の年齢別構成比（男子）

（単位：％）

年齢	本工		臨時工		東洋工業下請
	No.2	東洋工業	No.2	東洋工業	
25歳未満	45.2	15.5	10.1	54.2	39.3
25～29歳	20.0	12.9	37.7	41.1	11.3
30～34歳	14.1	13.5	36.2	4.7	21.4
35～49歳	19.2	50.4	13.8		13.0
50歳以上	1.5	7.8	2.2		8.6

出典：広島県・広島市・呉市『広島県地帯　金属機械工業実態調査報告書第6巻　自動車車体部品の下請生産機構』1962年、162～163頁、320頁、広島労働基準局『広島地区輸送用機械器具製造業実態調査結果報告書』1961年、19頁より作成。

注1：No.2企業は1962年3月末、東洋工業は1962年1月15日、東洋工業下請は1960年12月。
　2：東洋工業の本工は非現業も含む。
　3：東洋工業下請は、東洋工業の1次下請で東友会に入っていない企業および2次下請企業をふくみ、ほとんどが従業員数100人未満の中小企業。

表4-5にあるように、本工については、東洋工業は35歳以上が3分の2以上を占めているのに対し、1次下請メーカーでは25歳未満が45％となっている。ただし、臨時工については逆に東洋工業において若年層が多いことにも注目する必要がある。

このように、高度成長のスタートの時点で見られていた企業規模による従業者年齢別構成の違いは、その後も1960年頃までは自動車メーカーによる正規従業員採用の抑制、1次下請メーカー側の増産に対応した若年層の採用拡大によって、さらに顕著になっていったことがわかる。

(3) 賃金とアワーレート

若年者比率の高い中小企業と、中高年の比率が高い上に、年功型賃金体系を採っていたトヨタ等の大企業における平均賃金の差は、同一階層で比較した賃金水準の差以上に、拡大していった（表4-6）。この頃の中小企業では、一般的に10代で入社後30歳頃までは年を経るに従って給料が上がるが、それ以降は役職に就かないと上がらず、大企業の年功制とは大きく異なっていた（図4-3）。

こうした大企業と中小企業の賃金コストの差を前提に、発注側が下請側に発

表4-6　トヨタ自動車工業と中庸スプリングの階層別平均年齢・給与額等

階層	トヨタ自動車工業							中庸スプリング（1961年3月）			
	階層別平均(1959年1月)			平均給与額 (1959年7月)				人数	平均年齢	平均勤続	平均給与計
	人数	年齢	勤続	人数	基準賃金	基準外	計				
工長	56	46.1	22.5	58	46,697	10,237	56,934	1	34.0	12.8	46,947
組長	204	44.0	20.4	216	39,479	12,033	51,512	6	35.8	11.1	36,956
班長	379	40.8	19.0	397	34,097	11,413	45,510	12	31.3	9.8	30,381
作業員男子	2,982	35.0	12.4	2,694	24,805	8,197	33,002	84	24.3	3.2	15,622
作業員女子	131	33.8	10.0	126	16,388	4,235	20,623	31	26.8	4.2	12,088
臨時工男子	798	23.7	1.9	1,550	8,434	2,458	10,892				
臨時工女子	40	24.3	1.3	68	6,274	1,100	7,374				

出典：表4-3と同じ。
注1：トヨタについては、平均年齢・勤続年数と給与額のデータは、時期によって母数が異なっている。とくに、臨時工は母数が大きく異なっている。
　2：トヨタの臨時工の平均年齢・勤続年数は、データがいくつかの層に分かれて計算されていたものを推算した。

第4章　労働力不足と分業構造の変化　125

図4-3　中庸スプリング従業員の年齢別・階層別給与（1961年3月、給与計）

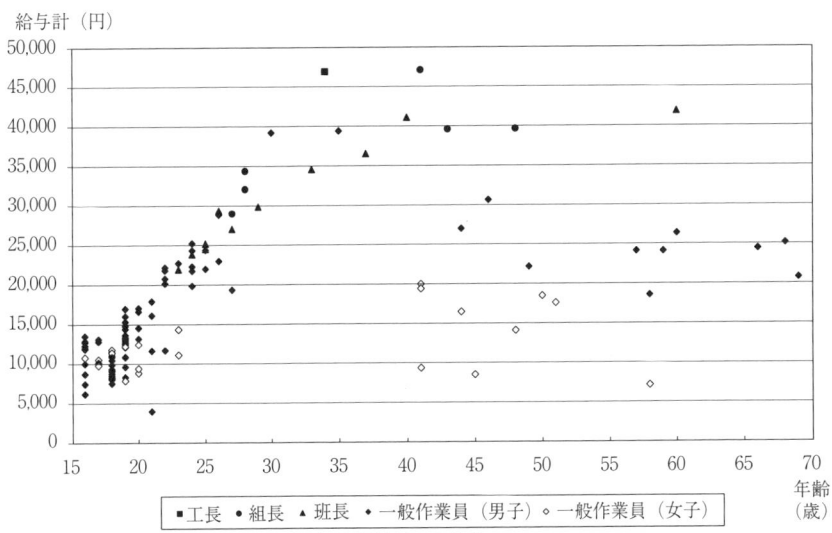

出典：ユネスコ国内委員会社会科学調査団経済班前掲書より作成。

表4-7　規模別アワーレート

部門	従業者数	秒レート（銭）	時間レート（円）
切削加工	1,000	6	216
	68	5	180
	54	5.5	198
	26	3	108
	27	3	108
	22	2	72
	19	3	108
	19	2	72
プレス	278	6	288
	111	6	216
	91	5	180
	90	8	288
組付	281	3	108

出典：奥村栄「東海地区自動車部品工業の構造変化」（愛知県経済研究所『あいち経済月報』第63号、1962年）より作成。

注する際の単価（製品単価、加工単価）の前提となる時間賃率（アワーレート）が設定されていく。1960年前後のトヨタ自動車におけるアワーレートは450円といわれていたが、それに対して下請企業では72～288円程度で設定されていた（表4-7）。そして、アワーレートの差は固定され、下請企業側はこのアワーレートを前提に生産活動を拡大していく。つまり、単純化すれば、発注側にとって外注を利用するメリットは、自社の「時間賃率×加工時間」よりも外注の「時間賃率×加工時間」が小さい場合に存在する。賃率が低いということは、同じ工程の場合、発注側より加工時間が、時間賃率の差の逆数まで大きくても、発注側からは外注するメリットがあることを意味する。設備や技術に差があっても、社内で行っていた工程を発注側が外注するのは、こうした時間賃率の差があるからである。

(4) 1950年代の分業生産の拡大を支えた労働力市場

1950年代のトヨタ自動車では、トヨタ自動車の正規社員数増加を抑えながら、生産台数の拡大を実現していったが、それを可能にした条件の一つが、規模別労働者構成の違いを前提とした下請分業生産の拡大、外製の積極的利用であった。規模別労働者構成の違いは規模別の労働コストの差を生じさせ、そのことが技術力の差や熟練労働力の差がありながらも、中小企業を中心とした1次メーカーからの調達を拡大し、生産台数の増加への対応を可能にしていくことになった。

こうした構造は、1950年代にはさらに強まっていく。下請企業側は、増大する受注に対して新卒の若手従業員を積極的に採用し、労働コストを抑えた生産を展開していった。トヨタ自動車の事例で典型的に見られるように、採用を控え従業員の平均年齢が上昇していく発注側と、若年者の採用を拡大する下請企業側の労働者構成の違いは、この時期さらに顕著になっていったのである。

下請企業側の若年者雇用の拡大を可能にしたのは、前掲図4-1でも示したように、1950年代は新卒採用においてもまだ労働力市場が相対的に買い手市場であり、中小企業であっても若年者の雇用の拡大が可能であったことによる。また、トヨタ自動車の事例で見たように完成車メーカー側が新卒者採用に慎重であったことも影響していた。しかし、この構造は、60年代に根本的に変化

していく。労働力市場の変化と、その一方で進む自動車生産のさらなる急拡大に対して、下請企業側がどのように対応していったのか、次節で分析していく。

3. 1960年代——労働力不足下の分業構造の展開

(1) 労働力市場の逼迫と労働力構成の変化

1960年代に入り、自動車産業は毎年その生産規模を拡大させていった（前掲図4-2）。トヨタ自動車など自動車メーカーは設備投資をさらに拡大し、新鋭工場の建設を積極的に進め、生産能力を高めていった。自動車生産の拡大は、下請に対する発注量も増大させていった。

その一方で、国内の労働力市場の逼迫に対応して、自動車産業をめぐる状況も変化してきた。愛知県刈谷地区における労働力不足下の自動車部品産業の実態を紹介した大阪府立商工経済研究所『労働力不足と中小企業の実態　その5——刈谷地区における機械工業』（1966年4月）を用いて、この時期の状況を見よう[8]。愛知県刈谷地区は、トヨタの本社工場のある挙母市（59年から豊田市）に隣接する地域で、トヨタと関係の深い1次メーカー、2次メーカー、3次メーカー等が多数集積している地域である。

第一に、表4-8に示されているように、全国的な労働力市場の動向と同じように、刈谷地区でも求人倍率は1960年代にはいって新規の求職率が低下、換言すれば求人倍率が上昇し、労働力市場の逼迫が進行している。63年には

表4-8　職業紹介状況（刈谷職安）

（単位：人、％）

	1959	1960	1961	1962	1963
新規求人（A）	16,710	25,557	30,710	31,189	28,045
新規求職（B）	12,603	13,431	11,352	11,797	10,516
就職（C）	7,180	8,239	8,303	8,834	6,208
求職率（B／A）	0.75	0.53	0.37	0.38	0.37
求人対充足率（C／A）	0.43	0.32	0.27	0.28	0.22

出典：大阪府立商工経済研究所『労働力不足と中小企業の実態　その5——刈谷地区における機械工業』1966年4月（元資料は刈谷市勢要覧『かりや』1965年）。

表 4-9 刈谷地区自動車部品企業の 1964 年、65 年の採用状況

(単位：人)

従業者規模	男女別	1964年学卒 中卒	高卒	大卒	小計	1965年学卒 中卒	高卒	大卒	小計 (A)	65年一般採用者 (B)	65年採用計 (C=A+B)	退職者 64年1〜12月 (D)	退職者 65年1〜9月 (E)	65年学卒採用率 (A/C) %	65年採用者対退職者 (C/E) %	64年従業者数 (F)	65年従業者数 (G)	64年退職者対従業者 (D/F) %	65年採用者対従業者 (C/G) %
9人以下	男	3			3	3			3	8	11	29	11	27.3	100.0	86	70	33.7	15.7
	女									1	1	8	1	0.0	100.0	27	26	29.6	3.8
	計	3			3	3			3	9	12	37	12	25.0	100.0	113	96	32.7	12.5
10〜19人	男	3	1		4	3			3	21	24	21	22	12.5	109.1	106	106	19.8	22.6
	女					1			1	11	12	7	9	8.3	133.3	34	34	20.6	35.3
	計	3	1		4	4			4	32	36	28	31	11.1	116.1	140	140	20.0	25.7
30〜49人	男	13	2	1	16	13	1	1	16	30	46	40	35	34.8	131.4	208	200	19.2	23.0
	女	1	2		3	1	1		2	14	16	16	13	12.5	123.1	56	51	28.6	31.4
	計	14	4	1	19	14	3	1	18	44	62	56	48	29.0	129.2	264	251	21.2	24.7
50〜99人	男	50	5	1	56	57	7		64	98	162	165	97	39.5	167.0	681	669	24.2	24.2
	女	9	1		10	5	2		7	39	46	53	37	15.2	124.3	197	196	26.9	23.5
	計	59	6	1	66	62	9		71	137	208	218	134	34.1	155.2	878	865	24.8	24.0
100〜499人	男	158	16	8	182	171	16	8	195	124	319	211	163	61.1	195.7	1,303	1,434	16.2	22.2
	女	19	11		30	23	13		36	99	135	146	99	26.7	136.4	570	589	25.6	22.9
	計	177	27	8	212	194	29	8	231	223	454	357	262	50.9	173.3	1,873	2,023	19.1	22.4
500人以上	男	637	472	93	1,202	460	606	136	1,202	104	1,306	949	614	92.0	212.7	13,669	14,427	6.9	9.1
	女	454	147	7	608	227	180	1	408	21	429	609	431	95.1	99.5	3,471	3,530	17.5	12.2
	計	1,091	619	100	1,810	687	786	137	1,610	125	1,735	1,558	1,045	92.8	166.0	17,140	17,957	9.1	9.7
計	男	864	496	103	1,463	707	631	145	1,483	385	1,868	1,415	942	79.4	198.3	16,053	16,906	8.8	11.0
	女	483	161	7	651	257	196	1	454	185	639	839	590	71.0	108.3	4,355	4,426	19.3	14.4
	計	1,347	657	110	2,114	964	827	146	1,937	570	2,507	2,254	1,532	77.3	163.6	20,408	21,332	11.0	11.8

出典：大阪府立商工経済研究所『労働力不足と中小企業の実態　その五―刈谷地区における機械工業』1966 年 4 月より作成。

求人に対する充足率は 0.22 まで低下していた。

　第二に、表 4-9、表 4-10 に示した 1964 年、65 年の採用状況から次の点が指摘できる。

　① 1964 年時点の従業者数と退職者数を比較すると（表 4-9 中の D／F）、9 人以下と 500 人以上を除くといずれも男女計で 20％ 前後、9 人以下は 30％ を超えており、従業員の移動が激しいことがわかる。一方 500 人以上では 10％

表4-10 刈谷地区自動車部品企業の新規学卒者の充足状況（1965年卒）

従業者規模	求人数(A)(人)	応募数(B)(人)	採用数(C)(人)	従業員数(D)(人)	B/A(%)	C/A(%)	B/C(%)	A/D(%)	C/D(%)
9人未満	36	3	3	96	8.3	8.3	100.0	37.5	3.1
10～29人	20	4	4	140	20.0	20.0	100.0	14.3	2.9
30～49人	94	16	14	251	17.0	14.9	87.5	37.5	5.6
50～99人	235	76	70	565	32.3	29.8	92.1	41.6	12.4
100～499人	378	224	209	2,023	59.3	55.3	93.3	18.7	10.3
500人	1,325	3,085	1,612	17,057	232.8	121.7	52.3	7.8	9.5
計	2,088	3,408	1,912	20,132	163.2	91.6	56.1	10.4	9.5

出典：表4-9と同じ。

前後と低い。また、男女を比べると9人以下では男性の方が高く、10～19人ではほぼ同じであるのに対し、30人以上の層になると女性の比率が高くなっている。後述するように、100人以上の規模では女性の若年者比率が高く、そのことが影響していると考えられる。

② 1965年度の採用者における学卒と一般採用者（中途採用者）の比率［表4-9中のA／(A＋B)］を見ると、男女ともに、規模が大きくなるに従って学卒者の割合が高くなっている。前述したように、60年代に入り、新卒者の労働力市場が逼迫する中で、規模の小さい企業ほど新卒採用が厳しくなっていることを示している。その結果、小規模層では採用の中心は中途採用となっている。

③ 1965年1～9月期の退職者と採用者の人数を比較する（表4-9中のC／E）と、規模が大きくなるにしたがって採用が退職を上回り、結果として従業者規模を拡大していることがわかる。逆に9人以下は、退職者を補充するので一杯であり、従業員数の拡大にはつながっていない。

このように、採用は小規模な企業ほど難しくなり、とくに新規学卒者の採用はかなり難しい状況になっている。この点は、1965年学卒者に対する充足状況を見た表4-10からも確認できる。求人数に対して応募が上回っているのは500人以上の層だけであり、50人未満では求人数に対する採用数が20％以下に過ぎない。小規模層では、採用者数が退職者数と均衡するような状況になっており、規模の拡大も容易ではなくなっていることがわかる。

第三に、1965年の従業者規模別に従業員の年齢別構成を表4-11で確認する

表4-11　刈谷市自動車部品企業の年齢別従業者構成（1965年）

従業者規模	男女別	年齢層別従業者数（人）						年齢層別従業者比率（％）						年齢層別女子従業者比率（％）					
		20歳未満	20~29歳	30~39歳	40~49歳	50歳以上	計	20歳未満	20~29歳	30~39歳	40~49歳	50歳以上	計	20歳未満	20~29歳	30~39歳	40~49歳	50歳以上	計
9人以下	男	9	34	15	3	5	66	13.6	51.5	22.7	4.5	7.6							
	女	0	6	9	8	2	25	0.0	24.0	36.0	32.0	8.0		0.0	15.0	37.5	72.7	28.6	27.5
	計	9	40	24	11	7	91	9.9	44.0	26.4	12.1	7.7							
10~19人	男	15	58	40	10	8	131	11.5	44.3	30.5	7.6	6.1							
	女	3	29	20	16	9	77	3.9	37.7	26.0	20.8	11.7		16.7	33.3	33.3	61.5	52.9	37.0
	計	18	87	60	26	17	208	8.7	41.8	28.8	12.5	8.2							
30~49人	男	75	121	40	28	14	278	27.0	43.5	14.4	10.1	5.0							
	女	6	26	24	23	10	89	6.7	29.2	27.0	25.8	11.2		7.4	17.7	37.5	45.1	41.7	24.3
	計	81	147	64	51	24	367	22.1	40.1	17.4	13.9	6.5							
50~99人	男	163	271	90	65	66	655	24.9	41.4	13.7	9.9	10.1							
	女	16	106	40	36	7	205	7.8	51.7	19.5	17.6	3.4		8.9	28.1	30.8	35.6	9.6	23.8
	計	179	377	130	101	73	860	20.8	43.8	15.1	11.7	8.5							
100~499人	男	482	468	161	70	66	1,247	38.7	37.5	12.9	5.6	5.3							
	女	125	238	68	50	16	497	25.2	47.9	13.7	10.1	3.2		20.6	33.7	29.7	41.7	19.5	28.5
	計	607	706	229	120	82	1,744	34.8	40.5	13.1	6.9	4.7							
500人以上	男	3,326	4,953	3,201	2,026	550	14,056	23.7	35.2	22.8	14.4	3.9							
	女	2,071	1,205	103	51	5	3,435	60.3	35.1	3.0	1.5	0.1		38.4	19.6	3.1	2.5	0.9	19.6
	計	5,397	6,158	3,304	2,077	555	17,491	30.9	35.2	18.9	11.9	3.2							
計	男	4,070	5,905	3,547	2,202	709	16,433	24.8	35.9	21.6	13.4	4.3							
	女	2,221	1,610	264	184	49	4,328	51.3	37.2	6.1	4.3	1.1		35.3	21.4	6.9	7.7	6.5	20.8
	計	6,291	7,515	3,811	2,386	758	20,761	30.3	36.2	18.4	11.5	3.7							

出典：表4-9と同じ。

と、第2節で見たような50年代の状況から次のように変化していることがわかる。

①20歳未満の比率は、男子、女子、計を含めて規模による差が大きく、傾向としては規模が大きくなるに従ってその比率が高まっている。50年代には30歳未満の層の比率が高かった小規模層が最も低くなっており、規模別に見た従業者年齢構成の構造が大きく変わっている。

②女子の比率が全体では、いずれの層も2割近くから4割近くとなっている。ただし、女子従業員の特性が規模によって異なっており、女子比率の高い年齢層の違いが規模によって見られる。500人以上の層では、20歳未満が最も高く、年齢が上がるにつれて著しく比率が低下しており、女子従業員は新卒採用が中心で、数年後に退職するケースが多いと考えられる。それに対して、年齢構成

表4-12 刈谷地域従業者規模別賃金の状況（1965年）

(単位：円)

従業者規模		職員			工員			臨時工		
		平均	最低	最高	平均	最低	最高	平均	最低	最高
男	9人未満				26,725	18,855	37,113			
	10～29人				27,809	18,427	39,865			
	30～49人	41,802	26,183	80,010	27,695	14,166	49,788			
	50～99人	37,210	25,898	65,124	27,453	15,530	51,321	28,748	20,929	36,583
	100～499人	41,829	25,696	85,006	22,566	13,034	43,411	14,521	12,850	19,994
	500人	39,008	15,094	110,470	30,677	12,789	69,945	24,574	14,156	34,461
女	9人未満				16,475	14,900	19,300			
	10～29人				17,353	14,568	20,964			
	30～49人	22,226	15,398	26,128	17,358	14,568	20,964			
	50～99人	24,215	15,755	31,034	15,480	12,070	19,486	11,860	11,973	16,805
	100～499人	20,041	15,299	29,344	15,944	12,447	20,811	13,868	13,063	16,219
	500人	17,554	11,905	29,958	16,419	12,252	30,981	11,684	11,941	16,053

出典：表4-9と同じ。

は規模が小さくなるにつれ若年者の比率が低下し30歳以上の割合が高まっている。小規模層における女子従業員は、家庭に入った既婚層が中心であったと考えられる。

　第四に、表4-12を用いて賃金の状況を見ると、平均値での規模別格差は明瞭には見られなくなっている。若年者や新卒採用者の賃金を示していると考えられる最低額では規模の小さい方が高くなっている。労働力市場の逼迫を受け、新卒や若年採用者の賃金を小規模なところほど引き上げたことによる結果であると考えられる。

　このように、1960年代には自動車産業の急拡大のもとで下請分業生産が拡大をしているなかで、下請分業生産を支えていた下請企業での若年者の採用、下請企業における若年者比率の高さ、規模別賃金格差の存在といった状況は、50年代とは大きく変化していたのである。

(2) 自動車産業の拡大への対応

　前述したように、自動車産業は1960年代に入って急速な拡大を見せた。この時期の自動車および同部品製造業の変化について、工業統計から64年と70

表4-13 自動車および同部品製造業の概要（1964年、1970年）

1964年自動車および同部品製造業

	事業所数 （件）	従業者数 （人）	現金給与総額 （百万円）	製品出荷額 （百万円）	付加価値額 （百万円）	1人当り給与 （万円）
1～9人	4,366	22,083	5,242.4	18,023.8	11,738.6	23.7
10～19人	1,133	16,019	5,248.3	21,054.0	10,099.3	32.8
20～29人	612	14,732	5,042.3	22,718.1	9,886.1	34.2
30～49人	571	21,879	7,655.6	39,973.4	16,024.5	35.0
50～99人	507	34,935	12,751.7	77,955.4	28,982.4	36.5
100～199人	268	36,595	13,112.2	82,776.1	29,739.1	35.8
200～299人	85	20,564	7,800.9	58,810.7	16,685.9	37.9
300～499人	78	29,699	11,200.9	90,759.1	25,514.6	37.7
500～999人	61	42,486	16,907.9	156,497.3	46,144.3	39.8
1000人以上	53	162,965	80,392.6	1,259,634.9	371,678.7	49.3
計	7,734	401,957	165,354.8	1,828,202.8	566,493.5	41.1

1970年自動車および同部品製造業

	事業所数 （件）	従業者数 （人）	現金給与総額 （百万円）	製品出荷額 （百万円）	付加価値額 （百万円）	1人当り給与 （万円）
1～9人	6,251	29,320	14,095.4	52,930.4	33,135.7	48.1
10～19人	1,714	24,683	17,089.8	78,079.8	38,078.1	69.2
20～29人	539	13,301	9,948.5	53,709.9	21,203.9	74.8
30～49人	589	22,742	17,108.1	100,668.9	37,203.9	75.2
50～99人	631	44,145	35,152.1	204,601.9	70,467.4	79.6
100～199人	317	44,368	33,191.1	240,580.3	76,972.2	74.8
200～299人	97	23,902	18,670.6	145,664.6	43,360.7	78.1
300～499人	114	44,038	37,510.3	279,363.6	82,908.9	85.2
500～999人	88	60,263	51,813.3	408,379.1	120,636.5	86.0
1000人以上	78	273,312	274,968.7	3,903,473.1	1,120,441.8	100.6
計	10,418	580,074	509,547.9	5,467,451.6	1,644,409.1	87.8

1970年／1964年

	事業所数	従業者数	現金給与総額	製品出荷額	付加価値額	1人当り給与
1～9人	1.43	1.33	2.69	2.94	2.82	2.03
10～19人	1.51	1.54	3.26	3.71	3.77	2.11
20～29人	0.88	0.90	1.97	2.36	2.14	2.19
30～49人	1.03	1.04	2.23	2.52	2.32	2.15
50～99人	1.24	1.26	2.76	2.62	2.43	2.18
100～199人	1.18	1.21	2.53	2.91	2.59	2.09
200～299人	1.14	1.16	2.39	2.48	2.60	2.06
300～499人	1.46	1.48	3.35	3.08	3.25	2.26
500～999人	1.44	1.42	3.06	2.61	2.61	2.16
1000人以上	1.47	1.68	3.42	3.10	3.01	2.04
計	1.35	1.44	3.08	2.99	2.90	2.14

出典：「工業統計」より作成。

年を比較してみると次の特徴がわかる（表4-13）。

　第一に、この間に四輪自動車の生産台数は170万台から500万台を超える勢いで増大し、製造品出荷額も約3倍となっていた。その一方で、事業所数は1.35倍、従業者数も1.44倍であり、事業所数の増大や個々の事業所の規模の拡大よりも、規模にかかわらず生産性の増大、1人当たり出荷額、1人当たり付加価値の増大で対応していたことがわかる。工業統計では、1人当たり付加価値や1人当たり給与に規模間の差は依然として残っているものの、差は拡大の方向に向かっていたわけではない。

　第二に、事業所数の増大は、19人以下の小規模と、300人以上の大規模で多い。小規模は、新規開業の増加によるものであり、大規模は企業規模の拡大にともなって上位に移動したり、新規工場の設立によるものと考えられる。なお、自動車部品工業の事業開始時期は、表4-14のように、1971年時点で9人以下の層では全体の6割が61年以降の事業開始であった。新規創業は、産業自体の拡大という環境のなかで、中小企業に働く労働者の賃金上昇が頭打ちになる30歳前後から行うケースが多かったと思われる。なお、自動車産業の場合、この時期に生産が急速に拡大し、それに対応して規模を拡大させるためには一定の設備投資が求められたことから、100人以上の規模になるには一定の資金の蓄積が必要になる場合が多い。そのため、創業から短期間に100人以上の規模にまで拡大することは簡単ではなく、100人以上の規模の企業に占める高度

表4-14　自動車部品工業事業開始年（1971年時点）

（単位：％）

従業員規模	戦前	終戦時～1955年	1956～60年	1961～65年	1965～71年
1～3人	3.1	13.7	19.3	30.8	33.0
4～9人	5.0	19.4	15.5	32.8	27.3
10～19人	9.1	26.4	17.9	28.0	18.6
20～29人	19.1	26.6	21.6	19.6	13.2
30～49人	14.9	38.1	22.8	16.8	7.4
50～99人	19.1	43.1	15.6	15.8	6.5
100～199人	27.9	39.7	21.4	7.4	3.5
200～299人	29.0	48.4	14.5	8.1	

出典：中小企業庁　通商産業大臣官房調査統計部『第4回工業実態基本統計調査報告』1971年12月31日現在、1974年より作成。

表 4-15　従業者規模間移動（自動車および部品製造業、1960→62年）

(単位：%)

		1962年										
		1〜3人	4〜9人	10〜19人	20〜29人	30〜49人	50〜99人	100〜199人	200〜299人	300〜499人	500〜999人	1000人以上	他産業へ移動	対象外
一九六〇年	1〜3人	52.7	9.3	2.3									25.6	10.1
	4〜9人		53.8	13.2	0.9	0.9							21.7	9.4
	10〜19人		13.7	55.9	10.8	1.0							15.7	2.9
	20〜29人		2.9	16.7	40.2	9.8	2.0						17.6	10.8
	30〜49人		0.7	1.4	11.9	51.7	16.1						11.2	7.0
	50〜99人			0.6		8.6	58.6	15.4					11.1	5.6
	100〜199人					0.6	12.6	54.7	16.4	2.5	0.6		7.5	5.0
	200〜299人						2.2	4.4	46.7	31.1	2.2		4.4	8.9
	300〜499人						2.4		4.8	54.8	23.8		2.4	7.1
	500〜999人									3.3	80.0	16.7	0.0	0.0
	1000人以上											7.1	85.7	7.1	0.0

出典：通商産業大臣官房調査統計部『中小企業総合基本調査報告書 機械工業編（第2回）』1964年、より作成。

成長期創業企業の割合は、労働集約型の電気機械器具産業に比べて低くなっている[9]。いずれにしてもこうした多くの小規模企業が存在しながら生産を拡大していったことが自動車産業の分業構造の特徴に影響していくことになる。

自動車関係の企業の高度成長期の規模変化の動向を見たのが表4-15（1960→62年）、表4-16（1969→71年）である。労働力市場の逼迫が始まりだした60年代初めと労働力市場の逼迫が深刻となっている60年代末を比較すると、前者と比べて後者の時期が明らかに企業規模を拡大させている企業が減り、むしろ縮小させている企業が増えていることがわかる。

前述した1960年代半ばの愛知県刈谷地区の例に見たように、中小企業、とくに規模の小さい30人未満層になると、新規も一般もどちらも採用が難しく、一方で退職者は確実に生まれていたため、従業者数を同じ規模に維持するのが精一杯というところが多かった。成長の時代でありながら、規模を着実に成長させていくことは難しかったのである。しかし一方で、自動車産業自身の拡大は続き、下請中小企業に回ってくる仕事量も増えている。こうしたなかで、下請中小企業が対応していくために行えることの一つが、分業の活用であった。前述したように、高度成長期に入っても新規開業は続き、自動車関係の仕事を求めて新たに生まれる企業は少なくなかった。新たに生まれた小規模な企業を、

第4章 労働力不足と分業構造の変化

表4-16 従業者規模間移動（自動車及び部品製造業、1969→71年）

(単位：%)

		1971年													
		1〜3人	4〜9人	10〜19人	20〜29人	30〜49人	50〜99人	100〜199人	200〜299人	300〜499人	500〜999人	1000人以上	他産業へ移動	廃業	製造業以外の産業への移動	経営組織の変更*	他の市区町村へ移動
一九六九年	1〜3人	52.4	15.2										19.5	11.7	0.6	0.6	
	4〜9人	9.1	60.6	2.7	0.1								14.8	6.3	4.2	2.1	
	10〜19人	0.9	22.2	53.3	3.0	0.7							11.1	5.7	3.1		
	20〜29人			41.6	34.8	10.7		0.4					7.4	2.8	1.7	0.6	
	30〜49人	3.1		8.1	14.3	46.2	15.5					0.2	7.6	2.1	1.4	0.7	0.7
	50〜99人	3.4	9.7		1.7	9.4	56.8	3.6		0.5			8.0	1.4	5.1	0.7	
	100〜199人				1.0	1.5	14.9	63.6	4.6				9.2	4.1			1.0
	200〜299人							21.6	51.4	13.5			6.8	1.4	4.1		1.4
	300〜499人							3.6	10.7	60.7	7.1		12.5	3.6			1.8
	500〜999人									8.6	74.1	3.4	6.9		5.2	1.7	
	1000人以上							3.8			3.8	75.5	5.7	3.8	3.8		3.8

出典：表4-14と同じ。
注：*経営組織が会社または個人企業でなくなったものおよび吸収合併されたもの。

表4-17 自動車及び部品製造業企業の外注状況

(単位：%)

従業者規模	外注先のある工場	
	1966年	1971年
1〜3人	10.1	15.4
4〜9人	35.2	45.8
10〜19人	60.5	70.7
20〜29人	73.0	80.6
30〜49人	85.7	87.7
50〜99人	90.6	91.8
100〜199人	96.1	93.8
200〜299人	100.0	94.6
300〜499人	91.2	98.9
500〜999人	97.7	96.5
1000人以上	90.2	98.7
計	22.6	30.0

出典：『第3回中小企業総合基本調査報告書』『第4回工業実態基本調査報告書』より作成。

自らの規模拡大が難しくなってきた小規模企業が外製先として利用する傾向が60年代後半に広がっていったと考えられる。表4-17にあるように、66年と71年を比較すると、あきらかに小規模企業で外製を利用する企業の比率が上昇していることがわかる。小規模企業も含めて外製を有効に利用する階層的な分業関係の形成が広がりを見せていたのである。

表4-18 従業者規模別・経過年数別旋盤台数(自動車及び同部品製造業)

(単位:台、%)

従業者規模	経過年数別設備台数(1962年)						
	計	5年未満	5～10年	10～15年	15～20年	20年以上	不明	5年未満率
1～3人								
4～9人	4.7	1.4	0.9	0.8	0.6	0.6	0.4	29.8
10～19人	7.5	2.4	1.1	1.6	0.6	1.3	0.5	32.0
20～29人	8.3	2.6	2.1	0.9	0.7	1	1	31.3
30～49人	11.3	4.1	2	1.9	1.2	0.8	1.3	36.3
50～99人	16.1	5.8	2.6	1.8	2.5	1.6	1.8	36.0
100～199人	24.2	8.6	3.8	2.8	3.4	4.4	1.2	35.5
200～299人	37.2	16.4	8.9	3.5	4	3.1	1.3	44.1
300～499人	34.3	15.9	4.9	2	5	4.7	1.8	46.4
500～999人	93.8	37.8	16.7	11.1	4.8	17	6.4	40.3
1000人以上	194.5	66.7	15.5	7.3	26.7	78.1	0.2	34.3
従業者規模	経過年数別設備台数(1966年)					
	計	5年未満	5～10年	10年以上	不明	5年未満率
1～3人	2.5	1	0.9	0.4	0.2	40.0
4～9人	4.9	2.3	1	1.3	0.3	46.9
10～19人	7.4	3.8	1.7	1.5	0.4	51.4
20～29人	10	4.4	2.9	1.6	1.1	44.0
30～49人	14.2	6.6	4.1	2.6	0.9	46.5
50～99人	20.2	8.1	5.1	5	2	40.1
100～199人	23.2	9.3	7	5.8	1.1	40.1
200～299人	43	14.1	12.1	14.9	1.9	32.8
300～499人	40.8	12.1	18.9	8.4	1.4	29.7
500～999人	57.3	21.6	17.8	11.2	6.7	37.7
1000人以上	220.6	76.6	48.5	82.8	12.7	34.7

出典:『第2回中小企業総合基本調査報告書』『第3回中小企業総合基本調査報告書』より作成。

もう一つが、設備投資と生産性の高い機械設備の活用であった。中小企業における設備の導入は、1960年代以降積極的に進められたと考えられる（表4-18）。たとえば、旋盤については、普通旋盤から倣い旋盤、自動旋盤など、既存の機械に比べ、熟練工の配置が相対的に少なくてすむとともに、作業者と機械装置の対応も1対1から1対複数が可能になり、生産性が上昇する。こうした機械設備の導入によって従業者規模が同じであっても、1人当たり生産性を高め、中小企業が自動車生産の拡大に積極的にかかわることを可能にしていったと考えられる。

(3) 労働力不足のもとでの分業生産の拡大

1960年代に産業として急速に拡大していった自動車産業では、50年代に形成された下請生産システムを拡大させていったが、そこには50年代とは異なった環境変化への対応が求められていた。その最大の変化が労働力不足であり、労働力不足によって規模別の賃金格差、賃金コストの差は縮小し、50年代に見られたような規模別の年齢構成の違いを条件とした賃金格差による外製のメリットは薄くなっていた。また、下請中小企業の側では、60年代に入ると労働力の調達が困難になり、規模の拡大が容易ではなくなっていた。一方で、中小企業の賃金体系では、現場作業者は30代前後で賃金が頭打ちになるため、所得を増やしたい作業者は独立して新規に工場を創業するインセンティブが機能していたこともあり、新規開業は続いていた。

こうしたなかで、結果として下請システムは、1960年代においても拡大をし、裾野を広げていった。中小企業を含め、下請システムに参加する企業は先述したように自動車産業の60年代の安定的な生産拡大という条件のもとで積極的な設備投資を実施し、生産性を高めていくとともに、分業関係を拡げていくことで、受注生産の拡大を吸収していった。生産の拡大は、結局のところ下請生産システムがより広範に広がることで可能になった。賃金コストの上昇は、下請利用のメリットを相対的には失わせていたものの、生産の安定的拡大が第一の課題である60年代には、品質・価格・納期の面で最低限の条件を満たす下請企業の利用が生産拡大には不可欠であった。

おわりに——展望

　高度成長期は、自動車産業にとって大量生産が本格的に展開する時期であるとともに、日本の自動車産業特有の下請生産システムが形成される時期でもあった。しかし、本章で見たように下請システムは、1950年代の労働力市場が比較的緩い時期と、60年代の逼迫していた時期ではその環境は全く異なっていた。50年代に見られたような下請システム形成の条件が、60年代の労働力不足下において変化するなかでも、下請システムは拡大し、発展してきた。日本の自動車産業の発展において、下請システムの活用が不可欠の条件となっていたのである。

　しかし、労働力市場の変化に中小企業、下請企業がそれぞれに対応する中で、賃金水準と賃金コストの階層性が縮小していたこと、換言すれば賃金水準の階層的秩序が失われつつあったことは、下請システムにおける下請企業の賃金コストへの制御が困難となっていたことを示す。この問題は、1970年代に入り、石油危機後のインフレ激化の際に大きく取り上げられていくことになる。70年代半ばには、賃金水準の規模別階層的な秩序は失われ、下請システムにおける賃金コストの制御が非常に難しい状態になっていた（図4-4参照）。70年代半ばから80年代にかけて、賃金体系と賃上げの同質化、階層的な秩序の形成

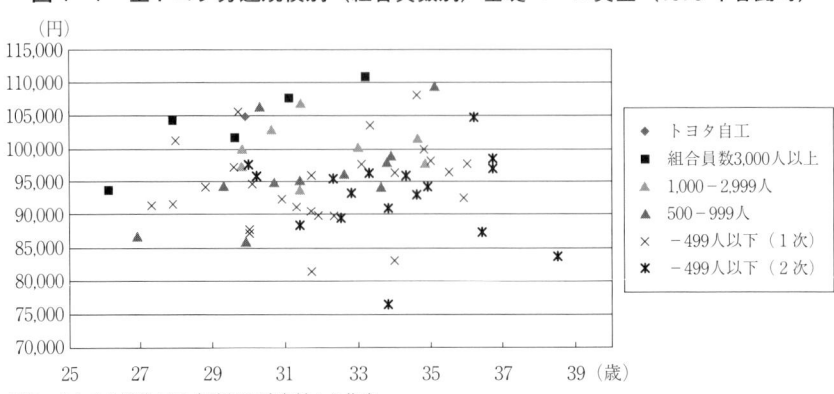

図4-4　全トヨタ労連規模別（組合員数別）基礎ベース賃金（1975年春闘時）

出典：全トヨタ労連1975年春闘関連資料より作成。

が進められていく中で、こうした問題への対応が展開する[10]。

　小規模企業も含めた裾野の広い下請システムの分業構造は、1970年代以降も続いていく。その条件として重要なのが、70年代以降に進む新型の機械設備、とくにNC工作機械の普及であった。NC工作機械は、従来の熟練技術の重要性を相対的に低下させるとともに、作業者と機械の1対複数の関係を可能にしていく。NC工作機械が中小企業向けに大量に販売されるにともない、価格も低下し、さらに中小企業に普及していった。このNC工作機械のような機械設備の普及が、裾野の広がった下請システムを支え、その機能をさらに強めていくことになるのである。

注
1）植田浩史「高度成長初期の自動車産業の展開と下請分業構造の形成」（原朗編『高度経済成長始動期の日本経済』日本経済評論社、2010年）。
2）日本的下請システムとは、次のような特徴を持つ。①発注側の外製率は相対的に高いが、利用する外注先数は相対的に少なく、限られた外注先との間に形成された密な関係。②発注側と受注側との間が、結果として長期的な関係になっている。③発注側と受注側の間で生じる様々な問題が、両者の関係が持続することを前提に処理されている。④品質（Quality）、コスト（Cost）、納期（Delivery）などへの厳しい管理。⑤情報が密にスピーディに流れ、発注側の要請に下請側が機敏に応え、高品質で低価格な製品が供給できる体制の構築。
3）「自動車及び附属品製造業」の調査対象事業所は438で、500人以上73、200〜499人46、100〜199人99、30〜99人102、10〜29人86、5〜9人32である。
4）植田浩史「日本における下請制の形成——高度成長期を中心に」（植田ほか編『日本中小企業研究の到達点』同友館、2010年）。
5）業種による違いの理由については、とりあえず次のような点が考えられる。第1に、産業の成長テンポが異なり、雇用数の増加に違いがあることである。第2に、ドッジ不況後の混乱後、50年代入り新規採用を控える傾向の影響である。後述するようにトヨタ自動車では、採用を控える影響が顕著であった。
6）1950年代末時点のトヨタの男子正規作業員の月額平均賃金が約2万5,000〜3万円であるのに対し、1次下請企業では約1万7,000〜1万8,000円であった（植田浩史「高度成長期初期の自動車産業のサプライヤシステム」[『季刊経済研究』第24巻第2号、2001年]）。
7）前掲植田「高度成長初期の自動車産業の展開と下請分業構造の形成」
8）この調査は、大阪府立商工経済研究所が愛知大学中部地方産業研究所に依頼し、さらにそこから実際には愛知県経済研究所の豊島忠が調査と執筆を担当したものである。調

査は、愛知県三河地区の自動車関係企業が集積している刈谷市の金属、機械工業 200 社に調査票を発送し、そのうち 66 社から回答を得、そのデータを分析している。
9）前掲植田「日本における下請制の形成」。
10）植田浩史「自動車部品メーカーにおけるフレキシビリティの形成と労使関係(1)(2)——全 A 労働組合連合会と加盟単組の組織と活動」（『季刊経済研究』第 15 巻第 3 号、第 4 号、1992〜93 年）。

第5章　自主技術開発と労働市場
　　　——高学歴技術者組織化の試み

宣在源

はじめに

　高度成長展開期初めの1960年初頭において日本政府は、終戦から高度成長始動期まで行った「技術導入」政策から「自主技術開発」政策へと転換し、担い手である高学歴技術者の需給安定に努めた。なお各企業は、自主技術開発のため中央研究所設立に拍車をかけ、高学歴技術者の組織化を試みた。すなわち、高度成長展開期には自主技術開発を実現するため高学歴技術者需給の制度設計に取り組んでいたのである。

　最近、菅山真次は、労働力の需給安定、「定期採用」の定着を基準にして、日本的雇用慣行が19世紀後半から芽生えて両大戦間期にホワイトカラーを対象に形成され、高度成長期にブルーカラーにまで拡大し完成していく過程を明らかにした[1]。広範な時期を対象にして、日本的雇用慣行の重要な特徴と言われる日本企業の「ホワイトカラーからブルーカラーへ」の優遇拡大というテーゼを、学校と企業との「間断のない連携 (linkage)」の制度化に着目して見事に実証したのである。ただし「ホワイトカラーからブルーカラーへ」という日本的雇用慣行のテーゼは、西洋と比べて日本におけるブルーカラーがそれに先立つホワイトカラーの内部労働市場へ深く入り込んでいる点を強調しているわけである。この点からすると菅山真次は、従来研究で扱われてこなかったホワイトカラーの定期採用に着目した点は優れているが、「ホワイトカラーからブルーカラーへ」というテーゼの核心に迫ったとは言いがたい。

　本章では、高度成長展開期初頭において事務職員とホワイトカラーを構成する高学歴技術者の移動、異動、権限、昇進の実態分析を通じて高学歴技術者の

組織化の水準について明らかにする。具体的に本章では、戦前期を対象として『学士会会員氏名録』などを通じて工科大学出身者を追跡し技術者の供給側の分析を行った森川英正[2]、戦前および戦後を対象として技術政策、技術普及、技術者の供給および養成、ジョブ・キャリアなど広範な分析を行っている沢井実[3]、日本におけるブルーカラーのジョブ・キャリアおよび人事制度と対比しながら分析を行っている藤本昌代[4]および市原博[5]の研究を批判的に継承しながら、分析を行う。森川英正は、日本技術者形成に関する最初の体系的な研究で戦前における全体像は提供しているものの、それが戦後に与えた影響に関しては分析を行っていない。沢井実は、技術と関連した広範な分析を中心に行っているため技術者労働市場に対する体系的な情報を提供していない。藤本昌代は、日本技術者の処遇に関する国際比較を通じて豊富な示唆点を提供しているが、歴史的な比較を通じた示唆は提供していない。市原博は、戦前から戦後にかけての会社事例について深層的なインタビューを含めた高い水準の実証を行い高学歴技術者の具体像を提示しているが、その事例の蓋然性に関する確証は明らかにされていない。

　本章では、以上の研究成果を踏まえながら行政の調査したマクロデータと特定企業のミクロデータに基づいて分析する。ここでいう高学歴技術者（以下、技術者）は、後述の資料Ⅱ[6]における「科学技術者」と同様の概念で使っている。すなわち、理科系の短期大学の課程修了以上の学歴を有する者と、短期大学の課程修了者と同等以上の科学技術に関する専門的知識、経験を必要とする業務を担当し、企業内で「科学技術者」として処遇を受けている者を指している。

1．概観・資料

(1) 技術者数の時系列的概観

　戦後日本の産業技術政策は、終戦後から1950年代を重点的技術導入期、60年代と70年代を自主技術開発力強化期、80年代以降現在までを先端的創造的技術開発推進期と区分できる。調査基準の変更により段落的な変化が見られる

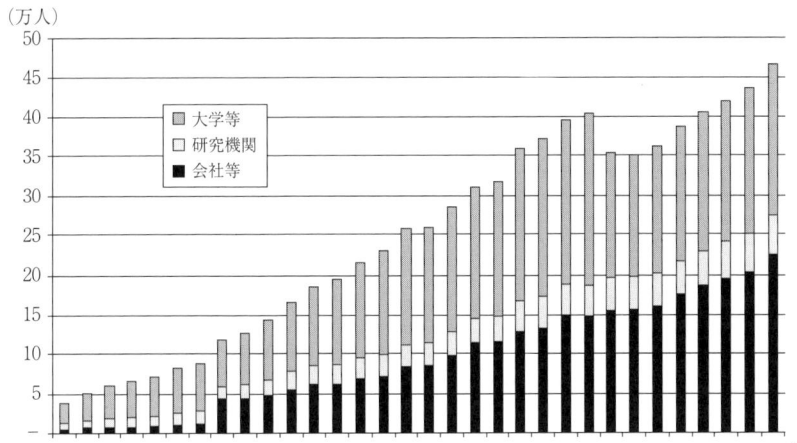

第5章 自主技術開発と労働市場　143

図5-1　部門別技術者数の推移

(万人)

凡例：
- 大学等
- 研究機関
- 会社等

1953 54 55 56 57 58 59 60 61 62 63 64 65 66 67 68 69 70 71 72 73 74 75 76 77 78 79 80 81 82 83 84 (年)

資料：総務庁統計局『科学技術研究調査総合報告書』1986年。

注1：調査対象機関：1953～1959年（研究所［会社付属含む］試験所、大学［1954年、短期大学を除く］）、1960年以降（会社等［資本金100万円以上］、研究機関［国・公・民営の自然科学・人文社会科学研究機関、大学等［学部、大学院、附置研究所。1962年より国立工業教員養成所、1963年より高等専門学校、1966年より国立擁護教諭養成所、を含む］。

2：研究者：1953～1959年（新制大学［短期大学を除く］又は旧制大学卒業後5年以上の者と短期大学、旧専門学校、教員養成諸学校、これら同等以上の学校、養成所等を卒業後8年以上の者、1960年以降（大学［短期大学を除く］の過程を修了した者［またはこれと同等以上の専門的知識を有する者］で2年以上の研究の経歴を有し、かつ特定の研究テーマを持って研究を行っている者）。

ものの、大学、研究機関、会社という組織の数とそれぞれの組織に所属している技術者の数は80年代半ばまで継続して増加している（図5-1）。とりわけ会社数とそれに所属している技術者の増加が目立っている。

本章では、自主技術開発力強化期の初期に当たり民間基礎研究が活発化する第1次中央研究所ブームが始まった1960年代前半に焦点を当てている。この時期に技術者の雇用状況の変化が行っていったことが予想できる。

(2) **分析資料の検討**

本項では、技術革新時代の初期段階であった1960年代前半における技術者の雇用状況に関して把握できるマクロおよびミクロ資料を用いて分析する（表5-1）。民間企業における研究活動に関する標本調査は、科学技術庁計画局が担当する以前は通商産業省工業技術院が担当していた。

表 5-1　技術者関連調査資料の概要

	時期	基準	対象	資料名	作成機関	備考
I	1951	年間研究費1千万円以上	第1次：73会社、第2次：80会社	民間企業における研究管理の概要	通商産業省工業技術院	
II	1962	資本金10億円以上	381会社	企業における科学技術者の配置と職務に関する調査報告書	科学技術庁計画局	
III	1963	資本金1億円以上	645会社	企業の研究活動に関する調査	科学技術庁計画局	水産、鉱業、建設、電力、ガスの調査対象は資本金10億円以上
IV	1975	資本金1億円以上	148会社	民間企業の研究機関における研究要員並びに研究活動に関する調査報告	科学技術庁計画局	
A	1961	不明	会社404、研究機関13、大学13、その他4：技術者5,100人	現代日本技術者人名事典	産業経済技術研究所	民間調査機関

　1951年現在の調査である資料I『民間企業における研究管理の概要』は、民間研究機関の管理者または研究機関を所有する企業の管理者がどのように研究を管理しているのかを調べており、民間会社における研究機関を主な対象としつつ他種の機関を参考として調査したものである[7]。調査方法は、51年現在の全民間企業研究機関の中で75％に当たる50年度に年間研究費1,000万以上支出した民間企業研究機関に対して、調査項目内容を2回にわたって調査書を送り回収した。第1回目と第2回目とも送付機関数は88ヵ所であり、回答率は第1回目が83％、第2回目が91％であった。調査内容は、各種研究機関の数、機能、形態、研究実施方法、経理、人事管理、研究費、研究内容、所属人数であった。

　1962年現在の調査である資料II『企業における科学技術者の配置と職務に関する調査報告書』は、技術革新の進行につれ不足する技術者の対策に関する検討資料を提供することを目的として、鉱業、建設業、電力業、ガス、鉄道業の中で資本金10億円以上の企業を総理府統計局の科学技術研究調査の企業カードより選び、63年1月5日から2月10日までにおいて調査票を送り回収した[8]。回答率は、全体で42％であったが、資本金10億円以上〜30億円未満は37％、30億円以上〜100億円未満は44％、100億円以上は70％で企業規模

が大きくなるほど高かった。調査内容は、企業全体における役員の事務系、技術系出身別区分、学歴別在職者数と管理職員数、新規採用状況、技術系職務従事者の身分の名称、事業所単位として科学技術者の学歴、専攻学科、配置、職務分析および内容、異動、今後の配置および職務の方向などであった。「科学技術者」とは、現在の担当業務に関係なく理科系の短期大学の課程修了以上の学歴を有する者と、短期大学の課程修了者と同等以上の科学技術に関する専門的知識、経験を必要とする業務を担当し、企業内で「科学技術者」として処遇を受けている者である。

1963年現在の調査である資料Ⅲ『企業の研究活動に関する調査』は、主に各会社における研究管理について調査したもので、通産省企業局と工業技術院が62年10月に『技術動向ならびに技術投資に関する調査』において使用した対象企業名簿の中で資本金1億円以上の製造業会社全部、資本金10億円以上の水産業、鉱業、建設業、電力業、ガス業会社全部に対して63年7月下旬から9月末までにおいて調査票を送り回収した[9]。回答率は、全体で45.6%であったが、資本金1億円〜10億円が36.8%、10億円〜50億円が60.5%、50億円〜100億円が75.3%、100億円以上が78.0%で資料Ⅱと同じく企業規模が大きくなるほど高かった。調査票を送った会社の中では研究活動を行っていない会社もあったので回答率が低いとはいえない。なお62年総理府統計局の『科学技術研究調査』による研究活動を行っている会社の比率を用いて回答率を計算してみると、68.0%であった。調査内容は、中央研究所の実態、研究進展と研究指導者との関係、研究活動の充実策、基礎研究の実態、社外との関係、プロジェクトの決定主体と運営と処遇、予算および経費などであった。

1975年現在の調査である資料Ⅳ『民間企業の研究機関における研究要員並びに研究活動に関する調査報告』は、科学技術が著しく進展している中で優秀な研究者を確保しその資質を向上するための資料を提供することを目的に、50名以上の研究者を有する資本金1億円以上の民間企業185ヵ所の試験研究機関に対して調査票を送り回収した[10]。回答率は、全体で80%であった。調査内容は、従事者の数、学歴、平均年齢、配置、再教育、研究課題の数および実施や継続の判断、研究評価方法、研究報告の実態、研究費などであった。

技術者労働市場に関するミクロ分析を可能とする調査資料は定期的ではなく、

その調査内容の詳細程度も異なるものの、戦前から戦後まで間歇的に存在する。その資料の中で本章で用いる資料A『現代日本技術者人名事典』は、他の資料で調査されてない移動および異動、職位などの経歴に関して調査されていることが特徴である[11]。ただし調査対象会社の標本選出基準が把握できないことが短所である。

本章では資料Aにおいて調査技術者が多く、マクロ調査データと対比できる会社を選んで分析対象にしている（表5-2）[12]。1962年現在、資本金規模別技術系高等教育卒業者の規模別会社における平均人数は、10億円以上30億円未満の場合は125人、30億円以上100億円未満の場合は273人、100億円以上の場合は956人である（資料Ⅱ：10）。三菱電機や沖電気の場合は平均より少ないものの、東京芝浦電気はかなりの部分をカバーしており、石川島播磨重工は平均より少ないものの、島津製作所は平均を上回ってカバーしている。いすゞ自動車の場合は少なくカバーしているが、豊田自動織機は平均の半分程度をカバ

表5-2 調査技術者の会社別内訳（1961年）

（単位：人、億円）

産業	企業名	調査技術者数	資本金
電機	東京芝浦電気	766	462
	三菱電機	95	288
	沖電気	38	40
	計	899	
一般・精密機械	島津製作所	163	25
	石川島播磨重工	76	153
	計	239	
輸送用機械	トヨタ自動車	110	—
	豊田自動織機	67	32
	いすゞ自動車	53	150
	計	230	
化学	住友化学	173	168
	大日本セルロイド	163	35
	新日本窒素肥料	102	45
	計	438	
総計		1,806	

資料：資料A、各社『有価証券報告書』。

ーしている。大日本セルロイド、新日本窒素肥料の場合は在職者の全てあるいは半分、住友化学の場合は少なくとも約20%をカバーしていると考えられる。

資料Aの卒業年度別分布は、卒業して5年以下の者は少ないものの全体的に偏った分布ではない（図5-2）。ただし、戦前卒業者の割合が、戦後卒業者より高かった。すなわち、電機部門の戦前および戦後の卒業者が74.2%、25.8%、機械部門での戦前および戦後の卒業者が52.0%、48.0%、自動車部門の戦前および戦後卒業者が70.5%、29.5%、化学部門の戦前および戦後卒業者が67.7%、32.3%であった。なお資料Aの年齢別分布は、20歳代の者が少ないがそれ以上の年代は偏っていない。したがって資料Aの調査は、卒業して5年以上経った30代以上で中堅以上の技術者が主な対象であったのである。

ここでは先に言及したマクロ資料とミクロ資料の性質を比較してみよう。資料Ⅱで調査された対象は、30歳代および20歳代が中心であったが、個人経歴のわかる資料Aは40歳代および30歳代が中心であった（図5-3）。資料Ⅱで調査された対象は、精密機械を除くと、電機、一般機械、輸送用機械、化学における年齢分布は、30歳代が一番多く、20歳代後半、20歳代前半および40歳代、そして50歳以上の順で多かった。なお1975年技術者の平均年齢は30.3歳であり（資料Ⅳ：4）、60年代前半より70年代半ばの技術者の年齢は若干若

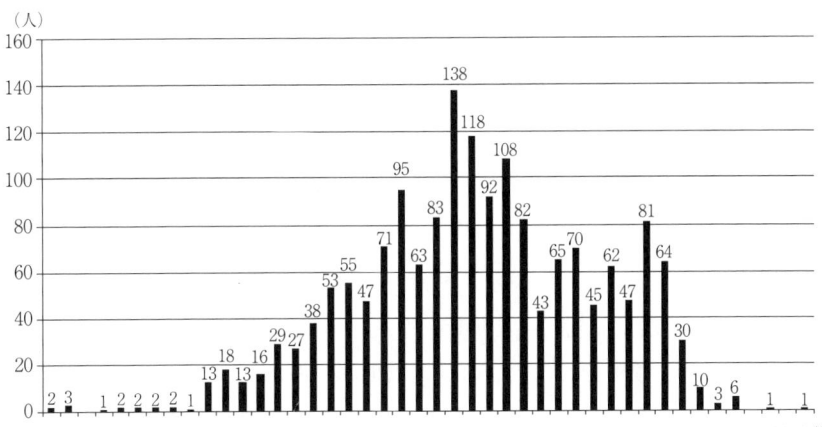

図5-2　卒業年度別技術者分布

資料：資料A。

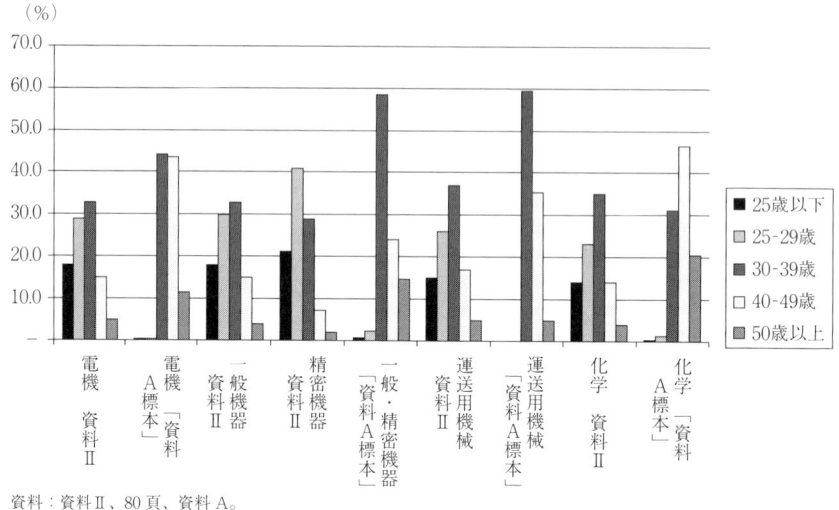

図5-3 「資料A標本」および資料Ⅱにおける技術者の産業別年齢分布比較

資料：資料Ⅱ、80頁、資料A。

くなっていた。

2．採用

　1960年代は本格的に高度成長期に入っており、技術者の供給が足りない時期であった。60～62年における新規採用技術者の学歴は大学卒業者が95％を超えており、この時期において労働市場に参入する技術者は高学歴者が大半であった（資料Ⅱ：12）。一方、短大卒の割合が60年に1.5％から61年に1.9％、62年に2.8％まで増加しており、労働力供給不足の状況を裏付けている。なお、1社当たり平均採用者数が、60年に18.3人、61年に26.6人、62年に30.8人へと増加している（資料Ⅱ：13）。

　このような労働力供給の不足への対策として各社は、企業内における部門間調整を行う配置転換、短大以下の学歴をもつ技術者の養成、職種転換などを行った（図5-4）。職種転換は、この時期以前の1950年代においても行われていた制度であった[13]。

　なお、当時の他会社からの引き抜きの割合は、平均20％に達しており低い

図5-4　技術者不足の対策（1962年）

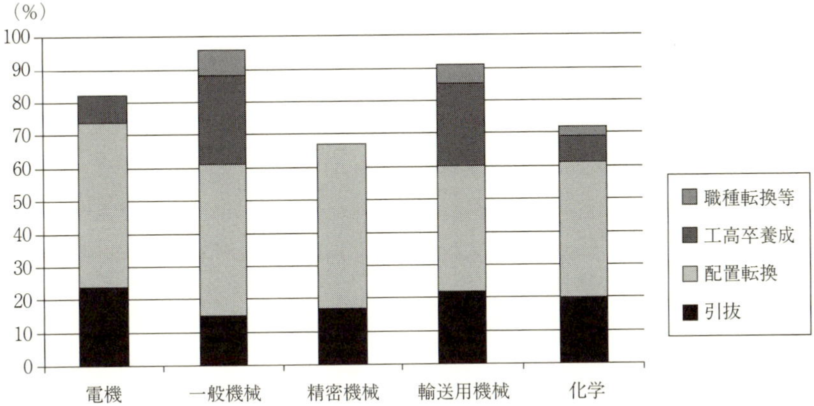

凡例：引抜／配置転換／工高卒養成／職種転換等
（電機、一般機械、精密機械、輸送用機械、化学）

資料：資料Ⅱ、97頁。

水準ではなかった。このような会社間の移動は技術者自身も肯定的に認識していた（資料Ⅱ：55）。すなわち会社間移動に関して面接を行った結果、回答者40人のうち36人が移動が必要であると答えた。このように移動に関して肯定的に考える技術者が会社間移動を賛成する理由は「自分に適する職場がわかって能力（潜在能力）が発揮でき、深い知識をもつようになり、その人自身の評価が社会的になされ、また終身雇用のなまぬるさがなくなるからよい」ということであった。否定的な技術者の不賛成の理由は「日本では社会状態からいって米国のように下地ができていないこと、会社の秘密がもれる恐れがある」ということであった。

技術者不足時代において組織間の移動がかなり行われていたが、その実態は技術者個人の経歴調査から確認できる（表5-3）。資料Aの中で前歴を有する技術者は、他会社から移動した者が最も多く、軍、研究機関、官庁の順で多かった。産業別の特徴をみると、汎用性の高い一般・精密機械部門における技術者の移動率が平均値を大きく上回っているが、それは会社間の移動率が高かったためであった。輸送用機械部門における技術者の移動は、会社間および軍から会社への移動が大半であった。電機部門における移動は、会社間の移動が一番多く、軍、研究機関、官庁から会社への移動はほぼ同じ水準であった。一番移動率の低い化学部門は、各会社間、軍および研究機関から会社への移動が多

表5-3 主要産業・主要企業における技術者の前歴構成（1961年）

(単位：人、%)

	他会社	軍	研究機関	官庁	その他	計	産業別割合
電機	9 36.0	3 12.0	5 20.0	4 16.0	4 16.0	25 100.0	18.8
一般・精密機械	51 52.0	20 20.4	14 14.3	9 9.2	4 4.1	98 100.0	41.0
輸送用機械	11 36.7	11 36.7	5 16.7	2 6.7	1 3.3	30 100.0	13.0
化学	15 30.0	13 26.0	14 28.0	8 16.0	0 0.0	50 100.0	11.4
計	86 42.4	47 23.2	38 18.7	23 11.3	9 4.4	203 100.0	19.5

資料：資料A。
注1：電機は、東芝以外の会社合計。
　2：前歴回数は、複数前歴回数を含む（5回3、4回4、3回5、2回）。

かった。

したがって本格的な高度成長期に入った1960年代前半における技術者の新規採用労働市場は、供給不足の労働力の売り手市場であり、会社間、軍、研究機関、官庁から会社への移動が多かった。同時期の新規採用技術者の学歴は、大半が大学卒の高学歴者であったが、大学卒の供給が十分ではなかったため、短大卒の割合が微増していた。

3．配置

(1) 実態

1960年代前半の各社における技術者は、生産部門に一番多く配置され、管理部門、営業部門、研究部門の順に配置された（図5-5）。この調査は工場を対象にしたものだけを集計したものでもあり、資本金100億円以上規模会社の研究部門における技術者の割合は平均より低かった。資本金30億円以上～100

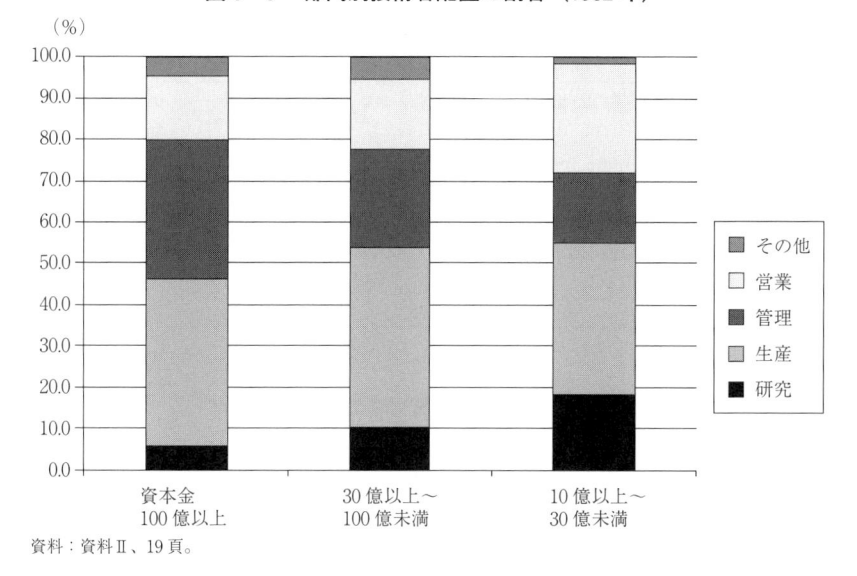

第5章　自主技術開発と労働市場　151

図5-5　部門別技術者配置の割合（1962年）

凡例：研究、生産、管理、営業、その他

横軸：資本金100億以上／30億以上〜100億未満／10億以上〜30億未満

資料：資料Ⅱ、19頁。

億円未満および資本金10億円以上〜30億円未満規模会社の研究部門で技術者の割合が平均より高いのは、技術研究所が設立されていない可能性が高いためであろう。資本金100億円以上規模会社の管理部門技術者の割合が資本金10億円以上〜30億円未満規模会社より高く、資本金10億円以上〜30億円未満規模会社の営業部門における技術者の割合が資本金100億円以上規模会社より低いのが目立っている。

生産部門における技術者は、予想できるように設計業務に一番多く配置されている。資本金10億円以上〜30億円未満会社、資本金30億円以上〜100億円未満会社、資本金100億円以上会社における設計業務への配置割合が、各々28.7％、31.0％、29.1％で規模別偏差が認められる水準ではない。

(2) 基準

それでは、各部門あるいは業務別に技術者を配置する基準が各企業に明確にあったのかを確認してみよう。この点については半分の会社が基準をもっておらず、基準があった会社は10％に過ぎなかった（表5-4）。それでは配置だけ

表5-4 配置判断基準有無および職務分析実施有無の割合（1962年）

（単位：％）

	企業規模	ある	ない	検討中	その他	不明	計
配置判断基準有無	資本金100億以上	12	44	39	5	0	100
	30億以上～100億未満	10	37	47	2	4	100
	10億以上～30億未満	10	56	28	2	4	100
	計	10	48	36	2	4	100
職務分析実施有無	資本金100億以上	16	51	31	0	2	100
	30億以上～100億未満	17	36	36	3	8	100
	10億以上～30億未満	9	54	32	0	5	100
	計	13	48	33	1	5	100

資料：資料Ⅱ、32、40頁。

図5-6 新規採用者配置方法の割合（1962年）

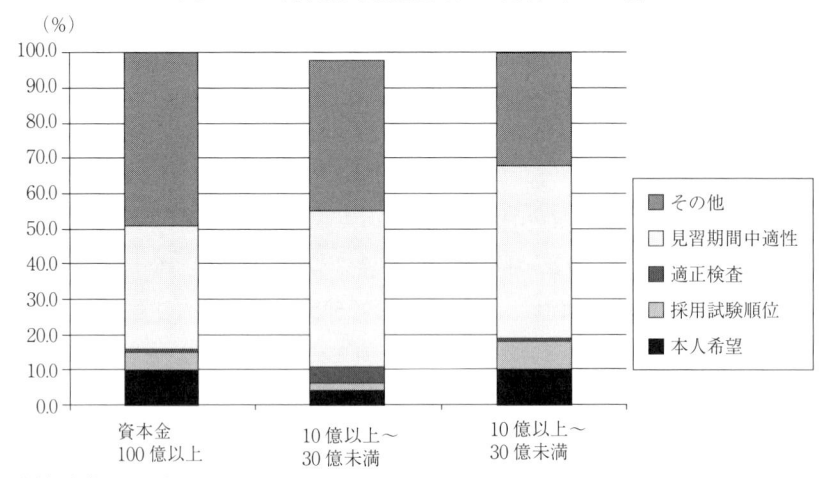

資料：資料Ⅱ、32頁。
注：計の数値は原資料のまま。

ではなく仕事に関する基準になる職務に関する基準は定着していたのだろうか。これに関しては半分近い会社が職務分析を行っておらず、実施している会社は10％を若干上回る水準であった。

このように明示された配置基準がなく職務分析も徹底していない状況は、新規採用者は配置方法の内訳からもうかがえる（図5-6）。採用試験や適性に基づいた新規採用者配置方法の割合は極めて低く、大半が2ヵ月から2年の間見

習いとして過ごさせながら適性を発見し配置する方法であった。

なお、各企業は企業内異動を計画的に行ったほうが良いとは思っていたが、実態としてはそうではなかった（資料Ⅱ：49〜56頁）。すなわち、半分近い会社が異動は計画的に行ったほうがよいと考えていたが、実際には80％を超える会社において計画的ではなく必要に応じて技術者を異動させていた。

4．権限

(1) 業務の権限

業務を遂行する際の技術者の権限はいかなるものであったのか。企業における研究業務は、基礎、応用、開発部門に分けられていたが、研究者自身が研究テーマや中身を決められる権限が基礎研究段階から応用段階、そして開発段階に進行するにつれ少なくなっている（表5-5）。開発段階においては実用化に重点がおかれるので、各部門の担当者により構成される審議機関の権限が大きくなっている。

(2) 開発の権限

それでは、技術開発と関連した技術者の権限は如何なるものであったのか。まず、トップ・マネージメントの研究管理への介入度を基準にして技術者の研

表5-5 研究プロジェクトの実質的決定主体の割合（1963年）

(単位：ヵ所、％)

企業規模 資本金	基礎			応用			開発			計		
	研究者自身	研究担当責任者	審議機関	研究者自身	研究担当責任者	審議機関	研究者自身	研究担当責任者	審議機関	研究者自身	研究担当責任者	審議機関
100億以上	2	21	12	2	25	19	—	18	21	4	64	52
50〜100億	2	24	5	—	25	14	—	18	22	2	67	41
10〜50億	14	107	28	4	133	48	5	110	71	23	350	147
1〜10億	26	140	38	15	225	70	11	185	126	52	550	234
計	44	292	83	21	408	151	16	331	240	81	1,031	474
％	10.5	69.7	19.8	3.6	70.3	26.0	2.7	56.4	40.9	5.1	65.0	29.9

資料：資料Ⅲ、59頁。

表5-6 トップ・マネジメントによる研究管理（1963年）

(単位：ヶ所、%)

資本金	定期報告	定期検討指示	担当責任者一任
100億以上	15	16	4
50～100億	24	18	1
10～50億	82	91	16
1～10億	137	166	33
計	258	291	54
%	42.8	48.3	9.0

資料：資料Ⅲ、83頁。

究開発に対する権限の実態を調べてみよう。トップ・マネージメントは研究進行に関して定期的に報告を受けたり、定期的に検討を指示する形で管理を行っていた（表5-6）。一方、トップ・マネージメントが研究担当者に権限を一任させる場合はそれほど多くなかった。

つぎに、技術者が社外で研究結果を報告できるかどうかを基準にして研究開発に対する権限の実態を検討してみよう。研究結果に対する技術者の権限は、1950年代から70年代半ばまで技術者個人が有しておらず会社組織が有していた（表5-7）。なお技術者の研究結果に対する権限が、60年代初頭においては一部認められていたが、50年代初頭には全く認められなかった。三つの調査が同じ基準に基づいて行われておらずこの調査結果だけで断言できないが、研究結果に対する技術者の権限は、50年代初頭より60年代前半において大きくなったものの、70年代半ばに再び縮小している。このような調査結果には以下のような背景があったと考えられる。

表5-7 技術者の研究結果社外発表に対する権限

(単位：%)

1951	所長決定	工場長決定	本社許可・承認	特定研究のみ本社決定、他は所長裁量	
	20.5	14.1	39.7	25.6	
1963	本人自由	事前届出	社内評価後決定		
	1.9	35.7	62.4		
1975	自主判断	事前届出	事前所長等許可・了解	所内発表会・検討会審査後許可	その他
	0.6	0	89.3	6.3	3.8

資料：資料Ⅰ、17頁、資料Ⅲ、93頁、資料Ⅳ、12頁。

1950年代初頭における各社はすでに技術を有しているか、あるいは輸入していることから開発当事者の権限に対する関心が低く、社内技術の社外への発表に対する規制も大きくなかった。しかし、各社の自主開発の割合が高くなった60年代前半においては開発当事者の権限に対する関心も高くなっていた。だが同時

表5-8 褒賞制度実施の種類と方法（1963年）

(単位：ヵ所、％)

資本金	特許褒賞金			その他褒賞金		
	名目的一時金	価値に応じた一時金	一定期間利益分配	名目的一時金	価値に応じた一時金	一定期間利益分配
100億以上	13	11	7	14	11	1
50～100億	19	10	1	7	7	1
10～50億	61	38	17	51	34	3
1～10億	79	65	10	65	62	5
計	172	124	35	137	114	10
％	52.0	37.5	10.6	52.5	43.7	3.8

資料：資料Ⅲ、87頁。

に、社内で開発された技術の社外への発表に対する規制も大きくなった。70年代半ばにおいては、各社の自主開発が進む中で各社間交流の重要性も自覚するようになり、おおむね所長から事前許可を得れば社外で発表できるようになった。

　最後に、研究開発の特許に対する褒賞を基準に、技術者の技術開発に対する権限を調べてみよう。技術者は研究という仕事を行っており、その研究成果に対して法的に権利を与える特許を得ることができる。ここで問題となるのは、その権利に対して技術者がどの程度の褒賞を得られるのかである。大半の会社が、技術者の研究成果により得られた特許に対して一時金の支給を通じて褒賞を行っている（表5-8）。特許の価値にしたがって褒賞する場合は40％に至らず、一定期間の間に利益を分配する例はその他の保証金制度の水準を超えるものの10％程度に過ぎなかった。

5．昇進

　1960年代前半における技術者の昇進はどのような要因が決め手であったのか。各社において主な職位である係長、課長、部長の61年現在の年齢や最終学校卒業後年数を基準とした経験年数の分布を通じて、昇進における両者の要因を比較してみることとする（図5-7、図5-8）。係長や部長への昇進は経験

図 5-7 年齢別管理職技術者分布（1961年）

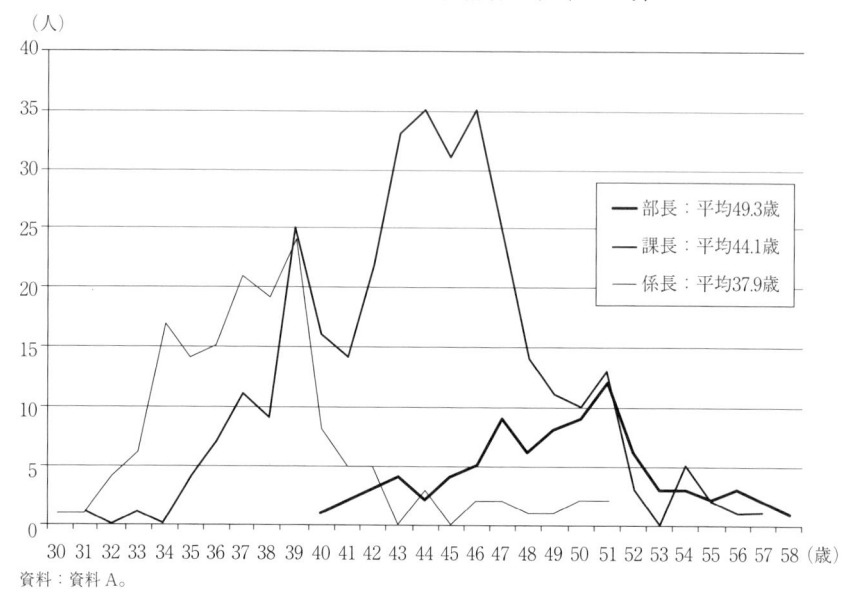

部長：平均49.3歳
課長：平均44.1歳
係長：平均37.9歳

資料：資料 A。

図 5-8 経験年数別管理職技術者分布（1961年）

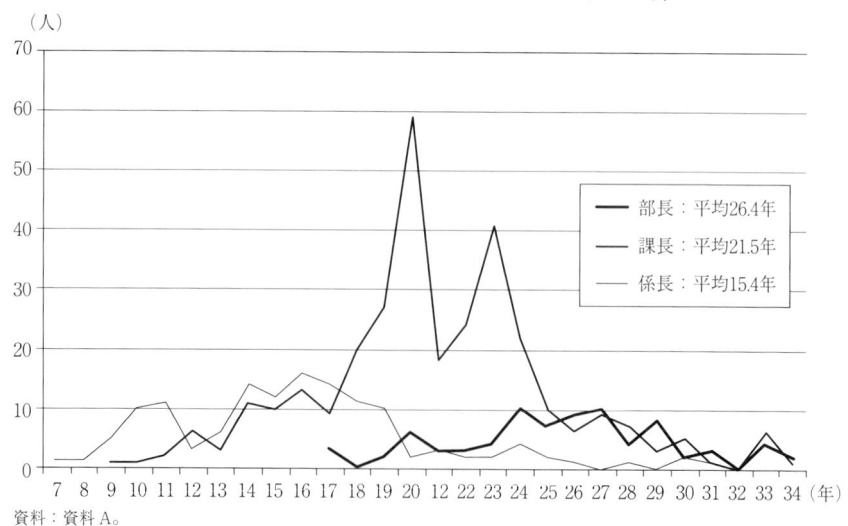

部長：平均26.4年
課長：平均21.5年
係長：平均15.4年

資料：資料 A。

年数より年齢に相関関係が高く、課長への昇進は年齢や経験年数両方ともほぼ同じ水準の相関関係を有していた。係長への昇進と年齢との相関関係が部長への昇進と年齢よりかなり高かった。なお係長への昇進と経験年数との相関関係が、部長への昇進と経験年数よりある程度高かった。

学士・非学士、博士・非博士、帝国大学卒業・非帝国大学卒業別係長、課長、部長の昇進確率、平均年齢および平均経験年数の比較を通じて昇進の実態を明らかにしてみたい（表5-9）。学士と非学士との平均年齢の差は係長において2.9歳、課長においては2.4歳、部長においては差がなかった。学士と非学士との平均経験年数の差は係長において7.1年、課長において5.2年、部長において0.8年であった。博士のサンプル数が少ないことに注意を払わなければな

表5-9　学士・博士有無別大学出身別平均年齢および経験年数（1961年）

		割合（%）／加重平均（歳、年）			該当人数（人）		
		係長	課長	部長	係長	課長	部長
学士有無	職位割合	14.1 18.6	31.3 31.2	10.6 5.1	84/595 87/468	186/595 146/468	63/595 24/468
	平均年齢	36.1 39.0	43.0 45.4	49.3 49.3	82 87	185 146	63 24
	平均経験年数	10.9 18.0	19.2 24.4	26.2 27.0	70 83	181 140	61 23
博士有無	職位割合	2.3 15.5	20.5 32.2	15.9 8.0	1/44 155/998	9/44 321/998	7/44 80/998
	平均年齢	34.0 37.9	41.9 44.2	48.9 49.4	1 153	9 320	7 80
	平均経験年数	11.0 15.4	18.7 21.6	25.3 26.5	1 137	9 311	7 77
帝大・非帝大	職位割合	11.5 17.0	31.7 11.3	11.3 6.9	51/442 77/452	140/442 51/452	50/442 31/452
	平均年齢	36.3 37.9	42.8 44.8	49.0 49.6	50 77	144 140	50 31
	平均経験年数	11.2 17.1	19.2 22.4	25.9 26.4	42 70	141 137	48 30

資料：資料A。
注：学士有無および博士有無の各項目の上段が有、下段が無であり、帝大・非帝大の各項目の上段が帝大出身者、下段が非帝大出身者。

らないが、博士と非博士との平均年齢の差は係長において 3.9 歳、課長において 2.3 歳、部長において 0.5 歳であった。博士と非博士との平均経験年数の差は係長において 4.4 年、課長において 2.9 年、部長において 1.2 年であった。帝大出身と非帝大出身との平均年齢の差は係長において 1.6 歳、課長において 2.0 歳、部長において 0.6 歳であった。帝大出身と非帝大出身との平均経験年数の差は係長において 5.9 年、課長において 2.8 年、部長において 0.5 年であった。一つの例外を除くと、すべての項目において上位職位へ昇進するにつれてその格差が縮小していることが確認できる。

一方、学士を有しない者、博士を有しない者、非帝大出身者が係長への昇進確率が高く、学士を有する者、博士を有する者、帝大出身者が部長への昇進確率が高かった。課長への昇進は、学士を有する者と有しない者がほぼ同確率で昇進したが、博士を有しない者が有するものより確率が高く帝大出身が非帝大出身者より確率が高かった。

したがって 1960 年代前半における主要会社の昇進の実態は、上位の管理職ほど学士あるいは博士を有するか帝大出身者がなれる可能性が高かったが、昇進した者だけを比較すると初期管理職への昇進は学歴や学閥の影響を受けていたが上位職位へと昇進するにつれてその影響が少なくなっていたと言える。

ここで中堅以上の技術者の帝国大学出身者と非帝国大学出身者の構成について検討してみよう（表 5-10）。調査された技術者の中で帝大と非帝大出身者の

表 5-10 主要産業・主要企業における技術者の帝大・非帝大出身別構成（1961 年）

(単位：％)

	電機			一般・精密機械		輸送用機械			化学		
	東芝電気	三菱電機	沖電気	島津製作所	石川島播磨重工	トヨタ自動車	豊田自動織機	いすゞ自動車	住友化学	大日本セルロイド	新日本窒素肥料
帝大	41.6	71.4	52.8	48.0	42.1	53.4	21.1	39.6	58.2	53.7	49.5
非帝大	58.4	28.6	47.2	52.0	57.9	46.6	78.9	60.4	41.8	46.3	50.5
東大	22.0	23.8	22.2	10.4	21.1	13.6	7.0	27.1	20.3	16.4	25.8
京大	5.6	15.5	11.1	24.8	1.8	10.2	0.0	2.1	19.6	10.4	6.2
東工大	11.1	2.4	2.8	0.8	10.5	0.0	0.0	6.3	5.2	12.7	4.1

資料：資料 A。

全体構成は、47.2％と52.8％でありほぼ同じ割合であった。三菱電機における帝大出身者の割合はかなり高く、住友化学においても高い水準であったが産業別構成においてはっきりした特徴は見られない。なお、最も多い出身大学を選んで産業別企業別割合を整理してみると、全体的に最も多い東京大学出身者は多数の会社において高い割合を占めている。ただし関西に基盤を置いている島津製作所、住友化学では京都大学出身者の割合が高かった。東京工業大学の場合も出身大学の割合が高い会社と低い会社が分かれている。

おわりに

　自主技術開発を進める高度成長展開期初めの1960年代初頭における技術者の労働市場は、景気変動による影響はあるものの、基本的に供給不足であった。新規採用者の大半は大学卒業者であり、大卒の供給が不足する際には短大卒の供給が相対的に増加する傾向も見せていた。供給不足対策として配置転換が主に行われていたが、低学歴で採用された工高卒を養成しあるいは職種を転換するなど組織内における異動を促進する措置が行われた。なお、他の組織からの引き抜き事例もかなり確認され、当時の労働市場は安定的とは言えず流動的であった。このような流動的な労働市場の状況は、当時の技術者自身からも比較的肯定的に受け止められていた。当時の中堅技術者には旧帝国大学出身者が多く、主要会社においては半分を占めていた。中堅技術者を一番多く輩出している上から3番目までの旧帝大の出身者は、それぞれの会社において集中する傾向も見せていた。

　専門研究所が別途に設立されていた上級規模会社の工場における技術者は、研究より生産および管理部門に多く配置されていた。生産部門における技術者は、一般従業員が製造業務で圧倒的に多くを占めているのとは異なり、製造業務とともに設計業務においても多く配置されていた。ここで問題となるのは、技術者の配置が明確な基準に従って行われていた会社が10％に過ぎず、大半が明確な基準をもっていなかったことである。配置判断基準の前提になる職務分析を実施していなかった会社も80％を超えていた。このような状況の下での新規採用者の配置は、新規採用した際の試験の順位あるいは適正検査による

のではなく、見習い期間中に適正を検討して決定していた。企業は技術者の企業内異動を計画的に行ったほうが良いと考えていたが、実際には必要に応じて異動させていた。自分の研究に関する技術者の権限については、基礎研究においてはある程度自分自身が決められたが、研究を応用して実用化する開発段階においては個人の権限がさらに制限され社外の発表においても制限された。なおトップ・マネージメントも技術者の研究を厳しくチェックしており、研究開発に対する褒賞も十分とはいえなかった。

　1960年代前半における主要会社において中堅以上の技術者は帝大出身者が半分であった。特定産業や会社に帝大出身者が集中している点が確認されるが、地域の影響も無視できない。このような状況の上での昇進の実態は、上位の管理職ほど学士あるいは博士を有するか帝大出身者がなれる可能性が高かったが、昇進した者だけを比較すると初期管理職への昇進は学歴や学閥の影響を受けており上位職位へと昇進するにつれてその影響が少なくなっていたことがわかった。

　高度成長展開期において日本政府は、自主技術開発を実現するために担い手になる高学歴技術者の需給安定に努めたが、景気拡大により供給不足状態が解決できず流動的な労働市場の状況が続いた。各企業も技術者の組織化を試みはしていたが、その意欲は弱く制度化までは至らなかった。技術者の組織化に対するインセンティブとなるはずの業務および開発に対する権限も拡大されなかった。一方、昇進における学閥による格差は縮小していたのである。

注
1）菅山真次『「就社」社会の誕生——ホワイトカラーからブルーカラーへ』名古屋大学出版会、2011年。
2）森川英正『技術者——日本近代化の担い手』日本経済新聞社、1975年。
3）沢井実「高度成長と技術発展」(石井寛治・原朗・武田晴人編『日本経済史　5　高度成長期』東京大学出版会、2010年)。
4）藤本昌代「科学技術系研究者・技術者の処遇と社会的相対性」(『日本労働研究雑誌』No.541、2005年)。
5）市原博「電機企業の技術者の職務と人事管理」(『大原社会問題研究所雑誌』No.502、2000年) 49～68頁。同「戦前期三菱電機の技術開発と技術者」(『経営史学』第41巻第4号、2007年) 3～26頁。

6) 科学技術庁計画局『企業における科学技術者の配置と職務に関する調査報告書』1962年。
7) 通商産業省工業技術院編『民間企業における研究管理の概要』1952年。
8) 前掲科学技術庁計画局（1962）資料。
9) 科学技術庁計画局『企業の研究活動に関する調査』1963年。
10) 科学技術庁計画局『民間企業の研究機関における研究要員並びに研究活動に関する調査報告』1976年。
11) 現代日本技術者人名事典編纂委員会『現代日本技術者人名事典』産業経済技術研究所、1962年。
12) 資本金規模の基準として使用した資料は次の各社『有価証券報告書』である。
　　東京芝浦電気株式会社、第110期、1961.10.1～62.3.31、
　　三菱電機株式会社、第78期、1961.10.1～62.3.31、
　　沖電気工業株式会社、第25期、1961.10.1～62.3.31、
　　株式会社島津製作所、第86期、1961.10.1～62.3.31、
　　石川島播磨重工業株式会社、第132期、1961.10.1～62.3.31、
　　株式会社豊田自動織機製作所、第71期、1961.10.1～62.3.31、
　　いすゞ自動車株式会社、第47期、1961.11.1～62.4.30、
　　住友化学工業株式会社、第68期、1962.1.1～62.6.30、
　　大日本セルロイド株式会社、第83期、1961.12.1～62.5.31、
　　新日本窒素肥料株式会社、第25期、1961.10.1～62.3.31。
13) 宣在源「企業合理化と『職制改正』——昭和電工の事例 1949～62年」（原朗編『高度成長始動期の日本経済』日本経済評論社、2010年）。

第3部　産業構造と合理化——流通部門の変容

第6章　流通部門の投資活動
——都市問題から流通近代化へ

山口由等

はじめに

　高度成長期は、日本の流通の歴史において画期的な変化が生じた時期であった。すなわち、小売業において大規模なチェーンシステムを採用した大企業が登場し、それまで唯一の大型店舗であった百貨店を企業としても業態としても追い越した。さらに、セルフサービスとチェーン・オペレーションを採用した小売大企業が登場していく過程で、流通における小売と卸売の力関係が逆転し、戦後に大企業化した消費財メーカーとの交渉力も増大したといわれている[1]。産業構造の面でも、高度成長収束直後の1974年には第三次産業が就業者の50％を超え、さらにその中でも卸・小売業だけでも21％を占めるようになっていたのである[2]。

　しかしながら、本研究会の前著『高度成長始動期の日本経済』に寄せた拙論において論じたように[3]、高度成長始動期には都市の卸売業の集積が経済成長とともに復興・発展を遂げた。同時にこの時期の都市では、昭和初期に問題化した中小小売商問題・百貨店問題が再燃したのであり、総じて始動期は戦前との連続性が強い時期であった。これに対して、小売大企業の発展をはじめとする流通の近代化は、本書が対象とする高度成長展開期の特色であり、流通部門に限っていえば本書の時期区分による理解はきわめて適合的であると考えることができよう[4]。

　たとえば、1950年に設置された産業合理化審議会・商業部会は、58年に流通部会と名称を変更して、流通の近代化に関する議論と答申を重ねた（64年以降は産業構造審議会流通部会）。それは、始動期から展開期への移行期に物流が

成長のボトルネックとして認識されるようになったためである[5]。さらに、労働力不足の顕在化や資本自由化なども流通部門の近代化の必要性への意識を高めた[6]。そうしたなかで、低価格によって消費者の支持を得たスーパーマーケットが生成・発展する一方、卸売業・運送業においても、とくにモータライゼーションに対応する設備の整備などが進展した。こうした商業やサービス業の投資に対する国民経済的な評価は、安定成長期に入っても定まっていなかったが[7]、都市部では流通・サービスを中心とする都市への変化が高度成長展開期からすでにみられるようになっていた[8]。

　以上をふまえて、本章は、国民経済や地域全体の視点から流通部門の発達を明らかにするため、「都民経済」統計、商業調査、設備投資調査、生活調査、建設統計などを活用し、各種の物流投資と店舗の近代化投資の拡大の定量的分析を試みる。前稿では、既成の都市の集積が高度成長始動期において果たした経済的機能に注目したが、展開期を扱う本章では、流通の近代化投資を通じて始動期の都市の枠を超えていく動きを明らかにする。これによって、高度成長終了後の日本社会にとっての社会的資本となるような流通部門への投資が、工業社会を目指していた高度成長展開期にどのように増加していったのか明らかにし、流通近代化が地域間の格差と均衡の問題に与えた影響も視野に入れつつ論じていきたい。

1. 高度成長展開期の流通政策、都市計画

　流通投資の実態をみる前に、本書で議論されている制度設計という視点をふまえ、流通政策において流通近代化がどのように議論されていたのか確認しておこう[9]。高度成長展開期の流通政策は、1962年から64年までは産業合理化審議会、64年以降は産業構造審議会の流通部会で審議された。64年12月にまとめられた第1回中間報告では、流通近代化の必要性や商店の零細性・生業性や流通経路の複雑さなどの現状の問題点が指摘されつつも、それらの解決方法が示されることはなく、スーパーマーケットやメーカーによる流通系列化などの新しい動向に触れるに止まっていた。翌年1月に閣議決定された中期経済計画においては、流通機構の近代化が主要政策の一つとして掲げられた[10]。しか

し、同年4月に出された第2回中間報告においても、大規模化の傾向は進むものの将来の流通部門の具体的姿を定めることは困難とされるなど、いぜんとして流通政策の方向性は曖昧なものに止まった。その後も中間答申がたびたびまとめられ、それぞれチェーンストア、卸総合センター、パレットプール機構および割賦販売専門の金融会社などが論じられ、助成金などの措置が講じられた。

その後、中期的なビジョンである「流通近代化の展望と課題」(第6回中間答申)がまとめられたのは1968年8月のことであった[11]。同答申は現状分析の精緻化とともに5年後の予測を立てていることが特色であるが、具体的な流通政策としては組織化という戦前来の伝統的政策のほかに、取引慣行の適正化、物的流通技術の革新、立地・情報・金融などの環境整備などが挙げられている。一方、政策提言には結びついていないが、都市化・都市圏拡大に伴う購買施設の建設の必要性や、高速道路などの社会資本整備の展開による物流経路の変化や増大、巨大都市を中心として地方拠点都市を中継するための流通施設の整備なども指摘されており、国内の流通が大きく変化していることもすでに把握されていたことがわかる。そうした中で、中小小売商が百貨店の販売額のシェアを上回ると予想されていたチェーンストアに対して規制を要求する中で、これを抑えることで「流通近代化をスーパーチェーンに依存して進めようとする姿勢」[12]こそが、この時期の流通政策の立場であった。

一方、高度成長始動期の終わり頃から展開期に入る時期にかけて、大都市では産業上・生活上の様々な問題が都市問題として顕在化した。その解決方法を模索し、都市化を抑制・コントロールすることに主眼をおいて東京で策定されたのが首都圏計画である[13]。1958年に公表された「第一次首都圏計画」は戦前から戦時期の伝統を引き継ぐもので、首都圏の範囲を100kmとし、その中を①既成市街地、②市街地開発区域(衛星都市)を置く近郊地帯(いわゆるグリーンベルト)、③周辺地域に区分して、都市圏の外延化をコントロールしようするものであった[14]。この第一次首都圏計画は既成市街地の生活基盤施設の整備、工業化の統制、スプロール化の抑制のいずれも失敗したのだが、「それが、東京への集中を通じて、日本経済により一層の推進力を与えることになった」[15]と評されるように、都市化の秩序を目指す都市計画は工業を中心とした経済成長に対して従属していたとみてよい。

しかしながら、こうした都市機能の集中は高度成長展開期には経済活動の障害という逆作用に転換することになった。さらに、都心部の都市化が商業・サービス業などの第三次産業、管理・事務業務、文化マスコミ、流通市場などとしての発展に変化したことを受けて、これに対応した新しい効率性が課題とされるようになったのである[16]。

この時期の都心部の商工業にとって、とくに問題となったのは道路渋滞の慢性化である[17]。その対策として大型車の交通規制が大阪（1960 年）や東京（61 年）で実施されるようになり、その規制は年々強化されていった。こうした努力はあったものの、60 年代前半はとくに交通渋滞が激しく、1 回当たり輸送トン数の低下や輸送時間の増大などによって、都心部の運送効率は低下していった。そのため、都市計画においても、単に道路建設を進めるだけでなく市街地内外の交通の分化を図る流通施設が登場することになったのである[18]。具体的には「都心に集中している卸売業、倉庫、トラックターミナルなどの流通業務施設を都市高速道路と主要環状道路との結節点に近い区部周辺に一体的に立地させて合理化」することを謳った「東京都の流通業務施設の整備に関する基本方針」（66 年）の制定であり、さらにこれに基づく流通業務団地および都市計画市場の建設である。さらに、都市計画法が 68 年に抜本的に改定されて新都市計画法が成立すると、同年に第二次首都圏基本計画が策定された。これによって、首都圏の範囲は関東地方および山梨県の範囲に拡大され、かつてのグリーンベルトや周辺地域を含めた旧首都圏が市街地として追認されるとともに、新旧の首都圏を結びつける道路網と流通業務地による流通ネットワークの整備が計画された。

こうして 1960 年前後に、都市の経済地理的再編（外延化と都心部のオフィス化）、物流の変化（モータリゼーション）など、経済成長の影響をふまえつつ、成長をより持続させるための変化が迫られるという状況が生じていた。これに対して、政府では流通部門の発展と物価抑制の両方の調和的解決を課題として流通近代化の方針が立てられたが[19]、より直接的に都心部の過密問題に直面したのが都市計画である。60 年代の半ばには都市計画法改定や都市計画の見直しが行われ、新しい都市計画では工場や流通施設の移転と計画的配置が目指された。以上のような流通政策や都市計画、さらに道路建設などによって大きな

影響を受けるとはいえ、実際に経済施設の建設や移転を行うのは民間企業である。そこで、次節では建設・設備投資の統計や調査結果を利用して、流通投資がどのように進んでいったのかを分析することにしよう。

2. 流通投資の増加

最初に、流通部門の投資活動を他部門と比較しながら観察するために、全国の建設・建築工事、すなわちモノの側面からその推移をみてみよう。まず、表6-1は発注者別に各年の構成をみたものである。これによると、1960年代を通じて製造業よりも非製造業による建設が上回っていることが明らかとなる。非製造業は60年代初頭と70年頃に上昇期がある。また、とくに65年は「戦後最大の不況」といわれた景気後退の影響で、「建築」や「工場等」、「製造業」の比重が低下する一方、「土木」「官公庁」の比重が短期的に上昇した。たとえ

表6-1 全国の建設工事受注の推移（第1次契約43社分）

(単位：百万円)

年次	総計	工事種類別					発注者別				官公庁
		土木	建築				民間				
			小計	事務所・店舗・興業娯楽場	工場・倉庫・発電所	住宅	小計	製造業	非製造業	うち商業ほか[1]	
1961	982,430	37	60	18	21	6	57	27	30	[2]19	34
1962	990,717	38	59	22	14	6	51	17	34	17	39
1963	1,224,176	32	65	27	15	7	59	22	38	13	33
1964	1,429,210	34	63	27	13	7	57	19	38	20	35
1965	1,450,139	42	53	19	9	6	46	12	34	16	47
1966	1,626,299	39	56	18	12	6	49	17	32	18	44
1967	1,938,008	36	59	18	17	8	56	24	32	17	38
1968	2,253,016	35	61	17	17	9	55	22	33	16	38
1969	3,002,705	37	60	17	19	9	59	25	34	16	38
1970	3,600,649	36	60	20	15	10	58	20	37	18	36
1971	4,355,482	40	57	22	9	9	54	13	41	20	40
1972	5,203,345	56	41	22	9	10	55	13	42	20	40

出典：建設省調査統計課監修『建設統計要覧』各年次版より作成。
注1：「商業ほか」には、サービス業、金融保険業を含む。
 2：1961年の「商業ほか」には、上記に加えて不動産業を含む。

ば、「事務所等」や「非製造業」の上昇は63年から64年にかけて顕著にみられたが、65年不況により頓挫し、後半期は横ばいで推移した後、70年に再び上昇の兆しがみられるようになった。以上のように、「脱製造業」ないし「脱工場」は60年代全体としては進んでいるものの、景気循環の短期的影響も大きいことがわかる。

工事種類別にみると、「事務所・店舗・興業娯楽場」は1960年代前半に比重を上昇させたが、65年以降は20％弱の水準で安定化し、工場等と同程度かそれ以上は概ね維持するようになった。「住宅」は60年代後半に入って割合が上昇したが、70年にようやく10％に到達したにすぎない。

続いて、表6-2によって土木等を除く建築着工予定額について、用途別の増加率や構成の変化を5年おきにみてみよう。1960年代の間に商業用・サービス業用建築は金額ベースでそれぞれ8.1倍と8.4倍に増加している。これは居住用を含む全体とほぼ同程度であるが、非居住用における伸び率の6.6倍を上回っている。なかでも、使途別における店舗の伸びは18倍にもなり、その結果、60年に3％にすぎなかった非居住用建築の中での構成比は、70年には9％に上昇した。同じく構成比が8％から11％へと推移した倉庫と合わせて、流通用の建築のシェアは合わせて20％を占めるに至り、工場および作業場に迫る勢いであった。

表6-2 全国の建築着工・予定額の推移

(単位：10億円、構成は％、指数は1960年＝100)

	総計	用途別						非居住用使途別					
		居住専用	鉱工業用	商業用	サービス業用	公務文教用	その他	小計	事務所	店舗	工場及び作業場	倉庫	その他
1960	809	255	180	87	56	90	141	467	101	15	141	37	173
構成	100	31	22	11	7	11	17	100	22	3	30	8	37
指数	100	100	100	100	100	100	100	100	100	100	100	100	100
1965	2,256	939	269	237	175	281	356	1,095	268	54	195	73	505
構成	100	42	12	10	8	12	16	100	25	5	18	7	46
指数	279	**369**	149	273	**313**	**313**	252	235	**267**	**366**	138	195	292
1970	6,670	2,994	947	705	467	664	892	3,064	546	267	716	324	1,211
構成	100	45	14	11	7	10	13	100	18	9	23	11	40
指数	825	**1,176**	526	811	**835**	739	631	656	542	**1,804**	507	**864**	**702**

出典：建設省調査統計課監修『建設統計要覧』各年次版より作成。
注：太字は「総計」または「小計」を上回る指数。

表6-3　東京都内の用途別着工建築物の推移

(単位：百万円、構成は%、指数は1960年＝100)

	総計	居住		民間産業			公益事業	その他
		専用	産業併用	鉱工業用	商業用	サービス業用		
1960	9,258	3,653	1,745	1,589	947	335	317	672
構成	100	39	19	17	10	4	3	7
指数	100	100	100	100	100	100	100	100
1965	12,617	5,080	1,941	1,417	1,706	566	531	1,376
構成	100	40	15	11	14	4	4	11
指数	136	**139**	111	89	**180**	**169**	**168**	**205**
1970	20,279	9,383	2,690	2,070	2,987	977	639	1,533
構成	100	46	13	10	15	5	3	8
指数	219	**257**	154	130	**315**	**292**	202	**228**
1975	14,522	7,388	2,445	781	1,466	472	389	1,581
構成	100	51	17	5	10	3	3	11
指数	157	**202**	140	49	155	141	123	**235**

出典：『東京都統計年鑑』各年次版より作成。
注：太字は総計を上回る指数。

　商業・サービス業のための建築の増加は、大都市ではより顕著であった。表6-3によって東京の変化をみると、商業用とサービス業用を比較すると、絶対額で前者が大きく上回っており、1965年以降は民間の産業の中では最大の部門である。また、住宅建築は専用・産業併用を合わせると60年からすでに60%を超えており、75年には居住専用だけでほぼ半分を占めるに至った。このように、大都市の変化の傾向は全国の建築と同様といえるが、第三次産業化はより早く展開しており、次第に住宅と商業・サービス施設の整備が一体となって進む形に展開していったことを窺わせる。

　いうまでもなく企業の設備投資は建設・建築だけではないが、1950年代から連続した統計や地域別の数値が得られることから、ここまでは建築統計からみた商業・流通の資本形成を分析してきた。これに対して、65年以降は中小企業金融公庫の調査により、商業の設備投資の動向を資金面から観察することができる。これによって、工業部門の資金需要が減少する不況期には商業企業はむしろ資金調達が容易であったことなど[20]、商業部門の投資の増加の実態などがより詳しく確かめられる。

表6-4 商業における設備取得の対象（実績額、支払いベース）

			1965	1966	1967	1968	1969	1970
卸売業	合計（100万円）		189	226	525	580	701	827
	投資対象別構成（％）	土地	24	23	30	30	31	26
		建物・構築物	29	37	37	39	39	43
		店舗・工場新設	—	11	14	13	14	18
		店舗・工場改築改装	—	2	2	1	2	2
		倉庫	—	7	7	6	8	11
		機械器具・備品	12	12	14	15	13	16
		車両運搬具等	34	28	19	16	18	15
	一企業平均（万円）	大企業	—	—	2,845	2,694	3,210	3,767
		中小企業	165	198	225	257	296	350
	年度		1965	1966	1967	1968	1969	1970
小売業	合計（100万円）		123	136	231	233	331	370
	投資対象別構成（％）	土地	16	19	24	25	21	19
		建物・構築物	44	42	46	47	48	54
		店舗・工場新設	—	19	20	23	22	26
		店舗・工場改築改装	—	5	7	9	7	8
		倉庫	—	3	5	4	4	4
		機械器具・備品	14	14	13	14	16	14
		車両運搬具等	26	25	16	14	14	13
	一企業平均（万円）	大企業	—	1,190	1,535	1,824	2,128	2,819
		中小企業	93	103	110	153	176	190

出典：中小企業庁・中小企業金融公庫『商業・サービス業 設備投資動向調査報告』各年次版より作成。

注：「—」欄は調査対象外。

　まず、表6-4によって卸売・小売別に設備取得の内容を分析してみよう。土地と建物・構築物を合わせた不動産投資が小売業で60〜70％、卸売業で50〜70％に上り、商業投資のかなりの部分を占めている。その中でも建物・構築物への投資の比重が高まる傾向があるが、とくに店舗・工場新設の増加によるものが多く、小売業では常に建物・構築物が40％以上を占め、さらにそのうち店舗・工場新設が20％前後を占める。店舗・工場という項目名になっているが、当然そのほとんどは店舗と考えられるから、出店のための投資が中心であったとみてよい。こうしたことから、表6-1〜3で分析した建築物の投資は最大の投資対象であり、これによって商業投資の推移をかなりの程度把握できるものの、それ以外の投資の分析も欠かせないことがわかる。

不動産以外の投資の代表である車両運搬具等は、1960年代後半に急速に比重を低下させており、とくに、卸売業では65年には34％で最大の項目だったが、67年には20％を切るまでに急減している。このように、卸売業を含めて投資の内容が不動産化していったのである。したがって、商業活動が単に拡大しただけでなく、店舗建設を中心とした投資の活発化という変化が、商業建築の増加をもたらしていたと考えられる。

続いて、商業での設備取得動向を地域別ならびに企業規模別にみてみよう（表6-5）。地域別にみてみると、六大都府県だけで全体の5割近くを占めており、大都市の都市化・都市圏拡大と深い関係があったことがうかがえる。一方では、こうした構成の時期による変化は小さく、また1事業所当たりでみても都市規模の間でほとんど差はないから、地方間の格差は広がっていなかったとみられる。その一方で、1事業所当たりの投資規模は徐々に大型化しており、規模別の格差は拡大していったことがわかる。業種別には卸売商が一貫して小売商を上回っていたが、小売大企業の事業所当たり投資規模は徐々に拡大して卸売企業に近づいている。企業規模別に比較すると、卸小売を合わせた中小企

表6-5 商業における地域別・企業規模別設備取得動向

		卸売業				小売業			
	年次	中小企業		大企業		中小企業		大企業	
		六大都府県	その他地域	六大都府県	その他地域	六大都府県	その他地域	六大都府県	その他地域
業種・企業規模・都市規模別構成（％）	1965	27	34	—	—	17	23	—	—
	1966	19	25	15	10	10	17	2	4
	1967	20	23	15	12	9	17	2	3
	1968	23	21	15	11	8	15	1	4
	1969	20	23	15	11	9	18	2	3
	1970	19	24	17	9	7	18	2	4
一事業所平均金額の対比（卸売業・中小企業、六大都府県を100とする）	1965	100	108	—	—	65	54	—	—
	1966	100	108	—	—	45	59	639	621
	1967	100	83	1,159	1,165	44	45	678	602
	1968	100	82	905	1,014	42	63	485	719
	1969	100	101	1,069	1,115	56	62	819	672
	1970	100	107	1,207	981	43	64	865	818

出典：表6-4と同じ。
注：「—」欄はデータなし。

表6-6　商業設備投資の目的別内訳

(単位：件数ベース、%)

		卸売業						小売業					
		1965	1966	1967	1968	1969	1970	1965	1966	1967	1968	1969	1970
大企業	売上高の維持・増大	—	—	49	54	57	61	—	—	66	63	69	65
	省力化・合理化	—	—	21	18	16	17	—	—	12	8	10	10
	品質管理の充実	—	—	7	6	6	5	—	—	4	3	4	4
	新規部門への進出	—	—	9	9	7	5	—	—	6	15	8	9
	従業員の福利厚生	—	—	10	9	7	7	—	—	6	6	5	4
	その他	—	—	3	6	7	6	—	—	6	6	5	9
中小企業	売上高の維持・増大	42	47	47	47	45	49	55	51	54	58	52	51
	省力化・合理化	24	22	20	19	21	18	16	19	17	15	15	16
	品質管理の充実	10	10	10	7	9	9	7	7	8	8	7	7
	新規部門への進出	8	8	10	9	10	11	9	14	10	6	13	10
	従業員の福利厚生	10	7	7	7	7	6	7	6	6	6	6	7
	その他	6	6	6	11	9	7	5	4	5	6	6	9

出典：表6-4と同じ。
注：「—」欄はデータなし。

業は総額の約7割を占め続けていることが特色である。この時期、全国的なチェーンを展開する総合スーパーが急速に成長していたが[21]、小売大企業の投資はここでは全体の5〜6%という低水準に止まっていた。

　ただし、設備投資の目的からは、小売大企業を中心とした拡大志向の広がりをうかがうこともできる。表6-6の企業別・卸小売別のマトリクスの四部門全てで常に「売上高の増大・維持」を目的とする投資が最大となっているが、なかでも卸売よりも小売、中小企業よりも大企業で比率が高い傾向にあることは、この時期の小売業の発展や大企業の成長の方向性が投資面から示されている。一方、小売大企業のみが省力化・合理化を目的とする投資の割合が他よりも低いことは、その主な担い手である総合スーパーの建設する店舗ではセルフサービスシステムが標準的となっており、もはや省力化と意識されなくなっていたのではないかと推測される。また、もともとは相対的に企業規模や投資額の大きかった卸売業では、1960年代半ばには省力化・合理化目的が20%以上という高い水準にあったが、時が下るに連れて売上高関係の目的へのシフトがみられ、69年以降は、小売中小企業よりも卸売大企業の方が売上高を目的とする投資の比率で上回るようになった。一見すると近代化が後退しているよう

にもみえるが、スーパーとの大量取引への対応などがその背景にあるものと推測される。

　以上のように、商業投資の用途の半分近くが「建物・構築物」となっており、効率化等の設備への投資はあまり意識されなくなっていた。流通部門の近代化・効率化の投資は、小売大企業の成長がリードしつつ、卸売業をも巻き込んで規模の経済性の追求へと収斂していったといえよう。

　しかし、この時期の流通部門の投資はそうした企業の主体的戦略によるものに止まらず、立地上の変化への対応を迫られたり都市計画による建設が行われたりしたものなどが含まれていた。工業だけでなく商業でも、大都市の都心部では交通規制の強化や駐車スペースの不足、さらに人手不足などの問題が発生しており[22]、とくに卸売業では物流拠点が営業拠点から分離して郊外に建設されるようになり、個別企業の郊外倉庫建設に加えて卸売センターの建設が行われた。また、小売業においても住宅の郊外化に合わせた店舗の新設、大型化・設備の高度化などが行われ、大企業化も進展した[23]。そこで、第3節・第4節では1960年代の商業・流通部門の設備投資や建設活動を、部門別に具体的にみることにしよう。

3．卸売部門の建設投資と近代化

　流通センター構想が初めて登場したのは、建設省の諮問機関である大都市再開発問題懇談会「東京の再開発に関する基本構想」(1963年)であり、これに運輸省の公共トラックターミナルが合流して流通センター構想の基盤がつくられたとされている[24]。一方、通産省関係でも産業構造審議会流通部会が65年に中間答申「卸総合センターについて」をとりまとめ、都市周辺部に建設される卸売団地が流通センターにおいてトラックターミナル等と一体的に運用されるべきとされていた。

　こうした様々な方面からの流通センター構想の動きは、1966年に流通業務市街地整備法（流通業務市街地の整備に関する法律）という形で制度化された。同法は、都市計画の中で流通業務地区を指定することを定めたものであり、これによって流通近代化が都市計画制度の上で明確に位置づけられたとされてい

る[25]。流通業務地区に指定された地域で建設が可能なのは、トラックターミナル、倉庫、貨物駅、卸売市場、卸売店舗等の流通施設およびその関連施設のみであり、しかも地区内に流通業務団地を都市計画として決定することが義務づけられる。このように、同法は都市計画と密接に関わるものであるが、対象は都市計画指定を受けた都市の中でも東京都、大阪市その他5都市に限られ、逆にこれらの都市は流通業務の整備に関する基本方針を定めなければならない、とされた。こうして、国から大都市に対して集団的な流通施設を計画・建設することが求められると同時に、他方では土地収用法の適用など事業を促進する手段が都市に与えられることになった。

　このように、都市問題として交通・物流の都心部における渋滞が大きな問題となり、その対策のために流通施設への投資が行われており、これが前節でみたように流通投資が増加した背景の一つとなっていたとみられる。卸売部門では、その対策は大きくいって高層化・集約化と郊外への移転の2つがあったが、いずれも同時に設備の近代化が合わせて行われた[26]。高層化・集約化の例としては東京卸売センター（五反田）や大阪マーチャンダイズマート（天満）などが、この時期に建設されている。さらに、一方の郊外移転は個別企業が移転して専用のトラックターミナルや倉庫などを建設するものと、集団移転とに分けられる。この時期に多く作られた問屋団地、流通センターは、それぞれ単一業種、複数業種による集団移転の例である。とくに流通センターは「物的流通緩和対策のエース」[27]ともいわれ、大都市における渋滞問題の解決を最大の目的とし、一般トラックターミナル、営業（共同）倉庫、卸売施設（問屋ビル等）、市場等の施設を集団化して有機的に結びつけ、一体の計画として建設するものである[28]。こうした流通センターの建設を促したのが、先にみた流通市街地整備法に他ならず、各都市が作成する「流通業務施設の整備に関する基本方針」の中で計画が立てられ、区画整理などの都市計画の手法が採られながら土地の整備事業が行われた後、行政や民間会社による施設が建設され、さらに運送業者や卸売業者が入場して業務を行うといった形で展開していった。

　1969年に東京商工会議所が行った調査によると、流通センターに関心がある卸売業者は40％となっており、それなりに注目されていたともいえようが、「現在のところ何ともいえない」という曖昧な態度も43％にのぼっていた[29]。

この調査によるとアンケート回答業者のうち流通施設を持っているものは19％に止まり、資本金や販売高などの規模が大きいものに限られていた。別の調査では増改築の計画の無い卸売商が55％にのぼり、計画がある場合でも現在地に止まるケースが25％、移転する計画を持つものは僅かに8％であり、立地の移動にはかなり抵抗感があったことがうかがえる[30]。このように、投資能力の限られる小規模卸売業者こそが利用者となるはずであったが、移転のデメリットも大きいと考えられている中で、流通センターの受け止められ方は期待と懐疑が半々といったところであった。

　ここで、東京都が策定した「京浜2区流通センター計画」の推移を、同地区に建設された東京流通センターを中心に確認してみよう[31]。京浜2区（平和島）にはトラックターミナル、普通倉庫、冷蔵倉庫、卸総合センターの4施設が計画されたが、卸総合センターについては主体となる業界が無かったため、通産省の意向を受けてまとめ役を引き受けたのが東京商工会議所である。東商が中心となって京浜2区卸総合センター建設懇談会が設立されると、独自に流通センター建設の検討を行っていた三菱地所がこれに加わり、この三菱地所が計画案の作成やその他の実務面を担当することで、漸く事業が具体化に向けて動き出した。東商内に開設された設立準備室が、用地の埋め立てを行った東京都港湾局からの土地払い下げに関する東京都・通産省との折衝や株式募集などを進め、1967年には運営会社である（株）東京流通センターの設立に漕ぎ着けた。しかし、土地払い下げ代金の分割支払いが東京都に認められず、流通センターの土地取得は難航した、協議の結果、日本開発銀行の協力で「大都市再開発および流通近代化資金」融資対象の国策的事業であることを東京都があらためて確認し、ようやく分割支払いの特例が認められた。

　土地取得が決着したことで建設計画は最終的な検討段階に入ると、当初の都心部の問屋街を丸ごと移転するような問屋ビル構想から、配送や流通加工などを重視した物流設備の重視へと傾いていった。とくに、計画打合会に加わった開銀設備投資研究所による調査の結果、有力卸商の都心部立地への執着の強さが確認されたことで、本店機能の移転を放棄して中・低層の物流ビルを中心とする施設計画が確立した。その結果、5トントラックが6階まで直接乗り入れて商品搬出入を行うことができるという前例のない物流ビルの建設が始まり、

23ヵ月を経て1971年の竣工に至った。

　以上のように、東京流通センターの数年がかりの建設事業においては国・地方、中間団体、政府系銀行、民間ディベロッパーなどの様々な主体が関わったが、いずれも適切な計画を当初から持っていたわけではなく、また肝心の卸商業界の関与は希薄であった。公共性が推進力となることで国や地方が何度も関わった結果、大規模プロジェクトはようやく実現に至ったのである。その反面で、交通問題などに悩まされながらも都心部の立地上の優位性があらためて浮上し、計画は修正せざるを得なかった。

　したがって、流通センターのような郊外化の動きとは逆に、積極的な投資によって都心部での発展の契機をつかんでいく経営も存在した。そうした事例として、総合卸問屋へと発展していった海渡商店（東京・日本橋横山町、現・エトワール海渡）の推移をフォローしてみたい[32]。海渡商店は戦後復興期の日本橋の横山町で小間物雑貨や粧装品などの取引を拡大させ、第1から第3売場を順次開設させていった。注目されるのは、第3売場の開設の際、1952年という非常に早い時点でセルフサービス方式を採用していることであろう。紀伊国屋（東京・青山）が日本で初めて本格的なセルフサービスシステムを導入したとされているのが53年であるから、小売と卸売の違いがあるとはいえ海渡商店の先進性がみてとれる。

　高度成長期に入ってからの海渡商店は、さらなる大規模化・総合化を展開していくことになる。1956年にビル（地上6階・地下1階）を買収して海渡ビルとし、ビル型店舗においてフロアごとに商品販売を展開する百貨店的経営という、現在の業態への展開が始まった。翌年には第2売場を改築して地上6階・地下1階とし、集積的な多店舗経営を導入する。この頃から、繊維製品や衣料品の取扱量が増加して徐々に総合卸問屋化を進めていくとともに、衣料品の自社開発の取り組みを開始したり、ファッション・ビジネスを推進したりするようになる。さらに、61年に本館ビル（地上9階・地下2階）が完成したことで、ワンストップショッピングによる現金総合卸という経営形態の完成をみることになるのである。

　海渡商店の場合、総合化は戦前期からの取扱品である小間物・装粧品から繊維品・衣料品への拡大という形で行われ、とくに繊維部門の飛躍的な伸びが同

社の成長を支えた。したがって、復興期から高度成長始動期における消費拡大の中心となった衣料を事業分野に取り入れたことが、海渡商店の総合化の最大のメリットであったといえよう。その後の商品の拡大は食品、貴金属・アクセサリー・室内装飾品・バッグ・カバン類・書籍などに及び、ビルごと、売場ごと、フロアごとの商品構成を総合的に展開している。なお、百貨店的な売場の形成によって同社の社員は女子社員中心になったため、労務管理や福利厚生面では女子社員向けの教養や保育などにも力を入れている。表6－6においても「従業員の福利厚生」は設備投資目的の中で5～10％を占めており、こうした点は、一般に高度成長期後半に労働力確保のために福利厚生への投資が増加したこととも対応しているといえる。

　以上のように、卸売部門では都市計画的な観点による行政の計画的な投資がみられたことが一つの特色であるが、卸売業全体への影響はそれほど大きいものではなく、各企業は中心部の集積のメリットを確保しながら、物流については交通問題を避けるための投資を行っていた。一方、海渡商店のような投資は卸売業全体に一般化できるものではないが、消費財部門の事例として注目される。小売部門では店舗の大型化や総合化はむしろこの時期の投資の中心であり、共通性がみられるからである。前節でみたように1960年代の小売大企業の店舗投資の比重は次第に上昇していたが、社会生活への影響も大きくなっていった[33]。そこで、節を改めて小売業における投資の動向をみていくことにしよう。

4．小売業の設備投資

　1960年代初頭において、唯一の小売大企業であった百貨店がどのような投資を展開していったのかを確認してみよう。表6－7は、東京都内の各産業の設備投資計画の金額の推移をみたものである。高度成長展開期の始点（60年度）と収束期（72年度）、さらにそのほぼ中間でもあるが65年不況の時点の3つの時点を掲げた。約4～5割を占める機械産業は別格だが、その他の業種と百貨店の投資額はそれほど大きな格差があるわけではなく、全体の投資額に占める百貨店の割合も当初の2％から徐々に上昇している。もう一つの特色は、全国の百貨店投資に対する東京都内の割合が60年度に39％、65年度に51％

表6-7　東京都内の主要産業の設備投資（1960年度の投資金額順）

（単位：100万円、％）

	1960年度			1965年度			1972年度		
	投資金額	全国比	構成	投資金額	全国比	構成	投資金額	全国比	構成
全業種	80,539	6	100	71,343	5	100	185,138	4	100
機械	37,468	14	47	37,496	14	53	69,548	10	38
電力	9,098	3	11	1,299	0	2	3,049	0	2
化学	6,364	4	8	9,605	4	13	12,910	3	7
ガス	5,764	22	7	1,981	6	3	29,847	23	16
窯業	5,202	11	6	3,353	5	5	7,524	7	4
鉄鋼	3,652	2	5	5,282	3	7	10,539	1	6
非鉄金属	2,809	8	3	1,958	4	3	3,034	3	2
紙パルプ	2,730	5	3	3,389	6	5	6,185	5	3
石油	2,708	4	3	250	0	0	22,779	6	12
百貨店	1,639	39	2	3,869	51	5	12,608	6	7
繊維	1,110	2	1	556	1	1	3,475	2	2
石炭	801	3	1	68	0	0	5	0	0
鉱業	532	3	1	1,797	6	3	1,788	3	1
建機	429	11	1	176	2	0	10,170	15	5
雑貨	233	12	0	264	7	0	3,272	9	2

出典：通産省企業局編『主要産業の設備投資計画　その現状と課題』各年次版。

と極めて高い数値だったことと、さらにそれが72年度にはわずか6％に急減していることである。要するに、百貨店の投資は当初はとくに大都市集中型であり、都市の中では工業部門の業種にも匹敵するような規模であったが、高度成長収束期には全国的に拡散していったのである。

1960年代半ばまでの百貨店は、旧来からの問屋に依存した納品を維持することで、必ずしも仕入用の設備投資には積極的ではなかった[34]。しかし、交通事情や労働力事情の悪化が進んだことで、問屋がこうした要求に対応することが難しくなりつつあり、60年代後半には店舗の大型化や新設だけでなく、流通センター、配送センター・納品センターなど、集中仕入・大量仕入のための物流投資が行われるようになっていった。また、コンピューターの導入とオンライン化などの新たな情報システムへの投資も試みられるようになった。

それとともに、この時期の百貨店投資の変化の一つとして挙げられるのが、それまでの副都心・ターミナルの範囲を超えた衛星都市への出店である[35]。1956年に百貨店法が施行されて以降、百貨店の出店や営業は制約を受けるこ

とになり、百貨店本体以外の事業構想が模索されていた。そのため、西武百貨店の西武ストアー（のちの西友ストアー）や東急百貨店の東光ストア（のち東急ストア）のように、私鉄系ターミナル百貨店の一部は沿線の駅前等に分店形式の店舗を開店するようになった[36]。これらの分店はスーパーマーケットが登場する前に行われた先駆的な店舗網建設の事例であり、経営的には成功しなかったものの、セルフサービスを採用してスーパー化してから急速に店舗網を増加・拡大させていく[37]。

　こうした一部の百貨店の進出に止まらず、当時の商業投資の中で大きな社会的影響を与えていたのがスーパーの増加である。ただし、初期のスーパーの増加を示す統計はなく、そもそもスーパー自体の定義が曖昧で様々な性格の店舗が叢生し、短期間の間に変容していった[38]。ここで、小売業における近代化投資の内容がどのように展開したのかを、モデル的にみてみることにしよう。1950年代に初期のセルフサービス店・スーパーマーケットで行われたのは、キャッシュレジスター、ゴンドラ、セルフかごといった什器セットの導入であった[39]。これらは当時としては高価で、また初期のスーパーマーケットが低価格を重視していたこともあり、店舗の建物自体は簡素にすることもあった[40]。そうした中から日本最大の小売企業へと急成長したダイエーを始めとする総合スーパーは、当初SSDDS（セルフサービス・ディスカウント・デパートメントストア）と呼ばれたビル型の店舗を建設し、次第により大型化するとともに全国に店舗網を広げていった[41]。総合スーパーの投資は、流通の大量化・広域化に対応するための配送センターの建設や、セントラルパッケージ方式の採用などもみられたが、一般的には地方進出の際には現地の卸売企業に倉庫・運送への投資を肩代わりさせることが多かったといわれている[42]。ただし、その場合でもマクロ的には総合スーパーの全国的展開が流通部門の資本形成をもたらす点では同様の効果があるといえよう。

　近代化投資によるスーパー企業の成長にはもう一つのタイプがあり、日本の食生活の特色である生鮮食品のセルフサービス技術を開発し、総合食料品店として発達したのが食品スーパーである[43]。よく知られているようにそのリーディングカンパニーは関西スーパーであり、メーカーと協力して冷蔵や加工・包装の技術の改良と設備の国産化をするとともに、バックヤードで生鮮食品を処

表6-8 セルフサービス店舗の増加（都市規模別）

		~1966		1966~68		1968~70	
		商店数	売場面積	商店数	売場面積	商店数	売場面積
全国	合計	4,790	1,556,551	2,272	1,223,615	2,341	1,407,648
	各種商品	228	142,335	85	137,137	265	529,228
	織物・衣類・身のまわり品	665	279,358	262	297,928	150	174,289
	飲食料品	3,743	1,094,194	1,652	659,226	1,985	749,360
七大都市計	合計	657	258,071	232	212,431	148	233,573
	各種商品	45	37,140	2	30,750	78	147,613
	織物・衣類・身のまわり品	79	43,638	35	52,416	11	32,622
	飲食料品	493	167,910	141	86,115	109	78,374
大都市	合計	1,574	373,086	765	401,418		
	各種商品	36	22,512	46	49,329		
	織物・衣類・身のまわり品	167	67,664	86	102,453		
	飲食料品	1,288	273,425	571	217,795		
中小都市	合計	2,276	564,527	486	318,694		
	各種商品	65	48,349	18	38,222		
	織物・衣類・身のまわり品	266	97,948	61	94,000		
	飲食料品	1,862	406,727	330	152,528		

出典：通商産業省『セルフサービス店に関する統計表』昭和41年、昭和43年、昭和45年より作成。
注1：調査対象＝セルフサービスを売り場面積の50％以上採用している小売店。
　2：項目計との不一致があり、誤植と思われる箇所は修正した。
　3：「七大都市」は東京都（23区）、大阪市、名古屋市、京都市、神戸市、横浜市、北九州市。
　4：「大都市」は七大都市を除く人口20万人以上、「中小都市」は、20万人未満の市。

理してパッケージングするオペレーション技術を開発した。この食品スーパーはそれまでの加工食品・冷凍食品などを中心とした食料品売場に比べてより多くの投資や面積を必要とすることから、ビル型の大型店舗とは別の形で小売企業の出店投資を増加させたといえる。

　ここでは、そうした流通史内の展開には立ち入らないで、スーパーを含むセルフサービス店（売場）の増加によって、小売業における近代的な資本形成がどのように進んだかをみることにしよう。表6-8をみると、1966~68年の2年間における店舗面積の増加は、66年までの累計に匹敵しており、セルフサービス店舗の建設が加速したことを示している。また、60年代前半は中小都市の飲食料品店中心であったのに対して、66年以降は「大都市」の飲食料品店の増加が目立ち、とくに「各種商品」は「大都市」が中心であった。こうし

た傾向は68〜70年にいっそう強まり、「各種商品」の店舗増加が加速し、店舗面積でも比重が飛躍的に上昇した。セルフサービス統計の分類が簡略化されたためにこの時期の都市規模別データは十分に得られないが、前の期よりも七大都市の比重が上昇したことは確かめられる。よく知られているように、こうした60年代後半のセルフサービスの大型化・大都市出店は全国的な総合スーパー企業によるものであった[44]。このように、60年代の時期が下るにつれて、より大規模の都市で大型店が建設されるようになっており、60年代後半になってからの増加の加速と、動向の展開の早さが窺える。

1960年代は、セルフサービスシステムの黎明期から定着期に当たるため、表6-8でみられるようなセルフサービス店舗や売場面積の増加を示す数値自体は、周知の事実を確認しているにすぎない。ただし、セルフサービス化そのものが、たとえ小規模であっても売場を全面的に更新するものであり、陳列棚やキャッシュレジスター、セルフかごなど一連のセットとしての投資が必要なことに留意しなければならない[45]。小売企業の店舗でセルフサービスが標準的となった段階では、企業レベルでは売り上げ増大のための店舗建築であっても、社会的には小売・消費の効率化につながる資本形成ということができよう。そうした意味では、そうした社会的意味を持つセルフサービス店の増加に地域的

表6-9 セルフサービス店の地域分布

(1)上位集中度の比較 (1966年・1970年)
(単位：％)

	1966	1970
上位10県	50	53
上位20県	70	72
上位30県	85	85
上位40県	96	96

(2)1966〜70年にかけての変化（上位・下位5県）
(単位：％、m²)

	シェア増減	1966面積	1970面積	増加倍率
東京	▲2.0	177,522	365,078	2.1
三重	▲0.7	40,873	72,670	1.8
広島	▲0.6	64,859	138,549	2.1
岐阜	▲0.6	34,937	63,606	1.8
宮崎	▲0.5	30,868	55,138	1.8
埼玉	0.8	47,919	159,415	3.3
愛知	1.0	81,645	253,458	3.1
大阪	1.3	87,980	283,076	3.2
北海道	1.5	93,763	304,745	3.3
神奈川	1.5	75,815	261,394	3.4
全国		1,755,447	4,483,626	2.6

出典：表6-8と同じ。

な偏在があったかどうか、といった視点で分析することにも意義があると考えられる。

　そうした関心から、セルフサービスの普及の地域性を確認するために作成したのが表6-9である。これによると、上位10県でセルフサービス売場の増加の半分を占めていることがわかるが、1960年代後半には上位10県、20県のシェアは若干低下し、東京などのシェアを奪いながら、首都圏の各県、名阪、北海道などでより多くのセルフサービス売り場の増加がみられた。したがって、地方都市でも投資が行われつつ、大都市圏でより積極的な店舗建設が行われたといえよう。

　以上のようなセルフサービス統計から得られる量的な変化からも、この時期の商業における近代化投資の拡大ぶりはうかがえるが、期間内の質的な変化や企業の主体的な戦略、とくに1960年代末に顕著となるチェーンストアの投資戦略の展開は、チェーン化を主導したコンサルティング組織であるペガサスクラブの記録によって確認することができる[46]。ペガサスクラブは総合スーパー化していった小売会社の多くをメンバーとして網羅しており、そこでの研究活動や主催者である渥美俊一の助言は、それらの企業の発展に対して大きな影響を与えたといわれている。ペガサスクラブが指導した経営上の重点の変化をみると[47]、まず50年代後半には販売技術としてのセルフサービスの導入により、販売＝消費者の購買を気軽なものとすることを中心としつつ、同時に商品の豊富化・部門総合化と建物を（当時としては）大型化するところから出発した。これらはいずれもスーパーマーケットの特色そのものであるから、初期のペガサスクラブが指導する小売近代化は、食料品スーパー、衣料スーパーなどを含む初期のスーパーへの転換・設立として進められていったといえよう。

　続いて、1960年代前半に行われたのが総合化とチェーン化である。販売技術の戦略としては「ダイナミック価格」と呼ぶ目玉価格が挙げられているが、この時期の新しい展開の中心とみられるのは、商品戦略上の「品目に亘る総合化・豊富化」であり、総合スーパーの時代に入ったことを反映している。そして、投資のうえでは商勢圏を選択しつつ支店の増設を進めることが目指され、店舗単位を超えた企業としての流通活動・戦略へと脱皮している。60年代後半の投資は、商圏を縮小してチェーン化を進めるという、一見すると拡大・成

長を後退させたかのような戦略によるものであるが、それと同時に商品のマーケット・セグメンテーションと、販売技術上の品目別値入れという店舗オペレーションの精緻化が目指されていた。同じ頃に生鮮食料品のセルフサービス・チェーンを展開していく食品スーパーがローカル・チェーンを選択したのと同様に[48]、売場の高度化を本部主導でコントロールするために、地理的にコンパクトなチェーン・オペレーションが指導されたのであろう。そしてこの頃から、中核都市を中心に大型店舗を建設しナショナル・チェーン化していく大型スーパーは、独自に規模の経済性を追求するようになり、小売業の質的発展を重視するペガサスクラブとの距離が生まれていったとみることができよう[49]。ただし、いずれの場合でも投資の面でみればチェーン化した店舗網の建設が行われるのであり、商業部門における資本形成、あるいは統計上のセルフサービス店の増加をもたらすことになるのである。

　ペガサスクラブに参加したような先進的といわれる企業群に限らず、この時期の小売業の投資は積極的に行われていた。たとえば、東商が実施した調査では1964～66年の3年間で店舗改造を実施した小売業者の割合は合わせて42％にものぼっている[50]。そのうち建て替えによる増設は18％で、建て替えない増設が17％、さらに「現在の規模のままで改築」が40％である。総じて小規模な改造が多数を占めるとはいえ、小売店でも店舗投資は盛んであり、一部では全面的な建て替えも行われていた。また、従業員規模の大きい方が改造実施の割合が若干高くなる傾向はあるものの、1～2人の階層でも改造率は40％にのぼり、店舗改善はかなり広がっていたといえよう。ただし、1年以内に店舗を改造する計画を持っている割合をみると、1～2人層が13％に止まるのに対して10人以上層では35％とかなりの差があり、この頃から規模による格差拡大が進行し、小売店の店舗投資の拡大が大型店中心になっていったとみられる。

　以上のように、1950年代後半から60年代にかけての小売企業の代表的戦略は、個々の店舗や売り場の近代化から、広域の戦略的店舗網と店舗マネジメントへ展開したということができる。その過程で、1店当たり建設費の大型化が進んだだけでなく、企業全体、あるいは地域全体の投資額が増加したことで、セルフサービス店ないしスーパーの地理的普及が短期間に進んでいったといえ

よう。

おわりに

　本章は、経営レベルの商業投資を事例的に取り上げつつ、物流インフラ、卸売業、小売業などにわたる流通投資を、投資と資本形成という観点から分析した。総じていえば、高度成長展開期はその始動期に比べて、直接的な生産部門だけでなく、運輸や商業などの流通部門や社会的資本の投資の比重が高まった。流通部門への投資は社会的に要請されていたものでもあり、流通近代化がとくに政策的に課題とされた理由は、生産の効率化を妨げることを防ぐとともに、経済成長に伴う物価上昇を緩和するためであった[51]。とくに、都市問題の焦点の一つとなった交通渋滞は、単に資材・商品の流通量の拡大が物流施設の能力の拡大を必要としただけでなく、それまで効率的であったはずの地理的な集中・集積が交通混雑を悪化させており、輸送時間や距離のロスが次第に深刻となっていた[52]。また、トラックによる自動車輸送への転換も、道路を中心とした新しい物流体系のための投資を必要とさせた。したがって、この時期の流通近代化は都市問題の課題として地域ごとの流通整備計画が策定され[53]、個別企業を超えて都市計画による設備投資が行われた。

　その一方で、都市中心部の集積のメリットもいぜんとして残されており、卸売企業は本社の営業・商流機能と物流部門を分離して、個別に、あるいは都市計画に利用して後者を移転することで対応した[54]。このように、業界や経営内部の問題としてだけでなく社会資本として流通設備の整備が行われたことが、商業・流通業のなかでも卸売部門の特色である。これに対して、小売業では1960年代の半ばから後半にかけてもっぱら企業による設備投資が急増していった。セルフサービスシステムの導入やチェーンストアの展開など、アメリカ小売業をモデルにした小売技術が導入された結果、小売業の設備投資は飛躍的に増加した[55]。その中から小売大企業群が成長し、地域や全国にまたがる店舗網・流通網が構築された[56]。こうして、金額あるいは建築量によってマクロ的にみた商業部門の設備投資の比重も、60年代の間に次第に上昇していった。

　本書全体の論点である市場と制度についても確認しておこう。本章は都市や

物流などの物的側面を中心に議論したが、それらは都市計画と流通政策などによって影響を受けていた。①都市計画と流通政策は始動期にはお互いの関連もなく、またどちらも工業化の動きに対して従属的であったが、②建設省と通産省のそれぞれが流通センターを構想したように、展開期には両者がともに物流近代化の一端を担った。③ただし、小売業の近代化はこの時期も民間主導であり、スーパー類の発展に対する保護や規制などの政策介入は行われなかった。これらのうち①と③は市場依存的で、②は計画的・介入的と分けられるが、いずれにしても効率性の追求という点で一貫している。しかし、高度成長が収束する1973年に成立した大規模小売店舗法は、これらとは性格の異なる社会政策的な規模間・業態間調整である。物流のボトルネック化やスーパー問題などに対応せざるを得なくなった結果、少なくとも流通分野に関しては、高度成長の展開によって当初の市場依存・放任から時期を追うごとに介入・調整へと変化していったのである。

　以上のように、高度経済成長の展開とともに成長を持続させるために商業・流通の投資が拡大したが、さらに収束期には住宅など生活水準上昇のための投資が加わり、流通・生活に係わる社会的資本の整備や企業投資の重要性は高まっていった。しかし、1960年前後の経済白書が社会資本の立遅れと輸送力部門の拡充を唱えていたのに対して、60年代半ばからはそうした記述が無くなり、その代わりに事務所や店舗等の建設投資が需要要因として重要になったと指摘されるようになる[57]。こうして、当初は生産発展にリードされて物流を効率化するために行われた流通部門の投資は、国民経済の一部門という意味でも地位が上昇するに至った。民間と公共にわたって持続的な投資が行われた流通部門は、単なる商品販売高や輸送量の増大に止まることなく、卸売団地やセルフサービス店などの施設近代化、流通大企業の登場、全国の建設需要への貢献度上昇などによって質的にも発展し、さらに政策対象としても浮上するなど、60年代に大きな展開をみせたのである。

注
1）佐藤肇『日本の流通機構』有斐閣、1974年、189～223頁。
2）石井寛治編『近代日本流通史』東京堂出版、2005年、188頁、経済企画庁編『昭和

50 年版経済白書』1975 年、159〜160 頁、同『昭和 52 年版経済白書』1977 年、215〜129 頁。
3) 山口由等「都市経済の成長——東京の事例」(原朗編著『高度成長始動期の日本経済』日本経済評論社、2010 年)。
4) 前稿・本稿と同様に高度成長と都市発展を商工業や立地の側面から分析した近年の研究として、柳沢遊「首都圏の経済変貌——商工業の発展と中枢管理機能集積地の出現」(大門正克ほか『高度成長の時代 1 復興と離陸』大月書店、2010 年) がある。
5) 経済企画庁編『経済白書 昭和 38 年版』397 頁。
6) 通商産業省・通商産業政策史編纂委員会編『通商産業政策史 第 11 巻 第Ⅲ期 高度成長期(4)』1993 年、401〜402 頁。
7) 1980 年に、当時の経団連会長の稲山嘉寛が「商業・サービス業の投資は国全体の利益にならない」と発言したのに対して、ダイエー社長の中内功が記者会見を開いて抗議したという有名なエピソードは、そうした事情をよく示しているといえよう。中内功『流通革命は終わらない』日本経済新聞社、2000 年、113〜114 頁、「稲山経団連会長、スーパーの設備投資発言で釈明、チェーンストア業界も納得」(『日本経済新聞』1980 年 6 月 13 日)、「(ニッポン人脈記) 拝啓、渋沢栄一様——3 〈小売りは雑魚や〉に発奮」(『朝日新聞』2007 年 2 月 19 日) を参照。
8) 東京百年史編集委員会編『統計からみた戦後東京の歩み』東京都総務局、1970 年、22〜25 頁、前掲柳沢遊「首都圏の経済変貌」137〜146 頁。
9) 以下、前掲『通商産業政策史 第 11 巻』402〜417 頁。
10) 岡村明達「現代日本資本主義と流通政策」(『現代日本の流通政策』、大月書店、1984 年) 19 頁。
11) 以下、産業構造審議会流通部会第 6 回中間答申「流通近代化の展望と課題」1968 年、55、58 頁。
12) 前掲岡村明達「現代日本資本主義と流通政策」38〜39 頁。
13) 以下、東京都都市計画局編『東京の都市計画百年』1989 年、58 頁、東京都首都整備局『東京都都市計画概要 昭和 40 年』1966 年、23〜26 頁。
14) 東京都『首都圏整備局概要 昭和 41 年版』1966 年、28 頁。
15) 前掲東京都都市計画局『東京の都市計画百年』58 頁。
16) 東京市政調査会首都研究所『東京都における第三次・管理業務集中の実態とその意義』1962 年、3〜6 頁。
17) 以下、東京流通センター『物流とビジネスの第一線で』1989 年、4〜6 頁。
18) 前掲東京都都市計画局『東京の都市計画百年』79 頁。
19) 前掲『通商産業政策史 第 11 巻』402 頁。
20) 中小企業庁・中小企業金融金庫『中小商業・サービス業 設備投資動向調査報告 (昭和 40 年度実績、昭和 41 年度計画)』1966 年、2〜3 頁。
21) 前掲佐藤肇『日本の流通機構』190〜209 頁。
22) 東京都経済局『東京の産業』1968 年、43〜48 頁。

23) 前掲佐藤肇『日本の流通機構』197～204頁。
24) 前掲東京流通センター『物流とビジネスの第一線で』7、11頁。
25) 谷本谷一『大都市における物的流通の諸問題』交通日本社、1969年、90～91頁、東京都首都整備局『首都東京の流通機能とその構造』1969年、40～43頁。
26) 前掲谷本谷一『大都市における物的流通の諸問題』94～97頁。
27) 同上、100頁。
28) 以下、同上、100、109頁。
29) 東京商工会議所『商業流通構造調査報告書』1969年、3頁。
30) 東東京商工会議所『小売商業の発展と経営者意識＝附・卸売商の販売活動』1967年、29頁。
31) 以下、前掲東京流通センター『物流とビジネスの第一線で』15～26頁。
32) 以下の記述はダイヤモンド社編『商道に生きる 海渡義一』1971年による。
33) 1973年に起きたトイレットペーパーの買い占め騒動において、主な舞台がスーパーや生協店舗だったことは、その象徴であろう。
34) 以下、前掲東京都首都整備局『首都東京の流通機能とその構造』105～155頁、同『商業の適正配置に関する報告書』1971年、77～87頁、102～106頁、133～141頁。
35) 前掲東京都首都整備局『商業の適正配置に関する報告書』135～141頁、渥美俊一『流通革命の真実』ダイヤモンド社、2007年、41頁。
36) 由比常彦編『セゾンの歴史』1991年、137～141頁、(株)東急ストア『東急ストアのあゆみ』1989年、1～26頁。ただし、よく知られているように百貨店系のスーパーで成功を収めたのは西友・東急ストアの他には大丸ピーコックがある程度である（エコノミスト編集部編『高度成長期への証言（下）』日本経済評論社、1999年、33～34頁）。
37) 前掲『東急ストアのあゆみ』67～82頁、前掲由比常彦編『セゾンの歴史』381～385頁、(株)ダイエー社史編纂室『ダイエーグループ35年の記録』1992年、71～93頁、前掲渥美俊一『流通革命の真実』277頁。
38) 荒井伸也『スーパーマーケット・チェーン』日本経済新聞社、1990年、1～3頁、前掲石井寛治編『近代日本流通史』158頁。
39) 前掲『東急ストアのあゆみ』15～19頁。
40) 吉田日出男『スーパーの原点』評言社、1982年、121～122頁。
41) 前掲荒井伸也『スーパーマーケット・チェーン』68～78頁。
42) 前掲エコノミスト編集部編『高度成長期への証言（下）』21頁。
43) (株)関西スーパーマーケット『関西スーパー25年のあゆみ』1985年、58～149頁、安土敏『日本スーパーマーケット原論』ぱるす出版、1987年、133～179頁、西山進『スーパーマーケットに夢（ロマン）をかける男』商業界、1997年、109～114頁。
44) 前掲石井寛治編『近代日本流通史』172～177頁。
45) 建野堅誠「わが国におけるスーパーの誕生」（尾崎久仁博・神保充弘編著『マーケティングへの歴史的視角』同文舘、2000年)、平松由美『青山紀ノ国屋物語』駸々堂、1989年、90～92頁。

46) 日本リテイリングセンター編『ペガサスクラブ10周年記念資料(1)資料1960年代におけるわが国チェーンストアの台頭』1971年、31～33頁、前掲由比常彦編『セゾンの歴史』389～394頁、前掲渥美俊一『流通革命の真実』32頁、127～128頁。
47) 前掲日本リテイリングセンター編『ペガサスクラブ10周年記念資料』65頁。
48) 前掲安土敏『スーパーマーケット原論』140頁、前掲西山進『スーパーマーケットに夢をかける男』109～110頁。
49) 前掲渥美俊一『流通革命の真実』175～182頁。
50) 前掲東東京商工会議所『小売商業の発展と経営者意識』65～67頁。
51) 前掲『通商産業政策史 第11巻』412～413頁、407～409頁、通商産業省産業局編『地域経済と流通近代化』1970年、1頁。
52) 前掲谷本谷一『大都市における物的流通の諸問題』21～33頁。
53) 前掲『通商産業政策史 第11巻』407頁。
54) 東京商工会議所『卸商業団地の現状と問題点』1972年、5～13頁。
55) 倉本初夫・渥美俊一『日本のスーパーマーケット』文化社、1961年、48～56頁、長戸毅『流通革新――日本の源流』同友館、1991年、1～26頁、147～181頁。
56) 日経流通新聞編『流通現代史』日本経済新聞社、1993年、20～24頁、木綿良行・三村優美子編著『日本的流通の再生』中央経済社、2003年、41～46頁
57) 経済企画庁『経済白書 昭和38年版』397頁、同『昭和40年版』32～33頁。

第7章　衣料品問屋の盛衰
——東京の紳士服製造卸売業者を中心に

柳沢遊

はじめに

　本章は、1950年代から60年代後半期にかけての東京の紳士服既製服を中心とした衣料品問屋の活動実態を考察し、問屋機能の変化が、多品種の衣料生産・流通の仕組みが大きく変容する高度成長展開期にどのように生じたかを、若干の資料から明らかにすることを課題としている。こうした課題設定の含意について簡単にふれておこう。

　日本橋地区（堀留・横山町・大伝馬町など）から神田岩本町にかけて第二次繊維問屋が集積しており、それらの取扱う衣料品は、綿織物・既製紳士服・ワイシャツ・ネクタイ・布帛（ふはく）・作業衣・婦人服・子供服・和装品など多種多様な製品から構成されていた。しかも、同じ地域には、綿布・毛皮（羅紗（らしゃ））・化繊・絹布などの原反を扱う第一次問屋も少なくなかった。個別の衣料品や繊維を専業的に扱う問屋以外に、多様な衣料品を総合的に扱い、仕入れ・販売ともに、多くの業種・生産形態の業者からなっている総合繊維問屋も、この地域で活動していた。それぞれの衣料品は、戦前期以来構築された固有の流通機構によって第一次問屋や商社などから第二次繊維問屋を経由して小売店・百貨店などに卸売販売されたが、そのうちいくつかの商品では、製造問屋（製造卸売業）の下請業者・自家工場での生産組織化が、業界の中で重要な役割を果たしていた。たとえば、高度成長が本格的に始動した1955年に刊行された『昭和卅年度版繊維業者信用録』（繊維信用交換所）には、主に東京に本店を有する繊維卸売業者が、1,454店掲載されているが、そのなかには、製造機能をあわせもった問屋が少なくないことがわかる。本章で対象とする既製服製造卸売商は、衣料品

の製造機能と、小売商や百貨店などへの卸売り機能の双方を兼ね備えた第二次問屋のことであり、高度成長期の紳士服・婦人服・子供服の生産と流通において、典型的にみられた都市型繊維問屋であった。繊維問屋の実態は複雑多様であり、「川上」に近い流通過程では、繊維商社や紡績業者から糸や原反を購入し、それを仕入れて、完成品に近い製品を製造する製造卸問屋が存在する一方で、多様な繊維製品を総合的に取り扱う総合繊維問屋が活動しており、さらに、地方問屋からの仕入れを行なう中小規模の問屋や「仲間取引」を主体として製造機能を全くもたない問屋も存在していた。製品種類により、問屋の営業規模により、各問屋が固有の取引関係を構築しており、その一部では自家工場ないし下請家内工場において製造機能を維持・拡大していたのである。本章のテーマを生産・流通構造を含めて、構造的かつ動態的に把握するためには、まずは個々の衣服商品に即して、生産―多段階流通のしくみとその高度成長期を通じた変化を解明し、そのうえにたって、各種衣料品を総合的に扱う日本橋およびその周辺の衣料問屋の機能を全体として分析すべきであろう。

　本章では、多様な衣料製品の中で、紳士既製服を取り扱う製造卸売商の動向に焦点をあてて考察し、それを手がかりに、この業種の集積地であった神田岩本町周辺の衣料品問屋の盛衰を展望することとした。高度成長期の紳士既製服の流通機構は、1954年不況、1958年不況にさらされて業界の盛衰が激しく、東京を中心とした市場の急拡大と先端部分の「ファッション」産業化により、高度成長展開期に入ってから成長を遂げる紳士既製服製造卸問屋や新興メーカーが多数存在していた。それゆえ、紳士既製服製品の生産と流通の変化を製造卸問屋という経営体に即して約15年間にわたって概観することによって、高度成長期の全国の衣料品流通全体に生じた構造変化の一端をうかがうことができよう。本章に直接関連する研究として、石井晋氏のアパレル産業発展史研究があげられる。石井氏は、衣料品市場の構造的変化を考察し、既製服生産を視野に入れつつ、主として、婦人服のアパレル・メーカーの台頭の経済的条件を分析し、原反入手条件の改善のすすむ60年代にアパレル産業が大きく成長する仕組みを明らかにした[1]。婦人服を中心としたアパレル・メーカーの原反取引、および百貨店と提携を含めた取引の実態を解明したところに石井論文の重要な貢献がある。また、60年代のアパレル産業の発展を促進した市場動向を、

消費者の消費動向にまでたちいって分析したところに、本研究が、アパレル産業を切り口に産業史と消費史を架橋する展望を有していることがうかがわれる。石井氏が、アパレル・メーカーの発展史として考察した問題を、婦人服にくらべると相対的に変化が遅い紳士既製服の製造卸売業者の動態史として、異なる角度から考察したのが、本章の方法的特徴である。本章では、岩本町周辺という特定地域に集積した製造卸の問屋街が、50～60年代にどのような変転をしめすかという点に注目し、アパレル・メーカーが発展を遂げる高度成長展開期と、それ以前の紳士既製服の流通・生産の連続的側面とともに、「断絶」的面をも描き出すとともに、紳士既製服業界の重層的な製造卸問屋存続の意味を問い直すことが、本稿の企図である[2]。

1. 衣料品卸売業全体の変化概観

　東京の中央区の掘留周辺には、戦前期以来、綿織物・絹織物など繊維品の卸売問屋が集積しており、横山町・小伝馬町などの身回品問屋とともに、各種衣料品とその関連品の卸売業が発展していた。日中戦争期には綿・スフ統制が強まる中で、この伝統的問屋街は取扱品の減少に直面し、企業統合や規模縮小、さらに統制会社による業務代行を余儀無くされた。第二次大戦後は再編された衣料品統制のもとで、流通混乱がしばらく続き、現金問屋やブローカーの台頭によって、東京の衣料品問屋の復興は、朝鮮戦争期からようやく本格化した。1950年代後半からは、大紡績メーカーによる流通系列化が徐々に進展し、新たな合成化学繊維製品の台頭ともあいまって、掘留や岩本町の問屋街には、新旧の衣料問屋がそれぞれの取扱品の特性を生かして営業活動を展開するようになった[3]。

　戦後の統制解除が行われた高度成長成長始動期には、綿織物の流通機構は外見的に戦前期に戻ったかにみえた時期が存在した。しかし戦前期に力をもっていた綿糸専門問屋・地方買継商の多くが戦時中の企業整備過程で姿を消したため、朝鮮戦争期には、いったん地方卸商の復活がみられた領域があったにもかかわらず、成長展開期の直前から、東京、大阪など大都市立地の卸売商の力が強まった。この大都市卸売商は、単一商品（綿糸・綿布など）の取扱店という

よりも、多種類の繊維製品を取扱う総合繊維問屋となるケースが多かった。50年代後半以降これらの卸売商に製品を供給する主体として登場したのが、紡績メーカーの系列商社である。つまり、それぞれの専門問屋にかわって、紡績メーカーの系列商社が流通過程に進出し、従来の専門二次製品問屋が紡績系列の商社の傘下に、地方卸売商（二次卸）として吸収・系列化される傾向が強まったのである。

しかし、日本橋堀留の問屋街に集中し、ここから配送される衣料品が多様な用途・種類を持つ多品種少量生産製品であるという現実は、メーカーの流通再編という業界を貫く動向にもかかわらず、簡単には変わらなかったことも事実である。問屋の経営は、「川下」の都市消費者の生活構造の変化、流行商品の登場とそれを素早く把握する経済主体の存在形態にも、規定されており、綿を原料とする製品レベルで生じた流通と生産の変化が、ただちに毛織物や絹織物の領域でも生じたとはいえなかった。また、綿製品を取扱う大規模繊維問屋でも、複数のメーカーや商社から製品や原材料を仕入れており、メーカーの流通支配にもかかわらず、取扱う商品の多様性と、仕入先の複数企業確保により、固有の存立基盤を維持していた。このように一部では「大量生産・大量消費」の時代の到来といわれる高度成長展開期においても、衣料品の流通構造はなお製品ごとに複雑かつ多様なしくみをもっており、メーカーや商社による流通支配のテンポやその衣料問屋に及ぼす影響は、末端の消費者層の動向に規定されるとともに、製品種類により、卸売商店の小売業統括力・製造機能により一括りにはできなかった。

それでもメーカーの流通進出と、流通ルートの変更は、総じて成長展開期には、日本橋堀留の問屋街に集積する衣料品問屋の機能に大きな変化をもたらしていく。

東京織物商業組合のアンケート調査結果

1963年3月に実施した、東京織物商業組合（組合員506人）のアンケート調査（486組合員）によれば、「10億円未満」年商額の商店・企業が組合員（回答者）の82.2%を占めるが、従業員数では45.8%、年間売上高では31.1%を構成するに過ぎなかったという[4]。これに対して、年商「10億円以上」の問屋は、

組合員数比率では 16.8% であるが、従業員数の 52.2%、売上額の 68.9% を占めており、とりわけ、最上層の「50億円以上」層は、35.4% の年商を構成していた。取扱商品の特徴では、412 組合員の平均で、「綿スフ織物」が 24.7%、「絹人絹織物」が 17.6%、「毛織物」13.2%、「合織織物」15.8% などが主要な内訳であった。

　以上のアンケート調査結果をまとめると、「50億円以上層」を中心に、有力問屋のメーカーへの依存が深まりつつあったが、一方で、問屋相互の仲間取引もさかんであり、中小規模の繊維問屋は、大規模問屋から仕入れた商品を、東京・横浜などの関東地方諸都市や東北地方の小売業者に販売していたといえよう。市場が急速に拡大していた東京と首都圏では、タイプの異なる中小卸商店の存続の余地が残されていたことにも留意しておきたい。一方で、東京市場の優位性が明確となるなかで、1950 年代後半から成長展開期にかけて、メーカーのみならず、総合商社および関西立地問屋の東京問屋街への進出が顕著になり、原糸や原反による系列下への輸入や、市場動向に対応した製品開発を行ったことが同時代の文献で指摘されている[5]。東京の繊維問屋の販売先調査をみても、「年間売上高 50 億円以上」では、「卸売業者」向け販売が 46%、「縫製業者」向け販売が 15.4% であるのに対し、「小売業者」向け販売額はわずか 5.5% にすぎないが、経営規模が小さくなるにつれて、小売商への販売比率が上昇する傾向がみられた。すなわち、日本橋地区に集積する各種問屋の重層的取引構造の一端が、この調査から示唆されるのである。

　1960 年代初頭は、自動車による仕入商品の配送量・配送領域の拡大にともなって、問屋店舗・倉庫・配送手段をめぐる問題が噴出した時期でもあった。自動車配達の活発化は駐車場不足や、交通渋滞など衣料品の物流に関わるインフラ問題を一挙に加速化させたのである。有力総合衣料問屋である市田株式会社の社長は、百貨店への商品仕入方法や、広域化した配送への苦悩をある座談会で率直に述べている[6]。ここから、倉庫や配送センターの郊外化という方向が出てくるのである[7]。一方で、成長展開期に入ると、商社と総合衣料問屋との関係にも大きな変化が生じるようになった。総合繊維問屋製品部が堀留地域に誕生した 50 年代半ばには、これらの問屋製品部の商品は、主として丸紅飯田や伊藤萬などの商社製品部からの仕入品によって構成されていた。しかし、

その後、総合繊維問屋各社は競って自己リスクによるオリジナル商品の開発に力を入れるようになり、60年代後半期には、年商10億円以上の総合問屋の取扱商品構成において、自家加工品が8割を占めるようになったといわれる[8]。こうして、成長展開期の元卸商社の機能は、二次製品を総合繊維問屋に販売することではなくなり、個々の総合繊維問屋が販売対象とする量販店や百貨店と企画している各種商品開発・企画に糸・織物の段階でどのように関与・貢献するかという役割が重要性を増してきたといえよう。「川下」における消費市場の拡大と消費者の求める商品の多様化を伴う変化は、「川中」の総合問屋の役割を変えるとともに、元卸商社と総合問屋との仕入れ関係をも大きく変貌させつつあるといえよう。以上の概観は、総合繊維問屋の動向であるが、総じて高度成長期の卸売商店全体に共通する傾向であったと思われる。では、本章で対象とする紳士既製服の業界では、いかなる流通構造における変化が生じていたのであろうか。やや、歴史をさかのぼって、考察していきたい。

2. 既製服製造卸商の機能と実態

戦前期、洋服生産の大半は、羅紗切売商店から原料を仕入れる注文服(オーダーメイド)から成り立っていた。彼ら洋服商が加入する洋服商工同業組合(東京の組合員は約1万人)の加入者の中には、既製服業者も一部分含まれていた[9]。業界全体としては、産地問屋や輸入商店から毛織物原料を仕入れる羅紗問屋が有力であり、この問屋から羅紗切売商を経て、注文洋服製造小売商に行く洋服流通と、羅紗問屋から羅紗既製品卸商を経由して、羅紗既製品小売商に至る流通の双方が存在しており、彼らが加入する京浜羅紗商同盟会には、118軒の商店から構成されていた[10]。日中戦争期から洋服・作業服の規格化が進み、衣料品への各種統制が強められるなかで、既製服業者の比率は高まった。第二次大戦後には、かつてツルシンボウと言われた既製服の市場でのシェアが拡大したが、オーダーメイドを担う町の注文服屋(テーラー)も広範に残存し、元卸業者からの原反仕入れルートも確立していて、1960年代初頭までは順調に発展を遂げた。紳士既製服が、そのシェアを増大させていくのは、百貨店・月賦店そして、量販店の年販売市場での台頭が顕著となる高度成長展開期以降の

ことであった。すなわち58年以前は、「注文品」61.3％であったが、62年には「注文品」52.5％、「既製服」47.5％と、テーラーと既製服がほぼ拮抗するようになっていく[11]。ただし、注文服業者と切売業者の動向は、既製服卸売業者のそれと密接に関連しているので、戦後衣料統制時代からの既製服業界の動向を、業者団体に注目して概観しておこう。

(1) 戦後復興期の既製服業界

　第二次大戦末期に設立された日本衣料製品統制(株)（日本布帛製品統制(株)が5ヵ月後に改組されたもの）は、1946年国家総動員法によっていた統制会社令の失効にともない、日本衣料製品(株)と商号を変更し、足袋をのぞく縫製衣料品の円滑な配給業務に従事することになった。

　1946年9月の商工省繊維局長通牒によってかつての日本衣料製品統制(株)が独占していた製造配給業務のうち、製造業務を和装、布帛、既製服、作業衣、中等学校制服の5種類に分離することとなり、日本衣料品(株)は、配給業務のみを担当することになった。各種衣料製品の製造業者・配給業者の団体結合が地域レベルですすみ、既製服製造業者も東京をはじめとする4地区に任意組合を結成して、10月には日本既製服工業会が結成された。

　1946年11月公布された商工協同組合法に基づいて、東日本既製洋服工業協同組合など4つの協同組合が設立され、その連絡調整組織として47年7月日本既製洋服工業協同組合連合会が設立された。本会は、製造・流通が混乱に陥っていたこの時期に、原料・副資材の共同購入、ならびに配給のあっせん、会員の取扱品の共同受注および共同納入、縫製技術の指導と縫製規格の研究、企業経営についての指導などを行うこととされた[12]。

　敗戦直後の東京では、生活必需品の多くは買い出しやヤミ市で入手せざるを得ない状態であったが、アメリカ軍の占領の下で、「洋服熱」は盛んになり、「洋服地さえあれば商売はやっていける」という状態であった。だが、資材・原料を調達するための協同組合は、十分にその機能を発揮できない状況のもと、一部の既製服製造業者は、関係官庁の資材斡旋の便宜を受けて、闇経済との繋がりによっていち早く生産を再開させた[13]。婦人子供服業者を含めて神田佐久間町に、斎藤仁兵理事長を先頭に全日本洋服組合の再建が試みられ、1947年

6月14日、婦人子供服業者を除外した注文紳士服製造販売業者の組合として、東京洋服商工組合が設立された。この東京洋服商工組合は、物価庁事務局との、注文洋服の公定裁縫料金の改定交渉などで成果をあげ、また臨時物資調整法に基づく衣料配給規則で洋服生地の販売を衣料取扱登録店に委ねようとした商工省繊維局の政策に対して、新しい組合により洋服生地の割当販売を認めさせた[14]。

　第二次大戦後、オーダーメイド（注文服）の洋服商に対して、既製服製造卸売業者は、展示会、百貨店と提携して相対的に早く生産を再開し、勢力を伸張させた。戦前期から東京では、神田の岩本町を中心に、羅紗商・既製服卸商の集積が進んでおり、たとえば、1934年に発足した「東京洋服卸商業組合」には、37年時で、101名の組合員が組織化されていた[15]。既製服専門店は、日中戦争期にその勢力を拡大したが、41年以降の衣料統制のなかで、既製服製造業者・販売業者は、代行会社に編入させられ、作業服・軍服などの生産および配給に従事することを余儀なくされたのである。敗戦直後の東京洋服商工組合は、主として注文紳士服業者の組合であったが、47年以降、注文紳士服業者と既製服業者との対立を内包したこの組合は、繊維品統制撤廃・緩和の動きがでてくると内部対立をかかえ、48年8〜9月には、東京都内に42の単位組合ができた。この地域組合の連合体として、48年10月27日、東京都洋服商工業協同組合連合会が結成されたが、登録店の有無や、洋服生地の入手などをめぐって内部矛盾を抱えていた。そこで、東京都内の注文洋服業者の中で、生地切売商と同様衣料登録店の認可を得ていた業者のみで東京都洋服衣料品小売商業協同組合が設立された。

　一方、既製服業者の組織化をみておこう。1946年10月、東京、大阪、名古屋、北陸の4地区の既製服業者が任意組合を結成し、この任意組合の連絡機関として、日本既製服工業会が組織された。46年11月の商工協同組合法の公布によって同組合は、47年7月には、日本既製服工業協同組合連合会となった[16]。同連合会は当初、指定生産資材の割当補助機関としての役割を果たしたが、GHQにより、民間団体の割当権限を否定され、翌48年7月に業務を停止された。中小企業協同組合法に基づく新たな組合組織が求められたが、それはできず新たな任意団体として日本既製服工業協会および日本既製服卸商協会が

設立された。49年に一時的だが、両協会を合併して日本既製服協会（会長 原一郎、専務理事 中曽根八郎）を設立した。この所属団体は9団体、889人に及んだが、卸売商関係が、422名、製造業を主とするもの467名であった[17]。東京既製服協会（会長 伊東兵治郎、組合員は卸商157人、製造卸売業182人）もその有力な構成団体であった。50年1月には毛織物の配給統制が解除され、同年4月には、日本既製服協会が解散して、日本既製服中央委員会が設立された[18]。また、洋服商店に羅紗を販売する切売商も、49年7月に、東京羅紗切売商協同組合を設立した。

　以上のように、戦後衣料統制のなかで、東京における既製服製造業者と注文洋服業者は別個の組合組織をつくって、原材料調達に対応したが、1950年5月に繊維製品の統制が撤廃されると、朝鮮戦争下の特需景気の到来の中で、経営再建を果たしていった。50年における東京既製服同業会の会員数は、48店であったのに対し、52年9月の会員数は、113店と、2.4倍に増加したことは、当該期における紳士既製服業界の膨張を示すものであった[19]。

(2) 成長始動期の業界概観

　『既製服・婦人子供服の実態分析』（1957年）の分析結果を利用して、成長始動期における既製服の流通をみてみよう。まず、この資料のもととなる『繊維業者信用録』は、東京都区内の「既製服（男・女）、雨衣、制服、学生服、作業服」の製造卸商314社およびワイシャツ製造卸商、52社についての調査である[20]。この調査によれば、56年3月現在の業者中、「終戦前からの営業者」は56.6％（ワイシャツ製造卸商では65.3％）を占めていた。また「男子既製服」で89.3％、「ワイシャツ・ネクタイ・其他布帛製品」では78.4％が「完全下請工場」の比率であった。製造卸売商による「下請工場」支配の手段としては、「原材料供給」（180回答、36.8％）、「技術援助」（129回答、26.4％）、「全面的に面倒をみる」（61回答、12.5％）がその主なものであった[21]。同上調査によれば、調査対象29事業所（製造卸商、製造工場）の開業年次では、48〜51年の設立件数が、15件ともっとも多く、この時期に株式会社形態をとる事業所も少なくなかった[22]。50年代中葉の製造卸売業者（1,084軒）の取引先は、軒数では小売商が976軒（90％）と圧倒的多数を占めており、取引量では、「問屋」取引

量が50％、「デパート」35％となっていた。ここでは、50年代半ばにおける「問屋」取引の重要性を確認しておこう。取引先店舗あたりの金額からみれば、小売取引額は平均12.6万円（年間）とわずかであり、「問屋」取引の1,332万円、「デパート」2,454万円に比べて、その取引規模の格差は歴然としていた[23]。50年代半ばでは、のちに増大する百貨店・月賦商・スーパーマーケットへの販売はそれほど多くなく、取引件数では、小売商店が多いことが確認できる。次の文章は、57年前後の神田岩本町の既製服問屋街の姿を印象的に描いている。「何といっても既製服問屋は岩本町が圧倒的に多く、当東京既製服製造卸協同組合員だけで70％を占める。次いで須田町、日本橋が多い。組合員は110軒である。……（本問屋街の）現在の経営組織は、全部法人（といっても俗にいう同族会社）で従業員は最も多い店で150人、少ない店で10人より7、8人といったところ、平均して25人と、問屋形態として他業種に比して、規格はむしろ大きい方だ。資本金では、大は公称4千万円位から、小は100万円に至るまであるが、5百万円程度の店が多いようだ」「仕入については、大体紡績会社―特約店（卸商）を通って既製服問屋に入るといった流通経路をとるのが普通である。……下請は殆んどといってよい位何処の店も40軒から50軒位もち、それ自身は零細で昔から親代々のものが多く、戦時中疎開した関係から地方にも出ているが、多くは江東地区に密集している現状である。この下請に対しては、ミシンを貸与したり、連携の度合によっては資金の面倒をみたり、又報奨制度を用いて指導している店もある。」という状態であった[24]。こうした既製服製造卸売商の上層部は、1960年代に入ると、その製造・販売機能を強化し、商取引の規模を拡大していくことになる。

このように、金額レベルでは、「問屋」「百貨店」との取引が大きかったが、販売先の数では、東京・関東一円の小売商が大半をしめていた1950年代半ばの既製服製造卸売商は、高度成長展開期に入ると、どのようにその営業をかえていくのであろうか。次に、60年代初頭（62年）の紳士服製造問屋・製造企業の状態とその全国的位置をみてみよう。

(3) 1960年代前半の既製服業界

全国の既製服製造卸（二次メーカー）の組合員数は、1965年3月調査で650

社あり、このうち「年商1億円以下」が191社、「1億円～2億円」が127社、「10億円以上」が9社であり、このほか「5千円未満」の零細な製造卸が広範に存在していた[25]。こうした製造卸業者から既製服を仕入れて販売する小売商（紳士既製服を20％以上扱っている小売店）は、全国で約7,600店存在していたといわれる[26]。

　紳士服（既製服）の製造卸商の営業について、全日本既製服製造工業組合連合会による『調査報告書』を用いると、紳士服の全国販売額は、742億2,566万円（1958年）から、1,249億7,133万円（63年）に、1.7倍近い伸長を示した。生産高の地域的分布では、紳士服では大阪についで東京は第2位であり、東京の一商店販売高平均は、2億4,488万円で、これも大阪より5,000万円低かった[27]。東京の問屋の販売先シェアは、「一般小売店」47.9％、「月賦店」26.4％、「百貨店」23.0％、「仲間卸」2.7％となっていた。ここで、「仲間卸」が、大きく縮小していることに注目したい。東京紳士既製服製造工業組合の組合員数（63年）は121店であり、うち法人形態が91店、販売額では、「1億～3億円」が48店、「5,000万～1億円」が18店であり、この二つの販売額帯の商店が、東京の製造問屋・工場経営者の中核であった[28]。やや詳しく、62年の工業組合員の年商分布をみると、「1億～3億円」層が、123社中59社で、最大であり、ついで、「5,000万円～1億円」が19社、「3億円～5億円」「5,000円未満」層がいずれも13社であった。この調査で62年年商上位企業では、年商「10億円」以上は、6社にすぎなかった[29]。筆者の作成した「1961年年商上位50社」においても、「年商10億円以上」製造卸は、今井、中央繊維興業、出崎、原藤産業の4社にとどまっており、上記工業組合調査とほぼ一致する（表7-2参照）[30]。その後、67年の東京紳士服工業組合に加盟している131社についてみると、「2億円～5億円」が33社、「2億円」未満の業者が、53社におよび、「10億円以上」は、7社、「5億～10億円」も33社にとどまっていた[31]。工業組合員の中心的部分は、67年でも、「2億円」未満層であったといえるが、後述するように、60年代末には、年商3億5,000万円以上の既製服製造卸商店が、48軒前後になっていたことにも注目しておきたい（後出表7-3）。

　次に東京における紳士服製造卸売業者の店舗立地区をみると、1963年で千代田区が108軒（全体の71％）と集中度が高く、その4割が岩本町（神田）1

割が豊島町（神田）に集中していた[32]。中央区（12店）、周辺他県（12店）、台東区（9店）、墨田区（5店）は、千代田区とくらべると、圧倒的に少なかった。これに対して、製造卸売業者のもとで下請加工を行う縫製加工業者は、零細な業者が多く、荒川区（19.2％）、墨田区（11.1％）、江東区（10.7％）足立区（9.7％）、葛飾区（9.3％）というように千代田区、中央区の外周部の城東地域を中心とした地域に下請業者が集積していた[33]。下職とよばれる下請け担当の縫製業者は、従業員4〜5名の零細な家内工業が大部分であり、既製服卸業者は、通例こうした下職を数十軒擁し、彼らに検品係がデザイン、サイズなどを指定して原反を支給した。時にはミシンの貸与も含め縫製業務を行わせていた[34]。この下請企業から、さらにボタン付けなど手内職に属する部分を再下請に出される場合があった[35]。60年代に入ると、下職の工賃値上げ要求に対処せざるをえなくなった大手既製服業者のなかに、みずから自家工場を建設して、そこで市場動向に対応した生産を行うことが頻繁にみられるようになった。そのきっかけとなったのが、東京既製服製造卸協同組合理事長である今井栄一を団長とする33人のアメリカ縫製事情視察団の渡米経験であった[36]。このアメリカ視察以降、多くの既製服業者による自家工場設立ラッシュの時代が到来したといわれる。それでも、自家工場の生産比率は、販売商品の5割未満であるケースが大半であり、下職は残存した。これらの縫製加工業者は、ミシン、裁断機、プレス機などを保持して紳士服の背広上下、ズボン、オーバーなどの下請縫製、付属加工、裁断を担当していたのである。

　このように紳士服既製服業界では、1960年代に入ってもその前半期には、問屋制的な零細家内工業を活用した製造問屋の形態が一般的であったといえよう。ここでは、前述した綿製品で生じたメーカー主導の流通再編は、なお部分的現象にとどまっていた。もちろん、先の『実態調査』で抽出した紳士服製造卸売業15社のうち、「直営加工部門」を持つ企業は9社もあり、「系列会社工場」が8社、「その他下請工場」は14社であったから、「下請家内工場」の活用のみで、紳士服既製服の生産が行われていたわけではなかった[37]。東京商工会議所の別の調査によっても、23社の対象企業中、「下請全面依存」が14社であり、「大部分依存」（50％以上）4社、「一部分依存」（50％未満）3社、「下請利用なし」1社、「不明」1社であった[38]。直営工場における加工工程は、

検反、縮絨裁断、縫製、付属加工、プレス、検品、包装まで一貫生産で行うものと、付属加工を下請に出す形態、プレスを別工場で行うものなど多様であった[39]。高度成長始動期にあたる56年調査では「完全下請工場」の比率が男子既製服で89.3％を占めていたことを考察すると、製造問屋の機能はなお継続しているとはいえ、それに全面的に依存するのでなく「完全下請」といえない自家工場による紳士服生産にも依存する卸売業者が60年代前半期に増加していることがうかがえよう。60年代前半期にも、下請業者による製造が重要な意味をもったことを資料は次のように伝えている。「なお既製服は季節的な変動、流行があるため、全部を自家工場で生産する形態は極力避け、下請企業をクッションとして利用する形態が一般化していることであ」る[40]。

1963年調査で、この14社の販売先をみると99％が「一般小売商」（51.3％）と百貨店・月賦店（45.6％）への販売であった。1企業あたりの得意先小売商の数は、店員9人未満の小規模製造卸で80店、「30～49人」の中規模店で115店、50人以上の大規模店で124店を数えた。また、63年調査では、55年に比べて「売上高販売先別構成比」で「百貨店」が11.6％から16.6％とシェアをのばしていることが注目される[41]。すでに、58年初頭において、110店の東京既製服製造卸協同組合のなかで22社が、百貨店を主な販売先にしており、その数は増加傾向にあった[42]。一方、在庫・物流機能の拡大や交通事情の深刻化、自家工場の郊外設置などにより、後述のように60年代後半には、これまで卸売業集積のメリットを発揮していた岩本町問屋街にも、発展の制約条件が強く作用するようになった[43]。なお、荒川祐吉氏の試算によれば、全国的な紳士服生産金額は、989億6,000万円（1960年）から2,182億9,706万円（70年）に2.2倍の伸長をしめしており、とりわけ66年以降の生産金額の伸び率が高く、生産数量の漸増を上まわっていることが注目される[44]。

(4) 岩本町周辺の既製服製造卸

以上で述べたことを、東京の岩本町周辺に集積している紳士既製服製造卸商店の上層部について、やや詳しく確認してみよう。当該業界の中上層部の動向を、有力個別商店の年商の推移を中心にみてみたい。表7-1は、『昭和卅年度版 繊維業者信用録』（全670頁）から、紳士既製服製造卸業の出荷額が、全体

表 7 - 1　1955 年年商

順位	企業形態	企業名	所在地	業種
1	（株）	今井	中央区日本橋馬喰町	既製服（紳士服・婦人服ほか）
2	（株）	中央繊維興業	千代田区神田松下町	既製服製造卸
2	（株）	原藤産業	江東区深川佐賀町	羅紗・紳士服製造卸
4	（株）	堀田産業	千代田区東神田豊島町9	紳士・既製服製造卸
5	（株）	高羽	千代田区麹町	既製服被服製造卸
6	（株）	富士衣料品	千代田区神田紺屋町	紳士服製造卸
7	（株）	小松	台東区浅草寿町	既製服製造卸（紳士婦人子供服）
8	（株）	東京衣料	千代田区神田岩本町	既製服製造卸
9	（株）	新井商店	千代田区神田岩本町	既製服製造卸
9	（株）	小川清七商店	千代田区神田岩本町	既製服製造卸
11	（株）	コニシ小林商店	台東区浅草芝崎町	既製服製造卸及小売
11	（株）	三徳	千代田区神田鍛冶町	紳士服製造卸
11	（株）	清和縫製	中央区日本橋横山町	既製服製造卸
11	（株）	東和衣料	台東区三筋町	既製服製造卸・生地卸
11	（株）	ムサシ商社	千代田区岩本町	既製服製造卸
16	（株）	立花商店	千代田区神田岩本町	既製服製造卸
17	（株）	加藤清商店	中央区西八丁堀	羅紗卸・学生服製造卸
17	（株）	大東繊維興業	千代田区神田須田町	毛織物既製服卸
17	（株）	渡喜	千代田区神田豊島町	既製服製造卸
20	（株）	上野衣料	千代田区神田岩本町	既製服作業服卸
20	（株）	日光	中央区日本橋馬喰町	既製服製造卸
22	（株）	山善商店	千代田区神田岩本町	既製服製造卸
23	（株）	かわだ既製服	千代田区神田岩本町	既製服製造卸
23	（株）	立百産業	千代田区神田豊島町	既製服製造卸
25	（株）	小沢商店	千代田区神田岩本町	既製服製造卸
26	（株）	三弥衣料	千代田区神田岩本町	既製服製造卸
26	（株）	島村商店	千代田区神田岩本町	既製服製造卸
26	（株）	千勝*	中央区日本橋横山町	紳士服製造卸
26	（株）	高荘商店	千代田区神田岩本町	既製服及一般被服製造卸
26	（株）	辻為商店東京出張所	千代田区神田材木町	既製服製造卸

資料：『昭和卅年度版　繊維業者信用録』繊維信用交換所、1955 年より作成。
注：＊（株）千勝は、1956 年に（株）滝野屋により吸収・合併される。

の5割以上に達している東京本店所在問屋130店を抽出し、その上位商店30社を年商の多い順番に並べたものである。30社中、千代田区岩本町に立地している商店は、12社を数え、大半が、千代田区、中央区、台東区の問屋街に位置していることがわかる。また、創業年時では、23社が第2次世界大戦以前の創業であり、明治・大正期の創業も12社にのぼった。この『昭和卅年度

上位30社

創業年	資本金(万円)	年商(万円)	仕入先認定	金融状態	営業状態	同業者中地位	従業員数
1909	2,500	80,000	A	A	A	A	325
1927	600	55,000	A	A	A	A	48
1939	400	55,000	A	B	B	A	100
1926	400	48,000	A	A	A	A	48
1868	1,000	45,000	A	B	B	A	170
1946	500	42,000	A	A	A	A	50
1934	400	40,000	A	A	A	A	120
1930	700	36,000	A	A	B	A	33
1912	1,000	35,000	A	A	A	A	31
1923	450	35,000	A	A	A	A	26
1897	400	30,000	B	C	B	B	80
1898	500	30,000	A	A	A	A	217
1946	200	30,000	B	B	B	B	30
1949	100	30,000	A	A	A	A	20
1934	200	30,000	B	A	A	A	16
1902	300	28,800	A	A	A	A	43
1925	100	25,000	A	A	A	B	20
1929	200	25,000	A	A	A	A	22
1899	200	25,000	A	A	A	A	40
1946	200	24,000	A	A	A	A	28
1904	300	24,000	A	A	B	A	25
1951	200	22,000	A	A	A	B	18
1905	50	20,400	A	A	A	B	19
1897	200	20,400	A	B	B	A	27
1948	200	19,200	A	A	A	B	20
1926	250	18,000	A	A	A	B	21
1898	100	18,000	A	A	A	B	16
—	150	18,000	A	A	A	B	16
1933	70	18,000	A	A	A	A	14
1933	100	18,000	B	B	B	B	17

版『繊維業者信用録』掲載の紳士既製服卸売商店の5年後を調べ、その時点での順位（50位までを算出）を見たものが、表7-2である。注目すべきは、順位に変動があるものの、ほとんどの商店が、年商や資本金額を増額させつつ、1961年データでも、上位に位置していることである。56年に有力毛織商店の滝野屋に合併された千勝、かわだ既製服、清和縫製のみが、上位50位から姿

表7-2　3時点年商比較

順位	企業形態	企業名	所在地	業種
1	(株)	今井	中央区日本橋馬喰町	既製服
1	(株)	中央繊維興業	千代田区神田松下町	既製服製造卸
3	(株)	出崎	中央区日本橋堀留	既製服製造卸
3	(株)	原藤産業	千代田区神田岩本町5	羅紗・紳士服製造卸
5	(株)	堀田産業	千代田区東神田豊島町9	既製服製造卸
6	(株)	富士衣料品	千代田区神田紺屋町17	紳士服製造卸
7	(株)	小川清七商店	千代田区神田岩本町	既製服製造卸
8	(株)	ムサシ商会	千代田区岩本町3-10-5	既製服製造卸
9	(株)	上野衣料	千代田区神田岩本町	既製服作業服卸
9	(株)	坂善衣料	千代田区神田岩本町	既製服製造卸
9	(株)	渡喜	千代田区神田豊島町11	既製服製造卸
12	(株)	新井商店	千代田区神田岩本町	既製服製造卸
12	(株)	立花商店	千代田区神田岩本町	既製服製造卸
14	(株)	小松	台東区浅草寿町2-6	既製服製造卸
14	(株)	東京衣料	千代田区神田岩本町	既製服製造卸
16	(株)	加藤清商店	中央区西八丁堀2-17	羅紗卸・学生服製造卸
16	(株)	山善商店	千代田区神田岩本町13	既製服製造卸
18	(株)	山三繊維	千代田区神田岩本町16	既製服製造卸
19	(株)	小茂商店	台東区浅草入谷町	既製服製造卸
20	(株)	岩本晃商店	千代田区神田岩本町7	既製服製造卸
20	(株)	早川正商店	千代田区神田松枝町40	既製服製造販売
22	(株)	三弥衣料	千代田区神田岩本町	既製服製造卸
23	(株)	大和（ヤマト）	千代田区神田東松下町	既製服製造卸
24	(株)	宇田商店	千代田区神田岩本町7	既製服製造卸
25	(株)	浅野商店	台東区浅草福井町	既製服製造卸
25	(株)	安藤商店	千代田区神田岩本町10	既製服製造卸
27	(株)	日本服装	千代田区神田大和町	婦人子供服並紳士服製造卸
28	(株)	阪本	千代田区神田須田町	既製服製造及毛織物卸
29	(株)	大東繊維興業	千代田区神田須田町	毛織物既製服卸
30	(株)	小沢商店	千代田区神田岩本町16	既製服製造卸
30	(株)	高荘商店	千代田区神田岩本町	既製服及一般被服製造卸
30	(株)	高羽商店	千代田区神田岩本町	既製服製造卸
30	(株)	福豊商店	千代田区神田岩本町9	紳士服製造卸
30	(株)	三橋商店	千代田区岩本町3-6-4	既製服製造卸
30	(株)	召田商工	千代田区岩本町3-8-3	既製服製造卸
36	(株)	小川勇商店	千代田区神田岩本町5	既製服製造卸
37	(株)	東和衣料	千代田区神田岩本町13	既製服製造卸・生地卸
38	(株)	石渡本店	千代田区神田里島町	既製服布帛製品・輸出布帛製造卸
38	(株)	鈴共商店	千代田区神田佐久間町	紳士服製造卸
40	(株)	玉光繊維	千代田区神田須田町	切売及既製服製造卸
41	(株)	勝山商店	千代田区神田岩本町7	既製服製造卸
41	(株)	コーワ	日本橋馬喰町4-13	既製服製造卸
41	(株)	田畑商店	千代田区神田岩本町	既製服製造卸
41	(株)	立百産業	千代田区神田豊島町	既製服製造卸
41	(株)	八千代	千代田区神田岩本町8	作業服被服製造卸
46	(株)	八光	千代田区神田岩本町18	紳士服製造卸
47	(株)	小谷野衣料	中央区日本橋馬喰町	作業被服製造卸
47	(株)	豊田被服	千代田区神田松枝町	既製服製造卸
49	(株)	三神	千代田区神田岩本町13	既製服製造卸
50	(株)	堀田商店	台東区浅草竜泉寺28	既製服製造卸

資料：前掲『昭和卅年度版　繊維業者信用録』、『日本繊維商社銘鑑　昭和36年版』、『昭和45年度版』
注1：昭和卅年度版については、月商表示を12倍して年商とした。
　2：「—」は当該期に商店記載が存在しないことを示す。
　3：企業名は1955年時点である。
　4：「(株)三徳」は、1955年に年商3億円、1968年年商2億5,000万円の中堅企業であるが、

（1961 年基準上位 50 社）

（単位：万円）

創業年	1,955		1,961		1968	
	年商	資本金	年商	資本金	年商	資本金
1909	80,000	2,500	150,000	2,500	150,000	10,000
1927	55,000	600	150,000	2,400	360,000	8,000
1914	17,000	300	100,000	2,000	18,000	600
1939	55,000	400	100,000	1,500	108,000	3,200（エバートーン）
1926	48,000	400	85,000	3,000	120,000	5,100
1946	42,000	500	72,000	1,000	—	—
1923	35,000	450	62,000	900	100,000	2,700（ノーブルキャッスル）
1934	30,000	200	55,000	500	200,000	4,500
1929	24,000	200	50,000	200	70,000	400
1948	10,000	60	50,000	240	210,000	6,000
1899	25,000	200	50,000	500	120,690	3,600
1912	35,000	1,000	45,000	1,000	44,000	5,000
1902	28,800	300	45,000	850	50,000	2,000
1920	40,000	400	43,000	400	62,000	1,000
1930	36,000	700	43,000	1,200	55,000	3,000
1925	25,000	100	40,000	400	43,000	600
1951	22,000	200	40,000	800	11,500	800
1948	15,000	100	38,000	100	—	—
1947	12,000	30	36,000	450	—	—
1949	7,200	個人経営	30,000	500	60,000	3,000（マルイワに改称）
1923	15,000	240	30,000	800	130,000	1,600
1926	18,000	250	28,000	600	35,000	1,600
1953	9,600	100	28,000	600	33,000	1,600（1960 年代はダイワと改称）
1935	9,600	200	26,000	200	35,000	650
1932	13,000	320	25,000	400	28,000	1,600
明治年間	15,000	200	25,000	300	38,000	2,000
1930	12,000	100	24,000	400	33,000	400
1933	15,000	200	22,000	600	28,000	1,560
1929	25,000	200	20,300	200	31,000	500
1948	19,200	200	20,000	400	72,000	3,200
1933	18,000	70	20,000	250	33,000	450（1968 年に（株）高荘に）
1868	45,000	1,000	20,000	—	30,000	500（高羽被服工業（株）も同種あり）
1928	10,800	200	20,000	500	35,000	2,000
1950	12,000	50	20,000	50	29,000	50
1946	9,600	50	20,000	350	45,000	1,000
1937	8,400	200	17,500	200	26,500	300
1949	28,000	100	17,000	300	17,000	500
1911	44,000	200	16,000	200	18,000	200
1950	6,000	160	16,000	160	13,000	160
1937	8,000	100	15,840	100	20,000	400
1947	12,000	50	15,000	50	22,000	1,000
1952	8,400	100	15,000	400	—	—
1952	10,000	50	15,000	600	—	—
1897	20,400	200	15,000	100	—	—
1917	9,700	400	15,000	400	—	—
1947	9,600	50	13,000	50	18,000	50
1927	3,600	150	12,000	150	42,000	150
1927	6,000	200	12,000	600	20,000	1,000
1954	6,600	200	10,000	200	17,000	400
1921	9,600	100	9,000	100	—	—

『日本繊維商社銘鑑』より作成。

1961 年の経営記述で、資本金 1,000 万円記述はあるが年商の記録が未記入のため、上記表より削除した。

表7-3　1968年

順位	企業形態	企業名	所在地	業種
1	(株)	樫山	中央区日本橋江戸橋3-4	既製服製造販売
2	(株)	ヴァンヂャケット	港区北青山3-2-2（本社は大坂）	紳士既製服・洋品雑貨
3	(株)	中央繊維興業	千代田区神田松下町	既製服製造卸
4	(株)	坂善衣料	千代田区神田岩本町	既製服製造卸
5	(株)	ムサシ	千代田区神田岩本町3-10-5	紳士既製服製造卸
6	(株)	滝野屋	千代田区神田岩本町	紳士服製造卸
7	(株)	今井	中央区日本橋馬喰町	紳士服製造卸
7	(株)	三東	中央区日本橋蛎殻町	紳士製造卸・紳士既製服製造卸
9		東京メード協同組合	千代田区神田岩本町2-4-9	紳士既製服
10	(株)	早川正商店	千代田区神田松枝町40	既製服・スポーツウェア製造卸
11	(株)	渡喜	千代田区神田豊島町11	既製服製造卸
12	(株)	堀田産業	千代田区東神田豊島町9	紳士既製服製造販売
13	(株)	タック	千代田区内神田1-3-7	ヤングマンウェア製造卸・各種既製服製造卸
14	(株)	エバトーン	千代田区神田岩本町3-9-7	各種既製服製造卸
15	(株)	ノーブルキャッスル	中央区日本橋馬喰町	紳士既製服製造卸
16	(株)	エドワーズ	千代田区麹町6-1	既製服製造卸
17	(株)	サントロン	江東区深川三好町4-1	紳士既製服製造販売
17	(株)	サンロック繊維	墨田区両国3-25	メリヤス紳士服製造卸
19	(株)	滝野屋工業	中央区日本橋馬喰町	既製服縫製加工
20	(株)	ニューヨーカー	新宿区市谷左内町	既製紳士服、イージーオーダー
21	(株)	小沢商店	千代田区神田岩本町	既製服製造卸
22	(株)	上野衣料	千代田区神田岩本町	各種既製服製造販売
22	(株)	太陽被服工業	中央区日本橋馬喰町4-7	既製服製造販売
22	(株)	東京辻為	中野区東中野	紳士既製服製造卸
25	(株)	小松	台東区上野桜木町	既製服製造卸
26	(株)	マルイワ	千代田区神田岩本町3-8-3	紳士既製服製造
27	(株)	ワイズマン	千代田区神田岩本町3-5-7	被服製造卸
28	(株)	東京衣料	千代田区神田岩本町	紳士既製服製造販売
29	(株)	羊屋	千代田区猿楽町2-8-5	紳士服製造卸
29		都縫製	荒川区東日暮里2-12-1	紳士服製造卸
29	(株)	立花	港区芝3-2	紳士既製服製造卸
32	(株)	花菱縫製	豊島区西巣鴨4-2	縫製加工業
33	(株)	サークルメンズウェア	豊島区南大塚3-38	紳士服製造卸
33	(株)	召田商工	千代田区神田岩本町3-8-3	紳士既製服製造
35	(株)	新井	千代田区神田岩本町3-4-5	紳士既製服製造卸
36	(株)	加藤清商店	中央区西八丁堀	紳士既製服・羅紗生地
37	(株)	小谷野衣料	中央区日本橋馬喰町	作業服・学生服・既製服製造卸
38	(株)	丸正衣料	千代田区神田岩本町1-5-13	既製服製造卸
38	(株)	丸美	中央区日本橋馬喰町1-3	既製服製造卸
40	(株)	田島林太郎商店	千代田区神田岩本町	スラックス製造
41	(株)	江田	品川区西五反田6-1-8	紳士既製服製造
42	(株)	矢島商店	中央区銀座西5-1	紳士既製服製造卸
43	(株)	丸岡商事	大田区大森北1-34-14	紳士既製服製造・生地卸
44	(株)	宇田商店	千代田区神田岩本町	紳士既製服製造
44	(株)	三弥衣料	千代田区神田岩本町3-11	既製服製造卸
44	(株)	野口商店	千代田区東神田2-9-5	既製服製造卸
44	(株)	福豊	千代田区神田岩本町3-7-5	紳士服製造卸
44	(有)	ユーエム被服産業	千代田区東神田2-3-9	既製服製造卸

資料：『昭和45年度版　日本繊維商社銘鑑　第11版』東京信用交換所、1970年より作成。
注1：「ノーブルキャッスル」は小川清七商店が改名したもの。「エバトーン」は、原藤産業が1966年に改経営、「マルイワ」は、岩本晃商店の工場が1962年に独立したもの。東京メード協同組合の工場は、同組合
2：(株)コニシ小林商店（台東区浅草芝崎町）は、1968年に年商100,000万円を示しているが、婦人服製造販売

年商上位 48 社

創業年	資本金(万円)	年商(万円)	従業員数	うち男性
1947	150,000	1,530,000	2,152	1,164
1951	3,000	430,000	600	444
1927	8,000	360,000	520	320
1948	6,000	210,000	870	250
1934	4,500	200,000	450	—
1947	7,500	190,000	113	65
1909	10,000	150,000	150	120
1946	5,000	150,000	140	120
1962	410	140,000	320	45
1923	1,600	130,000	150	60
1899	3,600	120,690	290	163
1947	5,100	120,000	90	65
1956	2,200	115,000	135	110
1934	3,200	108,000	105	65
1913	2,700	100,000	90	70
1961	2,000	97,800	123	85
1959	5,000	90,000	440	120
1969	3,000	90,000	170	75
1960	2,000	87,340	650	135
1953	5,000	87,000	320	130
1948	3,200	72,000	60	40
1934	400	70,000	168	68
1945	2,160	70,000	150	48
1933	2,500	70,000	38	28
1920	1,000	62,000	100	52
1947	3,000	60,000	158	48
1953	3,200	56,000	76	46
1930	3,000	55,000	85	60
1937	2,000	50,000	75	50
1955	—	50,000	42	15
1892	2,000	50,000	51	43
1933	1,500	48,000	620	140
1965	600	45,000	30	20
1946	1,000	45,000	150	35
1912	5,000	44,000	35	21
1925	600	43,000	35	27
1927	150	42,000	18	13
1933	380	40,000	48	23
1931	500	40,000	40	24
1949	600	38,000	23	18
1934	500	37,800	151	57
1945	1,200	37,000	84	64
1939	1,500	36,000	20	15
1940	650	35,000	20	14
1926	1,600	35,000	30	27
1932	160	35,000	20	15
1924	2,000	35,000	30	24
1943	400	35,000	113	18

名（東洋綿花系列）。「サントロン」は、大東紡績会社社長が
が造成した宇都宮工業団地内にある。
を中心にしていると判断し、本表から省略した。

を消している。このうち、かわだ既製服は「昭和二九年度は、先行き不振、回収のズレにより、資金事情の窮迫化をみた」[45]とあり、1954年不況と1958年不況によって、営業継続が困難になったと思われる。清和縫製(株)も、「焦付などで前期に比し益金は低下した」という評価があたえられており、「仕入先認定」ほか8項目のうち、「銀行認定」をのぞいて「B」評価であったことから、やはり、1954年不況、1958年不況のいずれかで、事業閉鎖に追込まれたものであろう。

　このように、1955年時の上位商店と、61年時の上位商店には継続性が強かった。とりわけ、30位（61年）の、「年商2億円以上」層については、55年時からの経営発展が大半でみられ、資本金も、増額している。しかしながら、『昭和卅年度 繊維業者信用録』の130店全体でみると、1954年不況と、1958年不況の打撃は、中下層においてとくに大きく、現時点の調査では、『帝国信用録 昭和35年版』を含めて、60年代以降に各種資料から完全に姿を消した商店は、57店にのぼった。60年代と異なり、中下層の紳士既製服製造卸業者は、繊維不況による、資金繰りの悪化、商品の焦げ付き貸付けなどにより、岩本町を中核とする卸売業集積から脱落していく商店が少なくなかったといえよう。一方で『日本繊維商社銘鑑　昭和36年版』の既製服製造卸商店をみるかぎり、1958年不況を乗り越えた業者の多くが、岩戸景気のもとで、販売高、資本金を増額させていることが判明する。しかし、高度成長展開期に入ると、紳士既製服をめぐる経営環境は大きく変化した。後述するように、自家工場や販売拠点、自家ブランドを有する既製服製造卸業者は、市場の多様化、拡大に助けられて存続していく一方で、メーカーや商社の系列下におかれた紳士服販売商店が、急速に台頭し、一方では、全国市場を視野に入れた独自の販売ルートとブランド品をもつ新たなアパレル系紳士既製服業者も台頭してくるのである。

　この点を、表7-3から確認しておこう。業界の年商上位48社を抽出したこの表からうかがわれるのは、神田岩本町立地製造卸商店の相対的地位の低下、大東紡績、橋本毛織(株)や日商岩井系列の新規大手紳士服卸商店の上位企業への参入、第二次世界大戦後の以降設立企業の活躍である。もちろん、20位以下には、伝統的な紳士既製服製造卸商店も、姿を現すが、年商規模は、3億

5,000万円と、61年時点に比べてハードルがあがり、上位20位以内にひしめくカタカナ文字の新興紳士服企業の後塵を拝していることが明白である。紳士既製服製造卸問屋の経営規模の格差が拡大し、周辺部に縫製業者を問屋制的に組織化する従来型の経営スタイルの卸売問屋も、東京周辺の小売商対象の紳士服卸商店としては存続しえたが、自家工場を複数有し、大阪・名古屋にも販売拠点をもつ全国展開の有力な紳士既製服製造卸商店には、年商や取引規模などで大きく水をあけられる時代が、到来したことを予感させる上位企業構成になっていることを、確認しておこう。一方で、東京では、60年代末になっても、納入先としての大手百貨店の位置はきわめて大きく、既製服製造卸商店は、「百貨店の下請業者的な性格」を持つ「百貨店問屋」となってきていることを、ある資料は伝えている[46]。

では、高度成長展開期も発展しえた製造卸商店とはいかなる経営であり、低迷・衰退した製造卸商店はどのようなタイプであったのか。業者の個別経営に立ち入った考察をしていこう。

3．既製服製造卸売経営の代表事例

まず1955年時点での東京既製服製造卸協同役員名簿（表7-4）から、組合役員クラスの有力卸売業者の営業状態をみていきたい[47]。

(1) 停滞していく製造卸問屋

東京既製服製造卸協同組合の理事長をしている、岩井桂造（大東繊維興業）、副理事長をしている今井栄一（今井）、理事の丸山忠義（中央繊維興業）、藤咲稲太郎（日光）、北沢長次郎（阪本）、清水定二（東京衣料）、鈴木誠吉郎（三徳）、監事の渡辺善之助（渡喜）、立花淳男（立花商店）などは、東京で戦前の1930年代から比較的長期間にわたって紳士服の製造・販売に従事してきた老舗問屋なので、これらの製造卸売り業者の営業推移からまず検討してみたい。こうした検討により、高度成長始動期に発展した既製服製造卸商店の具体像に接近できるはずである。彼らは、さまざまな既製服を「家族労働者を含めて数人から十人前後が多く、親方と呼ばれる工場主は、注文洋服の職人上がりがほとんど

表7-4 東京既製服

役職	企業（商店）	企業主	営業科目	会社設立年
理事長	大東繊維興業(株)（千代田区須田町）	岩井桂造	既製服製造卸売	1948年（1929年創業）
副理事長	今井(株)	今井栄一	背広、スーツ、オーバー	1932年（1909年創業）
理事	中央繊維興業(株)（板橋区大谷口町）	丸山忠義	既製服卸売、オーバーコート、通学服、学生服	1942年（1927年創業）
理事	日光(株)（日本橋馬喰町）	藤咲稲太郎	既製服・制服製造卸売	1942年（1904年創業）
理事	阪本(株)（神田東松下町）	北沢長次郎	羅紗卸売 既製服製造販売	1949年（1933年創業）
理事	東京衣料(株)（神田岩本町）	清水定二	既製服製造卸売	1943年（1930年創業）
理事	三徳(株)（神田鍛冶町3）	鈴木誠吉郎	既製服製造卸売 学生服	1942年（1903年創業）
監事	(株)渡喜（神田豊島町）	渡辺善之助	既製服卸売	1942年（1891年創業）
監事	(株)立花商店（神田岩本町）	立花淳男	男物及婦人子供服 毛織物卸売	1942年（1892年創業）
相談役会員	(株)石渡商店（神田豊島町）	石渡清作	既製服卸	1942年（1909年創業）

資料：企業は、小田喜代治『東京紳士服の歩み』東京紳士服工業組合、1985年、417〜 繊維業者信用録、1960年は『第38期帝国信用録 昭和35年度版』帝国興信所、
注：「―」は、未掲載を示す。

であったが、動力ミシンなど相応の設備はもっている下請業者を、平均で十軒から二十軒、多いところで五十軒かかえて、製造卸を」行っていた[48]。

組合理事長の岩井桂造は、1929年に千代田区神田須田町で合資会社井上商店を開業し、その代表社員となった[49]。戦時中の企業整備をへて48年既製服中央24代行会社から分離独立し、大東繊維興業株式会社として独立した。この会社の年商は、9,600万円（51年）から、55年には、2億5,000万円に躍進し、その後は2億300万円（61年）、さらに3億1,000万円（68年）、というよ

第7章　衣料品問屋の盛衰　213

製造卸協同組合理事

1951年			1955年			1961年			1960年	
資本金 (万円)	従業員 (人)	年商 (万円)	資本金 (万円)	従業員 (人)	年商 (万円)	資本金 (万円)	従業員 (人)	年商 (万円)	信用 程度	総合 評価
200	15	9,600	200	22	25,000	200	20	19,000	B	C
800	183	20,000	2,500	325	80,000	2,500	322	128,000	A	A
100	37	18,000	600	48	55,000	1,200	21	94,400	A	A
100	23	15,000	300	25	24,000	—	—	—		
200	29	7,000	200	14	15,000	600	19	22,000	—	—
100	16	15,000	700	33	36,000	1,200	45	50,000	A	B
200	175	18,000	500	217	300,000	1,000	40	28,000	B	B
100	18	10,000	200	40	25,000	500	80	50,000	B	B
200	20	18,000	300	43	28,800	100	18	45,000	C	C
200	69	15,000	200	100	44,000	200	12	8,600	C	C

419頁より抽出。1951年は『第32版帝国銀行会社要録』帝国興信所、1951年、1955年は『昭和卅年度版
1960年、1961年は、『日本繊維商社銘鑑　昭和36年版』より作成。

うに、順調ではあるが躍進とはいえない年商推移を示した（表7-2参照）。従業員数も、15人（51年）、20人（60年）、32人（68年）と、中堅企業としては、少人数で推移した。ただし、64年に増資して資本金を200万円から500万円としており、「小売商、月賦商」を対象とした販売活動が順調に推移していることを伺うことができる。他の製造卸と異なるのは60年代においても自家工場を有していないことである。同様のことは、副理事長の今井栄一にもいえよう。09年に創業し、32年に法人組織に改めた(株)今井は、「販売先は（東京）

市内近郊は勿論近県地方より遠く鮮満台湾方面に迄及び年額七十五万円内外の売揚高を示し居り市内一流の羅紗製品卸商」であった[50]。すでに42年初頃に今井商店は、「年商75～100万円」「正味身代15～20万円」を示していた[51]。50年代に、年商2億円（50年）から、55年の年商8億円をへて、61年には、およそ15億円と販売額を躍進させた。このように60年代初頭までの躍進は顕著であったが、68年ころの年商は、60年代初頭と同じ15億円と、明確な販売高の停滞を示した。従業員数も、183人（51年）から322人（60年）と増加させたあと、68年ころには、150人となった。ただし、「ウエルポン」というチョップ名は有名であり、都内の主要百貨店、月賦商に商品を納入していた[52]。日本橋馬喰町の本店のほかに、大阪と札幌に営業所を開設しており、今井栄一は、「業界沿革史上まれにみる功績を残した」と評価されている[53]。ただし、60年代にはいってからは、増資はなく、東京郊外に自家工場を建設することもなかった。65年に、業界への貢献の大きかった今井栄一が辞任し、大東紡績の会長である伊藤廉三が代表取締役に就任した。老舗の製造卸は、こうして大紡績企業の系列下に編入されたとみることができよう。

　また、5人の理事のひとりであった清水定二（東京衣料）も、1960年代にはややのびなやみ、年商で3億6,000万円（55年に業界8位）から、5億5,000万円（68年業界28位）の伸長にとどまった。やや詳しくみると、30年に羅紗既製品卸商店を創業した清水定二は、43年に東京衣料会社を設立した。年商で、1億5,000万円（51年）から55年には3億6,000万円、さらにその5年後には5億円（60年）に順調にのばしたが、68年には、5億5,000万円に低迷している。販売先は、三越をのぞくと、東京都内や北海道の小売商店を対象としていた[54]。従業員は、45人（60年）から85人（68年）に増加し資本金も、1,200万円（60年）から3,000万円に63年に増資した。63年にこの組合が中心になって結成した東京メード団地協同組合の理事長になるとともに、その手がけた宇都宮工業団地に自家工場建設も行った[55]。すなわち、63年、工場団地指定の認可をうけた協同組合は、宇都宮郊外に敷地10万300坪を確保し、総工費11億円余りで工業団地造成に着手したのであるが、65年の合成繊維不況と重なったことや、中小企業の求人難、後述するアパレル系既製服製造業者の台頭による業績低迷などの影響で、工場建設を中止するものが出現して、結果

的には、宇都宮工業団地への工場移転は、失敗に終わったといわれている[56]。50年代末までは、経営発展が顕著であった清水は、団地協同組合の責任者になっていた[57]。やはり、55年時点で理事に就任していた鈴木誠吉郎の経営する三徳(株)と北沢長次郎の阪本(株)も、販売高の推移でみるかぎり、停滞基調であった。

　このうち、三徳(株)は、1903年創業の老舗羅紗店であり、1942年に、鈴木徳次郎が株式会社とした[58]。55年には、資本金500万円、年商3億円（業界11位）、従業員217人であり、経営状態の指標は、「営業状態」「金融状態」など8項目ですべて「A」評価であった。だが、1958年不況後の、60年には、資本金のみ1,000万円に倍加したものの、年商は、2億8,000万円となり、「信用程度」の評価も、「B」となった。50年代後半からは、資本金の増資も為されていないようである。さらに、68年には、年商2億5,000万円と低水準で、伸び悩み、販売先も、「東日本一円の小売商」にとどまっていた[59]。ただし、56年には、鈴木孝一を代表とする三徳興業(株)が設立されて、「註文紳士既製服製造卸」を業務としている（年商1億4,000万円）から、この商店は、68年には、2社合計で、5億8,000万円の年商を示している。このように、三徳は、既製服製造卸商と、注文紳士服製造卸商の2本立てでの経営方針を選択した可能性は高い[60]。阪本(株)も、年商でみると、1億5,000万円（55年）から、2億2,000万円（61年）になったあと、68年には、2億8,000万円と停滞基調を示した[61]。この企業は、60年代に、宇都宮市に自家工場を設立し、62年には、資本金を200万円から800万円に増資しているが、販売先は、「都内、近県、東北、北海道」の小売商が中心であり、三徳(株)と同様に、百貨店や月賦店までは、主な取引対象に出来なかった。このように、55年の時点で、工業組合役員をしている者の多くが、高度成長展開期になると、かならずしも、年商を躍進させることができず、組合幹事が手がけた工場団地の不振もあいまって停滞基調を示していた。宇都宮の工業団地以外に自家工場の建設を行えず、安定した東京周辺の小売商店取引を持っていた故に、新興の量販店への販売戦略をもてない伝統的製造卸は、市場環境の大きな変化についていけず、年商が伸び悩んだと思われる。下請縫製業者の賃金引き上げ要求や待遇改善への対応も、経営発展の制約条件となった。ここから、岩本町外周部の縫製下請業者に全面

的に依存した伝統的経営方法の製造卸業者は、成長展開期の経営環境の変化にうまく対応できなかったことがうかがわれよう。

(2) 発展する製造卸問屋

こうした組合理事の多数派の動向と異なり、始動期から展開期にかけてあらたな経営発展をしめしたのは、丸山忠義の経営する中央繊維興業株式会社であった。中央繊維興業会社の年商は、1億8,000万円（1951年）から55年には、5億5,000万円に躍進を示し、さらに15億円（61年）と躍進を続けた[62]。55年度の仕入先認定、金融状態、銀行認定、営業状態、同業者中地位はすべて「A」と評価されている。もっとも、業界の上位に位置していたこの会社でも、社員の労働環境は、劣悪なものであったことを指摘しておきたい。すなわち、「また寮の設備も浦和寮のみで殆どの独身者は、会社に住み込みで、寝る時は商品や原材料を整理してその間に床をとっていた。また当時（60年頃）は営業部も裁断部も夜遅くまで働いており、百貨店担当の人たちは夕方帰ってきてから翌日納品の準備のため値札付けネーム付け等をして10時12時位までやっておられ」「重役の方達も夜遅くまで居残ってそれを見守っておられた」[63]。この企業は、60年代も発展を続け、68年には36億円を示すに至った。従業員も、109人（51年）から、144人（61年）をへて、520人（68年）に増加しており、資本金も当初の100万円から、1,200万円（60年）、2,400万円（61年）と伸長し、68年には8,000万円に増資をくりかえした。千代田区神田に本社をおき、62年には新社屋を完成させたほか、大阪、名古屋、にも支店をおき、優良仕入先から仕入れた繊維原反をもとに、紳士服（90％）のほかスポーツウェアなどを製造して、東京や地方の有力百貨店に販売していた[64]。60年代後半の中央繊維興業会社は、セントラル縫製（株）、セントラル工業（株）、大洋紡績（株）など、4社の傍系会社に出資していた。中央繊維興業の長期にわたる経営発展をささえたのは、有力な毛織販売卸商店からの原反仕入れの継続と銘柄品の開発であったと思われる。仕入先は、50年代から牧村、国島、瀧定、竹馬産業、土井興業など、優良原反商店との継続的取引を続け、セントラルデュークなどの各種ブランド品を、三越、伊勢丹などの有力百貨店に納入していた。成長展開期には、従来からの仕入先に加え、伊藤忠、越田、鯉万産業、中嶋弘産業な

どにも、仕入先を拡大し、販売高を躍進させている[65]。鯉万商店は、60年に年商5億円余り、中嶋弘産業は、年商38億円の紳士服用毛織物専門商社であり、越田や伊藤忠も、高度成長期全体を通して発展した商社であった[66]。そして自家工場を、春日部市大枝にもつほか多くの下請業者を組織化していた。製品の販売先も、三越、伊勢丹などの大手百貨店へ納入量を拡大したほかに全国各地への出張所の開設により、全国市場に影響力をもつに至ったことが注目される。このように、紳士服製造卸の代表格に急成長した中央繊維興業株式会社であったゆえに、79年の倒産は、業界全体にショックをあたえ、神田岩本町の製造卸売業の時代の終幕をかざるものとなったと指摘されている[67]。

中央繊維興業(株)と同様に、成長展開期に年商を伸長させた製造卸売商店に(株)坂善衣料が存在した(〈表7-2〉参照)。坂善衣料は、年商1億円（1955年）から、61年に同業者中9位の年商となり、さらに68年には、年商21億円（同業者中3位）という躍進ぶりを示した。この商店の急成長の要因は、取扱い商品を高度化して、販売先を小売商から、大型店にシフトしようとしたことにあった。48年に創業した坂善衣料は、55年には、年商1億円（資本金60万円）であったが、68年には、21億円（資本金6,000万円）に成長した[68]。50年に資本金60万円で株式会社に改組されたが、55年時点では、「仕入先認定」など8項目ですべて「B」評価をうけ「地味堅実」と評価されていた。販売先は、「都内小売店　40％、近県小売店　60％」であった。当時の販売主力品は、「ジャンパー　70％、その他　30％」であった。しかし、店主の坂本善重郎は、「慎重な仕入れ」に留意した営業を行っており、これが、54年、58年の2度におよぶ不況を乗り切るうえで重要な意味をもった。坂善衣料は、60～61年には、年商4～5億円の水準に到達し、資本金も、240万円になった[69]。60年代初頭でも販売先は、あいかわらず東京都内、近県の小売商であったが、仕入先として、丸紅飯田、伊藤忠、兼松、江商、瀧定、小林確郎商店、阿部商店などの一流商社、問屋が比重を増していたことが注目される。また、取扱い商品も、55年時と異なり、「紳士服既製服を中心にスポーツウェア、レーンコート、学生服を製造し、横山町営業所では婦人服も取り扱う」[70]と指摘されていた。59年には、荒川区尾久に自己工場を建設したが、60年代になるとさらに、栃木県那須郡烏山町、福島県田村郡船引町の2ヵ所に設置した。ここで注目される

のは、岩本町の外周部でなく、関東北部や東北地方に工場を建設したことである。60年代末には、販売先に変化が生じ、高島屋など百貨店10％、月賦店50％、小売商35％と、小売商店の比率が、5割以下になった。「サカゼン　ゼナー」というチョップ名のもと、「背広上下40％、替ズボン20％」というように、かつてのジャンパーなどから背広紳士服への転換を意識的にすすめて大都市の紳士服市場の拡大に対応したことも、この時期の特徴であった。こうして、仕入先の開拓による有名商社・毛織物問屋からの仕入れ体制の整備、大型月賦商店などへの販売先拡大、流行や景気変動に対処しうる北関東・東北地方での自家工場の建設、などをすすめ、営業所を岩本町に残しつつも、本社を新宿に設置した坂善衣料は、60年代末に、資本金6,000万円、年商21億円という比較的大規模の既製服製造卸企業（年商で4位）に成長したのである。同様の企業努力を行った商店として、渡喜(株)をあげることができる。55年の協同組合の2人の監事のひとり、渡辺喜之助の経営する(株)渡喜は、中央繊維興業(株)などにくらべれば、躍進的発展ではなかったが、年商を見る限り、60年代に順調な推移を示した。渡喜は、51年に年商1億円内外であり、61年には、年商5億円にのび、66年には、8億5,417万円、68年には、12億690万円となった（年商11位）。渡喜の場合、61年に北埼玉郡に自家工場を建設したこと、「背広・オーバー66％、礼服30％」というように取扱い商品に多様性があり、東神田の本社のほかに横山町（67年）に営業所を設置して販売努力を強めたことが、年商の伸長と、68年に資本金3,600万円（60年には500万円）に到達しえた要因とおもわれる[71]。もうひとつ、55年時点では、業界7位であった小松(株)も、60年代に躍進とはいえないが、踏み留まった企業と評価しうる。小松は、年商が、4億円（55年）から、4億3,000万円（61年）と停滞的に推移させたのち、68年には、6億2,000万円（業界25位）に若干であるが伸ばした。55年時点の資本金は、400万円であったが、数次の増資を経て、65年には資本金1,000万円とした。さらに、67年には、台東区上野桜木町に新社屋を完成させた。60年代には、立川市に自家工場を建設している。小松の販売先をみると、50年代半ばでは、三越百貨店が90％をしめていたが、60年代には、丸光、東武百貨店、みどりやなど、ほかの大型店舗への販売も積極化させた。小松が、長期にわたって持続的に経営発展しえた理由として、優良販売先の確

保のほかに、吉忠、芝川、土井興業など好業績をあげている毛織問屋の仕入先としての安定的確保、さらに紳士服に比重を置きながら婦人服製造も手がけるなどの、製品多角化方針による景気変動リスク対策もあずかっていたと推定される。

　成長展開期に紳士服業界で、販売高をのばしたのは、前述した中央繊維興業会社や坂善衣料会社など1950年代以降継続的発展を示した企業をのぞけば、「樫山」「ヴァンジャケット」「ジュン」など、多様な紳士用品の製造にかかわる新興のアパレルメーカーと、(株)三東、サントロン、などの大メーカー系列販売会社であった。ここでは、まず68年に153億円というトップの販売高をあげた樫山(株)の営業をみておこう。27年に大阪で創業し、戦後、樫山商事、樫山工業をあいついで、設立・合併し、「オンワード」という商標を登録した樫山は、52年大阪東区に既製服製造会社を設立し、資本金を5,000万円とした。樫山純三は、財務管理の徹底、百貨店販売戦略の強化、イージーオーダー制度の導入をすすめ、さらに多品種少量生産に適合的な「オンワード縫製」という専属直営工場を各地に展開して、樫山は技術指導のみを行った[72]。57年に東京日本橋3丁目に本社ビルを移した樫山は、社員増員、本社ビル増設、株式上場を矢継ぎ早にすすめ、58年の年商16億円から急速に営業を伸長させていった。60年代中葉、(株)樫山は子会社のオンワード販売を通じて東京の郊外や近県に直営店を新設、紳士既製服のほか、婦人服、コートなど関連衣料品の総合販売を行うなど、業界に旋風をひきおこした[73]。樫山は、「四十三年度決算で百十六億円を売上げ、二次製品業者のなかで年商百億円を突破した企業として注目された」[74]。同社の取扱い品は、「紳士服62％、婦人服服地38％」とされており、「二次製品総合問屋」としての性格が強かった[75]。樫山は、単にスーツ、スラックスという紳士服に留まらず、若者を対象とした「カジュアルウエア」への強い進出意欲を持ち、また、「オンワード」コートは、コート分野で三陽商会、ツバメコートなどと肩を並べる水準に踊りでた。一方、雑誌『メンズクラブ』などを用いつつ、企画・デザイン部門を強化して、従来の紳士服とことなる若者向けの「アイビーファッション」を取りこんだVAN1968は、東京オリンピックを前後して、「ヴァンジャケット」のメディアを活用した販売活動で成功をおさめ、68年には、年商2位に躍進した[76]。戦後生まれの若

い都会出身男性を引き付けたのは、「ヴァン」「ジュン」「エドワーズ」のヤングマン3ブランドであり、65年前後に、「ヤングマン・ファッションの第1期ピーク」を築いたとされている[77]。

　1968年頃の「東京大手紳士服メーカー」のうち、年商10億円以上の企業7社の年間販売高は、総計156億9,700万円に達していた。紳士服工業組合加盟131社のうち年商の判明する101社の年商総計が、409億8,100万円であるので、そのおよそ38％が、上位7社の大手企業によって占められていたのである[78]。上位7社の2位に位置していたヴァンジャケットの場合も、外衣、コート、スーツ、ブレザー、スラックスなどで60％、その他シャツ、紳士用品、雑貨などで40％の取扱いであった[79]。一方、三東は、50年には最上衣料品(株)という小さな既製服製造卸であったが、64年に大東紡績(株)の系列会社となり、大東紡の会長が社長に就任して、三東(株)と改称した。サントロンも、59年に橋本毛織(株)の製造部門として名古屋市に設立され、60年に松戸工場を建設、66年に東京営業所を開設した[80]。サントロンは、製造拠点を名古屋に置きつつ、販売市場の拡大のために、東京進出、全国百貨店への納入、ヴァンジャケットの利用など多様な戦略を採用した。このように、60年代後半には、紳士服既製服製造業界では、大きな担い手の変動が起きつつあった。しかし、高度成長展開期には、多様な紳士既製服を受容する全国的な市場拡大が続いており、50年代の紳士服既製服業者のなかには、こうした流通構造の変化のなかで業界のなかでの年商の位置を落としながら根強く存続していくものが、少なくなかったことにも注意を喚起しておきたい。前述した101社の「東京紳士服工業組合加盟業者」(67年12月現在)のうち、「年商1億円〜5億円」の企業は、58社にものぼり、全体の57％を構成していたことは、それを象徴している[81]。

(3)　衰退する製造卸

　ここで、1955年の東京既製服製造卸協同組合員のなかで、高度成長始動期から成長展開期にかけて年商を低迷させた組合員の事例をみておきたい。紳士服製造卸の中でも、50年代の10年間に沈滞基調で推移し、60年代には繊維商

社銘鑑から姿を消していく企業も存在した。小川勇は、年少時に老舗である小川清七商店に約20年間勤務したのち、既製服製造卸売業を50年に開業した。小川勇商店は、51年時点では年商4,000万円、55年には年商8,400万円であり、8項目に及ぶ経営指標では、「対人信用」が「A」のほかすべてが「B」評価であった[82]。1954年不況後、現金仕入れの比重を高めるなど経営指標を改善して、61年には年商1億7,500万円となった（年商36位）。しかし60年代には停滞基調となり、68年でも年商2億6,500万円、資本金300万円にとどまった。販売先は、55年に「都内一円小売商」であったが、68年でも「専門小売店85％、月賦商15％」と記載されており、従業員数も16人にすぎなかった。60年代後半期には、専門小売店を販売対象とする紳士既製服製造卸として営業を続けていた[83]。岩本町の製造卸商店としては、小規模にとどまったといえよう。55年に協同組合の相談役であった石渡商店も、戦前期以来の老舗羅紗製造卸商店であり、55年には、年商4億4,000万円で、経営指標も、「A」が5項目も存在していた。だが、1958年不況後の業績はかんばしくなかった。61年には、年商8,600万円に大幅減少し、68年にも年商1億8,000万円に低迷した[84]。60年の『帝国信用録』での評価は、「信用程度」が「C」であり、1958年不況の打撃から回復できなかったことがうかがわれる。ただし、商店経営者の石渡清作は、神奈川県会議員と横浜商工会議所議員を兼任しており、石渡は、紳士服製造卸業から離脱して横浜で政治家として活動していたと思われる[85]。立花百之助が社長を務める立百産業(株)も、55年時点では年商2億400万円で、「経営指標」の4項目が「A」であった。しかし、60年の『帝国信用録』では年商8,300万円、信用程度「C」であり、翌61年の年商は1億5,000万円となったものの、70年の「日本繊維商社銘鑑」には、同社の記載はなかった（以上、表7-2と表7-4を参照)[86]。

　以上、1955年時点の「東京既製服製造卸協同組合員」の理事など役員に即して業績の推移を検討してきた。成長展開期には、協同組合理事の経営は、概して営業規模を停滞させ、あるいは縮小させた。成長展開期における紳士既製服製造卸業者の盛衰を、成長終息期にまで視野を広げてみると、64年に「岩本町」「岩本町周辺地区」あわせて100社あった「東京紳士服工業組合員」は、76年には69社に減少し、「その他地区業者」66社とほぼ同じレベルになっ

た[87]。68年頃の年商上位企業には、「三東」「タック」「小林孝商店」「ノーブルキャッスル」「サントロン」「サンロック繊維」「滝野屋工業」「ニューヨーカー」など、新興企業の上位グループへの進出がみられるが、これらの企業本社の立地は、岩本町とは異なる地域であった点が重要である。以前のように、下請縫製業者による生産過程の組織化をしない、大企業や新規ブランドをかかげるアパレルメーカーにとって、交通渋滞や倉庫など物流面での制約の大きい岩本町での立地は忌避される傾向にあった。そのことは、一方では、周辺地区で行っていた下請的縫製業務の縮小をもたらすとともに、日本橋各地域に立地する原反（既製服の原料）を扱う毛織元売卸問屋や紳士服に関連する製品を扱う総合衣料問屋と、60年代後半の既製服製造卸問屋の関連が弱まることを意味していた。石油危機後に、韓国・台湾などの縫製業者の台頭により、岩本町地域の商業集積から退出・廃業する製造卸問屋が相つぐようになるが、それは高度成長始動期以来隆盛を示した岩本町を中心とする紳士既製服卸売業の時代が終焉期を迎えつつあったことを示すことであった[88]。

4．原反の仕入れと元売卸商

最後に原反の仕入先問屋をみておこう。成長始動期の1956年調査では、東京の毛織物商店から原反を仕入れており、それらの毛織物商店は、無地の原反では大半は大阪からの仕入れに、「柄物」などの既製服の一部では名古屋からの「尾西物」の仕入れにそれぞれ依存していた[89]。当時の製造卸問屋の多くは、東京都内の毛織物卸売商、服地卸商から販売季節前に仕入れを完了し、若干の商品を生地見本市で補充していた。55年における原反供給の毛織物商店は、富士繊維会社、小林碓郎商店、猪又産業、土井興業、阿部商店、辻久、境信彦商店、佐藤産業、滝野屋、牧村商店、石河商店、桂川商工など東京の千代田区立地の卸売商と、芝川、牧村、豊田産業など大阪市東区立地の老舗卸売商が、主要なものであった。58年初頭における東京の毛織物問屋90社は、東京毛織商同業会に組織されていた[90]。これらの毛織物商は、大日本紡績、大東紡、東洋紡などの10大紡績、日本毛織、中央毛織などの梳毛紡績会社からその原糸や原反を仕入れていた[91]。

もともと毛織物生産は、愛知県に集中しており、中小メーカー主体の専業経営者の比重が圧倒的に多かった。毛織物も1950年代後半に、次のような市場面での変化が生じていた。まず、品質面では、戦後初期の無地物（サージ、ギャバ）中心から柄物中心に移行し、毛織物生産の中心が、高級男子紳士服地や流行の変化の激しい婦人服地などの柄物や組織の粗雑な製品に移行した。また、前述した大日本紡績などの紡績一貫メーカーが、「高級柄物」へ進出する傾向が強まった。既製服の増加やウール着尺の増大を反映して、琉毛織物の生産の伸長も顕著となった[92]。

　毛織物の流通の主な担い手は、それでも日本毛織物元売卸商組合に組織されている「元売」毛織物商であった。日本毛織物元売卸商組合に加入している元売商は、1962年1月現在で、468事業所を数え、このうち東京地区では88店、大阪で93店が同組合に加入していた[93]。既製服地は、既製服製造卸商（前述した全日本既製服製造工業組合連合会に所属）から小売店・百貨店（月賦店含む）へと、「元売」毛織物商を起点に流通していく。これに対して、一般服地は、羅紗商（切売商）を経て、テーラー・洋装店から消費者へという流通経路をたどる。「元売」は、これら二系列の流通の結節点に立つ統括主体であり、毛織物価格の決定や、毛織物のデザイン、綿布業者への資金融通、毛織物の在庫機能を担当していたが、第二次大戦後に総体的に弱体化し、資金融通機能や原反ストック機能を喪失していったと指摘されている。その理由の一つは、有力大商社と紡績会社による販売系列化が確立することにより、産地元売の経済的機能低下が顕著となった[94]。第二は専門商社の品種別専門化が進んだことである（切売商向専門商社、スラックス向専門商社）。第三に資金基盤の弱い中小専門商社の中に、取扱品種を拡大しながら、実質的に小売業者に転換し、卸売機能を弱化した。こうした3つの傾向が強まるとともに、一部では、メーカーと切売商との問屋を介さない仕入関係が形成され、また既製服卸商の自家工場建設・増設がなされ、かつて商品生産を組織していた卸売商の中に、コストダウンによる既製服生産体制を構築する商店（企業）が出現したことも、50年代後半期の特徴であった[95]。58年には、「取引条件は最近悪化しており、――機屋への支払いは60日手形が正常とされているが、現在は80日決済が一般的といわれている」[96]。以上をまとめると、毛織物流通の扇の要をなしていた「元売」問

屋が、60年代の消費の多様化に対応して「階層」分化し、メーカーの系列化に入るもの、専門商社に特化するもの、自社工場建設によりコストダウンをはかり、「川下」に進出するものなど、多様な対応を生み出したといえよう。このように、成長展開期の消費構造の変化に規定された繊維製品の、製造—流通の変化は、総合繊維問屋について略述したのと同様に、総じて、メーカーと総合商社の台頭のなかで、紳士既製服の原料である毛織物の元売問屋の業界全体での地位は低下を余儀なくされたのである。

1960年代の成長展開期には、元売毛織商店の過当競争を制限するために、日本毛織物元売卸商業組合が結成され（60年）、大商社やメーカーによる既製服製造卸業者への組織化・系列化に対抗を試みた。とくに、既製服業者の店舗・工場新増設にあたり、総合大商社は、その金融力を活用して長期資金の貸付などを行い、縫製期間の長期化にも金融面での援助を惜しまなかった[97]。この結果、専業元売商店の相対的地位の低下は、60年代に顕著となり、65年以降には、元売卸業者の漸減傾向があらわれた。とりわけ、65年、大同毛織株式会社の特約店であった石河商店、土井興業会社、大阪の豊田産業(株)、鷹岡(株)の4社が、大同毛織株式会社の直販会社「ミリオンテックス(株)」の設立にともない、その特約店契約が解消されたことは、業界にとって象徴的な事件であった[98]。また、74年には、御幸毛織(株)が、芝川、豊田産業、石河商店を特約店からはずして、鷹岡(株)をのぞいて直販会社制度にしたことも、元売問屋排除の象徴的事例であった[99]。こうした元売毛織物卸商店の衰退傾向は、成長展開期に顕著となる注文服商店の低迷と期を一にするものであった。60年代に、オーダーメイドの洋服価格の高騰が生じ、既製服価格との価格差が増大するにつれて、紳士服シェアに占める注文服の比率が低下したことにより、服地卸商の服地販売数量の減少に帰結していった。こうして、成長収束期には、伝統的な服地卸業者は、その販売先を、成長しつつある既製服製造卸業者に切り替えるか、没落していくかの岐路にたたされていったのである。

おわりに

以上、高度成長期における衣料品の生産と流通における構造変化を、紳士既

製服卸売業の業界内部の変化に焦点をあてて考察してきた。ここでは、本章の分析から明らかになったことをまとめておこう。

まず、高度成長期の卸売業の急成長のなかで、当該部門の位置を確認しておこう。日本紳士服製造工業組合連合会の調査によれば、1959年に786億円であった「紳士服生産高」は、62年に1,250億円に、そして68年には1,751億円に躍進を遂げた[100]。衣料品と毛織物の統制が解除された朝鮮戦争開始後、50〜51年に会社形態を採用した紳士既製服卸売業者は、戦前から洋服商・縫製業者であったものが少なくなかったが、高度成長始動期には、作業服、ジャンパー、オーバーなどとともに、背広の上下、紳士用品の製造を組織化し、その卸売販売を、東京都内・近県の小売商店を対象に展開していた。「注文洋服の職人あがり」を中心とする零細な下職を数十軒組織化して、デザイン、サイズ、納期を指定して、縫製業務を中心とした下請作業を行わせ、それを、岩本町周辺に集積した紳士既製服卸売業者が、東京都内、関東近県の小売業者に販売していたのである。原反の仕入れは、名古屋などの毛織物業者と密接な取引関係をもつ東京都内の毛織物卸や梳毛紡績を含む紡績業者、衣料品を扱う総合商社であった。

紳士既製服業では、都市化にともなう需要の拡大と製品の多様化要請に対応し、当初は後塵を拝していたオーダーメイドのテーラーの広範な展開のなかでそれに対抗する力をつけてきた。しかし、紳士既製服卸の世界も、高度成長展開期に入ると、いくつかの課題に直面するようになった。岩本町周辺に集積した製造卸問屋は、1930年代以来の歴史を持つものが少なくなかったが、急激な市場拡大に伴う、物流や製造拠点構築をめぐり、新たな経営戦略とそのための資金調達が、重要な課題になったのである。経営環境の困難のひとつは、メーカー・繊維商社による既製服製造部門の系列化の圧力が強まったことであり、もうひとつは、「ヴァン」や「ジュン」など都市型ファッション産業の経営体の急速な発展によるアパレル系製造卸業者の小売部門への直接進出への対処であった。前者は、東洋綿花、大東紡、鐘紡などが、特定の既製服製造業者との連携を強化し、自社の系列下に置こうとしたことである。毛織物生産では、地方の中小毛織専業者と地方卸商店の仕入れが、急速に衰退し、商社や紡績会社による販売系列が進展して、有名チョップの市場支配が確立していく。たとえ

ば、東洋レーヨンの販売総務部長は、「プロダクションチーム」をつくりあげ、問屋の機能を活用しながら、「下請加工業者、紡績関係十名、織布関係六百二十五社」を組織化し、「当社から糸を預かり編織物や編物を作り上げ、当社内加工賃を払い、当社製品として販売するシステム」を構築した[101]。後者の具体的事例としては、岩本町に拠点を置かない、エフワン（輸出メーカー）の東京進出や、樫山がオンワード販売を通じて、東京の郊外や近県に直営店を次々に展開していったことに象徴される。また、レナウン出身の石津謙介によるマスメディアを活用した「ヴァン」ブランドの宣伝と北青山進出も、典型的事例の一つである[102]。こうしたアパレル系紳士服メーカーの台頭の影響もあり、60年代後半期には、「既製服のブランド化」が進んだ。換言すれば、既製服製造業の「ファッション産業」としての発展が促進されたので、東京の既製服業者は、自社の「チョップ」をブランドとして、広範に流通させ、百貨店や月賦店に納入しうる条件を確保しなければならなくなった[103]。一方、成長展開期には、労賃上昇と店員をはじめとする労働力不足、下請的家内工業からの脱皮を志向する縫製業者の動向は、この業界にもおよび、かつてのような劣悪な条件下での下請生産に依拠した製造卸の事業基盤が縮小したため、下請家内工業に頼らない自家工場建設とそこでのオリジナル製品制作の要請を業者に強めていった。しかし、宇都宮工業団地造成の例のように、自家工場生産の拡大は、困難に直面する場合も少なくなかった。また、配送センターの郊外立地要請、交通事情の逼迫、店員・工員の職住分離要求、などにもこたえなければならなかった。戦後既製服産業集積の拠点地域として繁栄してきた神田岩本町も、「近頃、飛躍的進出をみせている量販店に対して問屋街の規模から大量納入ができず、業界筋では、今の時点では強い期待感を寄せていない」[104]といわれる状況に陥った。とりわけ深刻だったのは、労働事情の逼迫であり、「全体的な労働力需給状況の悪化から、――ことに小規模者ほど深刻の度合が強い」[105]と指摘されるにいたったのである。68年の紳士既製服業者の販売高上位者（30位以内）においても、神田岩本町立地の商店は、10軒以下に減少していることが判明する（〈前掲表7-3〉参照）。

東京の紳士服業界で生じた成長展開期の構造変化は、同時期の大阪の紳士既製服製造卸業者にも、生じており、「海外既製服業者との提携、紡績業者や商

社との生産・企画・販売での提携という事実上の系列化、百貨店・大型店の相対的取引量の増大、自己ブランドの確立、市場拡大・市場近接を目的とした地方直営工場の建設、地方直営店の設置など」積極的な企業戦略をとる製造卸が、60年代後半に台頭した[106]。

こうして、1960年代後半には、かつての中小零細縫製業者を下請に組み込み、大阪、名古屋、東京という産地ごとの違いをもって製造、販売されていた既製紳士服、ワイシャツの業界に、不可逆的な構造変化の波が、押し寄せていった。しかし、一方で、70年に至っても、紳士既製服の縫製メーカーは、全国で約6千社を数え、規模的には、従業員9人以下の事業所が73％を占めていた事実にも留意しておきたい[107]。紳士既製服の業界は、成長展開期固有の市場拡大に規定され、その波頭に、アパレル系製造業者の躍進をみせつつ、旧来の零細な下請縫製メーカーの広範な裾野に支えられて、多様な業態の問屋・メーカーが、それぞれの経営を発展させるという、重層的な展開を示していたのである。高度成長展開期の紳士服製造・販売業は、輸出が低迷していく繊維産業全体のなかで、むしろ、内需中心の急速な発展を示していたのであり、しかもそれは、系列化・近代化・ブランド確立、自家工場の建設など、新しいタイプの企業群の台頭による業界の再編成とその内部における格差拡大を随伴していたことに留意する必要があろう。

注

1）石井晋「アパレル産業と消費社会」（『社会経済史学』第70巻3号、2004年）。
2）既製服製造卸業者の実態については、1960～70年代にいくつかの研究がみられる。代表的研究として、中小企業金融公庫事業調査課「紳士既製服業界の流通構造と問題点――特に製造問屋を中心にして」（『中小企業金融公庫月報』第22巻2号、1975年2月）をあげておきたい。
3）有賀禄郎編『横山町馬喰町問屋連盟十年誌』1957年。東京商工会議所『東京商工便覧』1956年版参照。第2次大戦後の卸売問屋の復興については、柳沢遊「戦後復興期の中小商業」（原朗編『復興期の日本経済』東京大学出版会、2002年、第9章）。
4）首都圏整備局編『首都東京の機能と構造』1965年、212頁。
5）同上、214～215頁。
6）『東商』第166号、東京商工会議所、1961年4月、12～13頁。
7）前掲首都圏整備局編『首都東京の機能と構造』217頁。

8）『続 繊維卸商はどう変る』繊研新聞社、1970 年、58〜67 頁。
9）中右茂三郎『洋服店経営と工場の作業能率』洋装社、1966 年、33 頁。
10）職業紹介事業協会編『日本職業体系Ⅱ商業篇』1934 年、178〜179 頁。個々の羅紗商店、既製服製造店の営業・経歴については、東京信用交換所編『繊維問屋要鑑』1935 年に詳しい。
11）東京商工会議所『転換機にたつ卸売業（概況編）』1964 年、182 頁、第 3 表。
12）日本繊維産業史刊行委員会編『日本繊維産業史』繊維年鑑刊行会、1958 年、926〜927 頁。
13）『日本洋服史』洋服業界記者クラブ、1977 年、360 頁。
14）同上、361〜365 頁。
15）小田喜代治『東京紳士服の歩み』東京紳士服工業組合、1985 年、265 頁。
16）同上、373 頁。『羅紗・洋服百年の歩み』メルボ紳士服(株)、1970 年、183〜185 頁も参照。
17）『最近 10 年間における大阪中小企業の基本動向——その 18 紳士既製服製造業（上）』大阪府立商工経済研究所、1970 年、17 頁。
18）同上、18 頁。
19）前掲小田喜代治『東京紳士服の歩み』408 頁。
20）東京都経済局『既製服、婦人子供服の実態分析』1957 年 3 月、39 頁。
21）同上、71 頁。
22）同上、111〜113 頁。
23）同上、155〜156 頁。
24）「岩本町及びその周辺の既製服」（東京商工会議所『東京における問屋街』1958 年）63〜64 頁。
25）前掲中右茂三郎『洋服店経営と工場の作業能率』35 頁。
26）同上、35〜36 頁。
27）東京都経済局『神田・日本橋地区の既製服・婦人子供服製造卸売業の地位と機能——東京都主要産業実態調査』〈昭和 39 年度〉、1965 年 3 月、3 頁。なお、以後では同書は『地位と機能』と略記する。
28）同上、4 頁。
29）前掲東京商工会議所『転換機にたつ卸売業』173 頁「第 2 表 規模別分布（昭和 37 年 1〜12 月）」より。
30）『日本繊維商社銘鑑 昭和 36 年版』東京信用交換所、1961 年より算出。
31）『繊維卸商はどう変る』繊研新聞社、1968 年、179〜180 頁。
32）前掲東京都経済局『地位と機能』10 頁。
33）以下の叙述をふくめて、同上書、10〜12 頁。前掲小田喜代治『東京紳士服の歩み』438 頁。
34）「既製服」（『東京商工案内 1958』日本経済新聞社）69 頁を参照。
35）前掲『地位と機能』37 頁（第 15 表(1)）。

36）前掲小田喜代治『東京紳士服の歩み』446頁。
37）前掲『地位と機能』21頁。
38）同上、19～20頁。元データは、東京商工会議所『卸売業者の近代化調査』1958年、61～67頁。
39）前掲『地位と機能』30頁。
40）前掲東京商工会議所『転換機にたつ卸売業』175頁。
41）前掲『地位と機能』37頁。
42）前掲『東京商工案内 1958』69頁。
43）『産地卸及び問屋街に関する報告書』東京商工会議所、1970年、162～163頁。
44）荒川祐吉「繊維・衣料卸売流通の変貌と卸売流通機能強化の方向」（中小企業金融公庫調査部『調査月報』第19巻第1号、1977年5月）36～38頁。
45）『昭和卅年度 繊維業者信用録』繊維信用交換所、1955年、114頁。
46）前掲『繊維商社はどう変わる』繊研新聞社、1969年、185頁。
47）前掲小田喜代治『東京紳士服の歩み』417～419頁。
48）同上、438頁。
49）東京信用交換所編『紡織問屋要鑑』1935年、24～25頁。
50）同上、37頁。
51）『昭和20年度 第八十五版商工信用録』興信所合同出版社、1945年12月、34頁。
52）前掲『昭和卅年度版 繊維業者信用録』44頁。『昭和45年版 日本繊維商社銘鑑』東京信用交換所、1970年、173頁。
53）前掲小田喜代治『東京紳士服の歩み』450頁。
54）『昭和28年度 日本繊維商社銘鑑』623頁。
55）『昭和45年版 日本繊維商社銘鑑』1208、1197頁。
56）前掲小田喜代治『東京紳士服の歩み』449頁。
57）同上、449頁。
58）前掲東京信用交換所編『紡織問屋要鑑』567頁。
59）前掲『昭和卅年度版 繊維業者信用録』203頁。『第38期帝国信用録 昭和35年度版』帝国興信所、1960年、170頁。『昭和45年版 日本繊維商社銘鑑』740頁。
60）前掲『日本繊維商社銘鑑 昭和36年版』910頁。
61）前掲『昭和卅年度版 繊維業者信用録』238頁。前掲『日本繊維商社銘鑑 昭和36年版』。前掲『昭和45年版 日本繊維商社銘鑑』696頁。
62）前掲『昭和卅年度版 繊維業者信用録』366頁。
63）丸山勝雄「二十年を顧みて」（私家版原稿）。
64）前掲『昭和45年版 日本繊維商社銘鑑』1111頁。
65）1955年は、前掲『昭和卅年度版 繊維業者信用録』361頁、1970年は前掲『昭和45年版 日本繊維商社名鑑』1111頁。
66）前掲『日本繊維商社銘鑑 昭和36年版』、『昭和45年版 日本繊維商社銘鑑』掲載の各商社掲載欄を参照。

67) 前掲『東京紳士服の歩み』452 頁。丸山勝雄氏の「二十年を顧みて」によれば、石油危機後の、商品在庫管理、商品回転率の向上、売掛金の増大への対応、優良得意先商店の開拓がおおきく出遅れたことが、業績悪化を深刻化させたことを示唆している。
68) 前掲『昭和卅年度版 繊維業者信用録』240 頁、『昭和 45 年版 日本繊維商社銘鑑』693 頁。
69) 前掲『日本繊維商社銘鑑 昭和 36 年版』856 頁。
70) 同上、856 頁。
71) 前掲『昭和 45 年版 日本繊維商社銘鑑』2134 頁。
72) 樫山純三『樫山純三──走れオンワード──事業と競馬に賭けた 50 年』日本図書センター、1998 年、70〜76 頁。
73) 前掲東京商工会議所『転換機にたつ卸売業』178 頁。
74) 前掲『繊維卸商はどう変る』180 頁。
75) 同上、180 頁。『昭和 45 年版 日本繊維商社銘鑑』390 頁。
76) 佐山一郎『VAN から遠く離れて 評伝石津謙介』岩波書店、2012 年、前掲『昭和 45 年度 日本繊維商社銘鑑』196 頁。
77) 鈴屋マーケティング研究室、野村総合研究所『離陸するファッション産業』東洋経済新報社、1976 年、20〜21 頁。
78) 前掲『繊維商社はどう変る』180 頁、前掲『樫山純三』76〜86 頁。
79) 同上、181 頁。
80) 『昭和 45 年版 日本繊維商社銘鑑』661〜662 頁。
81) 前掲『繊維卸商はどう変る』180 頁。
82) 前掲『昭和卅年度版 繊維業者信用録』94 頁。
83) 『昭和 45 年版 日本繊維商社銘鑑』259 頁。
84) 同上、149 頁。
85) 同上、149 頁。
86) 同上、352 頁。
87) 前掲小田喜代治『東京紳士服の歩み』456 頁。
88) 同上、456 頁。
89) 前掲東京都経済局『既製服、婦人子供服の実態分析』1957 年、74 頁。
90) 『東京商工案内 1958』71 頁。
91) 前掲『昭和卅年度版 繊維業者信用録』。東京信用交換所『繊維商社の集中と系列化』1956 年、66〜67 頁。
92) 大阪府立商工経済研究所『戦後商品流通機構の推移』1963 年、90 頁。
93) 大阪府立商工研究所編『毛織物製品（既製服）卸売業の実態──戦後におけるわが国卸売業の機能変化と近代化の推移』1964 年、6 頁、前掲『繊維商社の集中と系列化』66〜68 頁。
94) 同上、93 頁。
95) 同上、94 頁。

96）前掲『東京商工案内 1958』71 頁。
97）東京服地卸商協同組合編『日本服地卸業界史』1979 年、288 頁。
98）同上、290 頁。
99）同上、291 頁。
100）前掲東京商工会議所『転換機にたつ卸売業』173 頁、第 1 表、中小企業振興事業団編『紳士既製服製造業のコスト解析〈69-60〉』1970 年、14 頁。
101）村地多門「繊維メーカーの流通政策」（『東商』第 221 号、1965 年 11 月）45 頁。
102）佐山一郎前掲書、110～139 頁、前掲『昭和 45 年版 日本繊維商社銘鑑』196 頁。
103）前掲『離陸するファッション産業』II・III・IV章。
104）『産地卸及び問屋街に関する調査報告書』1970 年、162～163 頁。問屋街の商品配送逼迫問題は、とりわけ深刻な問題であった。これについては、「座談会　動きのとれぬ問屋街の輸送をどうするか」（『東京』第 166 号、1961 年 4 月）を参照。
105）同上、163 頁。前掲中小企業振興事業団『紳士既製服製造業のコスト解析』によれば、1966 年から 68 年度にかけて調査企業 11 社の平均値で、「外建加工費率は、年々上昇傾向を示し、直接労働費率も……年々上昇傾向にある」としている（79 頁）。
106）前掲『最近 10 年間における大阪中小工業の基本動向——その 18 紳士既製服製造業（上）』23 頁。大阪の場合、1963 年ころから、下請段階での労働力不足の激化が生じたが、これを契機とする製造卸による下請縫製業者の再編成は、製品発注の単一化・専門化、他府県の地方下請の積極的活用、自家工場における特殊ミシンや機械の導入に活路をみいだしたといわれている（同上資料、22 頁）。また、地域分布においても、1960 年には、全業者 191 名中 164 名が、大阪市東区に集中していたが、1970 年には、175 名中 137 名が東区に立地していた（同上資料、32 頁）。ここでも、集積地域からの拡散がみられる。
107）前掲中小企業金融公庫調査課「紳士既製服業界の流通構造と問題点」34 頁。

第4部　地域社会と生活

第8章　出稼ぎ労働者の諸類型
——出稼ぎ者に占める農家世帯員の比重に注目して

加瀬和俊

はじめに——課題の設定とその意義

　本章の課題は高度成長期における出稼ぎ労働者の性格について整理し、非都市的地域からの季節的労働力供給の多様な実態を把握し、その意義について再検討することである。その意図するところは、出稼ぎ労働者についての伝統的・常識的理解——農閑期の農民が農業所得補充のために労働力需要地に一時的に居住を移して就労し、農繁期には再び故郷に戻って農業に就くというイメージ——を相対化し、専業的出稼ぎ世帯、出稼ぎ専業の農家世帯員の増加を含めて、労働市場の展開が地方における就業事情を規定していった様相を明確にすることである。

　ところで、高度成長期に急増した出稼ぎ労働者の実態については、同時代における統計的把握も実態調査類も膨大な数に上っているから、歴史的対象として改めてそれに注目する意味について、まず述べておかなければならない。

　欧米諸国とは異なって日本においては、高度成長期における低賃金・不熟練・単純労務の担当者を外国労働者に依存することなく、国内で調達している。この事実は、単純労働者の供給量が如何なるメカニズムによって調整されていたのかという需給調整に関わる問題とともに、既就業労働者の所得と職階の絶えざる上昇過程において、特定の労働者階層をして低賃金・単純労務に甘んじ続ける選択をさせた事情について検討することも要請している。

　高度成長期において急増した単純労務職の供給源が、地元の就労機会が限られていた地方＝非都市部であったことは良く知られている。その地域からの単純労務職の提供ルートとしては、①新規中卒者は集団就職型の可塑的な労働力

として、零細規模の商工業へ、②地方で既就業者であった者のうち居住地を移して労働力需要地の新規雇用者となった者は、工業・建設業・運送業等の労務職へ、③地方の既就業者で居住地移動を避けた者は、地元の零細で変動の激しい労働力需要に対応する日雇・臨時雇層へ、という三者が基本的なものであった。

しかし、量的に制約のあるこれらのルートだけでは、労働力需要の変動に柔軟に対応することは困難であり、それらを補完する存在として、④地方の既就業者で居住地移動を避けながら、雇用期間を限定して労働力需要地に移動した出稼ぎ労働者が存在していた。最も流動的な労働者層として、出稼ぎ労働者は「出稼ぎ農民」として把握されることが一般的であり、景気変動にともなう出稼ぎ労働者の需要量の変動は、自営農業部門が吸収していたと理解されてきた。

しかしながら本章が明らかにするように、出稼ぎ労働力に対する需要は、農閑期に限定して生じたわけではないから、農閑期において出稼ぎ労働に従事した農民は、出稼ぎ労働者の一部に過ぎず、出稼ぎ専業世帯も広範に存在していたし、農家世帯員のうちで農業にほとんど従事しない出稼ぎ専業者も多数存在していた。労働市場における行動様式がそれぞれ異なるこれらの各タイプの出稼ぎ者の動向に注目しながら出稼ぎ労働者の実態に接近することが本章のめざすところである。

高度成長期における出稼ぎ問題に関する既存の研究においては、出稼ぎ労働者のこうした多様性について十分な注意が払われてこなかった。それは出稼ぎ労働者についての統計が農家だけを調査対象にした「農業センサス」「農家就業動向調査」によってしか得られなかったこととも関わって、出稼ぎ問題が主として農業経済学の領域において研究されてきたことに対応しているように思われる。本章は既存研究のこうした制約を乗り越えて、出稼ぎ労働者の多様な構成を把握しようと意図している。

ところで、出稼ぎ労働者の検討にとって大きな制約となるのは、「出稼ぎ」の定義が曖昧かつ動揺的であることである。統計ごとの定義のズレは、それ自体、出稼ぎ労働者の多様性を反映する貴重な情報であるにも関わらず、同一時点の出稼ぎ者数が統計によって大きく異なったり、あるいは時系列的に不自然な増減をしているために、統計的吟味が深められてこなかったのである。

第 8 章　出稼ぎ労働者の諸類型

　たとえば、高度成長期における出稼ぎ労働者の実態について各地の調査報告類を網羅的に検討した大川健嗣は、出稼ぎ者数がピークとなった 1965 年前後の時期について次のように言う。「農林省では 30 数万人とみるし、労働省では……約 60 万人とみている。このほかに、全国出稼ぎ者組合連合会などでは……約 120 万人の出稼ぎ者がいるものと推定していたようである。……いずれにしても正確な統計的根拠がないので、この点はこれ以上言及しないこととしたい」[1]。

　ここでは、定義と基礎データが異なることの意味——どのような意図・視点に基づいて出稼ぎが把握されているのか、統計数値の相違は出稼ぎ者のどのような性格を反映しているのか——を吟味する努力が放棄されている。このため、その分析は意図と視点の異なる統計・実態調査が雑然と並列されているだけで、論点として詰められていない結果となっているのである。同時代になされた多数の出稼ぎ研究は、労働現場のあり方や労使関係、農業経営と出稼ぎ就労との関係等のミクロ的な側面については貴重な成果を提供してくれているが、出稼ぎ労働者の諸類型の把握や、出稼ぎ者の需給調整がどの類型において主としてなされたのかといったマクロ的な視点は、十分意識的に追及されることがなかったと言わなければならない。

　本章は以上のような問題意識に立って、まず第 1 節において、出稼ぎ労働者のうちどの部分がそれぞれの出稼ぎ者統計で捉えられてきたのかを吟味する。ついで第 2 節において、出稼ぎ者の収入のうちで高い比率を占めたとされる失業保険金の受給問題について検討する。さらに第 3 節において、出稼ぎ者統計を活用して出稼ぎ者の諸類型を析出し、出稼ぎ労働者の失業保険金受給に対して労働省から継続的になされていた強い批判——それは実質的に出稼ぎ農民への批判としてマスコミに取り上げられ、農民が税金をごまかしているというクロヨン批判とセットになっていた——が現実にはどの出稼ぎ労働者部分に関わる問題であったのかについて検討する。

1. 出稼ぎ者統計の錯綜状況と出稼ぎ労働者類型との対応関係

(1) 戦前の出稼ぎ者統計

　戦前の出稼ぎ者統計はいくつかの府県統計書で1900年代から記載されるようになったが、全国的統計としては1920～30年代に6回にわたって実施された統計しか存在していない[2]。これは内務省の中央職業紹介事務局から全府県に調査が指示され、各府県は市町村に指示して出稼ぎ者の男女別・出稼ぎ先産業別の人数を報告させたものである。ただし、市町村が全数調査を行える態勢を有していたわけではなかったから、調査の具体的な方法については市町村の任意に任されていた。このため他出者名簿や出寄留台帳から集計して報告した市町村、役場職員・方面委員等を動員して聞き取り調査を実施した市町村、担当者の印象だけに基づいて大まかな数値を定めた市町村等、調査の実情は種々であり、報告をしなくても罰則があったわけではないことから全く報告をしなかった市町村もあった[3]。とはいえ、農家に限定することなく居住世帯全体を対象として市町村から数値を積み上げた全国的な出稼ぎ者統計は、戦前・戦後を通じてこれのみである。

　調査の内容は各回で同じではなく、当初の4回は県外出稼ぎ者のみを調査し、後2回は県外出稼ぎ者と県内出稼ぎ者とを別々に調査している。出稼ぎの定義はないが、第3回目から「永住の目的をもって移動する者を除外する」という注意書きが付されている。

　このような扱いであったから、出稼ぎ者として把握された者は調査された地域で出稼ぎ者とみなされていた者がそのままカウントされたと推定される。統計数値から見る限り繊維産業の女工は相当数が出稼ぎ者として計上されているし（1932年の統計では製糸と紡織を合わせて14.2万人）、女子の戸内使用人は若年者は出稼ぎ者としてカウントされ、年配者は流出者として除外されているようである。また、適切な働き口が得られれば都市部に定着しようとして流出した者については、安定的な職業についていれば流出者とされて出稼ぎ者統計に

は入らなかったのに対して、建設業等の雑業に従事していた農家二三男の一定部分は出稼者として把握されていた可能性が高い。

(2) 戦後——農家世帯員の兼業部門としての出稼ぎ者調査

上で見た戦前の出稼ぎ者統計は戦後に引き継がれることはなかった。この結果、戦後の出稼ぎ者統計は、いくつかの県や市町村の独自の統計を除いて、全国調査としては農家世帯員だけを対象とした農林省の統計しか存在していない。したがって、農家ではない出稼ぎ専業者層、漁家・林家・商店等の自営業世帯に属する出稼ぎ者は統計的には把握されていない。この結果、出稼ぎ者数は実数より相当に少なく捉えられるとともに、その全体を農家世帯員とみなすような誤解も生じることになったのである。

さて農林省の出稼ぎ者統計には、以下のように、性格の異なる二つの系列がある。

1) 農業センサス

農業センサスは1950年を第1回として5年に一度ずつ、2月1日現在で実施される全農家を対象とした調査であるが、その一項目として世帯員個々が自家農業以外にどのような仕事に従事しているのかが調査されている。定義の変更は頻繁であるが、世帯員の被雇用就業については、毎回ほぼ同一の内容で把握されている。すなわち、雇用労働に従事している者として計上される世帯員は、雇用労働に年間30日以上従事している者だけであり、かつ4つの雇用労働種類のうち最も日数の多い種類の雇用労働を一つだけ選択する方式がとられている。具体的には、恒常的職員勤務、恒常的労務、臨時・日雇、出稼ぎの4者のうち、最も多いものを一つだけ選択するのである。したがって出稼ぎに数ヵ月間従事していても、それ以上に地元で日雇労働に従事している日数が多ければ出稼ぎ者にはカウントされないことになる。ただし以上の扱いは1955年センサス以降の方式であり、50年の第1回農業センサスでは、以下に見る通り、これと相当に異なる方式がとられていた。

A：1950 年農業センサス

　1950 年の農業センサスでは、多くの都市労働者が親元の農家との間で食糧農産物や金銭的結びつきを強く持っていたという時代状況を反映して、農家出身者で他地域で働いていた者のうち農家との関係が残存している者を広く出稼ぎ者として捉えている。その考え方は、流出先で一定以上の所得を得られる職業についている者は農家との経済的結合関係が切れていると想定し、流出者のうちで不安定で低賃金の 4 種類の職業についている者のみを出稼ぎ者としてとらえるという方法であった。農業センサスの報告書は、この事情を以下のように説明している。

　「出稼世帯員は、農業に依存する人々の生活をいう面から、農村から都市に流出した人口で農業とのつながりの切れない人々を把握しようとした。そこで、ここに含まれる範囲も女中、職工、人夫、徒弟見習をしているものに限定した。この人々は世帯員とは住居を共にせず単身で他所に出ていて一戸を構えないことが条件である。この人々は勿論総世帯員のうちには含まれていない」[4]。

　出稼ぎについてのこのような把握は、都市部に定着した労働者であっても出身農家との経済的関係が潜在的に保たれている限り、これを「出稼型」労働力として把握した大河内一男の理解[5]の影響を受けているように推察されるが、この定義のゆえに出稼ぎ者数は 58.5 万人の多数となった。この数値は、高度成長下でははるかに出稼ぎ者数が増加したはずの 1960 年における出稼ぎ者数（17.9 万人）の 3 倍以上である。出稼ぎ者数が、1950 年センサスとそれ以降とで大きく断絶していることが明らかである。

B：1955 年農業センサス以降

　1955 年農業センサスは、1950 年農業センサスにおける定義を否定し、出稼ぎ者とは、世帯員であって他地域で働いており、一定期間後（1 ヵ月以上、1 年未満）に再び世帯にもどって同居することが予定されている者と定め、以後その把握で一貫している。この結果、高度成長期における出稼ぎ者数は 50 年のそれを一貫して下回ることになった。

2) 農家就業動向調査

　高度成長期における農家世帯員の激しい就業異動に直面した農林省は、5年ごとの数値しか把握できない農業センサスとは別に、毎年実施する抽出統計として、世帯員の職業および居住地の異動についての調査を1958年度から開始した。その際の問題意識は、農業の構造改善（農家数の減少を通じて残存農家の耕作規模を拡大すること）の進行状況を測定するために、農業労働から離れた人数を正確に捉えることであったから、新規学卒者と既就業者に区分し、後者については在宅転職と居住地移動・転職の相違を明確にしようとしている。出稼ぎは両者の中間として、一時的な居住地異動・転職であって一定期間後に帰郷が予定されているものとされた。

　問題はその「一定期間」の定め方であったが、農業構造改善のために居住地移動・転職の動きを可能な限り肯定的に把握しようとした農政思想の下では、統計部が出稼ぎ者の範囲を狭く捉えようとする（換言すれば脱農者の範囲を広く捉えようとする）ことは自然な傾向であった。この結果、出稼ぎ者の定義は、「6ヵ月未満の予定で他地域に居住して労働するもの」とされたのである。すなわち、6ヵ月以上の予定で居住地を移す者は、出稼ぎ者からは除外されて、居住地移動・農外流出者にカウントされたのである[6]。

　しかし労働力需要が強まり出稼ぎ期間が6ヵ月以上の者が多くなるにつれて、地元の市町村と職安で出稼ぎ者として手続きをして出発した者が、農林省統計では出稼ぎ者としては把握されないという不都合な状況が増加してきた。おそらくはこの点が意識された結果として、1972年には「一定期間」の定義が6ヵ月未満から1年未満へ変更されている[7]。ともあれ、以上のような事情の下で、高度成長期においては本統計が把握する出稼ぎ者数は6ヵ月以上、1年未満の流出者も出稼者とみなす農業センサスよりも相当に少なくならざるをえなかったのである。

(3) **小括**

　以上の検討から明らかなように、高度成長期の出稼ぎ者数は、農家世帯員で出稼ぎに出ている者の一部に限られており、農家以外の世帯員については全く統計的に把握されていなかったことが確認できる。しかし、後に見るように、

主要な出稼ぎ地であった青森県が独自に実施した統計によれば、出稼ぎ者のうちで農家世帯員である者の比率は半数に過ぎず、出稼ぎ専業者世帯が分厚く存在していたことが明らかである[8]。

そこで各県独自の統計等も活用しながら、出稼ぎ者の人数、内訳、推移について実態を検討する必要があるが、その前に季節労働者の失業保険金給付問題の意味にふれておかなければならない。というのは、出稼ぎを6ヵ月継続すれば帰郷後に失業保険を受給できるという仕組みによって出稼ぎ者の就労状況が大きく影響されていたので、出稼ぎ統計を理解するためにはその事情を知っておくことが必要だからである。

2．季節労働者の失業保険金受給問題と出稼ぎ者

出稼ぎ者に注目した行政機関には、農林省とともに労働省があった。それは出稼ぎ者をその一部とする季節労働者が6ヵ月以上雇用されると、離職後に失業保険金を受給できるので、彼等が掛け金に比較してはるかに多額の保険金を毎年得て、保険財政を悪化させる要因となっていたからである。

この観点から労働省は失業保険金受給者統計をもとにして失業保険金を受給している季節労働者の人数を推計し、そのコアの部分が出稼ぎ労働者であるとして、彼等に対する失業保険金の支給を制度的に抑制できる制度改定を行おうとしたのである。

これに関わる失業保険金制度の改定問題の推移については、すでに別稿で必要な検討を行っているので[9]、ここでは失業保険の受給者統計を理解するために必要な限りにおいて、ごく簡単な説明をしておきたい。

1947年に初めて制度化された失業保険制度は、6ヵ月以上掛金を払った者が失業した場合、一律に賃金日額の60%を180日間限度で支給されるという極めて平等主義的な仕組みであった。もちろん保険財政の観点から、短期間に掛金支払いと受給を繰りかえすことが確実な季節労働者については、これを除外できる仕組みとされていたのであるが、季節労働者とそれ以外の境界が不分明である下で、地元出身の季節労働者の所得を向上させ、地域経済振興につなげたいとする地方自治体の強力な支援によって、季節労働者も失業保険金の受

給者として扱われる慣行が定着し、職安行政もそれを追認せざるを得ない状況になっていったのである。

　その結果、6ヵ月間の季節的雇用とその後の6ヵ月間の失業保険金受給を繰り返して1年間の所得を確保する者が次第に増加するようになった。長時間残業の手当も算入した季節労働者の日給は低くはなく、その60％にあたる失業保険金は不安定な地元雇用機会の賃金よりも通常は高かったから、失業保険金の受給可能な6ヵ月間に地元の雇用労働に従事することは賢い選択ではなかったのである。

　1955年の法改正によって受給期間は90日間に半減されたが、季節労働者の失業保険金受給の態勢はなお強固に存続し、この仕組みが改訂される75年までの20年間にわたって労働省はその解消に取り組まなければならなかったのである。この期間、多くの季節労働者は9ヵ月間を雇用されて残りの3ヵ月は失業保険金を受給して生活するか、受給資格を得る6ヵ月間で雇用労働を打ち切って、3ヵ月間の失業保険金を受給し、残りの3ヵ月間は自営業や他の雇用労働に就くという就労方式を選択したのである。

　この仕組みは一面で、出稼ぎ者を含む季節労働者を急増させる役割を果たした点で、高度経済成長にとって好都合な面を持っていた。出稼ぎ者に限定していえば、戦前期には零細な自営業（農業はその一部）しか持たない専業的な出稼ぎ者集団によって主として担われていた出稼ぎ労働が、戦時期における中断を経た後に、この制度に支えられて専業的出稼ぎ者集団の規模を拡大させるとともに、その外延部分として、農業専業的であった農民層を大量に労働市場に引き出し、新たな出稼ぎ専業者ないし出稼ぎ兼業農民に転換させることに成功したのである。

　反面、この制度はその肥大化にともなってマイナス面を露呈させ、以下のような諸事情に迫られて、制度の改変を余儀なくされることになった。第一に、1965年前後の統計に従えば、失業保険加入者の3％に過ぎなかった季節労働者60万人が失業保険金給付総額の30％を受給することによって、失業保険財政の内部に大幅な赤字部分が形成されたことである。6ヵ月の就労期間中の保険料は「わずか4日分の保険金相当額に過ぎない」から、4日分を払えば90日分が確実に受け取れるというわけである[10]。第二に、彼等が失業保険受給期

間を満たして労働市場から離脱し、意図的に失業することが、建設業不熟練労働力等の人手不足をますます激化させている原因として意識され、関連業界から求人難を激化させる元凶として失業保険制度の改定が求められたことである。第三に、地方労働市場における労働力需要が次第に拡大していく過程において、職業安定所の求人紹介体制が強化されざるをえなくなった結果、失業保険金受給を取得賃金額の一部として織り込んでいた季節労働者層と職安の間で「強制紹介」をめぐる日常的な紛議が深刻化し、地方における職業行政が麻痺状態に陥ったことである。

かくて、1960年代後半に有効求人倍率が全国平均で1を越え、農村部諸県においても0.4前後に到達しつつあった下で、「失業保険をもらって遊んでいる」季節労働者の存在が告発され、それが折からの農業優遇論批判（食管会計赤字問題、農民の「税金ごまかし」＝クロヨン問題、宅地価格急騰下での土地成金化等への批判を含む）と連動し、国民の農業観・農民観の変化をもたらしつつあった。「低所得ゆえに家族から離れて不便な飯場暮らしを余儀なくされている」出稼ぎ農民への同情が、「サラリーマンの掛金で失業保険金を得て遊んでいる」既得権固執者集団への非難に置き換わりつつあったのである。労働省は季節労働者の失業保険金受給を減額し、将来的には廃止する方向で制度改定をはかることを目指して、マスコミによるこの出稼ぎ農民批判を活用していった。この結果として、出稼ぎ農民の大半が失業保険金を受給しているかのごときイメージが、一般的に定着してしまったのである。

3．出稼ぎ者・季節労働者の構成とその推移

ここでは出稼ぎ労働者・季節労働者についての種々の統計を、定義が一様でないために相互比較の不可能な不備な統計と見なすのではなく、出稼ぎ労働者の多様な側面をそれぞれの仕方で把握した相互補完的な資料と見なし、その検討を通じて出稼ぎ者の実態に接近してみたい。

(1) 失業保険金の受給状況

掛金期間6～9ヵ月を経てから失業し、90日間の失業保険金受給資格者と

表8-1 失業保険受給者に占める季節的受給者の割合

	季節的受給者		全受給者比	
	人員 千人	保険金受給額 億円	人員 %	保険金受給額 %
1953	116	18	14	7
1955	143	25	17	8
1957	156	34	18	12
1960	277	78	31	22
1961	342	110	34	26
1962	421	157	31	25
1963	518	239	33	28
1964	581	261	35	28
1965	580	299	35	30
1966	581	328	36	30
1967	587	366	39	33
1970	593	591	40	40
1972	617	784	38	31

出典：労働省職業安定局『職業安定広報』1968年11月21日号、5頁。道正邦彦「失業保険事業の現状と問題点」(『職業研究』1966年1月号、25頁)。伊藤博義「出稼ぎ労働者と失業保険」(『法律時報』1974年10月号、40頁)。

して認定された者の人数は労働省の「失業保険業務月報」によって公表されている。労働省はこの人々の8割前後を季節労働者と仮定して表8-1で示される数値を算出し[11]、失業保険の対象となっている者のうちで3％前後の季節労働者が失業保険金の30％前後を受給しているというキャンペーンを展開したのである。そこでまず、失業保険金90日間の受給資格者の構成について検討してみよう。

表8-2は1965年度における失業保険金の府県別の男子・受給者数を示したものであり、それぞれの項目はその順位にしたがって府県別に表示されている。ここから読み取れる傾向としてまず第一項からいえることは、失業保険金受給者の合計約96万人のうちで飛び抜けて多数を占めているのは北海道の約18万人であり、2位は7万人弱の青森県であることである。失業保険の対象となる労働者数がはるかに多い東京、大阪等はその後に続いており、秋田・新潟・山形・岩手・富山等、東北・北陸諸県が上位を占めている。この時点での失業保

表8-2　失業保険金受給状況（1965年度、男子）

(単位：人、％)

失業保険受給者		90日受給資格者		B/A		失業保険受給者		90日受給資格者		B/A	
順位	人数 A	順位	人数 B	順位	比率 %	順位	人数 A	順位	人数 B	順位	比率 %
全国	956,408	全国	491,504	全国	51.4	岡山	13,118	宮崎	4,259	熊本	30.9
北海道	179,507	北海道	155,547	青森	92.3	熊本	11,644	長崎	4,216	長崎	30.4
青森	66,222	青森	61,118	秋田	88.6	高知	11,573	熊本	3,595	佐賀	27.5
東京	61,457	秋田	33,926	北海道	86.7	宮城	11,201	京都	3,486	広島	24.8
大阪	47,868	新潟	23,183	山形	83.6	徳島	10,643	大分	3,485	山口	24.6
福岡	44,976	山形	21,577	岩手	81.3	静岡	10,554	島根	3,413	香川	24.6
兵庫	40,851	岩手	16,784	新潟	75.9	石川	10,297	山口	3,347	滋賀	23.8
秋田	38,271	富山	14,770	富山	71.7	千葉	10,296	神奈川	3,063	山梨	23.4
新潟	30,554	兵庫	13,811	福井	71.6	大分	10,023	佐賀	1,868	京都	23.4
神奈川	27,601	鹿児島	12,376	宮城	61.4	宮崎	9,706	和歌山	1,691	和歌山	21.6
山形	25,804	福井	10,236	石川	59.7	岐阜	9,396	静岡	1,577	三重	19.9
鹿児島	21,091	福島	8,544	鹿児島	58.7	和歌山	7,837	愛知	1,499	福岡	18.8
岩手	20,647	福岡	8,473	福島	57.8	三重	6,826	鳥取	1,457	奈良	18.3
富山	20,590	長野	8,072	長野	54.9	佐賀	6,793	埼玉	1,426	群馬	17.8
広島	19,471	宮城	6,878	徳島	53.0	島根	6,654	三重	1,356	栃木	17.4
愛知	16,637	東京	6,451	島根	51.3	群馬	6,053	千葉	1,290	静岡	14.9
京都	14,927	石川	6,150	50.0		茨城	5,656	香川	1,140	茨城	14.0
福島	14,793	高知	5,733	高知	49.5	栃木	4,782	群馬	1,076	千葉	12.5
長野	14,703	徳島	5,637	宮崎	43.9	香川	4,638	滋賀	995	神奈川	11.1
福井	14,304	愛媛	5,483	愛媛	41.0	滋賀	4,176	栃木	832	大阪	11.0
長崎	13,861	大阪	5,264	岡山	37.7	鳥取	4,088	茨城	790	東京	10.5
埼玉	13,700	岡山	4,942	鳥取	35.6	奈良	3,284	奈良	601	埼玉	10.4
山口	13,584	広島	4,834	大分	34.8	山梨	2,374	山梨	555	愛知	9.0
愛媛	13,377	岐阜	4,698	兵庫	33.8						

出典：労働省職業安定局『失業保険業務年報』。
注：各項目とも数値の大きい順に配列した。

険の受給者は大都市・工業地帯等ではなく、積雪・寒冷地に多いことがわかる[12]。

　そこで積雪寒冷地における慣行としての冬期の雇い止めが失業保険金受給に直結している可能性を考慮して、6～9ヵ月の雇用の後で失業して保険金を受けた90日間受給資格者の人数を第二項として順に並べてみた。これによると先に見た傾向が一段と明瞭であり、上位10位以内には大都市部は全くなく7位まではすべて積雪寒冷地であり、東京はようやく15位に表れているに過ぎない。また、全失業保険受給者に占める90日間受給資格者の割合を第三項で見ると、90％以上が青森、80％台が秋田・北海道・山形・岩手、70％台が新

潟・富山・福井とすべて積雪寒冷地であり、東京・大阪・神奈川・愛知等は10％前後に過ぎないことがわかる。

以上の事実からすれば、失業保険金を受給していた季節労働者を出稼ぎ農民と等置して農民のモラルハザードを非難していたマスコミ・労働省の論調が、一面的に過ぎることは明らかであろう。少なくとも、季節労働者の中には一貫して地元で働きながら、雇い止めの時期を失業保険でつないでいた人々が大量に存在していたこと——出稼ぎ者の少なかった北海道ではその人々が受給者の中心であったこと[13]——が明瞭である。

続いて受給の季節性について検討しよう。表8-3によって、受給資格者が最初に受給を開始した月が1月である者の割合を見ると、1960年代においては90日受給資格者の1月集中度が男子では4割以上、女子でも3割以上であることがわかる。1月に受給が開始されていることは通常、12月に離職して職安に離職票を提出し、1～3月に保険金を受給していることを意味している

表8-3　失業保険金受給状況

(単位：人、％)

		離職票提出者 a	初回受給者 計 b	初回受給者 90日者 c	受給率 b/a	90日者率 c/b	初回受給者（1月）計 d	初回受給者（1月）90日者 e	1月集中度 計 d/b	1月集中度 90日者 e/c
男	1955	602,326	550,070	111,952	91.3	20.4	82,395	50,502	15.0	45.1
	1960	586,594	513,590	271,531	87.6	52.9	150,000	125,877	29.2	46.4
	1962	911,725	759,436	412,699	83.3	54.3	220,267	185,290	29.0	44.9
	1964	1,022,613	932,282	519,943	91.2	55.8	254,257	223,249	27.3	42.9
	1966	1,022,638	924,718	501,332	90.4	54.2	259,171	226,335	28.0	45.1
	1968	925,728	841,798	473,990	90.9	56.3	253,883	224,725	30.2	47.4
	1970	1,022,187	853,930	468,175	83.5	54.8	245,603	214,700	28.8	45.9
	1974	1,365,167	1,079,880	489,906	79.1	45.4	302,609	236,903	28.0	48.4
女	1955	318,984	284,239	34,107	89.1	12.0	26,612	11,227	9.4	32.9
	1960	449,832	392,912	116,318	87.3	29.6	49,718	30,576	12.7	26.3
	1962	692,182	586,730	182,912	84.8	31.2	87,944	59,474	15.0	32.5
	1964	839,695	721,770	225,564	86.0	31.3	106,965	76,881	14.8	34.1
	1966	821,918	679,325	234,861	82.7	34.6	108,450	79,619	16.0	33.9
	1968	785,188	663,988	204,317	84.6	30.8	111,782	83,001	16.8	40.6
	1970	843,620	641,787	201,515	76.1	31.4	116,793	87,728	18.2	43.5
	1974	1,136,844	866,215	215,920	76.2	24.9	156,261	94,150	18.0	43.6

出典：労働省職業安定局『失業保険業務年報』、『失業保険業務月報』。
注：本表での「1月」は当該年度に属する1月であるため、暦年としては翌年の1月となる。

から、季節労働に雇用された期間は少なくとも7～12月の期間を含む計算になる。

このように1月から失業保険金を受給している者には二つのタイプがあったといえる。第一は積雪とともに12月末までに解雇され、春先に再雇用される地元定着型の労働者であり、第二は7～12月を含む期間、出稼ぎに出ていた者である。後者の人々は、1～3月に地元で失業保険金を受給した後で4月から7月までのどこかの時点で再び出稼ぎに出、6ヵ月就労した上で再び12月中旬以降に帰郷していると想定される。

すなわち出稼ぎ農民のうちで失業保険金を受給できた者の多くは、マスコミが報道していた常識的イメージ（刈取り後の農閑期に出稼ぎに出、田植えまでに戻ってくる）とは異なって、農繁期の夏場に出稼ぎしているのであって、農閑期出稼ぎ者は失業保険金の受給資格を得るために6ヵ月間継続就労することは困難であったといわなければならない。

(2) 農家世帯員の出稼ぎ状況

「農業センサス」は全農家を対象として、出稼ぎを家としての第1位の兼業部門とする農家数と、出稼ぎを個人としての第1位の兼業部門とする農家世帯員数とを別々に調査している。表8-4はこのうち出稼ぎ従事者数を示しているが、この期間の「農業センサス」によれば、「出稼ぎ」は「1ヵ月以上、1年未満」家を離れて他の地域で就労し、就労後には郷里に帰還するものと定義されているから[14]、出稼ぎ期間が1ヵ月未満である者（近隣への出稼ぎや農作業出稼ぎにはこの種の短期出稼ぎが多かった）、1年以上に及ぶ者（農家世帯員でも出稼ぎ専業的な者にこのタイプが少なくなかった）、出稼ぎと地元人夫とを兼ねていて地元就労の期間の方が長い者等は除かれることになり、農村で出稼ぎ者と見なされる人数よりは相当に少なかった可能性が高い。

同表によれば農家世帯員の出稼ぎ者数（男女計）は、1960年の約18万人から65年の55万人に急増した後で減少に転じ、70年には41万人、75年には28万人となっている。また、出稼ぎ者は圧倒的に男子であることも確認できる（70年には88.9％、75年には89.6％）。この二つの特徴は、先に表8-3で確認した失業保険金90日受給資格者の人数の推移や男女比と大きく異なってい

表8-4 農家世帯員のうち出稼ぎを第1位の兼業部門とする者の人数と比重

(単位：人、戸、％)

順位		男女計				男		農家数	A/B
		1960	1965 A	1970	1975	1970	1975	1965 B	
	全国	179,033	550,300	407,500	282,729	362,303	253,417	5,664,763	9.7
1	新潟	30,176	43,175	30,545	19,905	27,507	18,542	204,246	21.1
2	秋田	12,440	39,110	44,309	42,005	40,331	37,831	119,633	32.7
3	青森	12,062	35,802	42,799	43,150	37,459	37,180	118,440	30.2
4	岩手	13,907	33,621	34,793	25,575	31,923	23,657	128,034	26.3
5	山形	11,336	31,329	33,940	29,843	31,078	27,264	115,215	27.2
6	北海道	15,101	28,508	17,780	11,854	15,021	10,496	198,969	14.3
7	福島	5,695	23,639	19,678	11,343	18,432	10,725	165,765	14.3
8	鹿児島	3,520	19,786	21,039	12,154	20,172	11,745	248,274	8.0
9	宮城	4,788	18,015	15,811	6,915	14,883	6,541	124,094	14.5
10	兵庫	9,170	17,208	10,474	6,554	9,439	5,930	186,470	9.2
11	長崎	2,856	14,431	8,771	5,513	7,790	5,060	104,367	13.8
12	茨城	2,340	14,409	4,217	1,245	3,591	1,045	201,485	7.2
13	長野	6,254	13,429	5,905	2,784	4,812	2,276	215,933	6.2
14	岡山	2,706	12,497	6,654	2,714	5,924	2,378	161,737	7.7
15	熊本	1,649	11,808	11,016	6,225	9,838	5,946	156,655	7.5
16	愛媛	2,750	11,307	8,621	4,512	8,006	4,156	124,500	9.1
17	大分	3,327	10,854	6,682	4,587	5,820	4,126	117,939	9.2
18	宮崎	1,297	10,838	7,547	3,928	7,237	3,685	105,071	10.3
19	石川	4,718	10,454	9,552	6,351	6,550	4,594	78,602	13.3
20	島根	1,802	9,539	7,660	3,735	6,846	3,295	95,041	10.0
21	富山	5,958	9,419	3,445	1,701	2,949	1,443	80,364	11.7
44	神奈川	105	1,554	304	107	194	86	66,738	2.3
45	東京	187	1,216	195	112	146	86	45,002	2.7
46	大阪	161	1,167	246	125	174	98	74,567	1.6

出典：農林省統計情報部『農業センサス』。
注：1965年の「男女計」の人数の多い順に配列した。

るから、失業保険受給者の統計を出稼ぎ農民の動向を直接に反映するものと見ることはできない。

さて表8-4は1965年における出稼ぎ者の男女合計数の多い順に配列しているが、新潟・秋田・青森等の東北・北陸地方が上位を占めていること、失業保険受給の季節労働者数が圧倒的であった北海道の出稼ぎ農民数がピーク時にも3万人に満たず、75年には1万人強に過ぎないことが読み取れる。また、各県の人数の動向では、秋田、青森、岩手、山形等の限られた上位県だけが65

年以降も人数を増やしているのに対して、その他のほぼ全ての県で65年にピークを記した後の落ち込みが急激であることもわかる。農家世帯員中の出稼ぎ者数は65年まで全国一斉に増加した後で、主要出稼ぎ県では強固に維持されたのに対して、その他の県では急激に減少し、農家世帯員の就労部門としての比重を大幅に縮小させていったのである。

こうした変化はどのようにして起こったのであろうか。表8-5は出稼ぎ者数と地元で就労する「人夫・日雇（臨時）」数とを並記しているが、両者の合計は1965年=264万人、70年=292万人、75年=264万人、これらに100日以上従事する者は144万人、180万人、180万人と推移していることがわかる。出稼ぎと人夫・日雇の合計数に対する出稼ぎの構成比は、同じ期間に20.8%、

表8-5　農家世帯員の出稼ぎ・人夫日雇の賃労働兼業日数別人数

(単位：人、%)

		1965		1970		1975	
		出稼ぎ	人夫日雇	出稼ぎ	人夫日雇	出稼ぎ	人夫日雇
男子	計			362,303	1,614,719	253,417	1,401,061
	30日～			14,366	241,753	5,853	164,173
	60～			45,118	330,539	23,596	248,004
	100～			95,851	396,306	63,104	362,667
	150～			206,968	646,121	160,864	626,217
女子	計			45,197	902,355	29,312	961,200
	30日～			3,243	235,468	1,214	172,031
	60～			6,773	249,733	3,524	227,244
	100～			11,158	220,609	7,394	262,156
	150～			24,023	196,545	17,180	299,769
男女計	計	550,300	2,090,078	407,500	2,517,074	282,729	2,362,261
	30日～	39,863	454,010	17,609	477,221	7,067	336,204
	60～	101,369	604,189	51,891	580,272	27,120	475,248
	100～	409,078	1,031,879	338,000	1,459,581	248,542	1,550,809
男女計（構成比）	計	20.8	79.2	13.9	86.1	10.7	89.3
	30日～	1.5	17.2	0.6	16.3	0.3	12.7
	60～	3.8	22.9	1.8	19.8	1.0	18.0
	100～	15.5	39.1	11.6	49.9	9.4	58.6

出典：『農業センサス』各年次版。
注1：男女計（構成比）」は「出稼ぎ」と「人夫日雇」の合計に対するそれぞれの構成比を示す。
　2：1965年は男女の内訳が公表されていない。

13.9％、10.7％と顕著に低下している。この現象をもたらした事情として、地元労働市場の拡張、若年世代における恒常的勤務への傾斜という動きがあったことは明らかであろう。

以上の点から判断して、表8-3から導かれた失業保険受給の季節労働者数の動向と農業センサスで把握される出稼ぎ農民数とは1965年以降、そのずれをさらに大きくしていったことを確認しておきたい。

(3) 非農家・出稼ぎ専業層の性格

出稼ぎ者のいる世帯の中には非農家、あるいは食糧を自給できる水準には到底至らない零細農家（実質的な労働者世帯）も少なくなかった。戦前の東北地方の北洋漁業出稼ぎ者等は、各地の漁業・農業の繁忙期を渡り歩き、出稼ぎの途切れた時期に郷里に戻って体力を養う専業的出稼ぎ層がそのコア部分を形成していた。そして、豊漁・豊作予想で労働力需要が増加した際に、雇用主の依頼を受けた専業的出稼ぎ者達が居村の農民に働きかけることによって農民出稼ぎが追加的に供給されてきたのである。その意味で出稼ぎ労働力は固定的部分と流動的部分の二層から成っていたといえる。

東北地方を中心とするこれらの専業的出稼ぎ労働者は、古くは農家の年雇や傍系労働力として世帯を形成しえない従属者として一生を終えていたのであるが、20世紀初頭以降の北洋漁業を中心とした遠隔地労働市場の展開によって、土地所有から遮断されていた彼らの世帯形成が可能になった。彼らは農地改革によっても土地を分与されることがなかったから、地元労働市場が展開しない段階では農業的基盤をもたない専業的出稼ぎ世帯として再生産されざるをえなかったのである。

このタイプの世帯についての調査は限られており、当時の大部分の出稼ぎ者調査では、たとえば「出稼ぎ者の7割は農家世帯員」であることを確認した場合、農家世帯員以外の実態把握とその再生産方式の論理化は試みられていない[15]。

こうした難点を克服するために注目すべき資料は、青森県が1966年9月に県下の全出稼ぎ世帯を対象にして実施した調査である[16]。これは出稼ぎ者のいる4万3,057世帯の実態を、家業のある世帯（農業、林業、漁業、その他）と家

表 8-6　青森県の出稼ぎ世帯と出稼ぎ者
（1966 年 9 月現在）

（単位：戸、人、％）

		世帯数 a	出稼者数 実数 b	出稼者数 構成比	b/a 人
総数		43,057	54,490	100.0	1.27
家業のある世帯	農業	23,624	29,150	53.5	1.23
	林業	27	30	0.1	1.11
	漁業	2,459	3,549	6.5	1.44
	その他	1,946	2,326	4.3	1.20
	小計	28,056	35,055	64.3	1.25
家業のない世帯	出かせぎ	11,764	15,519	28.5	1.32
	一般雇い	3,237	3,916	7.2	1.21
	小計	15,001	19,435	35.7	1.30

出典：青森県『出かせぎ世帯実態調査統計表』。

業のない世帯（出稼ぎ世帯、一般雇用世帯）に区分して集計したものであるが、その設問項目からうかがえる調査者の視点は、出稼ぎ世帯の性格は多様であるから、その実態を正確にとらえることによって、世帯類型に対応した行政的措置を打ち出したいという優れて実践的な問題意識であった。

表 8-6 によってこの結果を見ると、出稼ぎ者 5 万 4,490 人のうち所属世帯が農家である者は 53.5％に過ぎず、「出かせぎ」世帯（家業がなく、出稼ぎ専業である世帯）が 28.5％、「一般雇い」世帯（雇用労働世帯のうちで「出稼ぎ世帯」以外の世帯）が 7.2％で、純雇用世帯が 35.7％に達していることがわかる。後にもふれるように青森県は専業的出稼ぎ世帯の比重が高い県であるが、出稼ぎ者を農家世帯員と見なしてしまうことが単純に過ぎることが確認できる。

表 8-7 は農家世帯員と出稼ぎ専業世帯員で、出稼ぎのあり方がどのように異なるのかを見たものである。これによると失業保険金の受給資格を得られる 6 ヵ月以上就労者の割合は農家世帯員では 74.4％であるのに対して、出稼ぎ専業世帯員では 90.5％と高率である。ただし、農林省の統計では 10 アール以上の耕地を耕作していれば「農家」とされるから、「農家」には農業依存度が極めて低い自給型農家や、農業従事者は主婦だけである世帯も相当に多い。そこで農業的地域であって出稼ぎ者の大半も農家世帯員である中津軽郡について同

表8-7　青森県出稼ぎ者の状況（1966年9月調査）

(単位：人、%)

			県計	東津軽郡	中津軽郡
出稼者	世帯の家業別人数	総数	54,490	3,895	986
		農業	29,150	1,172	737
		出稼	15,519	1,563	117
		一般雇	3,916	225	71
	構成比	農業	53.5	30.1	74.7
		出稼	28.5	40.1	11.9
		一般雇	7.2	5.8	7.2
失業保険	失業保険金受給者数	受給　a	32,870	2,582	187
		受給せず　b	15,814	981	692
		不明	5,806	332	107
	受給者率	a/(a+b)	67.5	72.5	21.3
赴任時期別構成比	総数	1～4月	42.8	41.6	22.8
		5～6月	35.5	52.5	18.5
		7～9月	7.9	5.3	12.7
		10～12月	13.8	0.6	46.2
	家業農業の者	1～4月	33.5	31.7	17.9
		5～6月	35.8	62.2	13.8
		7～9月	8.5	5.2	13.4
		10～12月	22.2	0.9	54.9
出稼ぎ期間	家業農業の者	総数	29,150	1,172	737
		1ヶ月まで	257	4	20
		2	660	8	70
		3	2,030	17	166
		4	2,302	40	172
		5	2,227	62	103
		6	9,034	474	100
		7	4,069	314	27
		8	3,071	121	21
		9	1,500	43	14
		10	1,266	25	10
		11	845	33	7
		12	766	18	13
		12～	1,123	13	14
		6ヶ月以上就労者%	74.4	88.8	28.0
	家業出稼の者	総数	15,519	1,563	117
		1ヶ月まで	65	3	3
		2	119	6	3
		3	274	27	8
		4	376	39	3
		5	633	99	13
		6	3,079	343	22
		7	3,012	338	18
		8	3,315	303	16
		9	1,686	129	4
		10	914	89	12
		11	570	53	3
		12	714	62	6
		12～	762	72	6
		6ヶ月以上就労者%	90.5	88.9	74.4

出典：表8-6に同じ。

じ数値を見ると、その出稼ぎ期間が6ヵ月を越える者は28％、失業保険金受給者の割合は21.3％に過ぎないことがわかる。

それに対して、「出かせぎ」世帯に属する出稼ぎ者の割合が40.1％（一般雇い世帯を加えると45.9％）と県内最大である東津軽郡では、6ヵ月以上の出稼ぎ就労者の割合が農家世帯と出稼ぎ専業世帯で等しい88％台であり、失業保険の受給者が72.5％（県全体では67.5％）と高い。出稼ぎ専業世帯の割合が高い地域では、地元町村の取り組みが出稼ぎ専業者に適合的なものとなるために、出稼ぎ農民も出稼ぎの長期化・失業保険受給の方向に傾斜していると推測される。

他方、専業的出稼ぎ世帯が多数を占める地域の出稼ぎ調査としては、北海道檜山支庁管内の1970年1月の実態調査がある。この調査によると、管内には3,572人（就業人口の8.1％）の出稼ぎ者がいるが、その家業は農業でも漁業でもなく「出稼ぎ専業」が78％と圧倒的である。ここでは失業保険金の受給資格者は73.2％と高率であり、家業として農業・漁業を営んでいる者以外は、ほぼ失業保険を受給していると見られる。出稼ぎの時期については北洋漁業等の乗組員になる者が3～5ヵ月と短いが、6～9ヵ月が77.0％であり、「4月頃から出かせぎし年内に帰郷する」という形で失業保険金受給資格を得ている[17]。

(4) 農家世帯員の出稼ぎ状況——出稼ぎ時期を中心に

ここでは農家世帯員の出稼ぎ時期（夏型、冬型）について必要な検討をしておこう。まず、農閑期出稼ぎ＝冬型出稼ぎは、田植えから稲刈りまでの稲作労働に従事した上で、11月から4月頃まで出稼ぎに出る。この人々は田植えの準備作業にも従事するとすれば、失業保険金受給資格を満たすことは困難であり、保険金の受給率は決して高くなかった。これに対して夏型出稼ぎは、早ければ4月に、遅くとも7月には出稼ぎに出て12月に帰郷し、1～3月に失業保険金を受給するタイプである。

労働省は失業保険金の受給統計に基づいて、「夏場を北海道や地元の建設業等で働き、冬場に失業保険金を受給する型」（労働省は保険金受給の季節で区分しているので、これを「冬型」としているが、本章ではこれを夏型出稼ぎと呼ぶ）が「秋冬の農閑期を利用して京浜、阪神地区その他の地域で就労し、春夏に帰

郷して失業保険金を受給する型」を大きく凌駕して、1967年時点で全体の8割を占めていると認識していた。その上で、「経営耕地規模の比較的小さい農家等の世帯主が農業その他の家業に従事するよりも夏場出稼ぎをやり、冬場失業保険金を受給した方が割がよいといった出稼ぎ専業化」の傾向が強いと解説していたのである[18]。このように労働省は、事実上の出稼ぎ専業層も農家とみなした上で、農家が出稼ぎを兼業することによって失業保険財政を悪化させているという構図を描いていることがわかる。それが農林省側で捉えていた農家とどの程度重なる存在であったのかについて以下検討してみよう。

表8-8は1971年の農林省調査によって全国の出稼ぎ農民が何月に出稼ぎに出発し、何月に離職して故郷に戻ったのかを整理したものである[19]。この調査で把握された出稼ぎ農家数は30万1,976世帯、出稼ぎ者数は34万1,924人、出稼ぎ延べ数（出稼ぎに複数回出た場合、それぞれが1回の出稼ぎとして重複計算されている）42万1千回であるが、同表はこの出稼ぎ延べ数について出発月と帰郷月の関係を集計したものである。ちなみに出稼ぎ延べ回数42万1千回を出稼ぎ実人員34万1,924人で割れば1人当たり1.23回となる。このことは、出稼ぎ者のほぼ4人に1人は2回にわけで出稼ぎに出ていることを意味している。これはたとえば、稲刈りが終わって11～12月に1回目の出稼ぎに出、正月を故郷で過ごして2～3月の農閑期に再び出稼ぎに出て田植えまでに戻ったり、田植えから刈り取りまでの間の短期間を利用したりする働き方であろう。

同表から読み取ることができる特徴は第一に、出発する時期については11月が最も多く、16.4万人に達していることである。これは出稼ぎ者の実数342千人に対して48％と高率である。時期を広げて11月から2月までの農閑期の4ヵ月間に出発した者を合計すれば24.6万人（実人員に対する比率は71.9％）と圧倒的になり、出稼ぎ農民の多数派は冬型出稼ぎであるということができる。これに対して4～7月に出発した者を夏型とすれば、その出発月には突出して人数の多い月はなく、4ヵ月の合計で8.4万人（実人員342千人に対して24.6％）に過ぎないことがわかる。

そこで各月に出稼ぎに出発した者が何月に帰郷するのかを検討して、出稼ぎ者のうちどの程度の者が失業保険金の受給資格を満たしてから帰郷しているのかについて検討してみよう。まず冬型の典型である11月出発者16万4千人の

表 8-8 農家世帯員中の出稼ぎ

		延人数	(構成比)	1月	2	3	4
	延人数	430,631	100.0	10,443	11,592	81,220	138,421
	(構成比)	100		2.4	2.7	18.9	32.1
出発月	1	55,444	12.9	1,031	2,066	13,033	12,775
出発月	2	10,080	2.3	108	67	1,396	2,319
出発月	3	8,552	2.0	212	230	492	743
出発月	4	18,796	4.4	627	389	830	987
出発月	5	19,450	4.5	350	307	1,712	899
出発月	6	27,670	6.4	422	387	2,013	2,404
出発月	7	17,001	3.9	236	223	958	552
出発月	8	16,365	3.8	188	135	961	959
出発月	9	19,886	4.6	456	330	3,317	2,399
出発月	10	37,459	8.7	554	1,016	8,745	14,991
出発月	11	163,719	38.0	3,072	4,352	35,184	91,244
出発月	12	26,540	6.2	728	1,675	12,354	7,718
翌年同月分		9,672	2.2	2,458	415	232	430
6月出発者%		100.0		1.5	1.4	7.3	8.7
11月出発者%		100.0		1.9	2.7	21.5	55.7

出典:農林省統計情報部『昭和46年 出かせぎ状況調査結果報告書』(1973年3月刊)。
注1:出稼ぎ者の実数は34万1,924人である。
  2:一年間に複数回出稼ぎに出ている者についてはその都度の出発月、帰郷月がカウ
  3:原表で誤記であると思われる2点を修正した。①8月帰郷者合計の28,248人を計
    ②出稼ぎ者延人数420,959人には出発月と同じ翌年同月分の9,672人が含まれて
    他にも総計の不釣り合いがあるが、いずれもマイナス1〜プラス7の範囲なの

うち、足かけ6ヵ月に達しないうちに帰郷する者は11月から3月に帰郷する者(合計5.9万人=36%)であり、4月以降に帰郷する者が足かけ6ヵ月を満たして失業保険金の受給資格を得る可能性を持つ者である。表では4月帰郷が9.1万人(55.7%)と圧倒的に多く、出稼ぎ者が失業保険金の受給資格を満たすと同時に一斉に帰郷して直ちに田植え労働に取りかかっていることが示唆されている。ただし出発日が11月後半にずれこんで11月中に11日の雇用実績を持てなかった者は5月まで働かなければ6ヵ月を満たせないので、1.1万人が5月帰郷になっていると推定することができる[20]。このように、11月出発者のうちで4割弱は失業保険金の受給を意図せずに早期に帰郷しているのに対して、6割強の者はその資格を得るまで出稼ぎを継続していると推定できる。

第8章 出稼ぎ労働者の諸類型　257

者の出発月・帰郷月別人数（1971年）

郷月								翌年
5	6	7	8	9	10	11	12	同月分
32,184	8,893	8,477	18,248	14,489	19,483	15,404	62,107	9,672
7.5	2.1	2.0	4.2	3.4	4.5	3.6	14.4	2.2
9,167	2,451	983	2,118	744	913	355	7,350	2,458
1,808	466	472	672	248	492	342	1,274	415
1,071	680	544	964	323	964	568	1,528	232
1,612	1,253	1,251	1,736	831	1,848	3,310	3,692	430
567	610	2,279	3,025	895	2,000	2,870	3,596	340
589	133	921	5,446	4,922	3,546	2,010	4,193	685
733	250	415	2,762	3,008	4,162	526	2,505	671
333	424	0	227	2,242	3,015	1,629	5,802	453
824	251	116	206	434	1,712	1,565	7,503	773
2,703	402	292	198	0	129	480	7,434	521
10,612	983	451	353	70	111	406	15,539	1,341
1,825	305	81	89	0	72	0	341	1,353
340	685	671	453	773	521	1,341	1,353	
2.1	0.5	3.3	19.7	17.8	12.8	7.3	15.2	2.5
6.5	0.6	0.3	0.2	0.0	0.1	0.2	9.5	0.8

ントされている。
算にしたがい18,248人に修正。
いないので、それを加えた。
でそのままとした。

　とはいえ90日間の失業保険金の初回受給者数（男子）は全国合計で1971年5月で3.5万人であるから、4月離職者9.1万人のうちで5月から失業保険金を実際に受給できた者は相当に限られていたと推測される。実際、季節労働者の失業保険金受給の抑制を意図した67年の失業保険法改定案が不成立に終わって以降、その意図した内容を職安窓口の対応を通じて達成すべく出稼ぎ労働者に対する給付規制は極めて厳しくなり、受給申請しても遠方の就業機会を紹介され、それを拒むと受給資格を喪失するという扱いが多くなっていったのである[21]。表8-4に見られるように、60年代後半から農家世帯員の出稼ぎが減少に向かった一つの根拠は、そうした措置に直面した農民が出稼ぎを止めて地元の臨時雇・日雇に転じる選択をしたことであり、それはマクロ的にみれば、

全国的に拡張された公共事業等に、給源が枯渇しつつあった単純労務職を効率的に割り振るための措置として機能したといえる。

　これに対して6月出発者2.8万人については、足かけ6ヵ月を経過するまでの6～10月帰郷者が1.6万人（総数の57％）、6ヵ月を経過して以降の帰郷者が11～5月帰郷の1.1万人となる。ここでは農作業に縛られて帰郷時期が集中する11月出発者に比較して帰郷時期が分散的であり、わずかに年末の12月にやや多くなっている点が確認できる。6月に出稼ぎに出る者は田植え労働に参加してすぐ故郷を離れるが、刈り取り作業に参加するためには失業保険金受給の資格を取得せずに帰郷しなければならない。6月出発者の半数の1.4万人はこのために8～10月に帰郷しているのに対して、6ヵ月の出稼ぎ期間を満たした者は農業の夏作業にも刈り取りにも従事しないのであるから、農家世帯員ではあっても農業従事度は極めて低いと考えられる。この人々にあっては、6ヵ月を満たしてもすぐに帰郷する必要はないので、帰郷時期は11月以降に延び、分散的になるのであろう。

　以上のように考えれば、夏型にせよ、冬型にせよ、農家世帯員の出稼ぎ者にあっては、世帯内における自らの役割分担（農業労働の責任度）を勘案して、失業保険金の受給資格を取得するか否かについて、それぞれに固有の判断をしていたと推測される。

　かくて、農家世帯員の出稼ぎ者は、①冬型出稼ぎで失業保険金を得ようとする者（11月出発、4月帰郷で時間的制約は最もきつい）、②冬型出稼ぎで保険金取得をしない短期出稼ぎ者（11月以降に出発し3月までに帰郷する）、③夏型出稼ぎで刈り取り前に帰郷する短期出稼ぎ者、④夏型出稼ぎで失業保険金取得の条件を満たした上で、帰郷時期については事情に応じて柔軟に判断している者、の4つのタイプが、おそらくは人数的にこの順序で、並存していたといえる。もっとも①のうちで実際に失業保険金を受給できた者は、職安窓口での厳しい失業認定制限によって、この時点ではすでに資格者の3分の1程度に過ぎなくなっており、6ヵ月勤続就労の意思は出稼ぎ農民から急速に失われつつあった。

　すなわち、労働省の職安に対する指導方針として、①農地を所有していれば農業労働をするはずだから失業とは認めない、②出稼ぎに出ていたのだから県外の職を紹介されても従うべきであり、その就労を拒否すれば失業保険金は支

給しない、といった点が徹底されつつあったから[22]、職安の窓口で激しい論争をすることを嫌う人々や、申請を認められなかった経験を持つ人々は、無理に6ヵ月間の就労を継続しようとはしなくなったといえる。

他方、帰郷月については22万人が一挙に帰郷する3～4月は田植え労働に参加する農家世帯員が集中して帰郷する時期であり、12月（6.2万人）は正月以降を故郷で過ごそうとする者が中心を占めているのであろう。

続いて、同じ1971年調査で出稼ぎの出発月の地域差を示したものが表8-9

表8-9 出稼ぎ者（農家世帯員）の出発月

	全国	北海道	東北	関東	北陸	東海	近畿	中四国	九州
実　数（%）									
延人数 a	420,959	18,294	213,174	7,712	36,348	2,150	11,878	55,038	76,365
1月	55,444	1,765	15,946	2,043	2,498	376	610	14,217	17,989
2	10,080	466	2,435	388	343	37	68	1,954	4,389
3	8,552	474	3,374	133	247	148	32	1,263	2,881
4	18,796	2,397	9,806	279	924	185	176	1,437	3,592
5	19,450	2,738	8,786	350	1,002	74	115	2,232	4,153
6	27,670	425	17,347	546	2,092	222	32	3,857	3,149
7	17,001	402	4,579	362	371	222	183	3,930	6,952
8	16,365	1,013	5,454	557	530	147	51	2,175	6,438
9	19,886	1,631	4,257	431	536	74	424	3,383	9,150
10	37,459	669	15,019	717	7,972	370	3,435	4,993	4,284
11	163,719	5,192	108,922	1,400	17,411	185	6,464	13,410	10,735
12	26,540	1,125	17,249	507	2,422	111	286	2,187	2,653
実人数 b	341,924	15,641	191,082	5,628	32,100	1,374	11,553	33,166	51,380
a/b	1.23	1.17	1.12	1.37	1.13	1.56	1.03	1.66	1.49
構成比（%）									
1月	16.2	11.3	8.3	36.3	7.8	27.4	5.3	42.9	35.0
2	2.9	3.0	1.3	6.9	1.1	2.7	0.6	5.9	8.5
3	2.5	3.0	1.8	2.4	0.8	10.8	0.3	3.8	5.6
4	5.5	15.3	5.1	5.0	2.9	13.5	1.5	4.3	7.0
5	5.7	17.5	4.6	6.2	3.1	5.4	1.0	6.7	8.1
6	8.1	2.7	9.1	9.7	6.5	16.2	0.3	11.6	6.1
7	5.0	2.6	2.4	6.4	1.2	16.2	1.6	11.8	13.5
8	4.8	6.5	2.9	9.9	1.7	10.7	0.4	6.6	12.5
9	5.8	10.4	2.2	7.7	1.7	5.4	3.7	10.2	17.8
10	11.0	4.3	7.9	12.7	24.8	26.9	29.7	15.1	8.3
11	47.9	33.2	57.0	24.9	54.2	13.5	56.0	40.4	20.9
12	7.8	7.2	9.0	9.0	7.5	8.1	2.5	6.6	5.2
実人数 b	100.0	100.0	100.0	100.0	100.0	100.0	100.0	100.0	100.0

出典：表8-8に同じ。

である。これによると第一に、1人が何回出稼ぎに出ているかに関しては、中国・四国、東海地方が1.5回を越えており、出稼ぎ先が近在にあることによって短期出稼ぎを繰り返している状況が読み取れる。これに対して東北・北陸等の出稼ぎ中心地では1人1回に限られる傾向が強い。

第二に、刈り取り後の10〜11月に出発する者の割合は東北64.9%、北陸79.0%と高率であり（ただし最高は近畿の85.7%）、九州は29.2%と低率である。他方、関東、東海、中四国、九州で1月に出発する者が多いのは、夏型出稼ぎ者が12月に帰郷した後で不足した労働力を企業が近場で確保している結果ではないかと推測される。

さらに同じ調査結果を年間出稼ぎ期間別・男子年齢別に整理した表8-10をみよう。これによるとどの年齢でもほぼ5ヵ月間の就労が最高である。同統計でいう経過月数が足かけ月数をいっているのか継続期間をいっているのかで判断が分かれるが（前掲注20参照）、後者であるとしても失業保険受給の形式的要件をクリアしている者は出稼ぎ農民の6割に満たず（前者であれば3割強に留まる）、そのうちで職安窓口での遠隔地の就労先を含む就職紹介を成功裏に拒否できた限られた者だけが失業保険金を受給できたことになる。

表8-10 農家世帯員である出稼ぎ者の出稼ぎ月数別人数の構成比（1971年）

(単位：％)

	男子								女子
	計	〜19歳	20〜	25〜	30〜	35〜	40〜	50〜	60〜	
1ヵ月〜	4.6	5.4	3.5	4.6	4.1	5.8	5.3	3.9	3.5	9.3
2〜	5.9	5.3	5.3	7.4	7.4	6.8	5.7	5.4	4.9	6.7
3〜	10.7	9.6	10.2	13.5	11.8	13.5	10.7	8.5	8.5	8.0
4〜	20.3	18.3	21.2	21.0	25.7	18.5	21.2	18.6	13.9	19.8
5〜	26.3	22.7	27.7	26.5	25.4	26.5	26.6	25.7	25.9	26.5
6〜	15.1	18.1	14.2	11.6	12.7	13.9	13.9	18.0	23.3	13.3
8〜	7.9	8.8	7.5	6.7	5.4	7.3	7.8	10.4	7.4	6.9
10〜	9.2	11.8	10.3	8.7	7.6	7.7	8.8	9.7	12.6	9.5
再掲6ヵ月以上	32.2	38.7	32.1	27.0	25.7	28.9	30.5	38.0	43.3	29.6
再掲5ヵ月以上	58.5	61.4	59.8	53.5	51.0	55.4	57.1	63.7	69.3	56.1

出典：表8-8に同じ。
注：一年間に複数回出稼ぎに出た場合にはその合計期間を示している。

続いてその割合を年齢別に見ると、労働力面で世帯の農業の中心的な担い手となっていると想定される25～39歳階層においてこの比率が最も低く、6ヵ月以上の者は30％を割り込んでいるのに対して、若年者・高齢者ともにそのコア年代から離れるほど受給資格取得可能者が上昇していることがわかる。農業労働に責任を負っている者は出稼ぎ期間が短くなり、失業保険金受給資格を取得できないという傾向が明瞭である。

　さて、農林省関係統計、労働省関係統計で相反するイメージを総合すれば、非農家を含む季節労働者全体としては冬型出稼ぎが半ばを占め、その他の時期の出稼ぎ者は「夏型」というよりも、出発時期がかなり任意であり（農作業を行わない者は任意に出発時期を定めることができる）、その帰還時期はほぼ12月に集中していると判断される。それは従来から出稼ぎ先の作業が休みになる年末・年始の時期に帰郷する風習に合わせて離職・帰郷することが便宜であったからであろう。そして冬型の出稼ぎ者の半ばは4月まで出稼ぎを継続することなく、3月までに帰郷して農作業に備えていたと判断される。

　とくに1960年代の早い時期から地元農村でも労働市場が展開し、職安が地元企業からの求人票を手持ちして求職者に就職紹介をできるようになってきた多くの地方では、6ヵ月間の就労期間を満たしても失業保険金を受給できない場合が多くなってきたので、帰還時期を早めるか（農作業を重視する場合）、長期に出稼ぎを続けるか（農作業従事が要請されていない場合）の判断を左右する要因として、失業保険金の受給資格を考慮する者は次第に減少していったと判断される。その事実は、出稼ぎ労働の魅力を引き下げ、出稼ぎ専業層、兼業出稼ぎ層の両者を地元労働市場での就労に振り向けさせる方向に作用したと言えよう。

(5) 出稼ぎ者類型の時期別推移

　以上の検討によって、失業保険金受給の季節労働者には冬期雇い止め対象の地元労働者と出稼ぎ者との2タイプがあり、出稼ぎ者には、A．専業的出稼ぎ世帯の世帯員、B．農家世帯員で農業に従事していない出稼ぎ主業者、C．農家世帯員で農業従事との兼業者（冬型出稼者）の3タイプがあったと整理できる。しかし出稼ぎ者のタイプごとの量的変化を正確に把握することには困難で

あり[23]、各種の記述資料に依拠しつつ、大まかなイメージを描くことで満足しなければならない。

まず戦後復興期において戦時期に中断していた出稼ぎが復活したが、その中心は戦前以来の専業出稼ぎ世帯（A）であった。次いで高度成長期に入って底辺的労働市場の労働需要が拡大すると、一部には常勤的建設労働者層等の形成も進んだが、Aの予備軍というべき農業規模の零細な農家の世帯員が出稼ぎ専業層（B）として形成された。A、B 2タイプの人々は、戦後特有の失業保険制度に支えられて、屋外労働で残業手当等を取得することが困難な冬期には帰郷して失業保険金を受領する方向に傾斜していった。

さらに単純労務職への需要が高まるにつれて、農業従事者の冬期出稼ぎ（C）が増加するようになった。1960年代に藁作業がなくなり農業関連の冬期労働が不要になったことがこの変化を可能にした一因であった。

こうして1960年代前半期に冬型出稼ぎが急増し[24]、同時に進行した農業の省力化、勤労者世帯との所得格差の拡大の下で、その一部は専業的・通年的出稼ぎへと変化し、家業としての農業は女子・高齢者によって支えられるように変化した。この過程で新たに冬型出稼ぎを開始する農家世帯員に対して労働力需要企業が賃金の附帯物として失業保険金の魅力を語り、地元市町村は職安と協力してその手続きの簡素化・迅速化に努力したので、冬型出稼ぎは短期間に急増した。しかし現実に失業保険金を取得した者は専業的出稼ぎ者が中心であり、農家世帯員の冬型出稼ぎは、60年代後半期には顕著に減少方向をたどることになった。

(6) 失業保険金受給者の季節的変化

前掲表8-3で確認されたように、季節労働者の失業保険金受給開始月は一貫して1月に集中しているが、1960年代に冬型出稼ぎが増加し、その一部が失業保険金を取得するようになれば4～5月に離職して、5～6月に保険金の初回受給者となる者が増加していなければならない。この点を表8-11で検討すると、12～1月の集中度とは比べものにならないとはいえ、5～6月の初回受給者の絶対数が56年の1.8万人弱から71年の8.7万人に増加し、その構成比も57年の8.2％から65年の12.9％、71年の18.0％へとかなりの増加を示し

表8-11　失業保険金90日受給資格者の初回受給月別人数（男子）

	月	1956	1959	1962	1965	1968	1971	1974
実数 （人）	1	50,502	92,685	152,656	223,249	220,183	214,700	226,816
	2	22,131	33,071	39,993	89,179	72,236	58,703	51,446
	3	10,583	12,792	14,601	28,910	19,135	18,651	15,482
	4	9,559	10,539	11,985	21,481	15,303	16,107	13,359
	5	9,949	9,265	24,587	30,894	35,719	35,274	40,834
	6	7,944	9,555	21,704	35,455	37,083	51,988	45,463
	7	6,790	7,892	14,386	22,435	28,094	29,458	34,333
	8	5,934	6,786	10,054	12,146	13,266	14,917	13,955
	9	4,570	5,087	6,426	7,680	5,548	7,449	5,831
	10	4,992	5,249	8,376	6,909	5,304	6,575	6,673
	11	8,557	7,114	9,778	8,288	7,456	7,180	7,396
	12	19,876	27,969	47,654	28,289	22,528	22,753	27,978
	計	163,343	229,963	364,162	516,880	483,823	485,726	491,540
構成比 （％）	1	30.9	40.3	41.9	43.2	45.5	44.2	46.1
	2	13.5	14.4	11.0	17.3	14.9	12.1	10.5
	3	6.5	5.6	4.0	5.6	4.0	3.8	3.1
	4	5.9	4.6	3.3	4.2	3.2	3.3	2.7
	5	6.1	4.0	6.8	6.0	7.4	7.3	8.3
	6	4.9	4.2	6.0	6.9	7.7	10.7	9.2
	7	4.2	3.4	4.0	4.3	5.8	6.1	7.0
	8	3.6	3.0	2.8	2.3	2.7	3.1	2.8
	9	2.8	2.2	1.8	1.5	1.1	1.5	1.2
	10	3.1	2.3	2.3	1.3	1.1	1.4	1.4
	11	5.2	3.1	2.7	1.6	1.5	1.5	1.5
	12	12.2	12.2	13.1	5.5	4.7	4.7	5.7

出典：労働省職業安定局『失業保険業務月表』。

ていることがわかる。先に表8-8で確認した10～11月出発の出稼ぎ農民20.1万人が5～6月に初回受給しているとすれば、最大でそのうちの8.7万人が失業保険をうけていると想定できる（もちろん失業保険金90日受給者には通常の失業者も含まれているから、出稼ぎ者がどれだけ含まれているのかは不明であるが）。

　同じ数値を県別に比較するために表8-12によって1971年について1～2月集中度と5～7月集中度を見ると、青森県は68.6％対10.8％と圧倒的に冬期受給型であるのに対して、秋田県、山形県、新潟県はいずれも夏期受給型の方が多いことがわかる。こうした事態の背景として、青森県における戦前以来の出稼ぎ専業層の分厚さとともに、地域経済に占める失業保険金の比重の高さに

表 8-12 失業保険金 90 日受給資格者の初回受給月別人数 (男子)

(単位:%)

		全国	北海道	青森	秋田	山形	新潟	兵庫
1959	1月	40.7	56.8	57.3	52.7	56.3	53.4	15.3
	2月	14.5	20.0	20.3	21.6	14.7	10.4	7.3
	3月	5.6	5.8	3.5	5.6	3.7	3.0	7.8
	4月	4.6	1.9	1.2	1.7	1.8	1.8	10.7
	5月	4.1	0.8	0.9	0.7	3.6	3.0	8.7
	6月	4.2	0.7	0.5	0.5	2.3	3.7	9.6
	7月	3.5	0.4	0.9	0.4	1.3	2.9	5.8
	8月	3.0	0.2	0.3	0.6	1.2	3.5	6.4
	9月	2.2	0.2	0.3	0.4	1.1	1.3	8.8
	10月	2.3	0.3	0.4	0.4	1.2	1.0	6.2
	11月	3.1	0.5	0.7	0.8	1.4	1.4	5.9
	12月	12.3	12.5	13.7	14.5	11.6	14.6	7.5
	年計 (%)	100.0	100.0	100.0	100.0	100.0	100.0	100.0
	年計 (実数)	228,004	63,371	18,996	12,147	6,380	9,215	3,596
1971	1月	44.4	72.0	54.5	20.7	20.7	31.7	2.3
	2月	12.1	15.7	14.1	17.5	3.2	7.0	1.6
	3月	3.9	3.0	6.5	2.9	1.2	1.5	1.7
	4月	3.3	1.3	4.5	2.1	0.9	2.4	4.2
	5月	7.3	0.7	3.8	13.2	7.1	20.5	44.5
	6月	10.7	0.4	4.0	26.6	25.9	16.7	31.5
	7月	6.1	0.2	3.0	12.5	19.1	9.5	5.3
	8月	3.1	0.1	1.0	2.1	13.7	6.3	2.5
	9月	1.5	0.1	0.6	0.8	4.6	1.3	1.5
	10月	1.4	0.7	0.5	0.3	1.1	0.5	1.7
	11月	1.5	0.8	0.9	0.2	0.4	0.5	1.4
	12月	4.7	4.9	6.7	1.2	2.0	2.0	1.8
	年計 (%)	100.0	100.0	100.0	100.0	100.0	100.0	100.0
	年計 (実数)	483,755	174,260	66,670	38,262	32,617	18,842	9,610

出典:表 8-11 に同じ。

規定されて、県・市町村行政が最後まで出稼ぎ者の失業保険金受給のために強い支援策をとった事実が重視されなければならない[25]。

おわりに

高度経済成長期における出稼ぎ労働者の人数とその性格については、これま

でかなり偏った理解が定着していた。すなわち、出稼ぎ労働者の大半は出稼ぎ農民であり、彼らの多数は出稼ぎを終えて帰郷した後で失業保険金を取得しているという理解である。

本章はこの点に再検討を加え、出稼ぎ農民は出稼ぎ労働者の一部に過ぎず、農業に従事しない出稼ぎ専業層等が大量に存在していたことを確認し、出稼ぎ問題を農業問題としてだけではなく、非都市的地域の労働者問題としても捉えるべき必要性を示した。また、失業保険金を受給していた季節労働者の相当部分は、冬期に雇用関係が打ち切られる北海道等の積雪寒冷地の労働者であって、出稼ぎ者、とくに出稼ぎ農民の比重は限定的であったことも確認した。

もちろん本章も、農業センサスがとらえたように、最高時において農家の一割近くが出稼ぎ者を出していた事実を軽視しているわけではない。また、農家世帯員の出稼ぎ者の相当部分が失業保険金を受給できるように出稼ぎ期間を調整していたことについても、その事実が農家の経営戦略として重要であったことに留意している。しかしそれらの事実も、農家の独立した行動としてではなく、非農家の季節労働者の行動様式と対応した地元市町村および職業安定所の指導方針によって支えられた動きとして把握されるべきであると考えている[26]。

さて、高度成長期において外国人労働力を導入しなかった日本は、低賃金・単純不熟練労務の担当者を主として地元労働市場未展開の非都市部の住民から調達した。その際に、戦時期に中断した出稼ぎを再開させ、さらに新たに出稼ぎ者を増加させるために、6ヵ月就労、6ヵ月失業保険金取得という仕組みは極めて有効に作用したといえる。その勢いは6ヵ月勤続者の失業保険金給付期間が3ヵ月に短縮された1955年以降にも持続したが、一方における高度成長にともなう非都市的地域の労働市場の拡大と、他方における60年代半ば以降における失業保険金給付条件の厳格化とによって、出稼ぎ者数は停滞から急減に転じることになった。

注

1) 大川健嗣『戦後日本資本主義と農業』御茶の水書房、1979年、225～226頁。
2) 中央職業紹介事務局『大正十四年 出稼者調査』1927年8月が最初の報告書であり、以後、1928年、30年、32年、34年、36年に実施されて、それぞれ報告書が出されて

いる。

3）各回の統計書には市町村における調査の実情について説明がなされ、問題点が指摘されている。たとえば中央職業紹介事務局『昭和五年中に於ける道府県外出稼者に関する調査概要』5頁。
4）農林省統計情報部『1950年世界農業センサス結果概要』第3巻（1952年）、157頁。なお1950年の農業センサスでは出稼ぎ者は農家世帯員ではないので、調査個票の世帯員記名欄には記入されないのに対して、1955年以降の農業センサスでは、出稼ぎ者は農家世帯員のうちで他地域で働いている者と変更されているので、世帯員記名欄に記入されている。このように明確に異なった対象を同じ「出稼ぎ者」として比較してきた従来の統計解釈は訂正される必要がある。
5）大河内一男『戦後日本の労働運動』岩波新書、1955年。
6）ただしこの「6ヵ月未満」の居住期間は「予定」であって、現実にそれを越えて労働していても出稼ぎ者に含めることも明記されていた。この点は後に触れる失業保険金の受給資格との関係で、統計把握時に微妙な問題となっていたために、こうした予定と現実の区別がわざわざ注記されていたのであろう。
7）農林省統計情報部『農家就業動向調査報告書』1972年版。
8）青森県『出かせぎ世帯実態調査統計表』1967年7月刊。
9）加瀬和俊「出稼ぎ農民像の変容——季節労働者失業保険金問題を手がかりに」。『国立歴史民俗博物館研究報告』第171集、2011年12月所収。
10）道正邦彦「失業保険事業の現状と問題点」『職業研究』1966年1月号、25頁。
11）この推計方式の根拠は公表されていない。
12）たとえば秋田県能代職業安定所管内では地元建設会社は冬期に4,000人を一斉に解雇するので、それに対する失業保険金の認定・給付業務が繁忙化をもたらしているという。労働省職業安定局『職業安定広報』1968年8月11日号、10頁。
13）「北海道の労働力市場（職安扱い分と判断される——引用者注）の70％は季節労働者で占められ……その数は32万人……うち24万人が道内で冬期間全くの遊休労働力と化し、本道の失業保険金支給総額220億円のうち約150億円を受給して春を待つ」。井上肇「季節労働者の現地紹介相談」（『職業紹介広報』1969年1月21日号）9頁。
14）各回の「農業センサス」の調査個票にこの説明がある。
15）たとえば渡辺栄・羽田新編『出稼ぎ労働と農村の生活』東京大学出版会、1977年。
16）青森県『青森県の出かせぎ——出かせぎ世帯実態調査報告書』（推定1966年刊）および前掲『出かせぎ世帯実態調査統計表』。
17）編集部記事「出かせぎ労働者の実態について——北海道檜山支庁管内の事情」（『職業研究』1971年5月号）。なお、漁船員については失業保険も船員保険から支給されるので、一般の失業保険受給者統計には含まれない。
18）労働省職業安定局失業保険課編著『失業保険制度概論』日刊労働通信社、1969年。214〜219頁。
19）農林省統計情報部『昭和46年 出かせぎ状況調査結果報告書』1973年3月刊。この

調査は、農林省統計情報部が出稼ぎの実態について把握するために全国にわたって特別に実施した標本面接調査であり、1971年に1ヵ月以上、居住地を離れて他に雇われて就労した者がいる世帯について調査個票に基づいて聞き取りを実施し、その結果を統計的推計の方法にしたがって全農家分に拡大したものである。ここで把握された出稼ぎ者は『農業センサス』が出稼ぎ部門を第1位とする者だけをカウントしているのに対して、出稼ぎを行った者全体を他の就業部門との日数の大小等に関わらずカウントしている。

20) 失業保険受給資格は連続して6ヵ月間を雇用されていることであるが、「1ヵ月」雇用されたと認定される基準は暦月に11日間雇用されることである。したがって「6ヵ月とは4ヵ月と22日」と解釈されていたように、最初の月の21日から31日まで、最後の月の1日から11日までを働けば、中の4ヵ月を加えて6ヵ月雇用されたという条件が満たされたことになる。

21) 個々の職安への労働省の指示の変化、それに応じて職安窓口の対応が変化していった経緯については、大高貫一『過疎と出稼ぎ――職安窓口からの報告』無明社出版、1985年が貴重な情報を伝えている。

22) 労働省職業安定局『職業安定広報』の1967年前後以降の各号にはこの関係の記述が増加しているし、前掲、大高貫一『過疎と出稼ぎ――職安窓口からの報告』にも同様の指摘がある。

23) 前述の通り、『農家就業動向調査』は1971年までは「1ヵ月以上、6ヵ月未満」の予定で出稼ぎに出た者だけを出稼ぎ者として把握しているため、失業保険金受給資格を得る意図をもって出稼ぎに出た者(6ヵ月以上出稼ぎ予定者)はすべて「出稼ぎ者」ではなく、転職者として把握されたはずである。もっとも、この定義は調査の現場には徹底しなかったようであり、集計表においては6ヵ月以上の出稼ぎ者がかなり多人数示されている。また、出稼ぎ者数に時系列的に不連続な増減が多い。それを自覚してか、1958～65年度には掲載されていた出稼ぎ期間別の人数が66年以降には廃止されて、単純な総計しか示されなくなってしまった。

24) 「秋田魁新報」1966年12月1日号(3面)の記事「冬の出稼ぎ急増 この五年間で五十倍に」、「30億円の大台を突破 県内の失業保険」は、従来からあった夏の出稼ぎではなく、冬の出稼ぎが急増していることを指摘している。また1966年度の県内の失業保険は、掛金収入が7.6億円、受給が35億円程度と予想されていること、その受給者は5.3万人で、その「内訳は夏の出かせぎ(出かせぎ専業)3万6千人、冬の出かせぎ(農閑期利用のアルバイト)6千2百人、一般失業者1万1千8百人」であること、冬の出稼ぎの失業保険受給者は1962年度には144人のみであったのに1965年度には5,100人に急増していること等が指摘されている。また、労働省職業安定局編『職業安定広報』には冬期出稼ぎの増加についての指摘がしばしば表れている。たとえば、同、1968年2月21日号には増田失業保険課長「失業保険行政の方向」が掲載されているが、「今までは出稼ぎをしていなかった農家の人々が、冬期間労働力の需要地の製造業に雇用され、受給資格をつけて夏に受給するいわゆる夏型受給者の数が増加している」と述べられている(11頁)。

25) この点の実証は、前掲、加瀬「出稼農民像の変容——季節労働者失業保険金問題を手がかりに」で行った。
26) 職業安定所は1938年までは市町村の管轄に属しており、それ以降は国営となったが、地元利害と密着した存在であった。その職員は地元採用・地元職安配置であり、県一円の広域的な移動が実施されるのは70年代以降のことであった。また業務量が一挙に増える12〜1月には農村部の職安へ地元市町村の職員が実務の応援に従事する慣行があった。こうした状況の下で、職安職員は全国の失業保険掛け金が地元に落ちることに対してプラスイメージを持っていた。この様相が大きく変化するのは、64年の労働省による「適正化通達」(「失業保険給付の適正化」『職業安定広報』1964年12月21日号所収)に端を発して、その徹底を図る指導が60年代後半以降に強化されてからであった。職安におけるその表れ方については、前掲、大高貫一『過疎と出稼ぎ——職安窓口からの報告』参照。

第9章　地方自治体の渇水対策と企業・農民・住民
——静岡県三島市を事例として

沼尻晃伸

はじめに

　本章は、高度成長期の工業開発に伴って生じた都市部における渇水問題を、新規に立地した企業の土地所有（そこでの地下水採水）と地域住民や農民の水利用・水辺利用との対抗関係に着目して検討し、両者の利害対立を踏まえて講じられた地方自治体による政策を明らかにして、その歴史的特質を追究することを課題とする。

　高度成長期の工業開発に基づく公害などの諸問題とそれに対する政府や自治体の政策に関しては、同時代から、戒能通孝[1]や宮本憲一[2]ら、法学や経済学など種々のアプローチからの研究が進められてきた。その後の研究の多くは、事態の緊急性や深刻さに鑑み、主に人の健康に影響を及ぼす公害問題（あるいはそのような公害を予防する運動）に焦点をあてた。しかし、工業化や工業開発に伴って生じた種々の生活環境自体の変化に関する歴史的追究[3]は、これまで十分に取り組まれてこなかったように思われる。この点について、若干の説明を加えておこう。

　1967年制定の公害対策基本法では、公害の種類を大気汚染、水質汚濁、騒音、振動、地盤沈下、悪臭の六つに規定した。同法では、人の健康を公害から保護する点に関しては条件を付さなかったものの、生活環境の保全に関しては「経済の健全な発展との調和を図るように考慮するものとする」という条件を規定した。その一方で、地方自治体のなかには、国家法の枠組みには収まりきらない現実の公害を前に、独自にその定義を定める場合があった。69年に制定された東京都公害防止条例では、公害の種類については「大気の汚染、水質

の汚濁、騒音、振動、悪臭等」というように「等」という語を用いて、新たな種類の公害に備える条文とした。また、公害の態様に関して人の健康に対する侵害と生活環境に対する侵害とを分ける二元主義を取らず、人の健康を含めた生活環境保全全体が、経済発展より上位の利益であるとする立場を取った[4]。高度成長始動期にはみられなかった、経済発展と生活環境の保全との関係——あるいは人の健康を保護することと生活環境の保全との関係——自体の問い直しが試みられるようになり、そのことを踏まえた法や条例が、現実の経済成長のあとを追いかけるように登場してくるのが高度成長展開期、とくにその後半期であった[5]。そのような同時代の状況をふまえるとすれば、当該期の工業開発・工業化に伴う諸問題を追究する場合、最も被害が深刻であった人の健康への影響に関する問題のみをそこから切り離して論じるのではなく、同時代においても意識されていた生活環境自体の変化に関しても、歴史分析として着目し検討する必要があるのではないか。

　生活環境自体の変化を社会経済史的アプローチから分析を進める際の一つの方法として、工業開発が進む前における生活環境を土地所有と土地利用の観点から把握し、それらが開発に伴いどのように変化したのかを追究する方法が考えられよう。丹羽邦男は、地租改正による近代的土地所有権の設定によって、近世以来の所有と利用が結び付いた土地所持が切り離されていく問題点を指摘した[6]。本章が対象とする、生活環境の一事象としての地下水は、地下水脈の形状が直ちに認識できないために水利権は設定できず、地下水の採水は当該土地所有に付随するものとみなされたため、地租改正後の私的土地所有権の行使に基づく新たな地下水採水と、周辺地域で地下水を利用していた者との間での摩擦が、戦前期から生じていた[7]。これも、近代的土地所有権の設定によって、それまでの土地所有と利用が切り離されていく過程の一形態と考えられるが、このことが地盤沈下や渇水という形で各地において噴出したのが、急激な工業開発に伴い水（水辺）利用が劇的に変化した高度成長期であった[8]。

　筆者は、水利用とそこから生じる共同性（それらを利用した諸運動）が、地方自治体の公的政策にどのように埋め込まれたのかという点に注目し、1960年代の静岡県三島市におけるコンビナート反対運動を考察した[9]。そこで、本章では、同じく三島市を対象として、同市で発生した渇水問題に対する自治体の

政策について、企業の土地所有（及びそこでの採水）と農民による用水利用や住民の水辺利用との対抗関係に注目して、考察する。

地下水の利用をめぐる法理の歴史的変遷については法学分野において研究の蓄積がある[10]。本章では、法理の変化と異なる、地下水をめぐる利害対立が実際に生成する過程とこれに対する自治体の政策に注目して検討を進める。一般に、高度成長展開期における地域開発と自治体を考察する場合、注目されるのが全国総合開発計画との関連であろう。本章では、政府の地域開発政策や萌芽的に試みられる県の「公害対策」[11]による規定性に留意しつつも、政府の政策枠組みが構築される前から存在する、企業の土地所有および採水と、地域住民・農民の水利用・水辺利用との対抗関係・利害対立に着目し、そこでの協議の結果として選択された自治体の政策の特質を把握することに努めたい。具体的には、(1)1950年代後半における工場誘致の過程で採水可能な土地を企業が取得するプロセスの特徴、(2)1960年代前半における渇水問題の顕在化の経緯と自治体および企業の対応、(3)1960年代半ば以降の県政における「公害対策」と自治体による渇水対策の帰結の三点を中心に検討する。

本章が対象とする静岡県三島市は、富士山のふもとに位置し、三島溶岩流と呼ばれる豊富な地下水が存在していた。しかし、1950年代後半以後の工場立地後に渇水問題が生じ、住民生活や農民の生産に支障を来たすようになる。他方、63年には東駿河湾地区工業整備特別地域にも指定される。高度成長期における工業開発と生活環境の変化とを追究するうえで、格好の事例といえよう[12]。

1．東洋レーヨン三島工場の誘致と自治体

(1) 三島市における水利用と自治体

三島市の人口は、1960年6万2,966人、65年7万1,239人、70年7万8,141人と60年代に増加傾向を示していた[13]。表9-1は、三島市の就業人口の変遷を示したものである。建設業・製造業といった第二次産業部門の増加がもっとも顕著であるとともに、第三次産業部門の増加も読みとれる。61年の調査に

表9-1　三島市における就業人口の変遷

	1955年		1965年	
	就業人口数	比率	就業人口数	比率
総数	22,688	100	33,126	146
農業	5,607	100	3,981	71
林業及び狩猟業	53	100	12	23
漁業及び水産養殖業	9	100	10	111
鉱業	13	100	17	131
建設業	900	100	2,501	278
製造業	4,787	100	9,724	203
卸売・小売業	4,158	100	7,318	176
金融・保険業及び不動産業	427	100	809	190
運輸通信業及び電気ガス水道業	1,599	100	2,775	174
サービス業	3,902	100	5,254	135
公務	1,233	100	722	59

出典：『静岡県統計書』1955年、『静岡県統計年鑑』1965年。
注：比率は、1955年の値に対するもの。「総数」には、分類不能の者の数値も含まれる。

よれば、三島市商業の来客範囲となっている駿東郡清水村、長泉町、田方郡函南村などの隣接町村でも、第二次産業人口の比重が高まってきていることが報告されており[14]、三島市のみならずその周辺町村に至るまで都市化傾向がみられる状況にあった。

このような人口増加の傾向に対して、三島市では、1950年代に保健衛生の施設として塵芥焼却場（54年設置）やし尿処理場（59年設置）を整備した[15]。しかし、上下水道に関してはその整備が遅れていた。市営上水道は、三島駅付近の井戸水を利用した旧陸軍の軍用水道（敗戦後に市に対し無償譲渡）を拡大して、51年度に完成した[16]。しかし、給水人口は60年で約4万人であり市域全体を網羅するものではなく、新たな井戸を掘削して旧村部も含めた給水が計画されている段階であった。下水道に関しては、上水道よりさらに整備が遅れた。道路脇の側溝などを指す都市下水路の整備が始まるのが64年、終末処理場を備えた公共下水道が認可されたのは68年で、事業が着工されるのは70年代に入ってからであった[17]。

その一方で、三島市内では、町や集落などが母体となっての組合営の簡易水道や井戸水の利用が戦後も続いていた。旧三島町域内だけでも、1960年時点

で5つの簡易水道組合が確認される[18]。市中心部には湧水池が点在しており、その場所は市民の憩いの場として——あるいは子どもの遊び場として——利用されていた。住民は、水辺に位置する「カワバタ」とよばれる張り出しにおいて、洗濯や食器洗いなどに湧水を用いた[19]。市中心部の湧水池から流れ出る水は、市南部中郷地区の農業用水としても用いられた。富士山からの地下水（三島溶岩流）に恵まれ、それを利用した簡易水道組合も存在していた三島市では、逆に、上下水道に関する市の行政領域が、高度成長始動期においては限定的だったのである。

(2) 東洋レーヨン株式会社三島工場の誘致の経緯とその内容

1950年代後半以降、三島の水利用を大きく変えたのが、静岡県と三島市・駿東郡長泉村による東洋レーヨン株式会社（以下、東レと略）三島工場の誘致であった。東レが、三島市と長泉村にまたがる地域にポリエステル繊維工場の建設を申入れたのは、56年であった。7月24日、静岡県庁にて、県知事立会いの下で東レ岩永常務取締役（社長代理）が三島市長・長泉村長と面会し、工場設置を申入れた[20]。東レ三島工場の敷地面積は10万2,900坪、50年代に静岡県工場誘致条例の指定を受けた工場のなかでは、旭化成工業株式会社富士工場（23万坪）に次ぐ規模であった[21]。7月28日には、地元に対する東レからの要望事項が三島市議会協議会に報告された。その主な内容は、三島市と長泉村の合併や工場用地の準備、地元負担による工場からの排水路建設などであった[22]。三島市に工場を立地した理由について、東レ袖山喜久雄取締役社長は「地下水が豊富で交通の便よく気候温暖である」と述べた[23]。東レが当初から、地下水の利用を重視していたことがうかがえる。

三島市・長泉村と東レが、三島工場の建設と操業に関して正式に契約書を取り結んだのは、1958年2月15日であった。同契約書[24]の事項中、用排水や土地に関する箇所を挙げると、工場予定地の土地買収斡旋は市・村が行うこと（第1条）、道路・用排水路・水道の新設または改修工事は静岡県の協力のもと市・村が行ない、会社は工事費用を一時的に貸し付けること（第2・3条）が盛り込まれた。契約書に付帯する覚書では、第4条「丙（東レ）が買収地内で行う地下水三十個までの採水について将来、丙と地方公共団体、法人、住民等

との間に紛争を生じた場合には甲（三島市）および乙（長泉村）は静岡県（中略）の協力を得て解決するものとする」こと、第5条「丙（東レ）の工場建設および操業について、将来、丙と地方公共団体、法人、住民等との間に紛争を生じた場合には甲（三島市）および乙（長泉村）は県の協力を得て解決をはかるものとする」こと、第6条「前二条の解決に伴い、甲（三島市）および乙（長泉村）に経済的負担行為の発生したときは、県と協議の上、その裁定にゆだねるものとする」ことを定めた（カッコ内は引用者）。土地買収や産業基盤を自治体が代行・整備することが記されているが、同時に重要なことは、採水や工場操業に伴う紛争に関して、東レと当事者が直接対峙せずに、三島市等の自治体がこの解決を図ることが明記されている点である。

契約書と覚書に関しては、東レとの契約書締結日（2月15日）の直前である2月13日・14日の三島市議会で審議された。そこで議会が問題としたのは、契約書覚書には東レが地下水を30個[25]利用することが明記されている点、諸施設の整備にかかる三島市の分担金が2,100万円にのぼるという点であった。

市議会は、1957年7月に東レ滋賀工場の視察を行ったが、その際水利関係で視察のポイントとなったのは工場汚水に関してであり、採水の問題ではなかった[26]。しかし、静岡県と東レとの交渉過程では、採水の可否が工場誘致の最重要課題となっていた。2月13日市議会の翌日（2月14日）に実施された静岡県商工部長と山田重太郎三島市議会総務委員長との会合の席上で、県商工部長は、市議会が問題とした採水量について「この問題が誘致の時に起きておったならば、恐らく、きっと東レは来なかったろう」と述べ、さらに「誘致の時は当然三十箇の水は東レに提供し、そのことのために起るいろいろな問題は県あるいは市あるいは村が全部解決するということを約束してあり、しかももし三十箇の水があがらなかった場合には、ほかの川から引張ってでもちゃんと間に合わせます」という内容を県当局が東レに回答したことを、市側に伝えた。これらの内容は、この会合の後に開催された2月14日午後の市議会で報告された[27]。県と東レとの交渉内容が、市議会において、契約書を結ぶ直前になって明るみになったのである。

三島市議会総務委員会では、下流の清水町や三島市中郷地区の水田に大きな影響を及ぼしかねないということで、三島市、長泉村が責任を負うことを回避

する条文の変更が検討された。その結果、覚書第6条、すなわち三島市及び長泉町が前二条の解決のために「経済的負担行為の発生したときには、県と協議の上、その裁定に委ねるものとする」という条文が、契約調印の前日に急遽付け加えられることになった。これに対し、革新系議員の一部は、採水問題と負担金問題を取り上げ、東レとの契約締結に反対したが、議会で多数を占める保守系議員の賛成によって、契約締結は議会で承認された[28]。こうして、東レは三島市と長泉村にまたがる箇所に敷地を所有するとともに、敷地内に井戸を設置し、採水した水を操業の際に用いることとなったのである。

2．渇水問題の発生と自治体

(1) 渇水問題発生の経緯

1960年代初頭の三島市における水に関する問題の一つが、渇水問題であった。三島市内各所の湧水の水量が、目立って減少したのである。地元新聞では61年2月の段階で、三島駅前に位置する市立公園楽寿園内の小浜池が「未曾有の減水」であることが報じられた[29]。61年9月・10月においても、減水は顕著で「この9、10月の小浜池水位は昨年同期よりすでに10センチも下がり、菰池の湧水量も激減してきたので、今冬は昨年以上の渇水が憂慮されている」と報じられた[30]。翌62年においても、市内水源地の減水は改善されず、2月の段階では水道水の調達にも支障をきたす恐れが生じた[31]。前述したように、三島市営水道は市内の井戸水を利用していたため、湧水減少の影響を受けたのである。

この問題は、1962年3月の定例市議会でも取り上げられた。社会党の市議会議員秋山要は「最近の楽寿園の水のかれ方は、尋常一様のものではございません。当時東洋レーヨンの誘致の際、私たちは特に念を押して、そういうようなことの影響がないか、こういうことについて質問をいたしております。水路が違うのでそういう点についての影響はないこういうような当時の回答でございましたけれども、水は低きに流れる原則の中から、ある地点で多量な水を使用すれば、これは必ず影響があるのではないかというのが私たちの考え方であ

りました」と、東レの名前を出して市長を追及した。これに対し、61年市長選で、東レ工場誘致を進めた松田吉治を抑えて当選した長谷川泰三市長は、東レの水利用には触れず、単に楽寿園の減水にどのように対応するかのみを答えた[32]。

しかし、その後も楽寿園の湧水は回復の傾向がみえなかった。この問題を、深刻に受け止めたのが市南部の中郷地区の農民であった。中郷地区への農業用水は、小浜池から流れる源兵衛川の水を用いていた。水源地である小浜池の湧水減少に中郷地区農民は危機感を募らせ、1962年5月1日に、楽寿園内セリの瀬において中郷地区の農民500人余りが集結して、農民大会を開催した。この集会で、農民は、6月上旬までに湧水量が増えない場合は田植えができなくなるとして、市当局と市議会に応急対策を求めるとともに、東レの採水が減水に影響しているとし、一定期間の揚水中止を陳情する決議文を東レ三島工場に手交しようとした。これに対し大会に臨席した市長は、市当局が採水の停止を求める場合、万一採水停止後も湧水に変化が出なかった場合に市が東レに対して責任を取らざるをえなくなるので、十分な調査後でないとできないこと、そのため現時点では、応急的な田植用水の確保に努めることを農民側に伝え、中郷用水組合もこれを了承した[33]。

この後、中郷用水の不足に備え、急遽、別の用水の一部と東レ工場排水（冷却水）の一部を中郷地区への用水に落とす工事が、共に5月中に着工されたが[34]、この工事開始の経緯を考える上で重要なことは以下の3点である。

第一に、三島市議会の役割である。5月1日の農民大会後、市議会では5月4日に全員協議会を開催し、中郷地区での必要水量を確認の上、中郷地区渇水対策特別委員会を設置し、翌5日に休日を返上して楽寿園に赴き、前述の応急策を決定した。7日には、特別委員会正副委員長が東レを訪問し、冷却水の引水を要請したところ、ポンプで工場構外に出すための施設に関する費用負担を東レは承諾した[35]。その結果上述のように、5月中の工事着工が可能となった。迅速な対応が可能となった一つの条件が、県費の補助が認められた点であった。5月14日に長谷川市長らが出県し県知事に工費の補助を懇請した結果、認められたという[36]。すなわち総額300〜350万円を要する工事の工費は県と市が支出し、東レが負担したのは工場内の工事の負担のみであった。

第二に、東レ社員である園田今彦が1959年三島市議会議員選挙に当選し、市議会議員に就任していた点である。園田は5月5日の楽寿園での特別委員会席上で、東レ冷却水を源兵衛川にひき中郷用水に流す計画を提案した人物でもあった。東レ三島工場では、すでにこれより前の段階で、三島市内一帯での湧水の減水に気づき、ひそかに水位の調査を始めたことが知られているが[37]、市会議員であった園田は、緊急時に東レと市議会との連絡を取り持つ役割を果たしたといえよう。

第三に、中郷地区農民は、5月1日の農民大会後に東レに手交した陳情書の回答を受け取るため5月5日に東レに赴いたが、東レ側は地元住民らとの紛争の際は三島市等の自治体がこれを解決することとの覚書の内容を理由に、農民からの陳情書受取を拒絶した点である[38]。工場誘致の際に交わした契約書のために、利害が対立する当事者間の直接交渉が困難となり、その結果、中郷地区農民の要求は三島市に向かわざるをえなくなったのである。

(2) 農民・住民からの請願と市議会での議論

1962年5月の農民大会以後も、三島市は渇水問題に悩まされた。中でも重要なことは、住民側から渇水問題にかかわる陳情と請願が翌63年3月までに4本提出された点である。その内容は、表9-2の通りである。これらの請願内容については、別稿で論じたことがあるので[39]、ここでその特徴について2点にまとめておくにとどめる。

第一に、請願は、市南部の農民利害を代弁する中郷地区土地改良区と、知識人や資産家を中心とする都市部の住民団体（三島湧水を守る会）・青年団体（三島の水を守る会）などの異なる性格を有する団体から出された点である。都市部団体からの請願内容は、「三島湧水には三島市民の生活に直結した種々の権益が太古より伝承」（三島湧水を守る会）、「私たち三島市民は、豊富な湧水で生活してきました」（三島の水を守る会）というように、湧水と「生活」との関係を強調した点に特徴がみられる。三島市では、1950年代まで湧水が種々の水道に用いられ、水辺が洗濯や茶碗洗い、子どもの遊び場などに利用されていたため、湧水と「生活」との関連を重視した請願がつくられたといえよう。

第二に、その内容は、中郷用水土地改良区が、農業用水の確保を主眼とし、

表9-2 1963年に三島市議会に提出された渇水問題対策に関する陳情・請願

	種類	提出月日	提出者	題目	主な内容
A	陳情	3月20日	中郷用水土地改良区理事長佐藤喜市	渇水対策に関する陳情書	①応急措置として東レ工場排水再利用施設を土地改良区の負担によらずに利用できるようにすること。②農業用水確保のため東レ排水等を利用する恒久施設を計画すること。
B	請願	6月20日	三島湧水を守る会代表窪田精四郎	三島湧水激減に対する善処方ついて請願	①三島湧水の激減に対する応急措置を講じること。②三島市民の種々の権益を擁護するため、三島湧水の復元に対する有効適切なる方策を樹立すること。
C	請願	6月21日	三島の水を守る会 大沼俱夫ほか330名	水不足対策について請願	①水不足原因の調査。②柿田川の水と三島の地下水を市民・農民のために確保せよ。③東レなどの大工場に対する損害補償請求。④工場誘致条例撤廃。⑤県当局に水不足を解決するための処置を取らせよ。
D	陳情	9月29日	三島湧水を守る会代表窪田精四郎	東レ冷却水引水方について陳情	緊急臨時施策として東レ工場冷却水の防火用水・農業灌漑用水としての利用を求める。

出典：『昭和38年 決議書綴 三島市議会』、『昭和39年 決議書綴 三島市議会』(三島市役所所蔵)。

東レの採水自体は問わない内容であったのに対して、都市部の請願は、「三島周辺主要工場等の地下水大量汲上げがその主因」としたうえで湧水の復元を求める（三島湧水を守る会）内容や、水不足の原因調査や東レなどの大工場に対して損害補償を求める（三島の水を守る会）内容であった点である。農業用水の場合、利用主体や時期が限定されているため、工場排水（冷却水）の利用が可能であったのに対して、水道などに用いる生活用水の場合はそれが困難であり、水辺には豊富な湧水量を前提に「カワバタ」が設置されていたことなどから、湧水の復元を要求する内容となったと考えられよう。同じ渇水問題に対する請願・陳情であっても、農村部と都市部とで内容には差異がみられたのである。

これらの請願・陳情を受けた1963年3月の予算市議会においては、質問者10名のうち保守系・革新系双方の計6名の議員が渇水問題への対策に関して質問した。表9-3は、3月市議会の質問と市長の答弁をまとめたものである。市議会においても、中郷用水の枯渇に対する具体的方策についての質疑がなさ

表9-3　1963年3月予算市議会における渇水問題に関する質問と市長の応答

月日	質問者	会派	質問内容	市長の応答内容	備考
3月18日	山田重太郎	社会党	渇水問題の解決方法について。	ダム建設なども検討。	
	山口春吉	新政会	（渇水問題質問なし）		
	角田不二雄	共産党	①中郷用水渇水対策の予算がたてられないのはなぜか。②東レの採水を一時ストップする交渉をしてはどうか。	①昨年度臨時支出で施設し、新たな水道計画も実施している。②東レの排水利用を申入れている。渇水問題と東レの操業との因果関係に関しては、科学的調査が必要。	角田：昨年度の応急施設の水供給量では田植えに必要な水を確保できない点を指摘。
3月19日	青木勇	無所属	（渇水問題質問なし）		
	杉山万作	新政会	県に依頼した渇水問題調査に関して返事はあったのか。	産業課長が入院中で回答できない	
	芦川貞	新政会	①桜川用水の不足問題の対策。②「観光三島」に対する湧水・清流の保存に対する市長の考え。	①桜川用水の関係者とも協議する。②指摘の通りと考える。	芦川：質問②との関係で、窪田精四郎による湧水を守る運動を紹介。
	下山豊	新政会	①中郷用水の渇水問題について、市長ははっきりとした答弁をせよ。②昨年度の応急施設では、中郷水田の田植えに必要な水を確保できない。	①会社側との交渉、ダムや貯水池建設など所管の委員会に諮って計画する。②東レ排水の利用について建設委員会で議論されているので、結論を待つ。	緊急質問
	佐野金吾	新政会	①県の第六次総合計画に基づく各自治体による工場誘致で三島市が水不足になっているので、工場地帯、酪農地帯、観光地帯などを県で計画するよう建議書を提出してはどうか。②渇水対策として深良用水を利用できないか。	①議会と相談して将来研究する。②急遽関係課に連絡して交渉するよう命じる。	
	秋山要	社会党	（渇水問題質問なし）		
	楠半兵衛	社会党	（渇水問題質問なし）		質問の冒頭で重複した質問は避けることを述べる。

出典：『三島市議会会議録』1963年3月18日～19日（三島市役所所蔵）。会派は『三島民報』1959年5月10日、1960年11月25日。
注：新政会は1959年市議選後に結成された保守系の会派。当時市長であった松田吉治を支持。

れているのみならず、渇水自体の原因究明や、三島湧水を守る会の窪田精四郎の議論を紹介し湧水自体の保存を求める主張（芦川貞）、東レの採水の一時中止に関する要望（角田不二雄）などが出された。芦川の質問は、「観光三島」の発展という営業の観点からの質問であった。住民や農民、その他営業者の利害など、湧水との多様なかかわりから、渇水対策を求める意見が出されていたのである。

　長谷川泰三市長も渇水対策に関する請願に対し、「水に関心を持っておられる市民がたくさんおられます。そういう人たちを網羅して、一つの大きな市民運動としていくということについては、私も賛成をしそういうふうに進んでゆきたい」と述べた[40]。市長は、渇水問題に対する市民の政治的関心の強さを、逆に市政に利用しようとしていたことがうかがえる。こうして市議会は請願書を審議するために特別委員会を組織して審議に入る一方、長谷川市長は河中二講静岡大学助教授らに、三島市とその周辺の水資源調査を委嘱した（以下、同調査グループを河中調査団と略）[41]。

　1963年7月9日に開催された市議会特別委員会で議論されたことは、渇水状況を打開するためにどのように水を調達するかという点であった[42]。保守系の市会議員鈴木文雄は、その可能性として、①東レの冷却用排水を利用し楽寿園、水泉園へ入れる、②楽寿園のセリの瀬あたりに深井戸を掘る、③三島用水を流下させ、小浜池、コモ池へ入れる、④深良用水を利用する、⑤山田川上流にダムを作り、その水を利用する、⑥伊豆島田の黄瀬川上流から水を引くの6つの選択肢を提示した。渇水の原因究明を求める主張も同委員会で出されたが、これに反論したのが、園田に代わって東レ関係者として63年市議選で当選した池田博であった。池田は「原因を科学的に究明することも必要だが、委員会の任務はこれを政治的に解決するかにあろう」として、このような主張に釘を刺した。池田は別の機会に『三島民報』が実施した「三島市の当面する諸問題とアンケート」の渇水問題に関する質問に対し「水問題ではまず生活飲料水を確保すること。さらには農業用水の確保にある。揚水をやめろ、昔の三島にかえせ的な、論議では問題の解決にならぬ。広域的視野で検討すべきである」と回答している[43]。池田の主張は、東レが地下水を利用することを擁護する観点から、渇水の原因究明や東レの採水規制を求める市議会での意見を押しとどめ

る役割を果たした。事実、その後の市議会では、東レの水利用を前提として、三島市外からの水供給が検討（池田の表現を借りれば「広域的視野」）された。渇水対策を求める主張と東レの敷地内での地下水利用の継続の双方の要求を満たすため、もともと計画されていた地下水上流（裾野町）の水源地における井戸の掘削が急がれることとなった[44]。

(3) 県行政への陳情と東レの対応

河中調査団による調査と並行して、長谷川市長が進めたのは、県への要請であった。1963年4月10日に三島市長は静岡県知事に対して「水源枯渇調査並びに善処方依頼」と称する文書を送付するとともに[45]、同年7月19日には、県下各市長会と県当局との協議の際には、水資源の利用と規制に関する要望書を提出した。しかし、これに対して県は、地下水は土地に付随したもので利用規制は法制局の承認が得られないと返答した[46]。

東レの採水規制に関する対策が打ち出せないままでいた三島市にとって衝撃的であったのは、翌1964年における東レの新たな採水計画であった。このことが明るみに出たのは、コンビナート進出計画の賛否に関する激しい議論が交わされた64年3月三島市議会であった。3月24日市議会で、市会議員の角田不二雄は、東レが長泉町議会に同町内に新たに35個の採水をするための井戸を掘削する計画の許可を求めていることを取上げ、「これは一刻も早くしないとだめになる」と述べ、市当局に対し早急の対応を求めた。この問題に対して公明政治連盟の鈴木利美からも「早急に手を打っていただきたい」との意見が出され、決議案が急遽議会に上程され、可決した。同決議は県知事と東レ、長泉町長・町議会長宛のもので、その内容は、東レの採水が三島の渇水の一要因であることを述べたうえで、東レに対して新たな採水の一時中止を求めるものであった[47]。

この要請に対し、静岡県知事は、同年5月21日に三島市長に以下の3点を回答した。(1)1958年に東レ・三島市・長泉村（現・長泉町）と結んだ契約書付帯覚書第4条の規定「買収地内で行う地下水三十個までの採水」との関係でいえば、今回の揚水は買収地の外での計画であり、よって東レの揚水量は契約書の規定の範囲内にある、(2)工場構外に位置する長泉地先からの揚水は柿田川湧

泉の流心部からの取水であり直接的には三島湧水群とは関係ないものと考える、(3)会社側の揚水量拡大については事前協議をするよう会社側に申入れる[48]。県知事の回答は、東レの新たな採水を規制しようとするものではなかった。

東レの長泉町内での揚水計画は、三島工場でのポリエステル繊維生産の増大(1964年に日産80トン、66年には日産100トンを超えた)に伴い、工場敷地内の揚水源を長泉揚水源に切りかえるためのもので、工場内の井戸は14本から4本に減少したという[49]。県知事からの回答(1)にある「買収地内で行う」採水量は30個以内とし、工場構外での採水量を増やすことで、東レは58年の覚書に反しない形で採水量の増大を図ろうとしたのである。5月18日の県の回答(2)は県による推定であり、溶岩流の地下での構造の詳細は一般には不明であったため[50]、東レの新たな採水は、三島市民の不安を増幅させた。

(4) 河中調査団答申と住民からの請願の採択

長谷川市長が委嘱した河中調査団が中間的な結論を出したのは、「石油コンビナート進出反対決議案」が可決された1964年6月18日三島市議会であった。同議会では、河中調査団による水資源調査中間報告が発表された。同報告では、渇水問題の被害者は三島市と中郷農民、湧水の枯渇を来たした加害者は自然現象と用水型企業であるとし、「用水型企業が地下水くみ上げによる結果ではないという証明ができざる限りは加害者」と結論づけた[51]。この時期に同調査団が調査の対象とした地下水を揚水する工場とは、東レ三島工場以外では、東邦ベスロン株式会社三島工場（長泉町、63年操業開始）と三菱レイノルズアルミニウム株式会社富士工場（裾野町、64年操業開始）であった[52]。

河中調査団の結論をふまえ、市議会特別委員会は「当地方は世界的にも恵まれた豊富な地下水を安易に得られるため、水に対します観念が薄かった感があります」と述べた上で、表9-2のB・C・Dをすべて採択し、解決策を検討する機関として「県、関係市、町会社を含めた総合した水利用の対策協議会（仮称）」の設置を当局に要望することに決したと報告した[53]。

これに対し、市議会では、協議会を設置するという内容では三島湧水の復元などの請願の要望を直ちに実現することにならないとの批判（角田不二雄）がだされた[54]。特別委員会委員長の杉山万作は、工場の水利用規制に関して県当

局に要請したが国の承認が得られない点を述べ、「やはりこの協議会というものをつくってほしい」と返答した[55]。特別委員会としては、法的な水利用規制が困難である以上、協議会を設置しそこでの交渉に東レの水利用を抑制する機能を埋め込もうとしたのである。角田は、表9－2請願Ｃの委員長報告に対し反対したものの、賛成者多数により表9－2　Ｂ・Ｃ・Ｄいずれも採択された[56]。

3．1960年代半ばにおける「公害対策」と自治体

(1) 県当局の態度の変化

　1964年3月は、静岡県議会においても、三島・沼津・清水二市一町への石油化学コンビナート建設計画をめぐって激しい議論が交わされたが、同時にそれまでの県当局の「公害対策」への対応に変化が見られたという点で注目する必要がある。

　戦後静岡県における公害行政は、1950年代末から徐々に取り組まれるようになった（59年に県商工部内に公害係を設置、61年に静岡県公害防止条例の制定）[57]。静岡県公害防止条例は、「公害」を「騒音、振動、粉塵、煤煙、ガス、排水等により、人体又は農作物、水産物、畜類その他に障害を与えるもの」で、知事が静岡県公害審議会の意見を聞いて除害を必要と認めたものを指していた。第6条〜第8条においては、公害除去措置の命令と行政処分が定められたため、同法審議の過程で、「先日ある新聞紙上に、この公害問題を論じまして、その結論といたしまして、牛の角は曲げても牛を殺すなという論文が出ておりましたが、私もまことに同感だなと実は感じたわけであります」（中井芳太郎）というように、企業サイドの利害を擁護し、第6条〜第8条の発動に懸念を示す質問が出された[58]。これに対し、斎藤寿夫知事は、「私は、まだ本当にこれが万全の法である、条例であるとは確信が持てぬのであります。なお今後中央の法律等の制定を、こうしたことを積み上げて、早く権威ある公害防止法というものに持って行きたいものである」との答弁からわかるように、行政処分が下せる同条例を徹底して運用する姿勢はみられなかった[59]。斎藤知事は「社会悪の除去は当然自己責任においてすべきものであるということは、これは当然であ

るのであります。従いまして自分でこれは除去してもらうというのが建前であります」とも述べている[60]。公害の除去業務自体に関しても、県は直接タッチしようとしていなかったことがわかる[61]。

これに対して、石油化学コンビナート反対運動が三島・沼津地域などで急速に勢いを増した 1964 年 3 月の県議会での斎藤知事の答弁は、以下のようなものであった。「公害につきましては、私どももうこの事業推進の、また県が企業の誘致にいたしましても、最優先してこの問題は、取り組まなければならぬ重大な点であると思うのであります。もちろん企業といたしましても、大きな企業のみならず、中企業といたしましても、やはり企業の社会性ということを私ども強調しなければならぬと思うのであります。(中略) 全体といたしまして、企業の公共性ということを高調し、強調して、したがって今後の公害対策につきましては、国の力を借り、また県全体の機能をあげてこれが対策に、防止に邁進努力をいたしてまいらなければならぬと考えておるのであります」[62]。公害の除去は「自己責任」で行うのが原則とした静岡県公害防止条例制定時の答弁から、その内容が大きく転換していることがわかる。

静岡県では、1964 年 4 月 1 日に官制を変更し、それまで県商工部工業第一課に属していた公害係 (担当職員 5 名) を、企画調整部公害課 (職員 13 名) に、拡大した[63]。64 年 6 月議会で、斎藤知事は、公害を「特に成長経済の一つの現象」ととらえ、その対策を「今後伸びていく工業的な環境にある静岡県といたしましては、当然これを行政の最先順位として考えてまいらなければならん」と述べた[64]。61 年に発表された第六次静岡県総合開発計画書では産業基盤の整備が重視されたものの、これに加えて 64 年には「公害対策」を工業開発の円滑な進展に必要な県の政策として位置づけ始めたのである[65]。

ただし、斎藤知事は、三島市の渇水問題に関しては、「地下水のくみ揚げを制限するというものは、おのずから根拠がなければならぬのであります。今の法制下においては、法律の根拠がなくして、これを知事なら知事が制限するというわけにはまいりません」というように、国家法の制約を説いた[66]。すなわち、1964 年から県が「公害対策」に対して今まで以上に積極的に乗り出したという場合の「公害対策」の内容に留意する必要がある。法の制約から企業の土地利用を制限する点には触れずに、その結果生じた種々の問題に対して、基

(2) 東レ排水利用による用水路の設置

　県の政策の転換と並行して、三島市においても渇水対策が取られた。なかでも重要なことは、1960年代初頭から計画が立案され62年に開始した市営水道の第二次拡張事業により、三島市は裾野町伊豆島田に新たな井戸を掘鑿することに成功し、65年4月末には新水源地からの水道が旧水源地と結合され、この後市平坦部全域に給水が可能となったという点である[68]。三島市内における湧水の枯渇が継続している状況の下で、住民にとっての生活用水が当面の間確保されたといえよう。この水道事業は、渇水問題が深刻化する前から計画されていたものであるが、生活環境の変化（旧水源地の涸渇）を進めた企業の土地利用には触れず、基盤整備を通じて問題を解消していく点に、県の「公害対策」との共通点を見出すことができる。

　中郷地区への農業用水の確保に関しても、市は対策を講じた。1964年の東レによる新たな採水計画を県知事が基本的に認めた点については前述だが、県知事は三島市に対し「地域の問題であるので、貴市においても東レと常時綿密な連絡をはかり円滑な市政運営に特段の御留意を願いたい」との要請を行った[69]。このような県の指導のもと、三島市が摸索したことは、すでに部分的に行っていた東レ三島工場の排水（冷却水）利用を、より本格的に行うことであった。表9-2請願Aにみられるように、もともと市南部中郷地区農民の要求の中核部分は、東レ工場の排水（冷却水）の農業用水としての利用であり、市内の湧水の復活を求める主張ではなかった[70]。東レ労組を支持母体に持つ市会議員池田博も、前述したように、工場の採水に影響を及ぼさない範囲での生活飲料水や農業用水の確保に理解を示していた。社会党所属の静岡県議会議員で、コンビナート反対運動に主導的役割を果たした人物の一人である酒井郁造も地元新聞の渇水問題対策のアンケートに対し「工場排水（特に冷却水）の高度利用をはかる」ことを述べた[71]。すなわち、農業用水問題に関しては、東レ三島工場の採水に関わりなく、工場排水の有効利用によってある程度問題が解消されると考えられていた。

　そこで考えられたのが、東レ冷却用排水をヒューム管で楽寿園内に落とし源

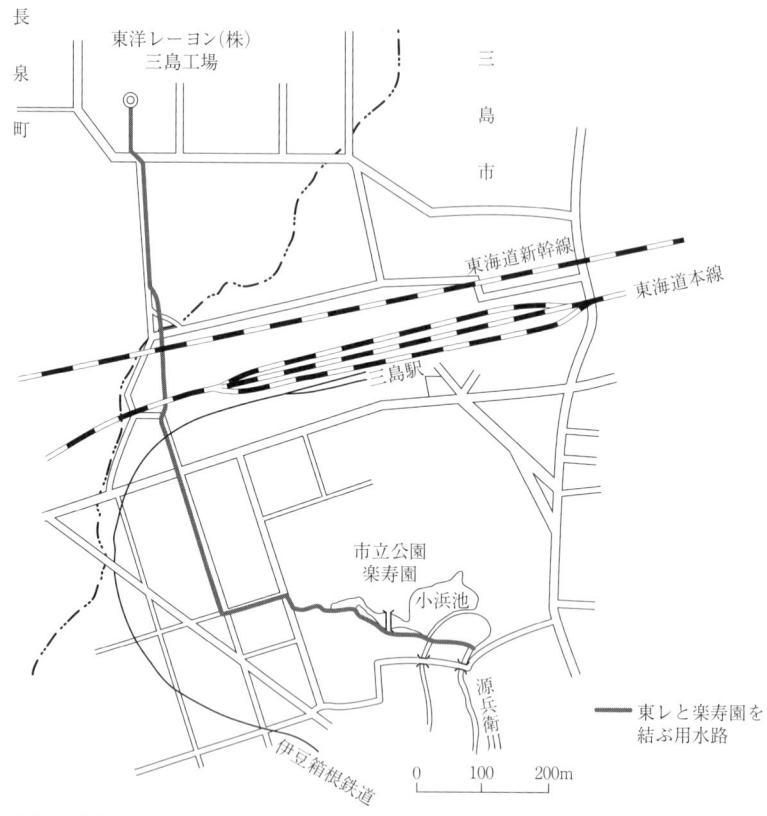

図 9-1 中郷用水渇水対策施設図

出典：三島市教育委員会編『三島用水誌』三島市教育委員会、1987 年、157 頁。『静岡県全都市地図集（東部）』昭文社、1964 年より作成。

兵衛川に流す計画（図 9-1 参照）であった。この計画は、中郷土地改良区による土地改良事業の一環として構想された。1964 年 12 月 7 日に、長谷川市長・市当局関係者、市議会議員の外、市民団体、市商工会議所、中郷用水組合、町内会連合会等の関係者を集めて開催された「水資源対策協議会」（詳しくは後述）で、長谷川市長がこの計画を公表し、国による認承をすでに受けていることを報告した。同事業は、3 ヵ年継続総工費 1,545 万円の工事認承を受け、65 年 1 月 10 日から工事が開始された。同工事費の内訳は、国庫補助 618 万円、県補助 386 万 3,000 円、中郷用水組合負担 540 万 7,000 円となっていたが、稲

作に支障がないようにするため同工事は65年の田植前に終わらせることとし、補助金は初年度分だけとなり、補助の残額と組合負担の分に関しては東洋レーヨンが全額立て替えることとなった[72]。これを機に東レ側でも、従来工場東南端にあった排水施設を西南側から流すための工場内工事を行った。こうして工事は進み、65年5月26日に同用水路の通水式が行われた[73]。

このような土地改良区への補助事業が、ある程度スムースに進んだ理由について、地元新聞は「この間市当局はもちろんだが用水組合幹部、増田県議らの骨折りは大変なものであった」と報じた[74]。増田延男は、自由民主党所属の県議会議員で、三島市で食品業を営んでおり、元三島市議会議員でもあった。コンビナート反対運動に携わった酒井ら革新系の県会議員のみならず、三島市を地盤とする保守系の県会議員らも新たな用水建設のための補助金獲得に動き、県もこれを認めたものと考えられよう。

他方、東レ三島工場においても、地元の水不足に協力するため、冷却水再使用のための冷却装置を設置し、1965年5月の段階で3回の循環使用をしていた。冷却水の排水量は約0.45トンであったため、万一中郷用水が毎秒1トンをフルに必要になった場合は、その半分は井戸からポンプアップして流すことが報じられた[75]。農業用水確保のために、工場排水では不足する分については揚水した地下水をそのまま用水路に流すことを、東レ側も認めたのである[76]。このような用水路建設によって、中郷地区農民にとっての当面の水不足の問題は解消されることとなった。

(3) 柿田川工業用水道の建設

渇水問題対策として県行政が実施した主たる政策が、柿田川工業用水道の建設であった。

1963年7月9日に、表9-2の請願B・Cを審議するために開催された第一回市議会特別委員会においては、請願Bの提出者である三島湧水を守る会の窪田精四郎の構想（＝柿田川用水を裾野付近まで上げ、同所より自然流下させ各工場へ配分させる、経費約百億円）が紹介された。この構想は、工業用水建設のための経費面での問題や、柿田川の利用は県がその権利を持っているため実現は困難との意見が相次いだが、「最終的には柿田川に頼らざるを得ない」（夏村・

社会党）との意見にみられるように、その豊富な水量に関しては市議会においても認識を一致させていた[77]。

1963年末における、工業整備特別地域に指定された東駿河湾地区への石油化学コンビナート建設計画に関する県当局による発表によって、三島市議会や市民の関心は、その是非をめぐる議論に傾斜していったが、他方で、64年3月の静岡県議会で、社会党の酒井郁造は1964年3月4日付で県当局から「柿田川の利用計画としまして、南部幹線を通して石油コンビナート関係へ日量七十万トン、沼津地区の既存の工場の需要拡大と、新規立地に対して北部幹線を通して日量二十万トン、西部幹線として日量十万トン、計百万トン。さらに上水道計画として日量二十万トン、合計百二十万トンの利用計画がある」との回答があったことを報告した[78]。この段階では、柿田川工業用水は石油化学コンビナート関係でその水量の半分以上を用いる計画であり、東レや三島市内の工場の利用は積極的に位置づけられていなかったことがわかる。

1964年6月以降、三島市・沼津市・清水町二市一町が順に石油化学コンビナート建設反対（誘致断念）を表明するなかで、柿田川工業用水道建設計画は、需要側に関して大幅な見直しを余儀なくされた。この機に、同用水に関心を寄せ始めたのが東レであった。

東レは1964年12月15日に、県に陳情書を提出した。その内容は、地下水のくみ上げによる市民との摩擦を避けるため、柿田川工業用水道計画の実現と1日10万トンの同工場への供給を求めるものであった[79]。この陳情についての東レ蜂谷事務部長の談話が、以下のように報じられた。「①企業の地域社会に対する社会的責任、②将来の製品需用増に対する用水の確保、③近距離に柿田川という豊富貴重な水資源がある、④県や市からの助言、等によって、大局的な立場から、数倍の費用は覚悟の上で工業用水を買う決意をした」[80]。東レ三島工場におけるポリエステル繊維の生産量は、60年代に入ってからも、61年55トン（1日当たり、以下同様）、64年81トン、67年105トン、70年166トンというように、急増した[81]。三島市内の渇水問題が表面化したのが62年で、その後同工場の生産量は2倍を超えていたことに鑑みれば、②の理由は切実であったと考えられよう。

他方、①のように「企業の地域社会に対する社会的責任」という表現を用い

るようになった点も、ひとつの特徴である。企業側も低コストですむ地下水利用だけでなく相対的には高コストの工業用水を購入して「社会的責任」を果たそうとしているのだから、県行政もこれに応えるよう基盤整備を進めることを求めた陳情といえよう。

東レの陳情に対する県行政の対応も早く、その後県と東レ森工場長とが折衝を重ねた結果、柿田川と東レ三島工場とを結ぶ工業用水道（日量15～20万トン）建設のため、1965年度予算から工事を行うことが内定したと報じられた[82]。こうして65年度から柿田川工業用水道布設工事が実施に移され、同用水は、69年から給水を開始し、東レは70年4月から1トンあたり4円で、日量4万トンの用水を購入し始めた。もっとも、これはもともと県に求めていた水量（日量10万トン）の半分に満たない量であった[83]。

(4) 協議会構想と東レ排水利用に関する協議

新たな用水路の設置や工業用水道の建設などの渇水対策が取られる一方で、湧水枯渇の原因の一つと考えられた東レの地下水採水自体への規制は試みられなかったのであろうか。このような関心から期待が寄せられたのが、水資源対策協議会であった。

水資源対策協議会は、河中調査団の中間報告に基づき、1964年12月7日発足した。会長に長谷川市長が就き、三島市議会、三島湧水を守る会、三島商工会議所、中郷用水組合、三島市町内会連合会、三島市婦人連盟、文化財保護審議会、三島をよくする会、三島愛市連盟などの関係者がこの協議会に参加したが、東レは協議会に参加していなかった[84]。同協議会は、65年においてはその活動が確認される。65年6月に静岡県に対して、周辺市町、大工場を含めた協議会の結成を県主導で進めるよう陳情を行なった[85]。同年7月には大企業に対する節水に関する要望書の提出を検討している[86]。しかし、これらの動きは、事態を打開するものではなかった。県主導の協議会設置に関しては、静岡県知事は、66年度以降に水資源調査を実施することを約束したものの[87]、60年代を通じて、県が周辺市町・関連企業を含めた協議会を設置した形跡はみられない[88]。県、周辺市町村や用水型企業が参加し、協議の上で実質的に採水量を抑制していこうとする試みは実現しなかったといえよう。

しかし、その一方で重要なことは、東レと市当局、諸団体との間での水利用に関する協議が、種々の問題ごとに行われるようになったという点である。1965年7月には、三島市主催によって、中郷用水問題に関する協議会が、中郷地区農民代表と東レ、東邦ベスロンなど用水使用企業関係者が参加して行われた。ここでは、東レの採水が楽寿園小浜池の水位低下に影響を与えるか否かに関して、中郷農民と東レの主張は真っ向から対立し、議論自体は平行線を辿った[89]。しかし、三島市が主催することで、東レが中郷地区農民との協議に応じた点は、62年の渇水問題のとき東レが農民からの陳情書を拒絶したことに鑑みれば、東レの態度に変化が生じていたといえよう。

そのうえ、このような個別協議を通じて、住民側が一定の成果を得る場合もあった。東レ排水を中郷用水に流し込む工事が完了した後の1965年11月1日、市議会ではこの用水を西町近辺の冬季の防火用水に用いる意見が出された[90]。65年11月24日には、市長立会いのもと、中郷用水組合幹部が東レ工場を視察した際、冬季の防火用水としての利用が話題となり、中郷用水組合側が防火用水としての利用に理解を示したため、同年度については12月15日から冬季の間のみ毎時50トンの水が源兵衛川に放流されることになった[91]。さらに、67年には、源兵衛川の西側の千貫用水に東レ冷却水を引水する請願がだされ、市議会で採択され[92]、その後市当局と東レ三島工場で交渉の結果、冬季の間千貫用水と源兵衛川に毎時計100トンの水が放流されることになった[93]。

東レ排水利用に対する市議会からの要請に対し、池田博は、冬季の給水を開始した1965年12月1日市議会で、「従来から言っております地元と共存共栄という建前から、できるだけ市民の皆さんの御要望にこたえたいという趣旨で実施して、現在給水しておる」と述べた[94]。「企業の地域社会に対する社会的責任」を掲げ柿田川工業用水道を県に陳情した東レは、反対に地下水採水の地元への影響や工場排水（冷却水）の利用に関して市議会や市当局、住民との協議に応じざるを得なくなり、地下水採水に関しては自己の権利を守りつつも[95]、冷却水利用に関しては、農民のみならず、市街地住民の要望にもある程度応じた。そのような合意形成に、自治体が一定の役割を果たしたのである[96]。

おわりに

　本章の結論を、以下、東レの土地所有（そこでの採水）と農民による用水利用や住民の水利用・水辺利用との対抗関係を軸に、これに対する自治体による政策の歴史的特質に注目してまとめておこう。

　第一に、東レ三島工場の用地取得と同地での地下水採水は、三島市などの自治体による斡旋によって可能となった。ただし市行政は、工場誘致政策が農民や住民の水利用を損なう可能性を十分に検討してはいなかった。その理由として、本章では、工場誘致政策が県主導で実施されたプロセスの問題とともに、水利用（とそれを支える土地所有）に対する当該期における三島市行政領域の限定性を指摘した。

　第二に、農民による用水利用や住民の水（水辺）利用に関する利害は、市内で渇水問題が深刻化した1962年以降に噴出し、自治体の政策に影響を及ぼした。農民や住民の請願などにより市中心部の湧水利用やその景観が、市の政策対象として重視されるようになった点は、自治体の政策領域と生活環境の保全との関係史を顧みる上で重要である。しかし、市の政策は、東レとの契約や東レを選出母体とする議員の主張の影響を受け、東レの採水を損なわない形での対策となり、市中心部の公園などの湧水量の減少は継続した[97]。

　第三に、このような事態に変化をもたらしたのが、工業整備特別地域指定と1964年以降の県による「公害対策」の開始であった。コンビナート誘致に備えて、県知事が「企業の公共性」をとなえ、産業基盤政策を「公害対策」に重ねて進める姿勢を示したのである[98]。この時期に生産が増加の一途を辿った東レもこれに同調し、用水路や工業用水道の建設が市行政による水道事業の拡張とともに進められたため、1960年代において住民の水利用は大きく変化した。その一方で、市主催の中郷用水に関する農民と工場間での協議や、東レ排水の再利用を求める住民の要求に関する市当局と東レの協議は実施され、要求の一部は実現した。東レ所有地での採水は60年代後半以降も重要な意味を持ち、それを前提として県や市が種々の水道や用水を整備した結果、農民や住民の水利用の内容は大きく変化したものの、変化した水利用には農民や住民の要求が

埋め込まれていた点に注目する必要があろう。

　農民の生産と都市住民の生活に密接な結びつきのあった地下水や湧水が、地下水脈上の土地所有権者による採水によって影響を受ける可能性は、地租改正以後潜在的に抱えており、そのような問題は戦前から存在したため、法理的には、地下水を公水と捉える考え方が戦時期に登場するようになった[99]。しかし、本章で強調したことは、そのような法理とは異なって、企業による土地所有とそこでの採水が高度成長展開期においても規定的な意味を持ち続けた点、さらには地下水を公水として捉えることなく進められた基盤整備に軸心を置いた地方自治体の政策であった[100]。県や市は、国の地域開発政策と県の「公害対策」の枠組みの下、用水路や各種水道を整備した。しかし、三島市の政策を子細に検討すれば、農業用水や防火用水のための東レ排水利用にみられるように、農民や住民の諸要求を受け入れる政策も取られた。企業も「社会的責任」の観点から工業用水を購入するとともに、農民・住民の排水利用に協力した。本章が明らかにした渇水対策とは、単なる「上から」の政策ではなく、高度成長展開期の農民や住民の諸運動や自治体と企業との協議を媒介としたという意味での社会性が付与された政策であった点――企業による土地所有とそこでの採水を規制できるものではなかったが――を、改めて指摘しておきたい。

　渇水問題を水資源の量的問題に還元して実施されたこれらの政策は、結果的には、地域社会（とくに都市部）のなかの水・水辺と住民生活との関係を切り離し、住民に即して言えば、水道水に依拠した生活スタイルに変貌を遂げる画期となっていった。同時に、農民の用水不足が緩和され住民の水辺利用自体が弱まったとはいえ、両者の対抗関係自体は残存したままであった。それゆえ1960年代後半以降も、市の政策対象として位置づけられるようになった水利用や水辺利用をめぐって、企業と農民・住民との間での対立が内容を変えてたびたび浮上し、その都度市政上の争点となったのである[101]。

注
1）『戒能通孝著作集 第 8 巻 公害』日本評論社、1977 年。
2）宮本憲一『都市経済論』筑摩書房、1980 年、同『日本の歴史 10 経済大国』小学館、1983 年。同編『講座 地域開発と自治体』1 ～ 3、筑摩書房、1977 ～ 79 年、同編『沼津

住民運動の歩み』日本放送出版協会、1979年など。
3）これまでの歴史分析においても生活環境という用語は度々用いられてきたが（地方史研究協議会編『生活環境の歴史的変遷』雄山閣、2001年、小田康徳『近代大阪の工業化と都市形成——生活環境から見た都市発展の光と影』明石書店、2011年など）、前近代史あるいは近現代史のなかでも戦前期の研究が中心であり、高度成長期に関する歴史的研究は乏しい。生活環境という用語にこめる意味合いも、各研究によりまちまちな状況である。本章では、公害対策基本法に用いられる生活環境の解釈——すなわち、通常において意味する内容である大気や水、土地などのほかに、人の生活に密接な関係のある財産、動植物及びその生育環境をも含めた意味（岩田幸基編『新訂 公害対策基本法の解説』新日本法規出版、1971年、149～150頁）——に従い、そのなかで、とくに、水・土地に関する企業や住民・農民の諸関係と、それらに影響を与える上水道など自治体における行政領域の拡大に注目する。
4）戒能通孝「『公害と東京都』序説」（前掲『戒能通孝著作集 第8巻 公害』所収、原典は、東京都公害研究所編『公害と東京都』東京都、1970年）70～71頁。
5）周知の通り、工業開発が生活環境を侵害する問題に対する法律面での整備は遅れ、東京都の公害防止条例によって初めて積極的な形で法の対象として位置づけられた。公害対策基本法も、1970年の「公害国会」において改正され、経済発展との調和条項は削除された。
6）丹羽邦男『土地問題の起源』平凡社、1989年。ただし丹羽は、私的土地所有権の設定による都市部の生活環境への影響については論じていない。
7）宮﨑淳「土地所有権と地下水法」（稲本洋之助先生古稀記念論文集刊行委員会編『都市と土地利用』日本評論社、2006年）48～51頁。
8）高度成長期において、都市近在の河川利用が遠方からの水道水の利用に転換されていった点を強調した研究として、森瀧健一郎『河川水利秩序と水資源開発』大明堂、2003年。
9）沼尻晃伸「高度経済成長前半期の水利用と住民・企業・自治体」（『歴史学研究』第859号、2009年）。
10）この点を整理した前掲「土地所有権と地下水法」は、地下水の法的性質に関しては、民法の見地から地下水を土地所有権との関係で位置づける学説とともに、行政法・環境法の見地から地下水を独立した水資源として捉えようとするアプローチも登場していることを指摘している。
11）本章では、歴史的用語として公害対策を用いるため、カギカッコをつけて用いる。
12）本章は事実認識などで、前掲「高度経済成長前半期の水利用と住民・企業・自治体」と重なる点があることを、予めお断りしておきたい。
13）『三島の統計 1972年版』三島市役所、1972年、10頁。
14）『三島市商業立地診断報告書』静岡県中小企業指導所、1961年、30頁。
15）三島市商工課編『昭和35年版 三島市勢要覧』三島市役所、1960年、52～53頁。
16）三島市史増補版編さん委員会編『三島市史 増補』三島市役所、1987年、478頁。

17) 同上、472～473頁。
18) 三島市教育委員会編『三島用水誌』三島市教育委員会、1987年、258頁。
19) 「カワバタ」には、私有のものと共同のものがあり、その利用には階層差がみられる点、1950年代に河川の汚濁がすすんだため、60年代に入って公園での洗濯を禁止する措置を市がとるなど、住民の湧水利用自体も徐々に変化しつつあった点に留意する必要がある。詳しくは、前掲「高度経済成長前半期の水利用と住民・企業・自治体」を参照されたい。
20) 『三島民報』1956年7月30日。
21) 静岡銀行調査課編『静岡県の工場適地資料』静岡銀行、1961年、65～66頁。
22) 『三島民報』1956年7月30日。
23) 同上、1956年8月10日。
24) 契約書と後述する付帯覚書については、『昭和三十三年 決議書綴』(三島市役所所蔵)。この文書は、三島自然を守る会編集委員会編『どこに消えたか三島の湧水』三島自然を守る会編集委員会、2007年、43～45頁に、長泉町で保管されていた分が翻刻の上収録されている(同上書、9頁)なお両文書は三島市・長泉村両議会の承認を得て効力を生ずることとなっていたが(契約書第七条)、三島市では1958年2月14日、長泉村は同年2月15日(同上書、43～44頁)に議会で可決している。
25) 個とは、ある地点の横断面を単位時間毎に流下する水の体積を示す単位の一つで、1個＝毎秒1立方尺(1日に換算すると約7万2,100立方メートル)である。
26) 『三島民報』1957年7月15日。
27) 契約書作成の経緯については、『三島市議会会議録』1958年2月14日、5～6頁(三島市役所所蔵)の山田重太郎(総務委員会委員長)の説明より。以下も同様。
28) 同上、15頁。
29) 『三島民報』1961年2月25日。
30) 同上、1961年10月10日。
31) 同上、1962年2月20日。
32) 以上の質疑応答は、『三島市議会会議録』1962年3月20日、6頁、9頁。
33) 以上、5月1日の農民大会については、『三島民報』1962年5月5日、『三島ニュース』1962年5月6日。
34) 『三島民報』1962年5月20日、25日。
35) 『三島ニュース』1962年5月13日。
36) 同上、1962年5月20日。
37) 松本博「東レの三島地下川の研究」(前掲『どこに消えたか三島の湧水』所収)。松本は、元東レ社員で、工場設立後東レの業務として三島地下水の調査に携わってきた人物である。
38) 『三島ニュース』1962年5月13日。
39) 前掲「高度経済成長前半期の水利用と住民・企業・自治体」123～124頁。
40) 『三島市議会会議録』1963年5月16日、14頁。

41) 長谷川泰三「まえがき」(三島市役所編『三島市周辺の水資源調査報告(2)』三島市役所、1965年)。
42) 同日の特別委員会の議事内容については、『三島民報』1963年7月15日。
43) 『三島民報』1964年9月5日。
44) 前掲『三島用水誌』269〜270頁。
45) 『三島民報』1964年7月15日。
46) 『三島民報』1963年7月25日。
47) 以上の、3月24日市議会における質疑と決議に関しては、『三島市議会会議録』1964年3月24日、7〜9頁。
48) 『三島民報』1964年7月15日。
49) 松本博「三島の湧水と私の係わり」(前掲『どこに消えたか三島の湧水』所収)320頁。
50) 松本は、前述の県の回答(2)と異なり、溶岩流が3槽で繋がっている見解をとっている。前掲「東レの三島地下川の研究」326〜329頁。
51) 『三島市議会会議録』1964年6月18日、8頁。
52) 前掲『三島市周辺の水資源調査報告(2)』175〜182頁。
53) 『三島市議会会議録』1964年6月18日、8頁。
54) 『三島市議会会議録』1964年6月18日、9頁。
55) 同上、10頁。
56) 同上、11〜12頁。
57) 静岡県編『静岡県史 通史編6 近現代二』静岡県、1997年、678〜679頁、および、静岡県編『静岡県史 資料編21 近現代六』静岡県、1994年、262頁。
58) 『静岡県議会会議録』1961年9月20日、201〜202頁。
59) 同上、213頁。
60) 同上、214〜215頁。
61) ただし、斎藤知事は「零細企業に対しましては、別途の県の施策を考えていかなければならぬ」とし、金融の斡旋や団地化などの間接的な施策を挙げている(同上史料より)。
62) 『静岡県議会会議録』1964年3月12日、529〜530頁。
63) 前掲『静岡県史 資料編21 近現代六』262〜263頁。
64) 『静岡県議会会議録』1964年6月30日、150〜151頁。
65) 静岡県がなぜ1964年に「企業の公共性」をうたって公害対策を重視し始めたかという点について詳しくは今後の課題であるが、64年4月1日に公害課設置の後、直ちに始めた業務が、「沼津、三島地区産業公害調査」であったことに鑑みれば(前掲『静岡県史 資料編21 近現代六』262頁)、同地区への石油化学コンビナート建設計画とそれへの反対運動が重要な契機となっていたことは想像に難くない。
66) 『静岡県議会会議録』1965年3月8日、314頁。
67) 1963年10月の県議会では、斎藤知事は以下のように答弁をしている。「私どももその間として先般公害防止条例というものを静岡県でもつくって、極力公害防止に努めて

おるのであります。今後十分活用して努力してまいりたいとかように存じております。特に三島の水等については私も認識は全く同じであるのであります。特に上流部においての汲み上げということは今後厳重にやはり規制していかなければならん。少なくともあの上流地帯においては揚水型の工業というものは今後立地しないという考え方でいかなければならないのでありますが、現在立地いたしておりまする工業、工場等につきましても、市当局、村当局、県といたしましても十分その規制をはかっていくということをつとめていかなければならん。十分強力な指導をひとつしていかなければならんとかように考えておるのであります」(『静岡県議会会議録』1963年10月2日、163頁)。これに対して、「公害対策」を強調し始めた1964年以降の方が、国家法の制約を理由に、地下水の採水に関する土地所有者(企業)の権利を擁護する答弁になっていることがわかる。
68)『三島民報』1965年5月15日。
69)『三島民報』1964年7月15日。
70) ただし、コンビナート反対運動が奏功した後、農民のなかでも三島湧水の復元を主張し、東レとの交渉に臨む動きが生じた点にも、留意するする必要がある。注95を参照。
71) 以上のアンケート結果は『三島民報』1964年9月5日。
72)『三島ニュース』1965年1月28日、5月16日。
73)『三島民報』1965年5月30日。
74)『三島ニュース』1965年1月28日。
75) 同上、1965年5月16日。
76) このような東レの排水等の利用に必要となる電力料の負担をどのようにするかという点も市議会で取り上げられた(『三島市議会会議録』1965年11月1日、5頁)。
77)『三島民報』1963年7月15日。
78)『静岡県議会会議録』1964年3月12日、525~526頁。
79)『三島ニュース』1965年1月28日。
80) 同上。
81) 前掲「三島の湧水と私の係わり」319頁。
82)『三島民報』1965年1月25日。
83)『三島民報』1969年11月15日。同上1970年6月10日。ただし、同上では、楽寿園小浜池の水位がほとんど変わらないため、東レは工業用水を購入したとはいえ、地下水の採水を減らしていないのではないかとの疑念が、報じられている。
84)『三島民報』1964年12月10日。
85)『三島民報』1965年6月15日。
86)『三島民報』1965年7月10日。
87)『三島民報』1965年6月15日。
88) 静岡県企画調整部水資源課編『静岡県の水資源』静岡県、1970年、291~296頁には、三島市中心の調査に関する記載はない。また67年6月の市議会で、窪田精四郎が県が主導する合同協議会について「二カ年以上経過した今日いまだにそのことが実現されて

おりません」と発言している（『三島市議会会議録』1967年6月21日、8頁）
89）『三島民報』1965年7月20日。
90）『三島市議会会議録』1965年11月1日、5頁。
91）同上、1965年12月15日、3頁。
92）同上、1967年9月25日、20〜21頁、36頁
93）『三島民報』1969年1月15日。
94）『三島市議会会議録』1965年12月15日、4頁。
95）1965年1月4日に、中郷・錦田両地区農民が主体となって三島地区生活用水確保住民大会が開かれ、東レに対し「三島の水を東レ誘致当時の状況に戻す努力をされたい」などの内容を含む決議文を発表し、大会参加者が東レに押しかける事態が発生していた（『三島民報』1965年1月10日）ものの、採水規制要求を東レが承諾することはなかった。
96）ただし、千貫用水と源兵衛川への冷却水放出に関していえば、以前の水量に戻ったわけではなかった。そのため、地元からは1970年に「東レ工業用水の残水を引水しておりますが、これとても防火用水程度で、下流においては民家の汚水が流入するので汚染度も高く、悪臭、蚊の発生がはなはだしく到底湧水のようなことは望めません」として水路を覆って道路にすることを求めた請願が出された（『三島民報』1970年4月10日）。
97）採水規制に関する東レなどとの用水型企業との協議自体は不調に終わったものの、他方で土地が企業に譲渡されてしまえば、企業による排他的な土地利用を防ぐことができないことへの反省を踏まえて、石油化学コンビナート進出反対運動の際には、進出企業に土地を売却しない運動（＝中郷地区における土地不売同盟の結成）や工場から排出されるばい煙や廃水の生活環境への悪影響を予測する調査（＝三島市による松村調査団の設置）など、土地所有・利用両面にわたる公害予防運動が進められた点は注目すべきであろう。
98）公害が「企業責任」から「自治体責任」に転嫁されていく点を下水道政策に即して明らかにした同時代の研究として、中西準子『都市の再生と下水道』日本評論社、1979年がある。本章は同上書が対象とする時期以前の1960年代半ばを対象としているが、この時期においても、すでに「公害は、企業を誘致する行政主体の責任と考えるという妙な理くつがある」というような公害と開発行政に関する疑問点が、法学者から出されていた（山田幸男「公害行政の位置づけ」『自治研究』第40巻第8号、1964年、4頁）。
99）前掲「土地所有権と地下水法」、58頁では、美濃部達吉の以下の説を紹介している。「一定の水源地よる湧出する地下水に付き其の付近のある区域内の住民又は土地所有者に於いてこれを飲料用灌漑用等の目的の為めに利用することの慣習が成立しているとすれば、其の水脈に属する地下水は、慣習法上其の区域内の一般人民の公共の利益の為めに存する公水たる性質を有するに至ったものと見るべく、其の水脈の存する土地の所有権はそれにより当然公法上の制限に服し、自己の所有地内に於いても任意に土地を掘鑿して地下水を湧出せしむることを得ない」（原典は、美濃部達吉『日本行政法』下巻、有斐閣、1940年、840頁）。

100) 三島市が実施した水資源調査においては、「三島湧水の枯渇化をめぐる公法上の責任問題」と「小浜池枯渇に関する私法上の責任問題」の二点が検討されているが（河中二講・平野克明「地下水利用の法律問題」前掲『三島市及び周辺の水資源調査報告書(2)』所収)、現実は本章で明らかにしたように、法的関係を厳密に詰めることなく、前提となる水利用の内容を変える政策が取られたのである。
101) その一つとして、1960年代後半になると、東レ排水による河川の汚濁が問題となり、その排水を市が計画していた公共下水道で処理するか否かで、市行政、市議会、住民のなかで意見が大きく分かれる問題が生じた。詳しくは別稿を予定している。

第10章　戦後文学のみた高度成長2
――家族の変容と都市化

伊藤正直

はじめに

　本章は、2010年6月に発表した「戦後文学と高度成長」[1]の続編である。「高度成長期に書かれた文芸、それも小説が、同時代の経済発展や経済システムをどのように把握していたのかを検討してみたい」というのが、本章の課題設定である。この課題設定の背後にある意図については前稿で述べたが、ごく簡単に改めて確認しておくと以下のようである。

　1950年代前半の国民文学論争から60年代初めの戦後文学論争に至る論争は、いずれも政治ないし政治革命との関わりこそを主要課題としており、経済成長や経済構造の近代化の問題はそれ自体としてはほとんど射程に入っていなかった。戦後日本文学を、80年代に再把握した優れた評論である西川長夫（1988）は、45年から60年までの日本のイデオロギー状況を、「進歩と反動、革新と保守といったきわめて明確な二項対立的な関係」が存在した時代ととらえた[2]。西川の簡潔な総括に従えば[3]、45年から60年辺りまでは、「進歩と革新の側にあったのは、西欧近代社会、民主主義、合理主義、反戦―平和、自由、自立した個人、等々の解放的理念（いわゆる戦後価値）であり、新しい憲法によって代表される価値観」であった。これに対し、「他方、保守と反動の側にあったのは、アジア的封建遺制、古い家族制度と村落共同体的な人間関係、資本主義、戦争と軍隊、等々の戦前戦中の価値観、絶対主義あるいは帝国主義的な抑圧と侵略のイメージ」であった。戦後文学は、このような形で当時のイデオロギー状況を把握し、それと格闘しつつ自己実現を図っていった[4]。

　ところが、こうしたイデオロギー状況は、1960年安保闘争を契機に大きく

変化する。これも、西川の把握に従えば、「経済的な成長と国内的国際的な政治情勢の変化が、かつてのイデオロギー的な対立の構図を支えていた物質的精神的基盤を崩壊させ」たためであった。すなわち、①戦後15年という時間の経過が、戦争や敗戦の記憶を風化させた、②経済的な高度成長とそれに伴う大衆——消費社会の出現は、〈富〉のシンボルとしてのアメリカを前面に押し出し、文学は「アメリカの影」を帯びるようになった、③労働・農民運動、あるいは市民闘争の結果としてではなく、大衆社会化現象の結果として、それまで大きな課題となっていたはずの封建的家族制度や村落共同体が崩壊した、④「戦後文学」と共産党の蜜月時代が終焉し、戦後デモクラシーや社会主義の理想が危機に陥った、というのである。

　もちろん、こうした把握は、西川独自のものではなく、すでに1960年代初め、近代文学同人の最年少であった佐々木基一によって、「(高度成長の開始とともに)マス・コミないし大衆社会的情況との対決という主題が正面に出てきて、『政治と文学』論がやがて『組織と人間』論へと看板をぬりかえる素地ができた」、「彼ら(戦後文学者——引用者)は大部分、彼らの観念と思想を50年以降変化した戦後社会によく適合させることができなかった」[5]と、戦後文学が高度成長の開始とともに、その実質を変質ないし希薄化させた、あるいは同時代把握に失敗したと捉えられている。

　「戦後文学」ないし「戦後文学者」を狭義に捉えれば、佐々木の立論があてはまる部分は確かに存在する。しかし、「戦後文学」をより広く取れば、「時代のもっともよき観察者」としての文学者が、高度成長期の経済発展や経済システムを、どの程度かれらの文学的主題、同時代的認識として取り込みえたのか、あるいは取り込みえなかったのか、という形で課題を設定することが可能となる。そのように課題を設定したとき、具体的な論点となりうるのは、産業構造の重化学工業化、工業地帯、官民協調体制、経済計画、終身雇用制・年功賃金・企業別組合、出稼ぎ・集団就職、都市化と都市サラリーマン、団地生活、核家族の形成、家庭電化などであろう。本章では、これらの論点のうち、高度成長期における家族の変容、すなわち家族構成の変化や親子関係、夫婦関係、親族関係など家族関係の変化、家族意識の変化という問題をとりあげることとしたい。高度成長期における都市自体の変容や都市の膨張とそれに伴う都市化

や住宅開発の問題も、こうした家族の変容との関連でふれられることになるだろう。まず、とりあげるのは、都市生活者としての「近代家族」を描いた庄野潤三『夕べの雲』である[6]。

1．庄野潤三『夕べの雲』

　庄野潤三は、1953 年 32 歳の時、朝日放送東京支社に転勤となり、東京練馬、石神井公園の麦畑の中の家に暮らし始めた。すでに、20 代後半から「愛撫」「舞踏」「喪服」「恋人」などの短編を文芸誌に発表していたが、54 年 12 月に「プールサイド小景」を『群像』に発表、これにより 54 年下期第 32 回の芥川賞を受賞した。同時受賞は、小島信夫の「アメリカンスクール」。その後、57 年には、坂西志保の推薦により、ロックフェラー財団の招待で、1 年間、オハイオ州ガンビアにあるケニオン大学に留学、帰国後、1 年以上をかけて「静物」を執筆した。「静物」は、それ以前の「夫婦小説」から「家族小説」への転換点となった作品といわれているが、庄野は、この執筆に著しく難渋したようで、「私は『静物』を書いたあと、雑巾をしぼるようにして自分をしぼり出す小説はかなわないと思」ったというエッセイを『朝日新聞』に発表している。また、後年「この年（1959 年）は、『群像』の小説（「静物」のこと——引用者）のことばかり考えて、仕事はちっとも進まないままに日が過ぎて行った。芥川賞のあと会社をやめたので、生活は苦しくなった」との回顧も残している[7]。

　「静物」の完成後、庄野は 8 年近く住んだ東京練馬を離れ、川崎市生田に転居した。転居の理由は、静かだった東京練馬の家の前がオートバイの通り道になり、とにかく静かなところに移りたかったためという。生田転居後、ほぼ 3 年を経過してから執筆されたのが『夕べの雲』である。『夕べの雲』は、1964 年 9 月から 65 年 1 月まで日本経済新聞夕刊に連載され、65 年 3 月には講談社から単行本となった。各章のタイトルを見ると、「萩」「終りと始まり」「ピアノの上」「コヨーテの歌」「金木犀」「大きな甕」「ムカデ」「山茶花」「松のたんこぶ」「山芋」「雷」「期末テスト」「春蘭」。連載の始まった秋から冬まで、生田の山の上に住む大浦家 5 人家族の日常が淡々と描かれていく。

　冒頭の「萩」には次のような文章がある。

「八月のおわりのよく晴れた朝、仕事部屋から出て来て、萩の茂みを眺めると、大浦はその成育ぶりに初めて気が附いたようにびっくりしたのであった。もっとも、この声は家の中にいる家族には聞こえなかったらしく、誰も返事をする者はいなかった。細君は風呂場で洗濯物のゆすぎをやっている最中であったし、子供は三人とも勉強部屋に引っ込んでいた」。

「この萩を近くの山から取って来て、ここに植えたのは、二年前のことだ。それは随分ちっぽけな萩であった。見つけたのは上の男の子の安雄で、あの時は小学五年生であったが、その膝よりもまだ小さかった。……あの時分は（この多摩丘陵のひとつである丘の上の家に彼等が引越して来てから一年経っていた）、早く風よけになる木を家のまわりに植えるのに夢中になっていて、萩だけでなく、この山に自生しているヤマユリや春蘭を移植してみることも間にはあったが、どうしてもそれらの小さな植物は後まわしになっていた頃であった」。

「何しろ新しい彼等の家は丘の頂上にあるので、見晴らしもいいかわり、風当たりも相当なものであった。三百六十度そっくり見渡すことが出来るということは、東西南北、どっちの方角から風が吹いて来ても、まともに彼等の家に当るわけで、隠れ場所というものがなかった」。

大浦家は夫婦と子供３人のいわゆる核家族家庭であること、子供はみな学校に通っていること（しばらく読み進んでいくと、子ども達の学齢は、高校生の長女、中学生の長男、小学生の次男であることがわかる）、数年前に多摩丘陵の一戸建てに引越してきたこと、以前の家には８年住んでいてそこから浜木綿、南京はぜ、白木蓮などを植えかえのためにもってきたこと、大阪に兄がいてやはり庭いじりが好きなこと、何の職業かは分からないが、仕事場が自宅にあるところからみて語り手の大浦は居職であることなどが、この章の叙述からわかる。

「萩」では、持ってきた南京はぜ、白木蓮が枯れてしまったこと、丘のてっぺんで風が強く、木が根を下ろすことが難しいことが、同時に語られている。「せっかくひげ根を出そうとしても、こうしょっちゅう風にゆすぶられたのでは、ひげ根が土にしがみつく暇がない」と、新転入者の地域社会への「根付き」への不安が語られている。もっとも、引越して来て１年６ヵ月後に「植木

控え」というノートを付けることを思いついたという文章からは、ほぼその頃から新しい生活が落ち着きをもってはじまったことも暗示されている。

「終りと始まり」は、長男で中学生の安雄の話と次男で小学生の正次郎の話である。毎年、一家で夏休みに外房の海岸に海水浴に行くこと、正次郎が夏休みの宿題として海草しらべや花の色染めをすること、兄の安雄がのんびり屋で、しばしば夏休みの宿題を失念してしまうこと、親兄弟が宿題の手伝いをしていることなどが語られる。次の「ピアノの上」は、長女で高校生の晴子の話で、日々の生活や些事を楽しむことのできる、しっかりもので落ち着いた晴子の姿がおのずから浮かび上がっている。

「コヨーテの歌」では、家族で観るテレビがとりあげられている。「彼等の家では、テレビのスイッチを入れるのは大浦か細君のどちらかということになっていて、安雄にしろ正次郎にしろ、勝手にスイッチにさわってはいけないのであった」というのである。もっとも、「長い間そのようにして厭がらせをしていた番組を、何かの拍子に子供と一緒に見物して意外に面白いのにびっくりすることがある。これは傑作ではないかと思う」父親であるから、家父長的に権限を行使していた訳ではないことも明らかである。

「金木犀」「山茶花」「山芋」では、農協やら梨売りの爺さんやら植木屋の小沢さんなどと大浦家の人々の交流や、その交流をめぐる親子の会話などがとりあげられ、男の子たちの、くったくのない、それでいて豊かな感受性を、大浦とその妻がゆったりと受け止めていく様が、淡々とではありながら、生き生きと描かれている。

では、大浦家のこうした家族像はどのように位置づけられるであろうか。渡辺洋三は、「高度成長下の日本社会全体の構造的近代化という基本法則に規定されて、一九五〇年代になお大きな影響力をもっていた前近代的家族制度は、六〇年代に入ってから決定的に解体の方向に向かい、それに代わって、戦後市民社会を支える基礎単位としての近代市民家族が、広範に出現するにいたった」[8]として、高度成長期における家族の変容を検出し、新たに登場する近代家族の定着を1960年代に求めた。また、目黒依子も、「日本の家族システムの大きな変化は、一九五〇年代半ばから七〇年代半ばの約二〇年の間にみられた」としている[9]。

実際、産業構造の重化学工業化に伴い、農村部から都市部への労働力人口の大量移動が生じ、就職ないし進学で大都市圏に移動した若年者の多くは、移動先の都会で結婚し、新たな核家族世帯を形成した。総務省調査を加工した岩上真珠作成の図表をみると、1960年から70年の10年間で、世帯数は1.5倍に増加し、これを家庭類型別世帯割合でみると、「夫婦と子供」という核家族の割合が70年に46.1％というピークに達している[10]。また、最初の『厚生白書』（56年）では、「標準5人世帯」という表現が登場しており、総務省統計局の家計調査では、69年から2004年まで「夫婦と子供2人」を想定した標準世帯が使われている。『夕べの雲』の大浦家はまさに、この56年版『厚生白書』のいう「標準5人世帯」であった。

　『夕べの雲』の大浦家は、岩上の検出した1960年代の「標準5人世帯」そのものである。その点からみれば、大浦家は、高度成長期の核家族型小家族の典型であったといえる。しかし、そこで描き出されている家族関係が、日本の法社会学や家族社会学が検出した日本型「近代家族」と同値か、といえばそれは明らかに違うだろう。

　日本型「近代家族」をどう把握するかについては、一致した見方が確立しているわけではないが、夫婦と少人数の子どもからなる核家族家庭、夫／父は稼ぎ手、妻／母は家事と育児という家庭内性別役割分業構造の固定という2点を、その特徴として把握することでは共通しているように思われる。また、多くの論者は、そこに戦前民法の直系家族的な規範の残滓を認め、高度成長期の企業内労務統轄機構との親和性を強調している。

　しかし、これまでの引用からも明らかなように、『夕べの雲』の大浦家の家族関係においては、そうした権威主義的、家父長的関係はまったくといってよいほどみられない。子どもの教育についても、母親と父親はほぼ均等に関わっているようにみえる。この点からは、大浦家の家族関係は、ポスト高度成長期に強調されるようになる友達夫婦、友達親子のほうに近いかもしれない。あるいは、まったく逆に、吉野源三郎『君たちはどう生きるか』が描いたような古典的な知的小ブルジョア家庭の側にあるのかもしれない。

　阪田寛夫によれば、初期の「舞踏」や「プールサイド小景」という「夫婦小説」から、「静物」を経て「夕べの雲」に至る「家庭小説」への転換の過程で、

庄野は、「『父』の精神、或は『家長』の精神とも云うべきものを自己の内部に発見してゆくおどろき」を表現しようという試みを長短いくつかの作品においておこなったという[11]。「舞踏」や「プールサイド小景」は、若いあるいは中年の都市サラリーマンの家庭に生じた愛の亀裂を描いており、「静物」は、家族生活と、そのなかで、小動物や金魚鉢や絵本という形を取って現れる死の影を陰影ある描写で綴っている。阪田は、『庄野潤三ノート』において、この『夕べの雲』の「大浦は一家の『生活の経験』の管理者という性質がつよい。そしてまた彼は、一家の理性と感受性をも代表している」と捉えている[12]。「生活の経験」を管理し、「理性と感受性」を共有するという形での「家長」像を新たに提示しようとしたといえるかもしれない。

　『夕べの雲』は、家庭生活それ自体、家庭生活のなかでの親子間・夫婦間・兄弟間の日々の瑣事を淡々と描き、それらをそのものとして楽しみつつ、その背後に、せつなさ、寂寥感、無常観をかすかに感じ取り続けている主人公の姿が折りにふれて現れる。そこに『夕べの雲』の限りない魅力が存在するのであるが、1996年の『貝がらと海の音』以降の一連の「老夫婦もの」では、こうしたせつなさや寂寥感は影をひそめ、市井人の人生に対する自足が肯定的に描かれるようになる。

　「舞踏」や「プールサイド小景」にある、人生に対する不安や恐怖の延長線上に『夕べの雲』をみるか、それとも、1990年代半ば以降の市井人のささやかな幸福に対する自足から『夕べの雲』を読むかによって、『夕べの雲』の印象は大きく変わってくる。初期からみる代表として江藤淳[13]を、後期から見る代表として川本三郎を取り上げてみよう。

　江藤は、庄野の『夕べの雲』の主題を、孤独な都会生活者、「『ひげ根』を断たれて孤立し露出させられた者が直面している恐怖」「一見いかにも幸福感にありふれた大浦家の日常生活」の「底にひそむ『恐怖』」にあるととらえた。そして、「われわれが『個人』というものになることを余儀なくされ、保護されている者の安息から切り離されておたがいを『他者』の前に露出しあう状態におかれたとすれば、われわれは生存をつづける最低の必要をみたすために『治者』にならざるを得ない」とし、「崩壊する母」にかわってこの役割――「『風よけの木』を植え、その『ひげ根』を育てあげて最小限の秩序と安息とを

自分の周囲に回復しようと試みる」役割——を引き受けるのは、「政治思想の対立を超えた産業社会の進展」「その結果としてもたらされた農耕文化の崩壊」のなかで、好むと好まざるとにかかわらず再登場させられた「父」であるとした[14]。

こうした把握から、江藤は、庄野の『夕べの雲』を「治者の文学」と名付けたが、江藤がそこで抽出した「治者」は、後年しばしば誤解されたような「家長らしい家長」ではなく、根拠を断たれた都市生活者の恐怖と不安の体現者としての「治者」であった。もっとも、高度成長期に急速に進展する核家族化、小家族化のなかで普遍化してくる「父」の役割が、果たして江藤のいうような「治者」であったかどうかは別問題であるし、『夕べの雲』の大浦が、そうした恐怖や不安を意識下にもつものとして描かれているかといえば、それは違うだろう。おそらく、江藤にとっては大きすぎた「母」の喪失が、こうした形での「父」像を作り出し、それが庄野の作品評価に投影されたと思われる。

これと対照的なのが川本三郎[15]である。川本は、1996 年の『貝がらと海の音』以降の、庄野の「東京の郊外に静かに暮らす老夫婦の日々を綴った連作」を読み解きつつ、それらを「家族の幸福」「小市民の幸福」を、意志的かつ自覚的に描こうとしたものと把握し、その出発点を『夕べの雲』に求めた。川本は、戦前の家父長的な家族制度が崩壊した後も、「国家や社会という大状況に比べると、家族や家庭は、小さな日常として軽んじられてきた。大の男が、家族愛や夫婦愛など語るべきではないと考えられた」、あるいは、「日本の近代文学は、漱石以来『家族の不幸』をこそ描き続けていた」と、それまでの近代日本文学を捉えた。そうした日本文学に対して、1960 年代半ばに、「日本の中産階級に属する多くの家族」、「普通に社会人として生き、生活者として家庭生活を穏やかに営む市井人を主人公に据えた」小説を、意志的・自覚的に描き始めたのが庄野だ、というのである[16]。

ここでの意志的・自覚的とは、こういう意味である。すなわち、庄野の小説で描かれているのは、決して「現実の幸福」ではなく「描かれた幸福」である。このため、庄野は、まず「作家という特殊な自分を消し生活者としての小市民性を浮き上がらせようとする」、また「生活の経済的基盤がほとんど語られない」「子供の成長にとって重要な問題である筈の性の目ざめも描かれない」「何

よりも驚くのは、政治、経済、社会の大状況がいっさい捨象されていること」である。いいかえると「小さな日常の幸福を浮き立たせるためには背後にある負の要素はいっさい切り捨てる。強靭な覚悟」が庄野文学の核にあるというのである[17]。

もっとも、『夕べの雲』の大浦家が、はたして川本のいうような、「日本の中産階級に属する多くの家族」「普通に社会人として生き、生活者として家庭生活を穏やかに営む市井人」であったかどうかについては、これも、江藤の「治者」と同様、疑問である。すでにみたように、庄野の家族は、必ずしも日本型「近代家族」の特徴を全的に備えているとはいい難い。また「小さな日常の幸福」は、その背後に必ず「せつなさ」や「寂寥感」を包摂している、これこそが『夕べの雲』の主題であったが、1960年代前半に誕生してくる日本型「近代家族」の多くがこうした感受性を共有していた、いいかえれば、それだけの生活上のあるいは精神的な余裕を保持していたかといえばそうはいえないであろう。

ところで、『夕べの雲』は、家族小説であると同時に、高度成長期における郊外に伸びる地域開発、住宅開発の物語でもある。大浦家の自宅のある場所は、生田の山のてっぺんである。庄野は、「私の履歴書」のなかで、次のように述べている[18]。

「生田に引越して来た私たちは、近いうちにこの山がこわされて住宅公団の団地が建つことを聞かされたので、名残を惜しみながら山と親しんだ。先ず私たちの通り道にみんなで名前をつけた。駅から生田中学へ上がって来る道を『中学の道』（そばに大きな柿の木のある農家が一軒ある）、そこからわが家の方に尾根伝いに来る道を『まん中の道』、崖伝いに駅の方に下りてゆく道を『S字の道』（私たちは駅に出るにはもっぱらこの道を歩いた）、森の中を抜けて行く『森林の道』というふうに」。

「やがて山の木が切り倒されるモーターの音がひびきわたり、山の斜面をこわすブルドーザーが上って来る。私たちが二年半の間、どんなふうに生田の山と別れを惜しんだかは、三十九年九月から翌四十年一月まで日本経済新聞に連載した『夕べの雲』のなかに書いた」。

『夕べの雲』には、次のように書かれている。

「前にいた家も、その前にいた家も平地にあった。……ところが、今度の家は山の上にある。しかも四方が見渡せるところに一軒だけ建っている。四方が見渡せるということは、天に対して全身をさらしているようなものであった。せめて家のまわりに木があれば、いくらかでも気休めになるのに、引越してきて間がないので何もない。禿山と同じことである」（雷）。

「山のいちばん高いところにあるので、土が乾きやすかった。すぐにからからになるのであった。椎の木の根元も乾きやすいが、山茶花のある場所は、もっと乾きやすかった。……夏の日照りで苦しんだ大浦は、冬の異常乾燥でまた心配した。小さな山火事が方々で起り、村の消防班がその度に出動した」（山茶花）。

「大浦の一家と彼等がたまたま移り住むようになったこの丘との間に生まれた親しいつき合いについて書くには、まだ多くのことが残されている。……だが、それはひと先ずおくことにしよう。それよりも彼等がこれほど気に入っていた『山』が、今は消えて無くなったことを書かなければならない。それは二年目の夏、赤と白のだんだら模様の棒と測量の機械と木の枝を払うためのなたを持った青年がこの山へ上ってきた日から始まった。大きな団地が建つことになったのである」（コヨーテの歌）。

「大浦の家族がこのように彼等のいる丘と親しんだのは、二年半ほどの間であった。（測量の人たちが度々やって来るようになってから、木を伐り始めるまでにも一年近くかかった）」（コヨーテの歌）。

小田急線、京王線、国鉄横浜線が交錯する東京西郊の稲城、多摩、八王子、町田に、それらをまたいで多摩ニュータウンの開発が始まったのは1965年からであったが、『夕べの雲』の大浦家が住まいする小田急線生田地区の開発は、もう少し早かった。

「多摩、麻生区域は、多摩丘陵の南東の端に位置し丘陵を刻む河川や谷ぞいに古くからの集落があっただけで開発の手が入るまでは静かな山間の農村

地帯で自然の宝庫であった。……1926（大正15）年になって小田急電鉄が向丘地区に遊園地を開園、1927（昭和2）年には小田急線と南武鉄道が開通し、両線の接点である登戸地区は宅地化が少しづつ進んだ。しかし、小田急線沿線の生田、柿生地区は農村地帯としての姿を崩さなかった、昭和30年代になるまでこの地区は、川崎の緑地地帯として開発の手がほとんど入らなかったのである。地域の大規模な開発は1958（昭和33）年日本住宅公団による生田地区での区画整理事業によって出来上がった百合丘団地造成が最初のものであった。以後、丘陵地をきりきざむ形で大規模な宅地開発が次々と行われてきている」[19]。

「本格的な宅地開発事業は日本住宅公団により進められた。まさに山を削り谷を埋める大規模な造成工事が多摩地区の丘に集中し、開発面積は307haに及んだ。かつての郡境いったいの山林・農地に建設された百合ケ丘団地には、小田急の駅が開設され、駅前商店街も整い、1968年には一万人余の住宅町に変容した。続いて生田地区に西三田団地、菅地区に寺尾台団地が建造されたが、いずれも緑に恵まれた環境の中にある。……公営住宅群の分布をみない住宅地域は、民間デベロッパーの住宅地開発や、一般住宅の建設が行われてきた地域である。……川崎市では、まず小田急沿線の公団の団地の周辺に、不動産会社や大企業が盛んに分譲住宅地を開発し、また寮や社宅群を建造している。多摩区の生田・王禅寺・高石・細山等の住宅地化により、1960～80年の間に柿生地区の人口は0.6万人から5万に、生田地区では1.2万から9.6万に増加した」[20]。

『夕べの雲』にある住宅公団の団地とは、この生田地区の西三田団地のことである。高度成長期前期の東京西郊の地域開発は、日本住宅公団、東京都住宅供給公社、東京都といった公的機関、民間鉄道資本、民間デベロッパーなどによって、ある部分では相乗的に、ある部分では競合的に、またある部分では無政府的に進められていったが、『夕べの雲』は、そうした私鉄沿線における地域開発の様相が、「静かな山間の農村地帯」の「自然の宝庫」の喪失過程としてクリアに描き出されている。もっとも、大浦家は「静かな山間の農村地帯」の原居住者ではない。都市生活者としてのライフスタイルが生田への転居によ

って変わったわけでもない。「とにかく静かなところに移りたかった」とはいえ、「都市生活者」という存在からみれば、どちらかといえば「開発に与する側」の人間である。それゆえ、団地造成などの地域開発は、「山と親しんだ日々」を変容させていったとしても、それが大浦家の「経済的基盤」そのものに直接影響をあたえるものではない。にもかかわらず、庄野の『夕べの雲』は、高度成長期以降に普遍化してくる都市生活者の家族像を、いわば先取り的に描き出すことに成功しており、沿線開発が生み出していく自然破壊のもたらす喪失についても、読者が、「せつなさ」や「寂寥感」を共有しうる形で提示しているのである。

2．立松和平『遠雷』

　地域開発は、地域社会や家族のあり方を大きく変容させるが、その変容に直面するのは、そこに「生業の手段」を求め、そこに「経済的基盤」を置いていた人々に他ならない。高度成長期における工業団地やコンビナートの建設、住宅団地の造成は、都市近郊農業を展開してきた地域にも押し寄せ、米と野菜を基盤として営まれてきたそれまでの「農村家族」のありようを大きく転換させていった。こうした地域開発がもたらした「農村共同体」の解体、「農村家族」の崩壊と、そのなかで農業にこだわる農村青年の意識と行動を描いた小説として、次に、立松和平『遠雷』[21]をとり上げたい。
　『遠雷』は、ビニールハウスの場面から始まる。住宅団地と工業団地の造成によって、農地が買われ、主人公の満夫が、わずかに残った土地でハウス栽培のトマトをつくっている。ハウスの隙間からは団地がみえている。
　満夫が、トマトをハウス栽培している場所は、こんなところである。

「二年前には団地などなかった。一帯は水田と栗畑と雑木林で、草木や鳥獣虫魚のひっそりとした気配に満ちていた。雑木林に囲まれた幅広い谷のかたちで田がひろがり、中央を川が流れていた。何代もかかって拓き整えてきた美田だった。米もよくとれた。村の田はこのあたりに集中していた。田起こし田植え草取り稲刈りと、満夫は両親と陽のある間野良にでていた。……

「ここに県が住宅団地と工業団地をつくる計画をたてたのだ。みんなは札束で横面を張られるようにして土地を手放していった。東京で銀行員をしている兄の哲夫に相談すると、高く売れるのなら売ったほうがいいと素気なくいわれた。村中が買収に応じたので、一軒だけ頑張っていることはできなかった」。

「ブルドーザーの群がやってきた。樹木を根こそぎに踏み倒し、土を削って田を埋めた。栗畑をつぶし、川の流れを変え、瞬く間に地平線が見えるほどの赤むけの平地をつくった。地面に積木をならべるようにして建物ができていった。トラックに荷物を積んで人が集まってきた。農道がひろげられアスファルトが舗装され、車がひんぱんに通るようになった。スーパーマーケットや寿司屋やスナックができた。まるで手品を見せつけられるような手際のよさだった」。

こうして農業を離れた満夫一家は、いったんは企業に雇われる。

「土地を手放す時の条件どおりに、満夫と両親は工業団地の製菓工場に雇われた。東京の兄に電話で相談すると、働き口があるのなら口座の金に手をつけずにすむからいいじゃないかといわれた。満夫は製品を街の問屋におさめる小型トラックの運転手で、両親は工場の清掃係になった。つまらない仕事だった。金は通帳にうなっていたので我慢して働くことはなく、三人は話し合って同時に辞めた。他の村の連中も工場勤めはつづかなかった」。

生活の基盤である土地を手放し、工場での仕事にもなじめない満夫の父は、安普請のアパートで、スナックの女チイとの同棲を始める。満夫の母は、満夫の同級生の広次と一緒に、土方仕事にでて、交通整理の旗振りをやっている。これに対し、息子の満夫は、「かろうじて残った草だらけの土地にビニールハウスをつく」り、「トマトでもキュウリでも花卉でもいい、とにかく農業をやりたかった。やり直しだ」と、もう一度、農業に向き合おうとする。

「汗ばんだビニールが眩しかった。よく見れば微小な水滴一粒一粒が虹を含んでいた。ふくれて重みが支え切れなくなると、水滴は涙のように流れ落ちた。

そこから陽光が鋭く射してきた」という冒頭の記述や、「夜になって雲がでた。月も星も見えなかった。電源をつないだ。コードに首飾りのようにつながれた電球と、熟れたおびただしいトマトが、一斉に赤く照り輝いた。一瞬あたりは華やいだ雰囲気に満ちた。闇の底にひそかに隠されていたものの前に、ふいに立ってしまったようだ。きれいだった。トマトの赤い壁を見とれて歩いた。果実に手を触れ頬ずりした」という記述からは、農業に向き合うこと、体を動かして農作業することの喜びがあふれている。満夫は、団地の人妻カエデや、見合いの相手で物語の末尾で結婚することになるあや子とのセックスを、このビニールハウスで行う。セックスは直截な表現で語られているが、これも、満夫にとっての「聖域」であるビニールハウスで、はじめて自己回復と自己実現がなされうることを示している。

満夫の兄哲夫は、高校卒業後、農業に見切りをつけ、東京の銀行に勤め、埼玉の狭い公団住宅に妻子と住んでいる。『遠雷』には、満夫の祖母、満夫の鏡像ともいうべき高校同級生の広次も登場する。部分的に痴呆が現れた祖母は、自分が嫁入りした頃の思い出や、農作業での厳しい労働のつらさをしばしば語る。この祖母は、「一帯が水田と栗畑と雑木林」であった時代、農村共同体が強固に存在していた時代を象徴する存在となっている。

一方、同級生の広次は、高校時代は「腕力が強く、上級生が一目おく」存在であったが、満夫の家と同様に、家のコメ作り用の僅かな土地を残して、農地を売り渡してからは、土方仕事で日銭稼ぎをしている。広次は、満夫も一度関係をもった団地の人妻カエデに狂い、大金をもって15日間の逃避行の末、カエデを絞め殺してしまう。満夫の祖母も、村人が集まって大騒ぎを繰り広げる満夫の結婚式の当日、老衰死を遂げる。そして、満夫の自己実現の拠点であるハウス栽培のトマトも、市場で価格が暴落しただけでなく、トマトの株にアブラムシがたかってすべてを焼却せざるをえなくなる。トマトの季節の終了とともに、ハウスも閉鎖される。

「雑木林がとぎれると、不意に視野がひらけた。あたり一面緑色の穂をつけた稲が風の行方を追って騒いでいた。穂がすれあって微かに金属的な音をたてていた。広次が舞っていると見えたのだった。……風に揉まれた稲穂の

上で、祖父母や父や母や広次や村の衆が輪になって踊っている気がした。よく見ればあや子も満夫自身も、手を打ち足を踏み鳴らして楽しそうに踊っていた。そう見えたのも束の間、何もかも突風にさらわれ跡形もなくなってしまった。上空で風がねじれこすれあう音がしていた。心持ち台地になっている野菜畑や、散在している家や黒い雑木林に、雲の切れ目から淡い粉のような陽がかかっていた。雲の動きにしたがって陽は交叉した。誰かが上空で探しものでもしているふうだった。空に大河があるように台地の彼方に急速に流されていく雲が瞬間仄明るくなり、間をおいて雷鳴が聞こえた。まだ遠かったが、雷は確実に近づいてきた」。

これが『遠雷』の締めくくりである。

村の慣習に従った結婚式のドンチャン騒ぎのさなかに「生まれてくる子と引き換えのように」逝った祖母を想い、紋付羽織、白足袋のまま外に出た満夫の眼に映ったのは、幻想の水田、「草木や鳥獣虫魚のひっそりとした気配」に満ちた美しい田園風景であり、そこでの幻想の祝祭である。現実の結婚式という祝宴と二重写しになるこの幻想の祝祭は、遠くから近付いてくる雷鳴によって打ち砕かれそうな予兆を示している。あや子と新しい家庭をつくることによって崩壊しかかっている家＝家族の再建を図ろうとする満夫の前途に対する不安や恐怖を暗示して『遠雷』は閉じられる。

立松和平は、当時、宇都宮市役所に勤めていた。早稲田大学時代に執筆した「途方にくれて」が『早稲田文学』掲載されることになったため、内定していた大手出版社を蹴って留年し、文学者として生きていくことを目指した。新左翼学生運動の同伴者であったこともそうした決断を後押ししたようである。しかし、その後なかなか芽が出ず、経済的理由から帰郷し、市役所勤めの傍ら、ふるさと栃木や近郊農村を題材とした小説を書き続けていく。

1983年に河出文庫に『遠雷』が収録された際、同書末尾につけられた「著者ノート」[22]で、立松は当時の状況を次のように書いている。

「私は栃木県宇都宮市の郊外に暮らしている。街の中心部からおよそ十キロ、田んぼの真中に身を寄せあっている安普請の建売り住宅団地である。街

からくると、田んぼの緑の海を渡って島についたような感じだ。……私の暮らす建売り団地の横には四車線の立派な新バイパスが通り、その向こう側には鉄筋コンクリート四階建ての市営団地と広大な工業団地が、墓石のような姿をならべている。この一帯はかつては横川村といい、戦後すぐに合併されて宇都宮市横川地区になった。村役場は市役所の出張所になり、村民は市民と呼ばれた。私の父は横川村の農家の三男として生まれた。家は長兄に譲って東京に行き、満州に渡り、兵隊にとられてそこで終戦を迎え、身ひとつで宇都宮に戻ってきた」。

「幼い頃より見知っている古い農村の姿が、私の内部には心象風景のように焼き付いている。涙が出るほどに懐かしい風景である。ところが、現実に私の前にひろがる風景は、そこからはあまりに遠い。……村の命の流れのようだった江川は、団地の設計の都合で流れを変えられ、腐臭を放つドブになっている。さらさらと白い砂がたまっていた川底には、空壜のガラス片が落ち、空罐が埋まり、プラスチックのゴミが流れてくる。……土地は日々変貌している。私の眼には壊れていると見える」。

「これほど激しい有為転変に直面している都市近郊農村の姿は、グロテスクである。農村自身が変わっているというより、都市を鏡のように写している。都市が病的に肥大していく近代日本の現実は、都市近郊農村に奇形となって集約してくるのだ」。

『遠雷』は、こうした状況のただ中に書かれた。都市的近代対農村的前近代、工業的機械生産対農業的手工業生産、近代的貨幣経済対農村的実物経済、こうした対抗の「境界」線上の存在として、『遠雷』の土地も、トマトハウスも位置づけられている[23]。

では、ここで描かれている工業団地や住宅団地の造成は、現実にはどのように進んだのか。広大な関東平野の一部を占め、地味豊かで水にも恵まれた農業県として発展してきた栃木県は、1954年「工場誘致条例」を制定し、事業税減免などの優遇措置を始め、国の工業化の進展に呼応し、用地・労働力・資金等の斡旋につとめ、工場誘致体制を強化した。また、「工場立地の調査等に関する法律」に基づき、工場適地の調査、選定を行い、58年から60年にかけて

県内7地区を工業適地に選定した。宇都宮市も、55年4月に「工場誘致条例」を制定し、一定基準以上の立地工場に対し、固定資産税額の範囲内で、3年間奨励金を交付する優遇措置を講じるなどして、主として京浜地区からの地方分散工場の積極的な受け入れ態勢を整備した[24]。

　当初は専ら民有地の斡旋が主なものであり、工場誘致状況は活発ではなかったが、1960年池田内閣が所得倍増計画の一環として、低開発地域工業開発促進法と新産業都市建設促進法を制定し、地域開発と地方進出企業に対する優遇措置を推進したことを契機に、工業団地形成への流れが形作られた。栃木県は、これに積極的に呼応し、工場誘致が県内産業振興の基本であるとして工業開発計画を立案した。宇都宮市でも、首都圏整備計画の一環として、工業衛星都市を建設し、工業生産力の増強と所得水準の向上を図ることとなった。

　こうして、宇都宮市においてまず造成されたのが、宇都宮工業団地（平出工業団地）であった[25]。宇都宮工業団地は、1960年3月、地方自治法第284条第1項の規定により発足した宇都宮市街地開発組合が造成主体となって団地造成が開始された。宇都宮市東部の山林60万坪、畑地25万坪、その他を含めて全体で92万坪が団地造成の対象となった。用地取得は60年から行われ65年に完了した。また、道路、公園、緑地、排水施設整備等一切の事業は翌66年に完了した。工業団地への企業誘致は、61年から開始され70年に完了した。県外だけでなく、市内既存工場の業務拡大による郊外移転策にも支えられての完了であった。

　その後も、宇都宮市での工業団地の造成は次々に進展し、1970年には、中小工業団地の集約と住宅団地の造成を目的とした瑞穂野土地区画整理事業（1973年から78年）が、翌71年には、内陸型工業団地では国内最大規模の清原工業団地（市街地開発組合）の用地取得が始まり、工業団地造成の勢いは、高度成長が終焉した70年に入っても継続した。『遠雷』の舞台となったのは、この瑞穂野工業団地であり、4階建ての市営住宅は、工業団地の北側にあるさるやま団地であった。瑞穂野工業団地の分譲は78年から83年にかけて行われ、団地の総面積は30万平米、うち工場用地が20万平米で、敷地面積は比較的小規模であったが、入居事業者数は80社を超え、その主な業種は、自動車・家電製品等の周辺部品や梱包用材製造業者などであった。こうした連続的で大規

模な工業団地の造成によって、都市近郊農業と都市近郊農村の基盤が突き崩されていったのである。

実際、池田内閣の所得倍増計画を前提とする低開発地域工業開発促進法と新産業都市建設促進法は、それまで農村地帯であった地域に、工業団地の造成等を通して工業化を促進した。また、これにみあうような形で1961年には農業基本法が制定され、機械化による農業規模の拡大と野菜・果実・畜産物などのいわゆる成長農産物生産への選択的拡大を通して、伝統的米麦中心農業からの脱却を図ることを意図した。62年度からの第一次農業構造改善事業、68年からの第二次農業改善事業はその具現化を図ったものであった。この結果として、関東地方農業は、60年以降、農地の壊廃、農家数・農業人口・農業従業者数の減少、農家の兼業化等を進行させるとともに、米中心の生産構造から複合型生産への転換を緩やかにもたらすことになった。

『宇都宮市史』は、「本市工業の進展が農業青少年の他産業への流出及び農業労働力の劣弱化をもたらし、農村社会の重要な問題として表面化したのは、昭和三五~三六年頃で、対策が図られるようになったのは昭和三七年度の第一回後継者激励会及び市農業後継者育成会の結成からである。……昭和三十年代以降の本市は、工業化による都市化が一段と促進された時期である。……ここでは、農地転用による耕地の漸減及び農家戸数の漸減が明らかとなる」と述べ、市工業の進展が直接農業後退と結びついていたことを強調している[26]。また、高度成長期関東地方農業を分析した澤田の指摘[27]によれば、栃木県では、米型市町村数は1962年の41から90年には19に減少し、替って複合型、野菜型、畜産型が増加したことが示されている。上述の『宇都宮市史』においても、高度成長期における蔬菜園芸、栽培作物への転換が強調されている。とくに、『遠雷』の主題となったハウストマトに関しては、「トマトの栽培は、昭和三十年頃からの抑制栽培による夏・秋トマトを中心に、加工トマトの契約栽培及びビニールハウスによる促成及び半促成栽培を加え、急激に産地化が進む」、「本市における抑制トマトの産地化は、昭和三一年度における適地適産団地の形成計画に特産団地化(トマト・玉葱・いちご他)に基づくところが大と指摘」され、市町村別トマト作付面積(1966年)では、宇都宮市が栃木県内で最大の作付け規模を示している[28]。

このように、高度成長期における工業化の進展は、一方で、直接に農業の後退をもたらすとともに、他方で、農業生産構造の転換を生みだしていくのであるが、『遠雷』で描かれているような田畑・山林の買収による農村の解体、農村家族の崩壊は、いわばその極限的な形態であって、必ずしも農村・農民全体に、普遍的・一般的に適用しうるものではなかったことも指摘しておかなくてはならない。多くの農村と農民は、「土地成金」となって成り上がることも、持ちなれない金を手にして崩壊することもできなかったのである。

　したがって、工業団地の造成による土地買収は、農業解体、農村解体を象徴するものとして位置づけられる。そして、そうしたなかで、なお、農業に賭けようとする青年の存在、都市と農村がせめぎ合う「境界」線上にある青年の存在を「発見」したことが、立松に『遠雷』を執筆させることになった。『遠雷』執筆の直接のきっかけを、立松は、次のように述べている。

　「私の暮らす団地の隣にビニールハウスがあり、キュウリを栽培していた。世間に対し突っ張っているような、腹に一物ありそうな、たとえば車に太いラジアルタイヤをはかせてマフラーをとり、夜の国道をかっとばしてあるくのが似合いそうな青年が、一人で黙々とつまらなそうに働いていた。ところがある日、青年に彼女ができ、二人でいかにも楽しそうに、たとえば舞踏でもしているように、ビニールハウスの仕事をしているのを見かけた。私が朝出勤する際に見かけた二人は、私が一日の労働で消耗して帰宅する際にも、嬉々として働いているのだった。私までが楽しくなるほどの明るさであった」[29]。

　しかし、『遠雷』（1980年）は完結しなかった。上述の『遠雷』の末尾の叙述それ自体が続編の執筆を要請していたのであるが、実際、『遠雷』は、『春雷』（1983年）、『性的黙示録』（1985年）と書き継がれ、その後、かなりの期間を経た末に、1999年『地霊』の刊行によってようやく完結する。満夫とその周りの人々のその後はどうなったのか。作者自らが語るところによれば、次のようである[30]。

「『春雷』では、土地を売った父の松造が家に帰ってくる。突然転がり込んできた大金に狂い、街のスナックの女と暮らしていた松造も、蕩尽の果てに金を使い果たしてしまう。息子の満夫は『遠雷』で結婚したあや子と、懸命に村の暮らしを守って家庭をつくっている。満夫が精魂込めてつくっているトマトハウスで、未来に絶望した松造は農薬をあおって自死してしまう」。

「『性的黙示録』では、満夫は妻のあや子との間に二人の子をもうけ、母トミ子とともに街で暮らしている。土地をすべて売り払い、貸蒲団屋で働いているのだ。貸蒲団屋社長水野はバブル経済の時代が生んだ欲望に放埓な俗物で、あや子を巻き込んで夫婦交換を迫ったりする。『遠雷』から十年の歳月が流れ、殺人事件で服役していた広次が出所してくる。広次は高速で走りつづけている時代に適応できず、怪しげな宗教理念を妄想している。夫婦仲が冷えきっている満夫とあや子の家庭での居場所のない母トミ子は、広次の妄想に共感する。満夫も時代に適応できず、いつも目の前にいる俗物水野を金属バットで殴り殺して車のトランクに隠し、何気なく日常生活をしている。……村の解体、家の解体ときて、ついに個の解体へと至るのだ」。

「それからまた十年がたち、消えてしまった村に、放浪していた人たちが戻ってくる。村人を追いやるほど力に満ち、時代の波に乗ってやってきた団地は、ついに悪鬼の棲むスラムとなっている。経済万能の時代が通り過ぎていったあとには、何が残っているのか。広次や満夫はこの時代の中でどんな観念を紡ごうというのか」。

これが『地霊』の世界である。水野を殺して終身刑を受けていた満夫が仮釈放で出所するところから物語は始まる。新興宗教の教祖まがいとなった広次と教母として広次に従うトミ子のところに戻った満夫がみたのは、スラムと化した団地と中古車販売店に積まれた廃車の山であった。物語は満夫と広次が交互に主体となる形で進行するが、最後は、団地に住む中学生の飛び降り自殺に満夫が巻き込まれ、仮釈放が取り消されて刑務所に戻る場面で閉じられる。

『性的黙示録』と『地霊』の間にはオウム真理教事件があり[31]、「無明の闇」を歩く満夫や広次にとって「魂の救済は可能か」が、新たに『地霊』の主題となる。あるいは、「光の雨」事件といわれる盗作問題[32]を契機に、宗教への傾

斜がみられたことが、このような主題の設定に反映しているのかもしれない。
　黒古一夫は、この４部作の最後では、「果たして人間は『土=自然』から離脱してもなお生きる拠り所=魂の安息を得られるのか」、「コンクリートとアスファルトで塗り固められたこの地上で真の『救済』は可能か」が主題となったと位置づけており[33]、立松自身もそのようなことを、あちらこちらで語っている。
　しかし、『遠雷』の意義と画期性は、やはり、高度成長期の都市近郊農村における地域開発のありようと、それによる農村や農村家族や諸個人の解体・崩壊の様相を、「境界」という概念の発見によって描き出した点にこそ求められるべきだろう。庄野『夕べの雲』では大浦一家の外部にあった地域開発は、立松『遠雷』では、満夫や広次の生き方や意識を根底から規定するものとして、彼等の内部に内面化されていたからである。

3．笹沢佐保『拳銃』

　ここで、もう一度、日本型「近代家族」に戻ることにしたい。戦後日本の家族社会学は、核家族・少人数家庭のもとでの家庭内性別役割分業構造の固定化と直系家族的な種々の規範の残滓に、日本型「近代家族」の特徴があるとしたが、戦後家族のありようの変化を戦後史の推転の中に描き出した作品として、最後に、笹沢佐保『拳銃　家族たちの戦後史』[34]を取り上げることにしよう。
　『拳銃』は、『オール読物』1976年9月号に掲載された「拳銃」ほか、同誌に78年8月号まで、断続的に連載された7本の小説をまとめて、単行本としたものである。単行本の収録順に各タイトルを示すと、「飢餓」「観衆」「絶食」「祭典」「人質」「姦淫」「拳銃」となる。取り上げられている時代は、収録冒頭の「飢餓」が敗戦直後の46年であることを除くと、すべて高度成長期を対象としている[35]。単行本のサブタイトルに「家族たちの戦後史」とあるように、いずれも、高度成長期のそれぞれの時期のトピックを題材にしつつ、そこで起こった事件や出来事に対する「家族」の対応を、ある時は推理小説仕立てで、ある時は風俗小説仕立てで描いたものである。そして、ここに描かれている家族像は、すでに見た日本型「近代家族」の一面、あるいはそこに移行する過渡期としての家族像をクリアに抽出したものとなっている。

『拳銃』を執筆した76年から78年は、笹沢佐保45歳から47歳、作家として油の乗りきった時期であった。若い頃に、本格派のミステリー作家としてデビューし、多いときは1,500枚、常時月産1,000枚という驚異的ペースで作品を送り出す流行作家であったが、70年からは、新股旅小説と銘打って時代小説にも進出し、なかでも「木枯し紋次郎」シリーズは、市川崑監督、中村敦夫主演でテレビドラマ化され、一大ブームを引き起こすほどであった。

　こうしたなかで執筆されたのが、『拳銃』にまとめられた作品群であった。この7篇に登場する家族は、いずれも40代から50代の中年夫婦と3人から4人の子供達、父親は、全篇ほぼ笹沢と同世代である。『夕べの雲』のところでみた「標準世帯」に比べると、家族数が1～2人多いことに、まず注目しておきたい。それぞれの作品の対象となっている時期が、46年から76年であるから、家族関係や家族意識の変化を、笹沢と同世代の家族を設定して、時系列的に追いかけたともいえる。

　第1話の「飢餓」は、1946年、敗戦直後の時期に設定されている。ここで登場する家族は6人、父親48歳、母親42歳、長男21歳、長女19歳、次男15歳、三男11歳。父親の職業は、戦争中は大手企業の部長であったが、軍需部門の廃止に伴う業務縮小で退職を余儀なくされ無職となった、という設定である。「飢餓」のテーマは戦後の食糧難で、失職に伴う家計の危機と戦後インフレがこれに輪をかけている。そうした状況の下、ある日、玄関の門柱の前に、3升程の白米が入れられている紙袋を次男が発見する。この持ち主不明の白米を家族で食べてしまうかどうかをめぐるそれぞれの思惑が語られていく。わが家に恨みのあるものが毒入り米を置いて行ったのではないか、とか、家のなかに誰かドロボーがいて、盗んだものをおいたのではないか、といったやりとりがなされ、最後は、父親の「みんなで食べるんだから、一人だけ中毒するということはない。六人家族が揃って一緒に死ぬんだから、まあ諦めもつくってわけさ」という言葉に従って、米を炊くことになる。結局、米は隣家の田宮医院のお嬢さんが置いたもの、ということが分かって一件落着する。失職しているにもかかわらず、父親は六人家族の家長としての地位を占め、家族は、親子間や夫婦間の対立や軋轢もなく、家族の紐帯を保ったまま終結を迎える。

　上述したように、この後の6話は、いずれも家族構成や家族の年齢構成が、

この「飢餓」とほぼ同様である。その意味では、「飢餓」は、この後、継時的に語られていく家族の物語の基準点としての位置を与えられている。戦前の直系家族の観念を一定部分で引き継いだ敗戦直後の家族関係や家族意識が、高度成長を経るなかでどのように変わっていくかが、本書全体を貫く課題となる。

　第2話の「観衆」は1955年の物語である。ここに登場する家族は5人で、父親46歳、母親40歳で結婚20年、長女19歳、長男15歳、次男12歳。夫の職業は、景気のいい大手弱電メーカーの総務部庶務課長で、住まいは、麻布十番の商店街の裏手、やや元麻布よりにある一戸建てである。

　この父親の帰宅が突然遅くなる。背広のポケットからは喫茶店のマッチも出てくる。給料日3日前に財布を掏られたと父親が家族に告げたり、1人で一泊旅行に出かけると言い出したりして、長女は、父親が浮気をしているのではないかと疑う。実際には、家にあるテレビを観に、近所の人たちが押し寄せ、自分の家に帰ってきた気にならず落ち着かない。子供たちも全員、テレビに影響され支配されるようになっているのが腹立たしく、近所の人たちが帰るまで喫茶店で時間をつぶしていたことが分かって、この物語は結末をむかえる。

　ここでは、テレビが舞台回しの役割を果たしている。NHKでテレビ放送が始まったのは、1953年2月1日のことで、放送開始時点でのテレビの契約台数はわずか866台、同年8月に日本テレビが開局した時点でも約3,600台に過ぎなかった[36]。当時のサラリーマンの平均月収は1万5,000円程度のときに、テレビ受像機の値段は国産14型で15万円以上もした。一般家庭に普及するにはテレビはあまりにも高すぎたのである。前田家にテレビが入ってきたのは以下のような事情からであった[37]。この一家が麻布十番の商店街の裏手に住んでいるという設定も巧みである。当時の麻布十番は現在とは異なって、都心にある割には交通不便な下町であり、近所の人々が親子連れで押しかけても違和感のない環境だったからである。

　　「テレビを置いている家は金持ちか、珍しいものには金を惜しまないという人間か、特別な関係者かに限られていた。前田家（「観衆」の一家――引用者）もその特別な関係者の範疇で、彦四郎の会社の自社製品を試供されたのであった」。

「一般家庭でテレビがある家には、近所の人々が親子連れで押しかける。……見せて減るものではないし、テレビそのものが珍しい見世物のようなものなので、いやとはいえなかった。前田家もその一例にすぎないのであり、贅沢品をひとり占めにしていると言われないためにも、近所の人々を迎え入れるようになったのだ」。

「昭和三十年になると、プロレス中継がテレビの人気番組になった。力道山ブームによって、テレビは黒山の観衆を集めたのである。……前田家の八畳の座敷では夕方から夜にかけて、笑いと歓声と拍手が絶えなかった」。

こうしてテレビが家庭に入ってきた結果として、「秀也も哲也も父親のことには全く無関心」となり、「帰りの時間が遅れようが遅れまいが、そんなことはどうでもよくなり」、「テレビの前の最高の席に陣取ること」だけを考えるようになった。また、「大手企業の課長の娘だろうと、高校を卒業したら勤めに出るというのが一般的な傾向で」、「給与の半分なり三分の一なりを家に入れ」ていた長女も、ファッション・モデルになりたいといいだし、長男の秀也もテレビのアナウンサーになりたいといいだすようになる。敗戦直後の46年には、まだ安定した形で存在していた父親の家長としての地位は、テレビが家庭に入ることによって、あっさりと崩れ始めるのである。

第3話の「絶食」は、1960年の物語である。家族構成は6人で、父親55歳、母親不明、長男25歳、長女23歳、次男19歳、三男16歳。父親の職業は、浅草の小料理屋『あじ清』の主人、長男はホテルでフランス料理のコック、長女は自動車教習所の事務、次男は、自宅の小料理屋で父親を手伝いながら板前を、それぞれ勤めている。この父親は、これまでの2話とは異なって、はっきりとした家父長的、権威主義的父親である。「頑固一徹な職人気質が、本物になりつつあ」って、カミナリ親父としての本領を発揮している。

このカミナリ親父が、子ども達の日常の言動や職業意識・将来展望にまで、いちいち口やかましく叱責するのに対して、子ども達が一致して、自宅2階でハンガーストライキを始める。ストライキが何日も続くのに、子ども達は一向にへこたれる様子がなく、不審に思った父親が2階に上がってみると、そこにはインスタント・ラーメンが山積みにされていた。「世界一を目ざすコックと

"あじ清"の跡取りが八日間も即席ラーメンだけを食い続けやがって、挙句の果てにインスタント食品の講釈と来ている。情けねえじゃねえか。呆れて、ものが言えねえや」というのが父親の述懐であるが、結局、子ども達に「好きにしろ」というしかない。父親のあきらめと断念が物語の帰結である。

　インスタント・ラーメンが初めて現れたのは、1958年、この物語の2年前のことであった。58年8月に日清食品が発売した「チキンラーメン」が最初で、その後、60年には品不足も起きるほど即席麺の売れ行きは好調となった。新規参入メーカーも急速に増え、即席めん用自動包装機も開発され、好調な売れ行きを支えた。以降、スープ別添の袋麺は百花繚乱の盛り上がりを見せ、インスタント・ラーメンの市場を一気に拡大させていった[38]。60年代には、日本の加工食品技術の発展は目覚しく、インスタント食品は、ラーメンだけでなく、スープ、カレー、シチュー、各種調味料、コーヒー、ジュースなどへと広がっていった。「大量生産、大量販売を可能にするシステムの構築が急務とされ、食生活の合理化が求められていた」こと、「女性の社会進出、晩婚化傾向などの世相を背景に、簡単調理へのニーズ」が高まっていったこと、「スーパーマーケットが出現し」たことなどが、その背景にあった[39]。

　第4話の「祭典」の年次は1964年である。ここでの家族構成はやはり6人で、父親45歳、母親39歳、長女17歳、長男15歳、次男12歳、三男9歳。父親の職業は、高校教師であり、一家は、階下に4畳半2間と6畳、台所、風呂、トイレ、2階に6畳2間の2階建て一軒家に住んでいる。住所は世田谷区烏山、戦後に開発の進んだ小田急沿線の新興住宅地である。

　この物語のトピックは、東京オリンピックである。64年には、ベトナム戦争、東北大地震、飛行機事故、鉄道事故、工場爆発など内外に多くの事件が続発したにもかかわらず、「この年の日本の世相は、泰平ムードの一語によって表現されていた。マンションなるものが世に喧伝され、美由紀族が名を売り、アイビールックが流行し、ワッペン・ブームは続く日本だったのである。そして、日本をそれ一色に塗りつぶしたのが、東京で開催されることになった第十八回オリンピックであった」。

　父親新作の母方の親戚で又従兄弟と称する一家8人が、このオリンピック観光を目的に居候を申し入れる。一家はこの受入れに大反対するが、父親は、家

長の面目をかけ、家族の不満を押さえ込んで、10月9日から15日までの1週間、この遠来の客を迎え入れる。訪れたこの親戚一同の傍若無人な行動に一家は振り回され、家はてんやわんやの状態に置かれる。台風一過、1週間の滞在が終わって彼らは帰郷するが、その直後、父親の父方の親戚である叔父が新作を訪ねて来る。そこでの対話から、この新潟の親類がにせものであり、「八人の一行となって加山家に一週間の居候を決め込んだ。八人分の宿泊代と飲食代を、浮かせるための詐欺だった」ことが判明する。

1964年10月10日から24日まで15日間にわたって開催された東京オリンピックは、日本はいうまでもなく、アジア、非欧米世界で始めてのオリンピックであり、戦後日本にとっての歴史的転換点となった。東京オリンピックは、国家的イベントであり、この開催が決定されて以降、東京の都市改造をはじめとして、それ以外の地域も含めた社会資本整備が急速に進んだ。いたるところの道路が掘り返され、地下鉄や上下水道、立体交差の工事が進み、都心部をめぐる高速道路の建設も始まった。

オリンピックの参加国は70、選手・役員は8,000から1万人、競技種目20、外国からの観光客は1日3万人と見込まれた。オリンピック競技場、選手村の建造だけでなく、オリンピック中継のためにNHKの内幸町から渋谷への移転が行われ、都電が撤去された。61年から64年にかけて、パレスホテル、ホテルオークラ、ホテルニューオータニなどが建設され、オフィスビルや公団団地も建設された。東海道新幹線もオリンピックに間に合うよう開業した。

東京の都市環境の悪化の中で、「蚊とハエをなくす運動」が押し進められ、衛生環境の整備も進んだ[40]。こうした都市改造によって、東京の景観はオリンピックを契機に大きく変貌したが、それでもなお、国内からの観光客を含めて6万人を超えるとされる宿泊客を収容する施設は十分ではなかった。「祭典」のような状況は、地方に親類を持つ多くの家庭でみられたのであった。

第5話の「人質」は、1970年の出来事に設定されている。家族構成は、祖母75歳、母親未亡人50歳、長女夫妻3人家族（夫34歳、妻28歳、孫男子3歳）、次女24歳、三女22歳、末子長男19歳の8人であるが、大手通信機メーカーの社長であった父親は「一昨年の秋に、心臓疾患により急死」し、遺族8人で生活している。住まいは、練馬区の南大泉にあり、「広い庭に囲まれた鉄

筋コンクリートの家は、土地の人々から豪邸と呼ばれるのに相応しかった」。
　父親の死去後の家族関係はかなり悪化している。祖母は、離れで寝たきりの毎日を過ごしており、「嫁や孫たちの悪口を言い、憎まれ口をたたくことに専念して」いた。「長年の嫁いびりに耐えてきた津矢子（母親）は夫の死後、すべての義務から解放されたとばかり、姑の絹代に対し冷淡な態度をとり続けている」。長女の令子は、「三つになる男児の母親」で、義父のひきで「通信機メーカーの総務課長にまで昇進させてもらった」その夫は、妻の実家に同居している。次女の洋子は総合商社に勤め、三女の秀子は大学を中退して劇団の研究生となり、末子は私立大学の学生である。一家は、相続税の支払いのために現金が必要で、子ども達は、よど号ハイジャック事件の人質問題、身代金を話題にしているときに、「祖母を人質にしてもらって1,000万円手に入れればいい」などという薄情な話をしている。典型的なブルジョア家庭であり、三世代同居家庭である。他の6話と家族の年齢構成は大体同じであるが、家庭環境や家族構成はまったく異なっている。
　この豪邸に人質強盗が入る。強盗は、未亡人の津矢子が欲しいといった金額と同額の最低1,000万円を要求する。祖母に対するあまりにもつめたい対応に、強盗たちは、「おばあちゃんは解放してやろう」「夜中まで待ってラチがあかないようだったら、三人の娘を痛めつけてやろう」ということで、身代金を手に入れようとする。結局、この祖母が、壺の中に隠していた2,000万円を強盗に渡すことで、一家は無事のまま強盗は引揚げる。これが、この話のスジである。3世代同居の家族関係は、完全に崩壊していることが、よど号ハイジャック事件で山村運輸次官が引換えに人質になったことと比較されながら、戯画的に描き出されているのである。
　第6話の「姦淫」の舞台は、1971年である。家族構成は6人で、父親55歳、母親50歳、長男27歳、長女24歳、次男20歳、次女18歳。父親の職業は、中学校の教頭で、長男は中央官庁のエリート公務員、長女は銀行勤めだが結婚退職の予定、次女は高校3年生となっている。住まいは、前の話の近く、練馬区西大泉の住宅街の一戸建てに設定されている。教育熱心な典型的中流家庭といえる。
　主人公の次男一平は、ミッション系の私立大学2年生だったが、沖縄返還協

定調印実力阻止デモに野次馬見物ででかけたところ、これに巻き込まれて逮捕され、野次馬と分かって警察からは釈放されたものの、学校側からは「警察に逮捕されるような軽率な行動をとった」として、見学に出かけた友人2人とともに退学処分になっている。

退学後、6ヵ月近くぶらぶらしており、暇をもてあまして、中古の国産車に乗って近所のスナックに出かけ、退学3人組で飲み会をやった。早めにスナックを出て、雨宿りと酔い覚ましのため車を停めていると、若い女性が「雨宿りをさせてください」と車に乗り込んでくる。合意の上、カーセックスとなり、その後、女性を送って帰宅する。ところが、翌朝には、強姦として訴えられており、刑事が自宅に来ている。家族は、全員、一平のいうことをまったく信用せず、最初から犯罪人扱いで、一家の恥だと、いっせいに非難と罵声を浴びせる。ところが、警察の取調べで冤罪と分かり、刑事に付き添われて一平は自宅に帰宅する。しかし、「家族たちは、一平に声をかけなかった。声のかけようもないのだろう。一平を天下の大罪人として扱ったのは、五人の肉親だったのである。……一平の潔白を信じた家族は、ひとりもいなかった。両親が息子を、兄や姉が弟を、妹が兄を犯罪者と決め込んで、非難したのであった。……自分たちの立場だけを考えて、一平を非難したとしか考えられなかった。だが、結局は何事もなかったのだし、これまでと何ら変わりないのである。……しかし、そうはいかないぞと、一平は青い火花のような怒りを感じていた。町田洋子とその両親は、他人だから許すことも可能であった。だが、自分の親兄弟という肉親であっては、絶対に許せないのである」。こうして、一平は、車を出して、家族が自分を見ていたとおりに、本当の強姦に乗り出す。これが皮肉な結末である。平穏にみえ、順調にみえた家族間の信頼関係が、ここでは、ほぼ完全に失われている。

この物語の舞台回しの装置となっているのは、マイカーである。マイカーという和製英語は、星野芳郎『マイカー よい車・わるい車を見破る法』（カッパブックス、1961年）がベストセラーになって広まったが、実際に、一般家庭にマイカーが普及してくるのは、60年代後半であった。マイカー時代の到来である。

1960年代に日本の自動車生産は急拡大したが、その牽引力となったのは50

年代のトラックに対して乗用車であった。乗用車の生産台数は 55 年の約 2 万台から、60 年に 16 万台、65 年に 70 万台となり、69 年には 261 万台に達し、この 15 年間で 100 倍以上も増大した。この増大の中心はタクシー需要にあったが、個人需要も 60 年代後半には急速に拡大した。58 年に、富士重工がスバル 360（358cc、42.5 万円）を、61 年にトヨタがパブリカ（697cc、38.9 万円）を、66 年に日産がサニー（988cc、41 万円）をだすなど、小型車が次々に市場に登場した[41]。この物語の年の直前、69 年には、日産では、1,000cc 未満でサニー、1,000〜1,500cc でブルーバード、スカイライン、1,500〜2,000cc でセドリック、グロリア、ローレル、スカイライン、2,000cc 以上でプレジデントが発売され、トヨタでは、同じく 1,000cc 未満でパブリカ、1,000〜1,500cc でカローラ、コロナ、1,500〜2,000cc でクラウン、コロナマークⅡ、2,000cc 以上でセンチュリーが発売され、それぞれフル・ラインアップが実現されている[42]。

　最後の第 7 話の「拳銃」の年次は明示されていない。雑誌に発表と同時点とすれば、1976 年のこととなる。家族構成は 7 人で、祖母 67 歳、父親 52 歳、母親 46 歳、長女 22 歳、次女 20 歳、長男 17 歳、三女 15 歳。住まいは明示されていないが、静かな郊外の住宅街とされている。父親は、海軍士官出身で総合商社の役員、「やり手で、親分肌で、社員の信望を集め」、「実力があって弁が立って、押し出しが立派」という人物である。

　しかし、高校生の長男清彦は、この父親に対し、「死んでくれたら、さぞ清々するだろう」と考えている。家父長的・専制的家長で、小さい頃から清彦への体罰はしょっちゅうだったし、中学に入ってクラブ活動を選択する時も一方的に剣道部入部を強要された。そして、今でも、父親の出勤時には家族全員で見送りに出ることになっていた。

　清彦の父親に対する憎しみと嫌悪感は、こうした過程で増幅されてきたが、それが一挙に膨らんだのは、高校の親友 3 人とイギリスへの 3 週間旅行を計画し、彼一人が父親の反対で断念させられてからであった。そうしたさなか、暴力団同士の抗争で撃ち合いがあってこの界隈が騒然となるという事件が起こる。そして、その翌朝、清彦は、門の脇の植え込みに拳銃を発見する。拳銃はワルサーで、清彦は、これを使って父親を射殺しようと考える。どうやって父親を殺害するか、殺害後の生活をどうするのか、清彦は、殺害前にあれこれ考える。

ところが、その日の夕方、この拳銃が、近所の子供が隠しておいたモデルガンであることが判明する。清彦は、「風船みたいに自分の身体から、空気が抜けていくような感じ」になり、「夢の中でひどく真剣だった自分が、滑稽に思え」「色褪せた自分が、この上もなく惨めで」「自分の馬鹿さ加減、軽率、愚鈍を思い知らされた気がした」。そして、再び父親の威圧感のもと、父親に従属する生活に戻っていく。

物語を動かしていくトピックは、ここでは海外旅行である。海外旅行が、個人家庭で一般的となるのは1970年代に入ってからであった。1人当たりGNPは62年にイギリスを抜いて世界第3位、68年には西ドイツを抜いて世界第2位となり、家計に一定の余裕が出てきたことが主因であったが、それまでの厳しい外貨管理制度、外貨集中制が、71年のニクソン・ショック、第4次の資本自由化措置を契機に大幅に緩和されたことも追い風となった。実際、64年に12万人、66年に21万人、70年に66万人であった日本人海外旅行者数は、翌71年には96万人、72年には139万人と急増し、この話の対象時期である76年には285万人となり、79年には400万人を突破した[43]。

この「拳銃」で示された家族像は、家族関係の形式的保持であって、実質的な家族の紐帯は、長男と父親の間では、長男の側から完全に否定されている。注目しておきたいことは、第1話から第5話までは、家長としての役割が否定されたり、家父長的権限が弱まったりする家族の変容が、父親を物語の主人公として展開されているのに対し、前の第6話とこの第7話では、主人公が子供、それも長男の側に移されていることである。家族の紐帯の切断が、子供の側の主体的行為によってなされるのである。高度成長の初期から展開期を経て収束期に至る過程で、家族の変容をもたらすベクトルの方向転換があったことを、この一連の物語は示している。そして、笹沢は、これらの物語を動かしていく素材を、それぞれ、テレビ、インスタント食品、東京オリンピック、マイカー、海外旅行に求め、いわば、大量消費型社会の形成、「三種の神器」や「3C」といった「近代家族」に均質な消費財の提供という大衆社会状況とみあう形で、家族の変容が進行していくことを具体的なイメージをもって明らかにしたのであった。

おわりに

　以上みてきたように、これらの作品では、高度成長期の家族の変容が、三者三様に描き出されている。ポスト高度成長を展望したとき、庄野の家族と立松の家族の将来は対照的である。庄野の家族が、落ち着いた「近代家族」として、新しい3世代関係を作り出して定着するのに対し、立松の家族は、村の解体、家の解体から、ついには個の解体に至り、個としての再生を宗教に頼らざるをえなくなっている。家族の再生などはまったく覚束ない。笹沢の家族はどうだろうか。笹沢が描き出した家族は、典型的な「近代家族」というよりは、戦前の家族観を一部に引きずった過渡期の家族であった。時系列的な進行のなかで、これらの家族は、家族としての紐帯の解体という一方向を向いて動いているが、さて、この家族が、次に、小家族的核家族として新しく再編されることになるのか、脱「近代家族」として、単独家族や非「近代家族」へと移行していくのか、は不分明である。

　目黒依子が指摘したように、高度成長が終焉した1970年代以降は、「近代家族」はやはり早くも揺らぎを示すことになるとすれば、新たに登場してくるのは、どのような家族なのか。それがいかなる形で描かれるかを知るためには、70年代以降、現在に至る文芸を改めてとり上げなくてはならない。おそらく、そこには、両村上を始め、高村薫、宮部みゆきなど、私たちに近しい作家たちがいるが、それらを取り上げる前に、いったんは、干刈あがた『ウホッホ探検隊』、向田邦子『父の詫び状』、山田太一『岸辺のアルバム』などに迂回することが必要となるだろう。しかし、いずれにせよこれは、本稿とは別の物語である。

注
1）原朗編著『高度成長始動期の日本経済』日本経済評論社、2010年所収。
2）西川長夫『日本の戦後小説——廃墟の光』岩波書店、1988年。
3）同上、281〜282頁。
4）ただし、本多秋五は、戦後文学論争のただなかで、「『近代文学』の批評家のうち、自分の理想を「共産主義と西欧的な個人主義との結婚」という形で考えたものは、おそら

く一人もいなかった」として、すぐ後に見る佐々木のような近代主義理解に対して、異議を申し立てている。本多秋五「『戦後文学』は幻想か」（『群像』1962年9月号）。
5）佐々木基一「『戦後文学』は幻想だった」（『群像』1962年8月号）、ただし、臼井吉見監修『戦後文学論争』下、番町書房、1977年より引用。
6）庄野潤三『夕べの雲』講談社、1965年。ただし、引用は、庄野潤三『夕べの雲』講談社文芸文庫、1988年による。なお、本書は、1966年2月、第17回読売文学賞を受賞し、同年12月には、須賀敦子の訳で、ミラノのフェロ出版社から NUVOLE DI SERA のタイトルで翻訳出版された。
7）庄野潤三「私の履歴書」（『日本経済新聞』1998年5月1日～5月31日）。ただし、引用は、庄野潤三『野菜讃歌』講談社文芸文庫、2010年による。なお、「静物」は、第7回新潮文学賞を受賞した。
8）渡辺洋三『日本社会と家族』労働旬報社、1994年、106頁。
9）目黒依子「総論 日本の家族の『近代性』 変化の収斂と多様化の行方」（目黒依子・渡辺秀樹編『講座社会学 2 家族』東京大学出版会、1999年）4～14頁。もっとも、目黒の場合は、ここで成立した「近代家族」が、1970年代半ば以降、早くも揺らぎ始めたことのほうに力点が置かれている。
10）岩上真珠「高度成長と家族――『近代家族』の成立と揺らぎ」（大門正克ほか編『高度成長の時代2 過熱と揺らぎ』大月書店、2010年）214～217頁。ただし、この「夫婦と子供」という家族類型の比率は、以後2005年の30.5％まで継続的に減少し、かわって単独世帯が1960年の4.7％から2005年の27.9％まで継続的に増大した。さらに、3世代同居などの非核家族型類型の割合は、1960年の34.7％から2005年の12.4％まで急減している。
11）阪田寛夫「七篇再読」（庄野潤三『プールサイド小景・静物』新潮文庫、2002年改版、解説）。
12）阪田寛夫『庄野潤三ノート』冬樹社、1975年。
13）江藤淳『成熟と喪失――母の崩壊』河出書房新社、1967年。ただし、引用は談社文芸文庫、1993年による。
14）同上、212～243頁。
15）川本三郎『郊外の文学誌』新潮社、2003年。ただし、引用は岩波現代文庫、2012年による。
16）同上、365～366頁。
17）同上、372～374頁。
18）前掲『野菜讃歌』231頁。
19）安田直樹「川崎市北西部（多摩区域、麻生区域）の地域的特色」（『弘大地理』26、1990年）24頁。
20）多摩川誌編集委員会編『多摩川誌』（山海堂、1986年）「3.2.3 大規模住宅地の開発」の項目による。
21）立松和平『遠雷』河出書房新社、1980年、ただし、引用は、『遠雷』河出文庫、1983

年による。なお、本書は、同年、野間文芸新人賞を受賞、翌1981年には、ATGにより映画化された。監督はロマン・ポルノ出身の根岸吉太郎、脚本は荒井晴彦。主人公の満夫を永島敏行、その友人の広次をジョニー大倉、満夫と結婚するあや子を石田えり、満夫の父松造をケーシー高峰、満夫の母トミ子を七尾玲子、満夫の祖母を原泉、満夫の兄を森本レオ、団地の主婦カエデを横山リエ、その夫を蟹江敬三、満夫の父の同棲相手チイを藤田弓子が、それぞれ演じている。

22) 立松和平「著者ノート 遠雷の風景」(前掲『遠雷』河出文庫)。
23) 立松和平『境界線上のトマト「遠雷」はどこへいくか』(河合ブックレット5、1986年)。
24) (社)宇都宮工業団地総合管理協会ホームページ (http://www14.ocn.ne.jp/~ukdanchi/11.html) による。
25) 宇都宮市における工業団地造成の推移については、宇都宮市史編さん委員会編『宇都宮市史 近・現代編Ⅱ』宇都宮市、1981年、103～110頁による。
26) 同上『宇都宮市史 近・現代編Ⅱ』148頁。
27) 澤田裕之「高度経済成長期における関東地方の農業生産の地域的変化」(『立正大学文学部研究紀要』第11号、1995年) 70～72頁。
28) 前掲『宇都宮市史 近・現代編Ⅱ』175～179頁。
29) 立松和平「労働を舞踏へ」(同『魂の走り屋』砂子屋書房、1984年)。ただし、引用は、黒古一夫『立松和平 疾走する境界』(六興出版、1991年、9頁) による。
30) 立松和平『地霊』(河出書房新社、1999年)「後記」による。
31) ただし、「地霊」の『文芸』への連載が始まったのは、オウム真理教事件が発覚する以前のことである。
32) 立松の盗作問題については、さしあたり、栗原裕一郎『〈盗作〉の文学史——市場・メディア・著作権』新曜社、2008年のなかの「歴史的事実をめぐる困難——立松和平『光の雨』」。なお、黒古一夫『立松和平伝説』河出書房新社、2002年のなかの「伝説10『光の雨』事件」も参照のこと。
33) 前掲黒古一夫『立松和平伝説』118頁。
34) 笹沢佐保『拳銃』文芸春秋、1978年。ただし、引用は『拳銃 家族たちの戦後史』文春文庫、1983年による。
35) ただし、最後の「拳銃」だけは、何年の出来事かが、明示されていない。雑誌掲載と同時期とすれば、高度成長終焉後の1976年となる。
36) 伊藤正直・新田太郎監修『ビジュアル日本 昭和の時代』小学館、2005年、110頁。
37) 前掲『拳銃』文春文庫、53～55頁。
38) 日清食品「日清食品クロニクル」(http://www.nissinfoods.co.jp/knowledge/chronicle/index.html) による。
39) 前掲『ビジュアル日本 昭和の時代』51頁。
40) 老川慶喜「はしがき」、上山和雄「東京オリンピックと渋谷、東京」(老川慶喜編著『東京オリンピックの社会経済史』日本経済評論社、2009年) ⅳ～ⅷ頁、55～72頁。

41) 前掲『ビジュアル日本 昭和の時代』74〜75頁。
42) 韓戴香「自動車工業」（武田晴人編『高度成長期の日本経済』有斐閣、2011年）313頁、317頁。
43) 国土交通省総合政策局観光部『日本人海外旅行客数』各年版による。なお、その後、日本人海外旅行者数は、1990年に1,000万人を突破し、21世紀に入ってからは1,600〜1,700万人の辺りを推移している。

第5部　戦後アジアと日本

第 11 章　対アジア政策の積極化と資本輸出

金子文夫

はじめに

　高度成長展開期の 1960 年代は、対外関係の視点からみると 65 年を重要な画期として二つの時期（展開期前半と展開期後半）に区分することができる。その画期は、国際収支構造と対アジア政策という二つの領域において認められる。国際収支構造のうえでは、展開期前半における経常収支赤字・長期資本収支黒字（資本の輸入超過）構造から展開期後半における経常収支黒字・長期資本収支赤字（資本の輸出超過）構造への転換が生じた。対アジア政策のうえでは、65 年に台湾への円借款供与、日韓条約調印、東南アジア開発閣僚会議推進（開催は 66 年 4 月）、アジア開発銀行設立準備（設立総会は 66 年 11 月）など、東アジア経済圏の構築に向けた積極政策が展開された。それゆえ、国際環境が異なるとはいえ、「大東亜共栄圏」の再来とのイメージが流布することになった[1]。

　国際収支構造と対アジア政策の転換については、それぞれの領域ごとに一定の研究の蓄積がみられる[2]。しかし、二つの転換を関連づけて総合的に把握する研究は不足しているように思われる。両者の関連性の究明が本章の主たる課題となる。

　対アジア政策の積極化については、日本の先進国化（1964 年の OECD 加盟、IMF 8 条国移行）に伴う国際責任、ベトナム戦争の本格化を背景としたアメリカの圧力といった外的・政治的背景が指摘されてきており、国際収支構造の転換からストレートに導き出されることはなかった。また国際収支構造については、外貨準備の動向に注目して 68 年画期と考えられる傾向があった。60 年代前半までの日本経済は外貨準備の制約に悩まされ続けてきたため、それが増加

に転じた68年に注意が向いてしまうが、65年を画期として、輸出拡大による経常収支の黒字化、長期資本輸出拡大による長期資本収支の赤字化が生じたことを見落としてはならない。

なぜ長期資本輸出は拡大したのか。その内容をみると、1960年代後半は民間資本より国家資本[3]に優位性が認められる。政策的な国家資本輸出の拡大、ここに対アジア政策と国際収支構造との接点を見出すことができる。65年を画期とする対アジア経済進出の枠組み形成、日本輸出入銀行・海外経済協力基金等の政府機関の整備などを中心とした制度設計と運用の結果、60年代末には市場経済の論理に即した民間資本優位の資本輸出が展開されていく。

以下では、国際収支、対アジア政策、資本輸出の順にこの時期の二つの転換の関係を探っていくこととしたい。

1. 国際収支構造の転換

(1) 国際収支の動向と認識

まず表11-1によって、1961〜70年の国際収支の動向をみよう。経常収支の基本となる貿易収支は、すでに58年から黒字基調に転換していた（61、63年を例外として）とみることができる。しかしながら、貿易外収支および移転収支の赤字が継続していたため、64年まで経常収支は赤字基調を脱することができなかった。64年から65年にかけて輸出が16億ドル増加した半面、輸入増は1億ドルにとどまったため、貿易黒字は4億ドルから19億ドルへと急増した。その結果、貿易外収支、移転収支の赤字を差し引いた経常収支はプラスに転じたわけである。以後、67年を除いて経常収支は黒字を継続し、黒字幅は拡大の一途をたどった。

経常収支黒字を実現した基本的要因は輸出の急速な拡大である。輸出品構成において1963年に重化学工業品比率が50%を突破し、65年には62%に達したことが大きな意味をもった[4]。最大の貿易相手国であるアメリカに対して戦後初めて輸出超過となったのも65年であった[5]。

次に長期資本収支の推移をみると、1965年に赤字（流出超過）に転じ、以後

第 11 章 対アジア政策の積極化と資本輸出　337

表 11-1　国際収支の動向

(単位:百万ドル)

年	経常収支		貿易収支		貿易外収支	移転収支	長期資本収支			外貨準備高
			輸出	輸入			資産(本邦資本)	負債(外国資本)		
1961	-982	-558	4,149	4,707	-383	-42	-10	-312	302	1,486
1962	-49	402	4,861	4,459	-421	-30	172	-310	482	1,841
1963	-779	-166	5,391	5,557	-568	-46	467	-298	765	1,878
1964	-480	375	6,703	6,328	-784	-72	107	-451	558	1,999
1965	931	1,901	8,333	6,432	-884	-86	-414	-447	33	2,107
1966	1,251	2,273	9,639	7,366	-886	-135	-809	-706	-103	2,074
1967	-190	1,160	10,231	9,071	-1,172	-178	-812	-875	63	2,005
1968	1,048	2,529	12,751	10,222	-1,306	-175	-239	-1,096	857	2,891
1969	2,119	3,699	15,679	11,980	-1,399	-181	-155	-1,508	1,353	3,496
1970	1,970	3,963	18,969	15,006	-1,785	-208	-1,591	-2,031	440	4,399

出典：大蔵省財政史室編『昭和財政史 昭和 27～48 年度 19 統計』東洋経済新報社、1999 年、523～524、542～543 頁。
注：IMF 標準報告ベース。

は変動を含みながら赤字幅を拡大していった。本邦資本の資本輸出は 64 年から 65 年にかけては 4.5 億ドル前後で同一水準にあった半面、外国資本の資本輸入が激減したため、流出超過が生じたわけである。その後は、資本輸出が年々増大する一方、資本輸入は増減を繰り返し、赤字幅は 60 年代末に縮小したものの、70 年代には一段と拡大することになった。

このように、1965 年を画期に国際収支構造は明確な転換を遂げたといえる。これについて、「わが国国際収支の型は、60 年代前半の貿易赤字・資本黒字という途上国型から、60 年代後半の貿易黒字・資本赤字という先進国型へと、67 年前後を区切りとして転換した」[6]との評価があり、67 年の経常収支の逆転を考慮した把握をしているが、長期資本収支を含めて考えれば、65 年転換でさしつかえないと思われる。

1967 年転換説が生じるのは、外貨準備への注目が一つの理由と考えられる。確かに 67 年までは外貨準備は 20 億ドル水準にとどまっており、65 年が画期とはなっていない。外貨準備の不足は、当時のマクロ経済運営の桎梏として認識され、「外貨準備 20 億ドルの天井」「国際収支 20 億ドルの天井」と表現され

ていた[7]。

　1965年が国際収支構造の画期をなすという認識は、当時はそれほど一般的でなかったようである。たとえば、65年1月に閣議決定された「中期経済計画」では、「貿易為替の自由化が本格化した60年ごろから、わが国の国際収支は、経常収支の赤字、資本収支の黒字という型を続けている。成長段階にあるわが国としては、健全なる長期外国資本の流入によって成長率を維持することはある程度やむを得ないであろうが、今後長年にわたって資本収支の黒字を期待することはむずかしいと考えられるので、本計画では目標年度［1968年度］において経常収支が均衡することとしている」として、65年の構造変化を予測できていない[8]。

　こうした想定は、1965年1月時点では無理からぬところだが、その後も認識枠組みはすぐには変化していない。67年4月発行の大蔵省編『財政金融統計月報』第186号に掲載された「昭和41年国際収支の概要」と題する論説では、「長期資本収支は40年を転期に大きく赤字に転じ急速な悪化を示した」「経常収支の黒字によって資本収支の赤字を埋めるとともに、国際収支の天井を支えてゆかねばならない」といった記述がなされており[9]、長期資本収支の赤字（「悪化」）による外貨準備の落ち込みを懸念する発想に縛られていたことがわかる。国際収支構造の転換に関する認識、評価はその後も論争のテーマとされ、65年転換説も現れたものの[10]、外貨準備増加の起点の68年を画期とする説がほぼ定説となったといえよう[11]。

　1965年以降、経常収支は黒字基調に転じたのであるから、長期資本収支が従来通りであれば、念願の外貨準備増加が達成できたはずである。にもかかわらず、長期資本収支の赤字によって、少なくとも67年までその効果は相殺された。長期資本輸入の減少はアメリカのドル防衛政策などの影響であった[12]。それならば、外貨準備にマイナスとなる長期資本輸出はなぜ増加したのか。その内容と要因を探っていくことにしよう。

(2) 長期資本輸出の構成

　表11-2によれば、1960年代前半の長期資本輸出は船舶・プラント輸出にかかわる延払信用（輸出信用）が大半を占め、63年の直接投資を除けば、他の形

表11-2　長期資本輸出（本邦資本）の動向

(単位：百万ドル)

年	直接投資	延払信用		借款		証券投資	その他	合計
		供与	回収	供与	回収			
1961	93	169	252	83	27	27	—	1	22	312
1962	77	196	288	92	13	13	1	0	24	310
1963	122	104	245	141	60	64	4	—	12	298
1964	57	336	528	192	49	57	8	—	9	451
1965	77	243	553	310	115	123	8	0	11	446
1966	107	401	733	332	149	155	6	1	48	706
1967	123	481	911	430	221	238	17	4	46	875
1968	220	586	1,089	503	237	261	24	3	50	1,096
1969	206	674	1,268	594	336	391	55	1	291	1,508
1970	355	787	1,623	836	628	675	47	62	199	2,031

出典：日本銀行『国際収支統計月報』各号。

態はいずれも1億ドルに満たない低水準にとどまっていた。65年には、延払信用が減少した半面、借款が初めて1億ドルを超過した。60年代後半、借款が引き続き増加するとともに、直接投資、その他（国際機関出資等）も増大していった。延払信用も増加してはいるが、その地位は相対的に低下した。総じて、60年代後半に長期資本輸出は、拡大と多様化を遂げたといえる。64年と70年とを比較すると、総額は4.5倍に増加し、構成比は、延払信用が74.5％から38.7％へと低下する一方、借款は10.9％から30.9％へ、直接投資は12.6％から17.5％へ、証券投資・その他は2.0％から12.9％へと、それぞれ地位を高めた。

　長期資本輸出の向かう先は、直接投資と延払信用では先進国と開発途上国の双方を含むが、借款は途上国、とくにアジアへの集中がみられた。途上国への長期資本輸出は、政府資金（政府開発援助、その他政府資金）と民間資金に分類され、表11-3のように推移していた。表11-2とは定義・集計基準がやや異なること、表11-2には先進国向けが含まれていることを考慮するとしても、表11-2と表11-3の数値はおおむね一致する傾向がうかがえる。総額を集計してみると、1961～64年は表11-2では13.7億ドル、表11-3では13.6億ドル、1965～68年は表11-2では31.2億ドル、表11-3では31.7億ドルと、ほぼ重なるのである。

表 11-3　開発途上国に対する資本輸出

(単位：百万ドル)

年	政府開発援助					その他政府資金			民間資金			合計
	無償資金	賠償	技術協力	直接借款	国際機関	輸出信用	直接投資金融		輸出信用	直接投資		
1961	104	65	65	2	28	9	3	—	—	270	176	98	377
1962	88	71	67	4	5	9	-1	—	—	211	141	68	297
1963	138	72	62	5	52	9	3	—	—	180	103	77	320
1964	116	63	58	6	38	10	—	—	—	245	205	39	361
1965	244	76	63	6	144	18	—	—	—	357	270	87	601
1966	285	97	56	8	130	51	231	202	29	153	85	69	669
1967	385	127	82	11	202	45	259	224	36	211	162	49	855
1968	356	103	46	14	191	49	322	290	32	371	280	91	1,049
1969	436	105	41	19	216	96	376	310	56	452	300	144	1,263
1970	458	100	18	22	250	87	694	350	143	672	387	265	1,824

出典：大蔵省財政史室編『昭和財政史 昭和27～48年度 19 統計』1999年、571頁、通商産業省編『経済協力の現状と問題点』各年版。
注：その他政府資金計には国際機関に対する融資等、民間資金計には国際機関に対する融資等、非営利団体による贈与を含む。

表11-3から、国家資本と民間資本の地位を比較してみよう。政府開発援助は純然たる国家資本、民間資金は民間資本そのものであるが、その他政府資金は、資金源は政府ベースでありながら、資本輸出の主体あるいは条件が民間ベースという意味で、両者の中間に位置する。1965年まではその他政府資金は定義されていなかった（輸出信用は民間資金に算入されていた）ため、66年以降の順位をみると、66、67年は政府開発援助、その他政府資金、民間資金の順であったのが、68、69年は民間資金、政府開発援助、その他政府資金の順に代わっていることがわかる。70年はその他政府資金、民間資金、政府開発援助の順、71年以降は民間資金、その他政府資金、政府開発援助の順となっており[13]、68年を境に、長期資本輸出において国家資本主導から民間資本主導へと転換したといえる。

1960年代半ばの時点で、国家資本による開発途上国に対する資本輸出を促している大蔵省の部内文書をあげておこう。65年6月28日付の大蔵省国際金融局投資第一課「わが国の低開発国援助と国際収支、財政資金との関係メモ（未定稿）」[14]では、日本の援助拡大の制約要因として国際収支と財政事情の2点が指摘されてきたが、「わが国援助の極めて多くがタイド援助である限り、援

助に伴う国際収支上の外貨負担は大きくなく、国際収支が決定的な制約要因とはいい難い」として、援助拡大の可能性を主張していた。

また、民間資本による直接投資については、1966年12月付の大蔵省国際金融局投資第三課「海外投資政策の進め方」[15]では、「国民経済的メリットと国際収支への負担を比較考量しつつ、民間海外投資に対する許可制度については許可制度そのものは当分の間存続するが、その運用ないし審査態度はできるだけ緩和する方向で検討することとしたい」として、直接投資自由化に向けた姿勢を示していた。

このように、1960年代後半の資本輸出は、まず開発途上国（主にアジア）向けの国家資本輸出が先行し、やがて民間資本が主流に転じていくという流れが存在した。アジア向け国家資本輸出の拡大は、対アジア政策の積極化の帰結にほかならない。そこで次に、65年前後における対アジア政策の背景と内容を検討していこう。

2．対アジア政策の積極化

(1) 政策転換の背景

1964年11月、池田政権から佐藤政権への交替とともに、対アジア政策の新たな動きが目立つようになった。その背景について、国際的な二つの側面からまとめてみよう。

第一に、アメリカによるアジア戦略補完の要請である。池田政権の初期からアメリカはドル防衛策の意図を含めて日米協力によるアジア反共体制の強化を求めていた[16]。1961年6月の池田・ケネディ会談をまとめた日米共同声明では、開発援助の重要性が指摘され、日本側が「東アジアに対する開発援助に特別の関心を表明した」との文言が記載された[17]。この会談ではまた、日米の主要閣僚が顔を揃える貿易経済合同委員会の設置が合意された。日米貿易経済合同委員会のテーマは、61年11月の第1回会議から73年7月の第9回会議に至るまで、日米間の貿易・国際収支問題などと並んで、対外援助問題が常にあげられていた[18]。

しかし、1964年までは、アメリカの圧力は日本のアジア政策全般を積極化させるほどのインパクトをもったものではなかった。池田政権下で、OAEC（アジア経済協力機構）構想、西太平洋友好帯構想などが浮上し[19]、マレーシア紛争への関与がみられたものの[20]、実際に実を結ぶには至らなかった。ビルマ政策[21]、日韓関係などでは明白な進展があったとはいえ、賠償供与以外の開発援助は、財政上また国際収支上の制約から、低調な水準にとどまっていた[22]。

1964年11月、池田政権から佐藤政権に交代し、日米関係は新たな局面に入る。65年1月、佐藤・ジョンソン会談が行われ、共同声明のアジア関係事項では、中国問題、ベトナム情勢、アジア開発援助が取り上げられ、「総理大臣は、アジアに対する開発及び技術援助において占める日本の役割を増大させることについて、特に強い関心を表明した」と記載された[23]。この直後の65年2月、アメリカは北ベトナム空爆に踏み切り、4月にはジョンソン大統領が東南アジア開発のために経済支援を進めるという演説を行った。「征服によらない平和」と題したこの演説において、ジョンソンは南ベトナムへの軍事援助の必要性に加えて東南アジアの開発のための地域協力に対してアメリカは10億ドルの経済援助を行うことを表明したのである[24]。

これを受けて、65年7月開催の第4回日米貿易経済合同委員会では、「委員会は、ジョンソン大統領によってこの4月に提案され、佐藤総理により直ちに支持された東南アジア援助提案が実施されれば、これは東南アジア諸国の社会的、経済的発展に大きく寄与するであろうことに意見の一致をみた」との文言が共同コミュニケに盛り込まれた[25]。ジョンソン演説が直接の契機となり、日本がアジア開発銀行設立、東南アジア開発閣僚会議開催を主導していく流れがつくられていく。

第二に、OECD加盟による日本の国際的地位の向上、国際的責任の明確化である。1964年4月、日本はIMF 8条国への移行、OECD正式加盟を果たし、先進国の一員として南北問題への取り組み、とりわけアジアの経済開発への寄与を求められる立場となった。OECDのDAC（開発援助委員会）が、まずは開発援助水準の引上げを要請される場となるが、その動きを加速したのが、OECD加盟と時期を同じくして64年3月から6月まで開催された第1回UNCTAD（国連貿易開発会議）総会であった。この会議では、南北間の不均衡

と格差の是正を求める途上国側の強い要求に対して、日本政府は適切な対応ができず、アジア・アフリカ諸国の不信と失望を招く結果となった[26]。

1964年には、東京オリンピック開催、新幹線開通など、日本の高度成長、先進国化を象徴する出来事があり、OECDとUNCTADという二つの国際機構において、日本は先進国としての責任を果たすことが求められた。これに先行して経団連の経済協力委員会は63年末には、「対外経済協力の促進にかんする要望意見」を建議し、従来の対外経済協力が民間投融資を主力としていた状況を改め、円借款等の「政府援助を国策として強力に推進する」ことを要請していた[27]。65年、経常収支の黒字化、先進国責任論の台頭を基盤とし、ベトナム戦争の本格化を直接の契機として、日本の対アジア政策は積極化し、それに照応してアジアへの資本輸出が拡大していくのである。

(2) 2国間関係の転換

対アジア政策の積極化は、2国間関係と多国間機構の二つの領域で生じている。ともに1965年に同時に起こってはいるが、その経緯はそれぞれ異なる。まず、2国間関係の転換について、台湾、韓国、インドネシアに絞って検討してみよう。この3国に絞るのは、いずれも対日関係のうえで65年に重要な画期を迎えていることに加えて、60年代後半における日本のアジア進出の最重点地域であるためである[28]。

1) 台湾

1952年4月の「日華平和条約」締結に際して、台湾の国民政府は対日賠償請求権を放棄したため、日本から台湾への賠償供与は実施されなかった[29]。50年代の台湾はアメリカの軍事援助、経済援助に依存しつつ経済再建を図ってきた。アメリカの経済援助（相互安全保障法による一般経済援助及び公法480による余剰農産物援助）は、51年から65年までで総額14億ドル余に達したが[30]、ドル防衛策の影響によって65年6月に基本的に打切りとなり、以後は借款中心に切り換えられたため、これを補完する役割が日本に求められることとなった。

台湾経済に占める日本の地位は、1960年代前半において、輸出面では30％前後で国別首位、輸入面では30％台でアメリカに次ぐ2位[31]、民間直接投資

では金額でアメリカに次ぎ、件数ではアメリカと並ぶほどであったが[32]、政府資金関係では、輸銀融資と技術協力にとどまっていた。

池田政権は、台湾と公式の外交関係を維持する一方、中国とは「政経分離」を掲げて民間ベースの貿易関係を発展させる姿勢を示し、1962年11月にはいわゆるLT貿易協定が成立した。これは民間ベースの取り決めとはいえ、背景には日本政府の基本的な了解があり、これに対して台湾側は抗議の意思を示した[33]。63年8月、LT貿易協定に基づき、倉敷レーヨンのビニロンプラントの対中国輸出に輸銀融資が承認（閣議決定）されると、日台関係は急速に悪化し、これに同年10月に生じた周鴻慶事件（中国油圧式機械訪日団の通訳の亡命事件）が加わり[34]、外交関係は断絶に近い状況となった。

この修復のために、1964年2月、台湾側の信頼の厚い吉田茂元首相が個人の資格で訪台し、後日、中国向けプラント輸出への輸銀融資は認めないとの書簡（いわゆる「吉田書簡」）を発した。「吉田書簡」には台湾側を満足させるべく踏み込んだ内容のある4月4日付のものと、日本政府が認めた簡略化された5月7日付のものとがあり、台湾側は「池田内閣の二重外交」[35]と批判したが、ともかくも外交関係改善の効果はあった[36]。さらに64年7月の大平外相訪台、8月の張群総統府秘書長訪日をもって、修復の仕上げがなされた。

こうした経緯を踏まえ、対台湾円借款1億5千万ドル供与が決定されていく。アメリカ援助の停止を受けて、台湾は第4次4ヵ年計画（1965～68）に要する資金の一部を日本に求めたのである。日本の財界は、この借款は「日本がイニシアチブをとって提供した」最初のケースとして高く評価している[37]。この円借款は日台経済関係を強める経済的意義をもつことは当然として、同時に政治的意味が濃厚なものであった。第一に、具体化プロセスに日華協力委員会、自民党親台湾派が関与した点である。日華協力委員会は日台関係強化を目的に政財界・言論界の有力者を集めて57年に設立された、日本政府への影響力の大きい団体であった[38]。64年12月、佐藤政権成立直後に自民党親台湾派議員によりアジア問題研究会が発足するが[39]、これとメンバーが重なる形で同時期に台北で開催された第9回日華協力委員会総会では、円借款問題が主要議題となった[40]。この時点ではすでに日本政府は1.5億ドル供与を内定していたようであるが[41]、その具体的条件が日華協力委員会で議論されたわけである。

第二に、借款条件の特異性である。それまでの日本のインド、パキスタンなどに対する円借款は返済期間 10～15 年、金利 5.75～6.00％を条件としていたが、65 年 4 月調印の台湾円借款は総額 1.5 億ドル（540 億円）と過去最高であるばかりでなく、うち 5 千万ドルは返済期間 20 年（据置期間 5 年）、金利 3.50％という破格の好条件であった[42]。こうした優遇の政治的意味について、「日中貿易をスムーズに進めるために、台湾の頭をナデておく必要がある」といったうがった見方も生まれていた[43]。

　このように外交関係修復策の延長上に位置づけられた台湾円借款は、二つの中国政策をとっていた当時の日本政府が政治的ねらいをもって展開した経済外交の現れと考えられる。

2)　韓国

　アメリカ援助に依存した 1950 年代を経て、援助削減の穴埋めを求めて日本に接近した点、また援助協定成立の時期の点で韓国は台湾と共通している。しかし、外交関係を前提としていた台湾と異なり、韓国の場合は国交正常化と援助成立が一体化していた。韓国経済に占める日本の地位は、60 年代前半において輸出では 30～40％でアメリカを上回って首位、輸入では 20％台後半でアメリカに次いで 2 位につけていた[44]。日韓国交正常化のための日韓会談は朝鮮戦争中の 51 年から開始されたが、両国の主張の隔たりは大きく、50 年代には妥結することはなかった。60 年代に入り、韓国は李政権から張政権、さらに朴政権に代わり、日本は岸政権から池田政権に代わるなかで、交渉妥結の気運が高まっていく[45]。

　1961 年 5 月の韓国軍事クーデター直後の 6 月、日米（池田・ケネディ）首脳会談が行われた。この時点では、日米両政府とも軍事政権に対する評価は明確ではなかったが、共同声明では「東アジアに対する開発援助に特別の関心を表明」と記載され、東アジアの安全保障の観点から日韓会談を前進させる方向が示された[46]。その後、韓国の軍事政権は、経済再建を目指して 5 ヵ年計画（1962～66）を立案し、その資金の 3 割、7 億ドルを外資で調達する方針を定めた[47]。韓国援助を削減するアメリカの肩代わりが日本に求められ、実利的な観点から韓国政府は日韓会談の妥結を急ぐことになった。

日韓会談のいくつもの難題のなかで、請求権資金問題は、名目と金額の両面で妥結がきわめて困難とされていた課題であった。1961年10月、金鍾泌中央情報部長が来日し、韓国側の要求金額の削減姿勢が示され、また日本側は法的な請求権方式でなく経済協力方式とする提案を行い、妥結の展望が生まれていく[48]。日韓交渉に対して直接介入でなく、調停役を演じたアメリカは11月にラスク国務長官が訪日、訪韓し、妥結を要請[49]、その直後に朴大統領が訪日し、大枠で歩み寄りがなされた。62年7月の大平外相就任を経て、決着のための準備折衝が積み重ねられ、11月の大平・金会談で請求権資金問題が妥結し、メモが残された。名目について、韓国は法的な請求権、日本は経済協力（独立祝い金）で対立していたが、これは韓国が譲歩、また金額は、当初日本側は外務省案7,000万ドル、大蔵省案1,600万ドル、韓国案8億ドルと隔たりが大きかったが[50]、日本が譲歩して無償3億ドル、有償2億ドル、民間借款1億ドル、計6億ドルとした[51]。その他漁業問題などの存在、また韓国内の反対運動のため、最終的に日韓条約調印は65年6月までずれ込んだが、62年末の時点では63年前半での調印を目指していたのである。

　1965年に合意された対韓経済協力の特徴について、台湾と比較しつつ2点指摘しておきたい。第一は、国交正常化以前に経済界が積極的に動いたことである。60年12月に日本側財界主流と在日韓国人実業家によって日韓経済協会が設立された[52]。設立時の会長は植村甲午郎経団連副会長、顧問は足立正日本商工会議所会頭であり、また副会長3名中2名、理事20名中11名は在日韓国人実業家であった。これに相当する団体は日台関係では存在せず、日韓関係の特徴を示している。日韓経済協会は、62年9月、12月、64年10月、65年4月と経済使節団を訪韓させ、日韓会談妥結の気運を盛り上げていった。また、61年12月のコレアン工業振興会社設立[53]、同社派遣の保税加工調査団[54]による直接投資に代わる経済進出方式の追求、商社の連絡事務所開設[55]、64年のセメント、塩化ビニルのプラント輸出認可など[56]、国交正常化以前に経済関係の進展がみられた。政府ベースでも、64年12月に緊急商品借款2千万ドルが合意されている[57]。

　第二は、65年に成立した経済協力協定[58]が巨額かつ好条件であったことである。無償資金の規模は、先行した東南アジア賠償と比べても、フィリピンよ

りは少ないものの、インドネシアやビルマを越えるものであった。インドネシア賠償は総額4億ドルだが、焦付貿易債権を差引くと正味2億2,308万ドルであったのに対し[59]、韓国への無償資金は総額3億ドルから焦付貿易債権4,573万ドルを差引けば正味は2億5千万ドルあまりとなる[60]。また政府借款2億ドルは台湾を上回る規模であり、金利はすべて3.50％（台湾は5千万ドルのみ）、返済期間20年は同じだが、据置期間7年は台湾の5年より2年長いものであった[61]。この他、民間借款3億ドルは62年の合意1億ドルに2億ドル上乗せしている。

総じて、韓国への経済援助は、アメリカの肩代わりという位置づけでは台湾と共通していたが、規模や条件は台湾を上回っており、日本にとって財政面、国際収支面で厳しい1962年の時点で実質的に決着していたという意味で政治性の強いものであったと評価できる。

3）インドネシア

1965年の東南アジアにおける重大事件は、ベトナム戦争の本格化およびインドネシアの9.30事件であった。スカルノ政権の時代、日本は賠償を通じてインドネシア経済に関与していたが、9.30事件を経て成立したスハルト政権に対しても、緊急援助を通じて関わりを強めていくことになる[62]。

1960年代前半において、インドネシア経済に占める日本の地位は賠償供与とともに高まっており、輸入面では60年にアメリカを抜いて首位となった[63]。注目すべきは、65年を画期とする変化の契機であり、台湾や韓国がアメリカ援助削減の肩代わりを日本に求めたのとは異なり、インドネシアは国際政治上の特殊な位置によって対日接近を図ったことである。

スカルノ政権のもとでインドネシアは、非同盟中立主義の立場を取っていたが、1960年代前半、イギリスが英領北ボルネオとシンガポールをマラヤ連邦に統合してマレーシア連邦を結成する構想を打ち出すと、次第にこれに反発を強めていき、63年には武力衝突寸前にまで至った。インドネシアの強硬姿勢の背景には、政権基盤の安定化をねらったスカルノ大統領の思惑が存在したが、日本はこの紛争の仲介役をかってでた。そこには池田首相の日米欧三本柱論に基づく主体的アジア外交の意思が存在したと思われるが[64]、仲介工作の成果が

現れないままに、マレーシアの国連加盟、インドネシアの国連脱退、中国接近と事態は進展し、ついに 65 年の 9.30 事件に至る。この事件の真相はなお不明ではあるが、勢力拡張する共産党とこれを脅威とみた陸軍との衝突を、両者のバランスをとって権力を維持していたスカルノがコントロールできなくなった結果であることは間違いなかろう。

　スカルノ体制からスハルト体制に移行するまで、1965 年 10 月から 66 年 3 月まではいわば二重権力状態であり、その間にインドネシアの外貨不足は危機的状態に陥っていった。このままでは貿易途絶を免れないと考えた日本政府（外務省）は、債権繰延べ、新規援助供与による経済救済、政治の安定化を意図するが、アメリカ、西欧諸国は様子見に出たため、結果的に日本が債権国協議の枠組みを設定する役回りを演じることになった。日本が主導権をとることになったのは、インドネシアの国際的位置が特殊であってアメリカも西欧諸国も先頭に立ちにくい事情があったからであり、日本はアメリカの意向を受ける形で 66 年 9 月に東京で、米英西独など 10 ヵ国の参加を得て、第 1 回インドネシア債権国会議を開くことになった。この年 4 月には後述するように東京で第 1 回東南アジア開発閣僚会議を開催しており（インドネシアはオブザーバー参加）、日本外交としては連続した主導権の発揮であった。インドネシア債権国会議は、他の国々が譲り合った結果として議長役が回ってきたわけであるが、その準備過程で日本はインドネシアに対して、3,000 万ドル円借款供与を先行して表明する一方、期限の到来した短期債務の返済を優先して行うことを秘密裏に約束させるなど、利に聡い裏技も行使していた[65]。これ以後、日本のインドネシア援助は急増し、経済進出先としての重要度を高めていくのである。

(3)　多国間機構の形成

　1965 年を画期として日本はアジアにおける多国間機構の形成に重要な役割を演じることになった。東南アジア開発閣僚会議の開催とアジア開発銀行の設立がそれであり、アメリカの存在が背景にあった点は共通しているが、歴史的文脈は異なっている。

1) 東南アジア開発閣僚会議

1966年4月、日本政府は東南アジア6ヵ国（タイ、マレーシア、シンガポール、フィリピン、南ベトナム、ラオス）の開発担当閣僚を東京に招き、東南アジア開発閣僚会議を開催した。インドネシアとカンボジアはオブザーバー参加、ビルマは不参加であったが、いずれも後に正式参加している。この会議は、戦後日本が主導権をもって開いた最初の国際会議であったため、対アジア政策積極化の画期をなすものとして、研究史上多くの関心を集めている[66]。

この会議の発端は、1年前、1965年4月7日のジョンソン米大統領による東南アジア開発10億ドル構想の提起であった。東南アジアの地域協力を促すこの提起では、日本の役割が強く期待されていた。日本政府は素早い反応を示し、4月21日、外務省は日米合同出資の多国間枠組みとして「アジア平和計画」を策定した[67]。そこには、アメリカ10億ドル、日本5億ドル、域外国5億ドル、域内国2億ドル、計22億ドルもの拠出計画が盛り込まれていた[68]。この計画は、資金規模が過大であるとして佐藤首相から否定されるが、それに代わる閣僚会議構想が6月に外務省内に浮上した。これをもとに7月に椎名外相が方針を発表して参加国に打診を進め、9月の閣議決定を経て、66年4月の開催へと漕ぎ着けていく[69]。

この会議の開催については、アメリカの圧力が背景にあったことは否定できない。そのため、中立主義のインドネシア、カンボジア、ビルマは参加に消極的であった。研究史上もこの観点は通説となっていると言ってよい[70]。これに対して、日本外交の自立性の現れ[71]、あるいは日本の経済的利害[72]を強調する研究も現れているが、そうした観点の違いにもかかわらず、これらの研究はほぼすべて、会議開催に至る意図の究明に力点を置き、その後の経過を軽視する点は共通している。したがって、会議の評価は、意図が実現しなかったとして否定的になるケースすらみられる[73]。しかし、重要なことは、その後10年継続した会議が果たした役割を総合的に評価することであろう。

表11-4は、1966年第1回会議から75年第10回（開催されず）までの経過をまとめたものである。まず参加国は日本を含めて当初は7ヵ国であったのが、第1回直後にインドネシア、第6回からカンボジア、第8回からビルマ、オーストラリア、ニュージーランドが加わり、12ヵ国まで拡大している。70年代

表11-4　東南アジア開発閣僚会議略年表

開催時期	会議名称	開催地	参加国	協議事項
1966年4月6-7日	第1回東南アジア開発閣僚会議	東京	7+2	農業開発会議の開催 海洋漁業研究開発センターの検討
1966年12月6-8日	東南アジア農業開発会議	東京	8+1	アジア開発銀行に農業開発基金設置 漁業開発センター設置（タイ、シンガポール）
1967年4月26-28日	第2回東南アジア開発閣僚会議	マニラ	8+1	農業、漁業、運輸通信、港湾開発
1967年9月4-7日	東南アジア運輸通信官吏会議	クアラルンプール	8+12	
1967年12月	東南アジア漁業開発センター設立	バンコク	6	
1968年4月9-11日	第3回東南アジア開発閣僚会議	シンガポール	8+6	
1969年4月3-5日	第4回東南アジア開発閣僚会議	バンコク	8+1	
1970年5月22-25日	第5回東南アジア開発閣僚会議	ジョクジャカルタ	8+1	経済分析、経済開発促進センター、医療機構、租税制度、運輸通信、人口問題、漁業開発センター
1970年10月	東南アジア家族・人口計画閣僚会議	クアラルンプール		
1971年2月	租税行政スタディグループ第1回会合	マニラ		
1971年5月	第6回東南アジア開発閣僚会議	マレーシア	9	経済分析、貿易投資観光促進センター、医療機構、租税行政、運輸通信、人口問題、漁業開発センター
1972年1月	東南アジア貿易投資観光促進センター設立	東京	9	
1972年12月	第7回東南アジア開発閣僚会議	サイゴン	9	
1973年3月	東南アジア医療保健機構第1回準備会合	東京		
1973年10月	第8回東南アジア開発閣僚会議	東京	12	
1974年11月	第9回東南アジア開発閣僚会議	マニラ	12	
1975年10月	第10回東南アジア開発閣僚会議	シンガポール		開催されず
1976年2月	ASEAN首脳会議	バリ	5	

出典：外務省『わが外交の近況』各年版。
注1：参加国は日本、タイ、マレーシア、フィリピン、シンガポール、南ベトナム、ラオス、インドネシア（第1回はオブザーバー）、カンボジア（第5回までオブザーバー）、第8回からビルマ、オーストラリア、ニュージーランドが加わる。
　2：参加国欄の＋の後はオブザーバー。第3回会議には、カンボジアのほか、オーストラリア、ニュージーランド、インド、セイロン、パキスタンが参加。

に入り、ベトナム戦争が終結し、ASEAN が発展することで、会議は歴史的役割を終えたといえる。10 年で終わったことをもってすべて消極的に評価する必要はあるまい。同時期に開始された韓国主導の ASPAC（アジア・太平洋協議会）などはもっと短命に終わっている。

注目すべきは、関連する会議がいくつも開かれ、取り組む分野が広がったことである。農業開発、漁業開発をはじめとして、運輸通信、経済分析、家族・人口計画、医療機構、租税行政など、多様な分野をテーマとした会議が重ねられた。その結果、1967 年に東南アジア漁業開発センター（事務局バンコク）、72 年に東南アジア貿易・投資・観光促進センター（事務局東京）が設立されるなど、組織形成がなされたものもある[74]。当初の構想どおりに資金が集まらなかったこと、そのため東南アジア側に失望感が生じたことは事実かもしれない。しかし、日本による東アジア経済圏構築プロセスの全体的構造のなかに位置づけるならば、後述のように国家資本輸出、さらに民間資本輸出が 60 年代後半以降に急増していることと関連づけ、そうした資本輸出を促す役割を果たしたと評価すべきではないだろうか[75]。

2）アジア開発銀行

アジア最初の地域協力機関であるアジア開発銀行は、設立時期のうえでは東南アジア開発閣僚会議の開催と重なるが、準備期間の長さ、参加国の多様性を考慮するならば、より広い文脈で捉えるべき多国間機構であった[76]。また日本政府部内では外務省とともに大蔵省が強く関与したことも特徴といえる。

その設立過程は 3 段階に分けることができる（表 11-5 参照）。第 1 段階は 1960 年から 63 年までで、エカフェ事務局長の委嘱を受けた専門家 3 人委員会（インド、タイ、日本）が地域経済協力策について検討した際、地域開発銀行の可能性を議論している[77]。第 2 段階は 63 年から 64 年であり、アジア経済協力閣僚会議の開催、それに向けた専門家 7 人委員会の結成と報告書作成、さらに専門家会議（10 人委員会）による開発金融機関の基本構想取りまとめの時期である。

1964 年に第 1 回国連貿易開発会議（UNCTAD）が開催され、また 59 年設立の米州開発銀行に続いて 64 年にアフリカ開発銀行が設立されるなど、開発協

表 11-5　アジア開発銀行の設立経過

時期	会議等	開催場所	内容
1960 年 3 月	エカフェ第 16 回総会	バンコク	エカフェ事務局長に、地域経済協力促進の具体策の検討を要請
1961 年 3 月	エカフェ第 17 回総会		地域協力案の検討を 3 人委員会に委嘱
1961 年	アジア経済協力に関する専門家 3 人委員会（3 カ国）		地域経済協力促進の具体策として、「アジア経済協力機構」(OAEC) 構想を提案
1962 年 3 月	エカフェ第 18 回総会	東京	OAEC 構想を時期尚早として棚上げ
1963 年 1 月	エカフェ第 5 回域内貿易促進会談	バンコク	地域経済協力の具体策 26 項目の一つとして、タイが地域開発銀行の設立を提案
1963 年 3 月	エカフェ第 19 回総会	マニラ	地域経済協力促進策の検討に関する閣僚会議開催を決議
1963 年	専門家 7 人委員会（7 カ国）		地域経済協力促進の具体策として、鉱工業プロジェクトを対象とする地域開発銀行設立を提案
1963 年 10 月	エカフェ域内貿易促進特別会談	バンコク	アジア開発銀行設立の必要性を確認
1963 年 12 月	アジア経済協力閣僚会議	マニラ	アジア開発銀行設立に関する具体案作成のための専門家委員会の設置を決定
1964 年 4 月	国際商業会議所アジア極東委員会	テヘラン	アジア開発銀行設立の必要性を検討
1964 年 10 月	アジア開発銀行に関する専門家会議（10 人委員会：8 カ国、2 機関）	バンコク	アジア開発銀行の基本構想を検討
1965 年 3 月	エカフェ第 21 回総会	ウエリントン	アジア開発銀行設立促進を決議 諮問委員会設置を決定
1965 年 6〜8 月	諮問委員会（9 カ国）	バンコク	アジア開発銀行の協定草案を作成
1965 年 10〜11 月	エカフェ域内外政府代表者会議	バンコク	アジア開発銀行協定草案を採択
1965 年 11〜12 月	第 2 回アジア経済協力閣僚会議	マニラ	アジア開発銀行本部所在地決定
1965 年 12 月	アジア開発銀行全権代表会議	マニラ	アジア開発銀行協定を承認
1966 年	アジア開発銀行設立準備委員会	バンコク、マニラ、東京	設立準備委員会の設置を決定 本部協定、銀行内規を作成、創立総会準備
1966 年 11 月	アジア開発銀行創立総会	東京	総裁、理事を選出
1966 年 12 月	アジア開発銀行開業	マニラ	

出典：「アジア開発銀行設立の意義と問題点」(日本銀行『調査月報』1965 年 8 月) 3 頁、外務省経済協力局国際協力課「アジア開発銀行について」1967 年 4 月 25 日（外務省記録『アジア開発銀行関係雑件』第一巻 (B'6-3-0-41)、松下健一「アジア開発銀行の設立と発展」(『レファレンス』第 364 号、1981 年 5 月)。

力への気運が高まるなかで、アジア開発銀行もようやく具体的な設立プロセスに入っていく。それが65年から66年に至る第3段階であり、9ヵ国政府代表による諮問委員会、それに続く設立準備委員会によって設立協定が成立し、31ヵ国の出資（授権資本11億ドル）により開業の運びとなった。

アジア開発銀行の設立過程にみられる特徴は、アジアの主体性を重視する「アジア的性格」が現れていることである。これは、設立理念、業務内容、出資国の投票権、人事・機構（総裁、理事会等）、本店所在地など、様々な事項に表出していた。日本はこれに対して、アジアの先進国として、域外資金導入、健全経営の観点から修正を加えていく。アジア域内のみの資金では銀行運営が成り立たず、日本の負担が重くなりすぎるという判断から、アメリカをはじめとする域外先進国の参加、そのための条件整備を追求していくのである。

アジア開発銀行設立にあたって、日本は構想をまとめる議論をリードし、アメリカと並んで第1位出資国となり、総裁を派遣するなど、主導的な役割を果たした。しかし、日本の意図がすべて実現したわけではない。銀行の「アジア的性格」を強調するエカフェのウ・ニュン事務局長やアジア諸国との間で、軋轢、妥協、外交的敗北も経験している。出資国の投票権問題はその一例である。63年の7人委員会（日本は不参加）報告の時点では、銀行加盟資格はすべてのエカフェ域内国に開放されるとするのみで、域外国の参加にふれていない。先行した米州開発銀行とアフリカ開発銀行は域内国のみで成立している。これについて日本は、資金確保の観点から域外国の参加を強く主張し、それが認められた[78]。

しかし、銀行運営への発言権を確保したいアジア諸国との間で、投票権をめぐる対立が生じた。出資割合は域内国60％、域外国40％とされ、投票権は、各国平等の基本票と出資額に応じた比例票に区分された。問題は、基本票と比例票の配分比率であり、日本は出資国の意向を強めるべく、基本票の比率を10％という低い水準に抑える方針であったが、他の参加国の同意を得られず、20％で妥協せざるをえなかった[79]。また、銀行の本部の東京設置は日本政府が最も強く追求したことであったが、投票の結果は1票差でマニラに決まり、「マニラ・ショック」と言われたほど日本側の落胆は大きかった[80]。

ところで、1964、65年の日本の長期資本輸出は4億ドル規模であったから、

アジア開発銀行への2億ドル出資は巨額にみえるが、実際の負担はそれほどでもなかった。払込額は50%で、残りの50%は資金調達の担保となる請求可能資本金であって払い込み不要であり、また払い込みは5年分割、しかもその半額は円貨、残りは国債であった[81]。一定の財政負担にはなるが、外貨の使用は不要であった。

なお、国会では、ベトナム戦争の激化を背景に1965年4月ジョンソン大統領の10億ドル援助構想が表明され、その直後にアジア開銀設立が急速に具体化したため、アメリカの軍事目的に利用されるのではないかと野党議員から追及されたが[82]、開業後の運営をみると、そうした融資は現れなかった。68、69年の国別融資額では、韓国が1位、台湾が2位と、日本の関与の強い国に集中する傾向がみられた[83]。

3．資本輸出の増大

(1) 先行する国家資本輸出

先に表11-2でみたように、1960年代後半における長期資本輸出の増大は、第一に延払信用、第二に借款、そして第三に直接投資の増加によるものであった。また表11-3の開発途上国に対する資本輸出の内訳をみると、政府開発援助およびその他政府資金が民間資金を上回っていたことが明らかである。表11-2と表11-3の項目を関連づけて考察すると、この時期の日本の資本輸出は開発途上国への国家資本輸出が先行していた事実が浮かび上がってくる。国家資本輸出を担当したのは日本輸出入銀行（輸銀）と海外経済協力基金（基金）であり、いずれも政府出資の特殊金融機関であって、基金は経済協力機関と位置づけられていたが、商品輸出や民間資本輸出を促進する機能は共通していた。

1) 日本輸出入銀行

1950年代を通じて、輸銀は日本の長期資本輸出にかかわる業務を中心的に担当してきたが、61年に基金が設立されると、商業ベースに乗りにくい一部の業務は基金に移された。しかし、62年5月の基金法改正、63年5月の輸

銀・基金業務調整合意を経ても[84]、発足間もない基金の業務にはさほどみるべきものがなかった。63年から64年にかけて、経済協力の効率化のため、輸銀に基金を統合する案、基金強化案、両機関併存案などが政府・自民党内で論議され、併存案に落ち着いている。また、自民党の対外経済協力特別委員会が経済協力基本法の制定を企画するなど、経済協力への関心が高まり、輸銀、基金の機能強化が実施されていく[85]。

1965年以降、対アジア政策の積極化とともに、いわゆる「政策もの」は基金、民間ベースは輸銀というように分担をする方向が改めて打ち出され、輸銀は輸出・対外直接投資を支援する役割を明確にしていった。その他、制度面の変化では、65年度に短期の輸出金融が日銀の輸出貿易手形制度に移されたため、輸出金融の規模がやや縮小した。また、同年度に海外投資金融の弾力化がなされ、生産事業に加えて海外販売会社も対象にすることなど、融資対象の拡大が図られた[86]。

表11-6に示されるように、輸銀の融資承諾額は1966年度以降拡大傾向を強めていった。62～66年度と67～70年度の融資内容を比較してみよう[87]。62～66年度の融資承諾額総額は1兆76億円、年平均2,015億円、一方67～70年度の総額は1兆5,268億円、年平均3,817億円であり、ほぼ2倍に拡大して

表11-6 輸銀・基金の投融資額の推移

(単位：百万円)

年度	輸銀					基金			
	輸出金融承諾額	投資金融承諾額	直接借款承諾額	承諾額合計	融資残高	直接借款承諾額	一般案件承諾額	承諾額合計	投融資残高
1961	95,592	13,008	30,694	142,046	198,578	—	1,150	1,150	930
1962	87,495	2,442	13,853	104,278	261,000	—	1,043	1,043	1,720
1963	151,553	7,264	31,680	191,299	342,642	—	6,557	6,557	4,286
1964	177,252	13,955	28,696	223,078	443,522	—	5,708	5,708	7,883
1965	145,762	8,211	46,429	205,834	542,081	—	6,156	6,156	14,744
1966	201,744	13,650	59,194	283,097	701,349	19,856	6,967	26,823	26,536
1967	228,816	19,430	57,368	309,834	905,182	16,266	12,508	28,774	38,236
1968	236,759	13,099	41,502	298,518	1,088,573	33,780	3,995	37,775	72,162
1969	313,144	29,024	28,411	382,857	1,314,555	36,431	7,333	43,764	108,747
1970	396,542	68,476	37,341	535,629	1,596,716	45,447	12,273	57,719	149,630

出典：日本輸出入銀行編『二十年の歩み』1971年、362～367頁、海外経済協力基金編『海外経済協力基金二十年史』1982年、571～573頁。

いる。内訳を比較すると、輸出金融は75.8％から77.0％へとわずかに増加、直接借款は17.8％から10.8％に減少、海外投資金融は4.5％から8.5％に増加、輸入金融は1.1％から3.5％へと増加している。直接借款の多くが基金に移管された影響が現れている。

60年代後半における各業務の地域別・国別動向をみよう[88]。第一に、輸出金融は引き続き半分以上が船舶金融であるため、アフリカ、欧州が多かったが、一般プラント（繊維機械、電気機械、鉄道車両等）ではアジアが大半を占めた。1966～70年度における輸出金融承諾額の地域別・国別の件数・金額を集計すれば、全体で3,465件、1兆3,770億円、うちアジアは2,096件、3,727億円であり、国別では韓国196件、871億円、フィリピン219件、868億円、タイ762件、662億円、台湾321件、601億円、などが上位を占めた。

第二に、海外投資金融では、大口の資源開発で中東、北米が大きい一方、アジアは小口で件数が多く、なかでもタイと台湾が目立っていた。1966～70年度における海外投資金融承諾額の件数・金額を集計してみると、全体で353件、1,437億円、うちアジアは214件、352億円であり、国別ではタイが82件、80億円、台湾が55件、52億円で上位を占めていた。タイはベトナム特需の影響、台湾は外資誘致政策の効果と考えられる[89]。

第三に、直接借款ではアジアに集中しており、1966～70年度の融資承諾額を集計すると、パキスタン432億円、インド429億円、インドネシア252億円、台湾167億円などが上位を占めた。直接借款は基金と輸銀とが連携して供与している場合もあるが、融資条件は基金がソフトであり、輸銀は商業ベースというように区別されていた。

総じて、1960年代後半における輸銀は、船舶金融を別とすれば、輸出金融、海外投資金融、直接借款を総合してアジアに振り向け、日本の重工業品輸出の促進を通じて高度経済成長を支える役割を果たしていたということができる。

2) 海外経済協力基金

1961年に設立された海外経済協力基金は、表11-6に示されるように、当初は輸銀に比べてはるかに小規模な業務を行うにとどまっていた。65年以降、基金の業務規模は拡大し、投融資残高は70年度には1,496億円まで増加した。

輸銀は1兆5,967億円であり、依然として格差は大きかったが、増加率では基金が上回っていた。

基金の業務量が増加した要因は、1964年のOECD加盟、UNCTAD総会開催を受け、日本に対する開発援助増大の要請が高まったことを背景とし、直接には日韓条約調印に伴う韓国向け借款システム整備の必要から65年6月に基金法が改正されたことであった。法改正の眼目は資金調達方法の変更にあり、従来の一般会計からの出資金に加えて、資金運用部からの借入れ、および債券の発行が可能となった。借入金および債券発行額は資本金と積立金の合計額を限度としたが、輸銀の場合、借入金は資本金と準備金の合計額の3倍を限度としており、それに比べると限度額を厳しく設定していることがわかる。輸銀に比べ、国家資本としての性格が強いことを示していると考えられる。実際の資金の調達状況をみると、債券発行は行われず、政府出資金と借入金で大半をまかない、貸付金利息収入で補完する構成であった。

投融資業務面をみると、1964年度までは民間向けの一般案件のみであったのが、65年度から途上国政府向けの直接借款（円借款）を行うようになったことが重要である。それまでは輸銀がインド、パキスタンなどに直接借款を行っていたが、65年度から基本的に基金の業務に移管され、政府開発援助は基金、その他政府資金は輸銀という分担となった。65年の日韓条約による対韓国借款決定がその契機であった[90]。65年以降、一般案件と直接借款の比率は1：3となり、直接借款が中心的業務とされた。

表11-7は、1965年度から70年度までの直接借款一覧表である。ここから、3点ほど特徴を指摘することができる。第一に、金額面で、韓国、台湾、インドネシアが大きいことである。『海外経済協力基金二十年史』は、「一時期は韓国、台湾への直接借款専担機関のごとき様相を呈した」と述べている[91]。インドネシアへは、66年度以後毎年度円借款を供与しており、66、67年度は輸銀が実施したが、68年度からは基金が担当することになった。

第二に、インドネシアに限って商品借款が供与されたことである。もともと基金法はプロジェクト借款のみを対象とすると規定していたが、1968年5月に法改正が行われ、商品借款を供与できることになった。これはインドネシアに即効性のある援助を実施するための法改正であり、インドネシア政府の財政

表11-7 海外経済協力基金の直接借款供与（政府交換公文ベース）

調印年月	相手国	金額 (百万円)	実施機関	金利 (％)	期間(年) (内据置)	使途
1965年4月	台湾 （第一次）	18,000 36,000	基金 輸銀・市銀	3.50 5.75	20(5) 12,15(3)	プロジェクト（ダム、港湾開発、橋梁、電力、肥料工場等）
1965年6月	韓国	72,000	基金	3.50	20(7)	プロジェクト（鉄道、海運、ダム、中小企業、高速道路等）
1966年11月	マレーシア	6,267 12,533	基金 輸銀・市銀	4.50 5.75	20(5) 15,18(5)	プロジェクト（公共事業、通信設備等）
1968年1月	タイ	10,800 10,800	基金 輸銀・市銀	4.50 5.75	20(5) 15,18(5)	プロジェクト（ダム、橋梁、電話、鉄道、港水路等）
1968年7月	インドネシア （第三次）	23,400 3,600	基金 基金	3.00 3.50	20(7) 20(7)	商品 プロジェクト（ダム等）
1968年11月	アフガニスタン	720	基金	4.00	20(5)	プロジェクト（上水道）
1969年2月	ビルマ	10,800	基金	3.50	20(5)	プロジェクト（車両、電気機器、農機具等製造工場）
1969年3月	カンボジア	1,512	基金	3.50	20(5)	プロジェクト（ダム）
1969年7月	インドネシア （第四次）	19,800 7,200	基金 基金	3.00 3.50	20(7) 20(7)	商品 プロジェクト（発電所、通信等）
1970年6月 8月	インドネシア （第五次）	19,800 16,200	基金 基金	3.00 3.50	20(7) 20(7)	商品 プロジェクト（ダム、発電所）
1970年10月	シンガポール	396 2,556	基金 輸銀・市銀	4.50 5.50	20(5) 18(5)	プロジェクト（衛星通信地上局） プロジェクト（造船）

出典：『海外経済協力基金二十年史』1982年、608～611頁、日本輸出入銀行『二十年の歩み』1971年、416～425と問題点』1971年版、132～142頁より作成。

危機を救済する意味をもっていた。

　第三に、金利、据置期間などの優遇度が国によって異なっていたことである。基金の借款の金利、償還期間、据置期間などは輸銀よりソフトであったが、基金のなかでもインドネシア向け商品借款が金利3.0％、据置期間7年で最も優遇されており、韓国向けとインドネシア向けのプロジェクト借款が3.5％、7年でこれに次ぎ、以下、台湾、ビルマ、カンボジアが3.5％、5年、アフガニスタンが4.0％、5年、マレーシア、タイ、シンガポールが4.5％、5年という順であった。

この他、調達条件はすべてタイドであり、日本からの輸出に直結していたことも指摘できるが、これは賠償以来の政府開発援助に共通する特徴であり、輸出振興策という援助の性格を現すものであった。

以上をまとめると、1960年代後半の基金による直接借款は、韓国、台湾、インドネシアといったアジアの特定国を支援する政策的意図を具体化したものであり、65年を画期とする対アジア政策の積極化をストレートに体現していたということができる。

(2) 本格化する民間直接投資

対アジア政策の積極化、それを支える国家資本輸出の増大に先導され、1968年から民間直接投資が拡大していく。

1960年代末に日本の対外直接投資が増大していく要因については、日本側の資源確保の要請、労働力不足、海外市場確保の必要、経常収支の黒字化と投資自由化政策、アジアの外資導入政策などがあげられるが[92]、ここでは国家資本との連携に注目しておきたい。まず表11-8によって地域別・業種別の動向を確認しよう。

合計件数は、1967年度までは200件台にとどまっていたが、68年度に初めて300件を突破し、70年度には700件を上回るほどに増加した。合計金額をみても、67年度までは2億ドル台に収まっていたが、68年度に5億ドルを超え、70年度には9億ドルを突破した。この後、71年の円切り上げを受けて、73年度には3,000件、35億ドルへと急拡大を遂げることになる。輸出額に対する直接投資額の比率を算出すると、61年度2.0％、65年度1.9％、68年度4.3％、70年度4.7％、73年度9.5％であり、対外直接投資増大の起点は68年

調達条件	備考
タイド	
タイド	国交正常化の際、約束
タイド	東南アジア開発閣僚会議の際、約束
タイド	東南アジア開発閣僚会議の際、約束
タイド	インドネシア債権国会議で約束
タイド	
タイド	賠償、無償協力の継続
タイド	同時に無償1,512百万円供与を約束
タイド	同時に食糧援助3,600百万円供与を約束
タイド	
タイド	

頁、通商産業省編『経済協力の現状

表 11-8　対外直接投資の地域別・業種別推移

年度	1961	1962	1963	1964	1965	1966	1967
アジア	(32) 27	(69) 23	(74) 26	(70) 29	(61) 35	(99) 28	(149) 93
北米	(27) 14	(39) 16	(50) 51	(34) 27	(53) 44	(70) 109	(65) 57
中南米	(28) 40	(33) 29	(41) 21	(47) 44	(48) 62	(32) 55	(34) 44
欧州	(20) 5	(19) 3	(33) 5	(19) 4	(18) 5	(17) 2	(21) 31
合計	(117) 86	(173) 74	(214) 111	(184) 107	(196) 159	(244) 227	(290) 275
繊維	(7) 6	(9) 3	(16) 8	(19) 14	(15) 6	(14) 11	(19) 17
木材・パルプ	(0) 0	(0) 0	(2) 9	(2) 10	(1) 4	(5) 36	(4) 2
鉄・非鉄	(4) 27	(3) 1	(11) 3	(8) 15	(5) 4	(6) 6	(9) 20
機械	(3) 1	(3) 1	(8) 10	(6) 1	(3) 3	(6) 3	(19) 7
電機	(8) 1	(9) 2	(5) 0	(7) 2	(14) 3	(19) 5	(21) 7
輸送機	(3) 3	(5) 9	(2) 4	(7) 6	(3) 16	(5) 10	(5) 12
製造業小計	(42) 44	(47) 21	(84) 47	(64) 56	(76) 45	(93) 79	(121) 77
農林	(0) 0	(6) 2	(3) 2	(2) 1	(6) 7	(1) 4	(7) 6
鉱業	(5) 104	(12) 34	(3) 26	(4) 21	(12) 26	(17) 49	(14) 42
商業	(45) 5	(66) 14	(87) 14	(79) 11	(50) 26	(71) 23	(79) 42
金融・保険	(3) 3	(6) 5	(8) 7	(7) 15	(6) 30	(7) 21	(2) 46

出典：大蔵省『財政金融統計月報』第 258 号（1973 年 9 月）、大蔵省財政史室編『昭和財政史 昭和』556 頁。1961～64 年度の業種別統計は日本輸出入銀行編『二十年の歩み』1971 年、408～409 頁。
注 1：許可ベース統計。
　2：( ) 内は件数
　3：製造業小計には、その他製造業、合計にはその他地域、その他業種を含む。
　4：1961～64 年度の業種別統計は出典が異なるため、合計と不突合がある。

に求められる。

　1960 年代の地域別推移をみると、件数ではアジアが常に首位に立ち、北米がこれに続いていることがわかる。一方、金額ベースでは 60 年代前半は中南米が優位にあり、後半は北米、アジア、さらに欧州と首位が入れ替わる状況にあった。件数と金額を比較すると、アジアは小規模投資が多かったといえる。

　業種別の件数では、製造業と商業が多く、製造業のなかでは繊維と電機が中心であった。金額ベースでは鉱業と製造業が柱であり、製造業のなかでは繊維と鉄・非鉄が優勢であった。鉱業は件数が少なく、大型の資源開発投資が行われたことを推測させる。

　次に、表 11-9 により、地域と業種を組み合わせた累計件数・金額をみておきたい。1951～64 年度の累計は 1,346 件、7.90 億ドルであり、件数ではアジア

(単位：件、百万ドル)

	1968	1969	1970
	(182) 78	(263)197	(326)167
	(82)185	(139)129	(173)192
	(39) 40	(53)100	(57) 46
	(39)153	(42) 93	(109)335
	(369)557	(545)665	(730)904
	(31) 15	(49) 34	(43) 49
	(5) 17	(7) 5	(13) 79
	(10) 4	(21) 38	(14) 9
	(18) 5	(19) 9	(37) 16
	(29) 7	(39) 22	(43) 22
	(1) 4	(2) 6	(3) 3
	(168) 67	(221)133	(289)236
	(15) 11	(20) 10	(17) 9
	(15)131	(30)260	(36)208
	(103)118	(164) 58	(216) 47
	(12) 50	(9) 44	(26) 89

27～48年度 19 統計』1999年、554、

の製造業（繊維、電機等）、商業、北米の商業、金額では中南米の製造業（鉄・非鉄、繊維等）が目立つが、表11-9には省略した中東の鉱業1.83億ドルの存在も大きかった。65～69年度の5年間の累計をみると、全体では1,649件、18.83億ドルであり、64年度までの14年間の累計を、とくに金額ベースで大幅に上回っていることがわかる。金額の内訳では、アジアの製造業（繊維、電機等）、鉱業、北米の商業が大きかった半面、中南米は相対的に地位を下げたといえる。

1960年代後半において、製造業投資を中心に直接投資を増大させたアジアについて、国別の内訳をみると、上位を占めたのは国家資本輸出と関係の深いインドネシア、台湾であった。政府借款、直接投資、輸出（輸入）におけるアジアの国別順位をみると、表11-10のようになる。66年度から70年度にかけて、政府借款の1位は韓国、台湾、インドネシアと推移し、直接投資の1位は66年度以外すべてインドネシア、また輸出の1位は一貫して韓国であった。

(3) 国家資本と民間資本の連携

国家資本輸出の主要な対象国は、民間ベースの直接投資、貿易のうえでも主要国にほかならなかった。そこで次に、主要3ヵ国について、経済外交―国家資本輸出―民間資本輸出―貿易の関連を簡潔にまとめておきたい。

1) 台湾

1965年の台湾円借款は、日本の借款政策史のうえでも、また台湾の外資導入政策のうえでも画期的な意義をもっていた。台湾政府は65年から第4次4

表11-9　対外直接投資の地域別・業種別累計

(単位:件、百万ドル)

	アジア	北米	中南米	欧州	合計
1951～64年度					
繊維	(39) 15	(－) －	(13) 34	(1) 1	(70) 57
木材・パルプ	(3) 1	(3) 69	(1) 0	(－) －	(7) 70
鉄・非鉄	(20) 5	(－) －	(7) 50	(－) －	(30) 56
機械	(12) 2	(1) 0	(17) 22	(3) 1	(33) 25
電機	(28) 5	(1) 1	(8) 0	(1) 0	(39) 6
輸送機	(9) 4	(－) －	(11) 30	(2) 2	(22) 35
製造業小計	(189) 61	(15) 72	(80) 141	(13) 8	(323) 292
農林	(8) 5	(－) －	(6) 1	(－) 0	(17) 7
鉱業	(38) 67	(5) 8	(12) 9	(2) 0	(66) 271
商業	(183) 12	(249) 59	(41) 4	(122) 8	(636) 84
金融・保険	(10) 3	(15) 25	(11) 10	(3) 1	(42) 40
合計	(457) 153	(331) 197	(318) 219	(150) 22	(1,346) 790
1965～69年度					
繊維	(97) 55	(1) 3	(13) 16	(3) 0	(129) 83
木材・パルプ	(10) 5	(7) 56	(－) －	(－) －	(21) 63
鉄・非鉄	(40) 26	(1) 1	(5) 14	(1) 0	(51) 72
機械	(46) 7	(6) 3	(7) 16	(4) 2	(65) 28
電機	(86) 25	(4) 1	(22) 16	(2) 0	(122) 44
輸送機	(9) 9	(－) －	(4) 37	(0) 2	(16) 49
製造業小計	(510) 161	(29) 68	(78) 107	(13) 9	(681) 398
農林	(25) 29	(12) 4	(6) 5	(－) －	(50) 39
鉱業	(21) 159	(33) 115	(15) 81	(0) 0	(88) 628
商業	(140) 11	(265) 228	(35) 10	(93) 18	(566) 274
金融・保険	(10) 61	(7) 65	(10) 55	(7) 8	(36) 189
合計	(760) 431	(409) 524	(206) 301	(137) 284	(1,649) 1,883

出典:「戦後日本の海外投資の発展過程」(日本輸出入銀行『海外投資研究所報』1976年7月号) 3、5頁。

注1:( )内は件数。
2:件数は新規投資のみ、金額は追加投資を含む。
3:業種別の製造業小計にはその他製造業、合計にはその他業種、地域別合計にはその他地域を含む。

ヵ年計画に取り組み、アメリカおよび日本からの資金を活用して工業化を推進していった。円借款承諾額は、70年9月には1億3,730万ドルに達し、そのうちの曽文ダム、高雄第二港口プロジェクトは海外経済協力基金が、その他の電力、港湾等のインフラ整備、肥料工場等のプラント資金は輸銀が供与した[93]。

表 11-10　韓国・台湾・インドネシアとの経済関係

		1966	1967	1968	1969	1970
韓国	政府借款（百万円）	① 19,856	② 6,635	② 6,701	② 7,176	⑥ 839
	直接投資（千ドル）	⑤ 2,500	⑦ 1,582	⑩ 590	④ 10,348	④ 17,449
	輸出（百万円）	① 335,170	① 406,959	① 602,653	① 767,191	① 818,175
台湾	政府借款（百万円）	—	① 9,632	—	—	④ 3,465
	直接投資（千ドル）	③ 3,131	② 13,128	② 13,618	② 20,603	③ 24,756
	輸出（百万円）	⑤ 255,378	④ 328,154	② 471,626	② 606,358	② 700,418
インドネシア	政府借款（百万円）	③ 769	③ 1,298	① 26,903	① 28,558	① 35,161
	直接投資（千ドル）	② 5,554	① 52,042	① 41,665	① 42,827	① 48,635
	輸入（百万円）	① 175,505	③ 195,009	③ 251,829	① 397,319	① 636,553

出典：政府借款は『海外経済協力基金二十年史』1982 年、574〜579 頁、直接投資は『財政金融統計月報』第258 号、1973 年 9 月、42〜79 頁、輸出入は『日本貿易会 50 年史』別冊統計集、1998 年、20〜29 頁。
注 1：マル数字はアジアのなかの国別順位を示す。
　 2：政府借款は海外経済協力基金の承諾ベース。
　 3：政府借款と直接投資は年度、輸出入は暦年。

　工業化の進展とともに完成品輸入が規制されたため、1960 年代前半から日本の小規模な直接投資がみられたが、65 年に高雄輸出加工区が開設され、労働集約的な業種の企業進出が活発となった。52 年から 69 年上半期までに導入された外国資本は 1,081 件、3 億 8,503 万ドルに達し、そのうち日本からは 307 件、6,316 万ドルに及んだ[94]。日本からの企業進出は、70 年 3 月末時点で 312 件になり、大半が製造業で、電機 62 件、繊維 52 件、化学 40 件、機械 30 件などが主なものであった[95]。

　このような日台資本関係の進展とともに、貿易関係において対日依存度が上昇していく。台湾の輸入面では、1960 年代前半はアメリカが 1 位、日本が 2 位であったが、60 年代後半には日米の地位が逆転する。輸出面では逆に 60 年代半ばまでは日本が 1 位、アメリカが 2 位であったが、67 年に逆転している[96]。60 年代後半、台湾の工業化、高度成長、日本→台湾→アメリカという工業品貿易トライアングルの形成がみられるが、その起点は 1965 年の円借款供与、これに呼応した台湾の高雄輸出加工区開設に求めることができる。

2)　韓国

　韓国の工業化と高度成長、日米韓トライアングルの形成は、台湾と共通する

側面をもつが、直接投資導入については、韓国は台湾より慎重な政策をとった。朴政権の第一次五ヵ年計画（1962～66）、第二次五ヵ年計画（1967～71）では、アメリカ、日本からの資金導入が重要な意味をもっており、日韓条約とともに無償資金3億ドル、有償借款2億ドルが約束され、これを10年間で実施することとされた。

無償資金は対日貿易債務4,573万ドルの返済、農林水産業の振興にあてる予定であったが、1960年代末になり、韓国経済の重化学工業化の核心に位置する浦項総合製鉄所の建設にも投入されることになった。有償資金は中小企業振興、昭陽江ダム建設、鉄道改良等インフラ整備にあてられる予定であったが、これも途中から浦項総合製鉄所向けが加わった[97]。

韓国政府は、借款に比べて直接投資の導入には当初は積極的でなかったが、これは国内の再植民地化を警戒する感情を考慮したためと推測される。しかし、台湾の輸出加工区の成果をみて、韓国も類似の制度である馬山自由貿易地域を1969年に開設することとなり、この頃から外国人直接投資が急増していく。62～66年における外国人投資（認可ベース）は合計2,300万ドルにとどまり、その95％がアメリカからであり、日本からはわずか69万ドル、3％にすぎなかった。67～71年では、総額は8,332万ドルで台湾よりなお少なかったが、国別では日本が4,859万ドル、58％を占めるほどになった[98]。それでもなお、他のアジア諸国に対する直接投資に比べると小規模であることは、表11-10からうかがうことができる。

他方、日本の対韓国輸出は1965年までは1億ドル台にとどまっていたが、66年から急増を記録し、アジア諸国のなかで最大の輸出先の地位を固めていく。韓国からみても、65年までは輸入先の第1位はアメリカで、日本は第2位であったが、66年からは日本が首位になり、比率は40％台に上昇した[99]。韓国の輸出先は一貫してアメリカであり、日本の韓国からの輸入は輸出に比べてかなり少なく、結果として対韓貿易収支は大幅黒字、韓国の対日貿易収支は大幅赤字となっていく。韓国の貿易赤字を埋めたのがアメリカ、日本からの資本輸入であり、韓国の工業化とともに、工業品の日本→韓国→アメリカという流れがつくられていく。このトライアングルは台湾と同じ構造であり、ここでも65年が起点となっていたといえる。

3) インドネシア

表11-10に示されるように、インドネシアに対する政府借款は1968年度以降、アジアで最大、すなわち世界で最大の規模に達した。その内容は、インフラ整備関連のプロジェクト援助にとどまらず、財政危機回避のための商品援助、債務危機救済のための援助（債権繰延べ）など、他の国に例をみない広範囲に渡った。インドネシア債権国会議において、日本はアメリカに次ぐ重要な役割を果たしていた[100]。

日本がインドネシアを重視したのは、東南アジアの大国であり、豊富な資源を保有しているからであろう。表11-10に明らかなように、インドネシアは日本の直接投資先としてアジアのトップであり、その業種は鉱業に集中していた。北スマトラ石油開発事業に対しては、輸銀融資に加えて基金が日本側投資会社（北スマトラ石油開発協力）の筆頭株主となっている[101]。国家資本輸出と直接投資の関連は、インドネシアにおいて最も鮮明に現れているといえる。

貿易についてみると、日本の輸出先としてインドネシアはそれほど重要ではなかった。しかし、輸入面では、1960年代後半にはフィリピン、マレーシアに次ぐ地位にあり、70年以降は最大の輸入先となっていく[102]。日本の各国別貿易収支において、アジア諸国の多くは輸出超過であったが、インドネシアは例外的に輸入超過国であった。国家資本輸出と民間資本輸出が結合して資源の開発輸入を促進したとみることができる。

1965年から70年にかけて、台湾、韓国、インドネシアとの貿易額がどれほど増加したかを比較してみよう[103]。台湾は輸出3.2倍、輸入1.6倍、韓国は輸出4.5倍、輸入5.6倍、インドネシアは輸出1.5倍、輸入4.3倍の増加をそれぞれ記録した。国交のなかった韓国との輸出入貿易の急増とともに、台湾への輸出増、インドネシアからの輸入増が際立っていた。インドネシアからの輸入品目の構成は、1970年の場合は原油49.9％、木材27.6％が主なものであり、天然ゴム、ボーキサイトなどを加えて大半が資源関連の物資であった[104]。60年代の高度成長展開期において、インドネシアの戦略的位置はもはや明らかであろう。

おわりに

　1965年を画期として、日本の国際収支構造は、経常収支赤字・長期資本収支黒字基調から経常収支黒字・長期資本収支赤字基調へと転換した。それを背景とし、アメリカの圧力、先進国責任論を契機として、佐藤政権は対アジア政策を積極化させた。台湾円借款、日韓条約調印、インドネシア救済、東南アジア開発閣僚会議開催、アジア開発銀行設立など、それぞれ経緯が異なるとはいえ、時期が重なったのは決して偶然とはいえない。

　こうした対外政策を支えるべく、日本輸出入銀行、海外経済協力基金といった政府系金融機関が整備され、国家資本輸出（政府開発援助、その他政府資金）が増大していった。政府開発援助における賠償から円借款へのシフトも、1965年を画期としていた。

　このような対アジア関係における制度設計のもと、外貨準備の制約解除が明確となった1968年以降、市場経済の論理に即した民間資本輸出（直接投資、輸出信用）が急増していく。輸出額に対する直接投資額の比率の上昇が、その明白な指標となる。

　しかしながら、1970年代に入ると、高度成長展開期を支えた対外面の2要件――安定した為替レート、廉価な資源輸入――は、激変に見舞われる。71年8月のドルショック（金・ドル交換停止）により、1ドル＝360円の為替レートは切り上げを余儀なくされ、ついには変動相場制へと転換していく。また73年10月の第4次中東戦争を契機とした石油ショックにより、資源輸入価格の高騰に直面し、世界的な不況のなかで日本の高度成長時代は終焉を迎える。

　このような1970年代前半の高度成長収束期において、日中国交回復に象徴される対アジア政策の変容、開発途上国に対する国家資本輸出の増大（政府開発援助は70年度4.6億ドルから73年度10.1億ドルへ、その他政府資金は6.9億ドルから11.8億ドルへ）、民間資本輸出の激増（直接投資は2.7億ドルから30.7億ドルへ）など[105]、それぞれ興味深い新たな展開がみられる。しかし、それぞれの内容また相互の関係の究明については今後の課題としたい。

第 11 章　対アジア政策の積極化と資本輸出　367

注

1）『エコノミスト』1966 年 7 月 5 日号、17～18 頁、西和夫『経済協力』中央公論社、1970 年、96～97 頁等。
2）国際収支構造については、伊藤正直『戦後日本の対外金融』名古屋大学出版会、2009 年、対アジア政策については、波多野澄雄編『池田・佐藤政権期の日本外交』ミネルヴァ書房、2004 年、保城広至『アジア地域主義外交の行方——1952-1966』木鐸社、2008 年をあげておく。
3）国家資本輸出の定義には諸説あるが、ここでは贈与も含めた政府資金としておく。詳しくは、渡辺広明「国家資本輸出の構造と展開」（福島久一・角田収・斎藤重雄編『日本資本主義の海外進出』青木書店、1984 年）参照。
4）日本貿易研究会編『戦後日本の貿易 20 年史』通商産業調査会、1967 年、38～39 頁。
5）同上、385 頁。
6）前掲伊藤正直『戦後日本の対外金融』194 頁。
7）同上、191 頁。
8）有沢広巳・稲葉秀三編『資料戦後二十年史　2　経済』日本評論社、1966 年、366 頁、大蔵省編『財政金融統計月報』第 222 号、1970 年 6 月、2 頁。
9）『財政金融統計月報』第 186 号、1967 年 4 月、4 頁。
10）『財政金融統計月報』第 210 号、1969 年 5 月、2 頁。
11）山村喜晴『戦後日本外交史Ⅴ』三省堂、1984 年、18～27 頁。1968 年に日本が純債務国から純債権国に転換したことも、この観点を補強したと考えられる。
12）大蔵省財政史室編『昭和財政史　昭和 27～48 年度　12　国際金融・対外関係事項 2』東洋経済新報社、1992 年、111～112、184 頁。
13）『昭和財政史　昭和 27～48 年度　19　統計』1999 年、571 頁。
14）『昭和財政史　昭和 27～48 年度　18　資料(6)　国際金融・対外関係事項』1998 年、475～477 頁。
15）同上、482～484 頁。
16）池田政権のアジア外交については、前掲波多野澄雄編『池田・佐藤政権期の日本外交』、波多野澄雄・佐藤晋『現代日本の東南アジア政策——1950-2005』早稲田大学出版部、2007 年、前掲保城広至『アジア地域主義外交の行方』、吉次公介『池田政権期の日本外交と冷戦』岩波書店、2009 年等参照。いずれも、経済中心・内政重視の池田政権像に対して政治・外交重視の側面を強調している。
17）細谷千博ほか編『日米関係資料集 1945-97』東京大学出版会、1999 年、521 頁。
18）前掲吉次公介『池田政権期の日本外交と冷戦』46～48 頁、安原和雄・山本剛士『戦後日本外交史Ⅳ』三省堂、1984 年、250～253 頁。会議の重点の変遷については、山田昭「アジアあげての"封じ込め"体制へ」（『エコノミスト』1966 年 7 月 5 日）参照。
19）前掲保城広至『アジア地域主義外交の行方』第 5、6 章。
20）宮城大蔵『戦後アジア秩序の模索と日本』創文社、2004 年、第 2～4 章、前掲波多野澄雄・佐藤晋『現代日本の東南アジア政策』第 4 章。

21）前掲吉次公介『池田政権期の日本外交と冷戦』第3章。
22）高橋和宏「「南北問題」と東南アジア経済外交」（前掲波多野澄雄編『池田・佐藤政権期の日本外交』）96～101頁。
23）前掲細谷千博ほか編『日米関係資料集 1945-97』623～624頁。
24）菅英輝「ベトナム戦争と日米安保体制」（『国際政治』第115号、1997年5月）77頁、前掲高橋和宏「「南北問題」と東南アジア経済外交」110頁。
25）前掲安原和雄・山本剛士『戦後日本外交史Ⅳ』336頁。
26）前掲高橋和宏「「南北問題」と東南アジア経済外交」101～108頁。
27）『経済団体連合会三十年史』1978年、353～354頁。
28）1965～69年度における東アジア・東南アジア向け円借款供与先の1～3位を占めている（通商産業省編『経済協力の現状と問題点』1971年版、144頁）。
29）鹿島平和研究所編『日本外交主要文書・年表(1)』原書房、1983年、511～514頁。
30）劉進慶『戦後台湾経済分析』東京大学出版会、1975年、372頁。
31）同上、385頁。
32）山本剛士『東京・ソウル・台北』三省堂、1971年、75頁。
33）LT貿易協定に対する日本政府の関与については、添谷芳秀『日本外交と中国 1945-1972』慶応義塾大学出版会、1995年、第5章、参照。
34）詳しくは、石井明「1960年代前半の日台関係」（『国際法外交雑誌』第101巻2号、2002年8月）参照。
35）『蒋介石秘録』15、サンケイ新聞社、1977年、165～166頁。
36）前掲石井明「1960年代前半の日台関係」17～20頁、前掲添谷芳秀『日本外交と中国』170～173頁。
37）経団連の座談会における土光石川島播磨会長、堀越経団連事務局長の発言（『経団連月報』1965年5月号、26、30頁）。
38）鹿島平和研究所編『日本外交史』28、鹿島研究所出版会、1973年、254～257頁、前掲添谷芳秀『日本外交と中国』118～119頁。
39）前掲添谷芳秀『日本外交と中国』116～118頁。
40）前掲山本剛士『東京・ソウル・台北』29頁。
41）笹本武治「緊密化する日台経済関係」（『エコノミスト』1964年12月22日）35頁。
42）前掲通商産業省編『経済協力の現状と問題点』1971年版、132～133頁。
43）『エコノミスト』1965年3月30日、58頁。
44）経済企画院『主要経済指標 1981』215～216頁。
45）日韓会談の歴史については、高崎宗司『検証 日韓会談』岩波書店、1996年、太田修『日韓交渉 請求権問題の研究』クレイン、2003年、吉澤文寿『戦後日韓関係』クレイン、2005年、金斗昇『池田勇人政権の対外政策と日韓交渉』明石書店、2008年参照。
46）前掲『日米関係資料集 1945-97』521頁。アメリカの動向は、李鍾元「韓日国交正常化の成立とアメリカ」（『年報・近代日本研究 16 戦後外交の形成』1994年）、前掲金斗昇『池田勇人政権の対外政策と日韓交渉』88～90、212～213頁）参照。

47)『エコノミスト』1962年3月20日、13頁。
48) 前掲高崎宗司『検証 日韓会談』124頁、前掲太田修『日韓交渉』201～202頁、前掲吉澤文寿『戦後日韓関係』128～130頁。
49)『エコノミスト』1966年7月5日、16頁、前掲吉澤文寿『戦後日韓関係』157～160、165～167頁、前掲金斗昇『池田勇人政権の対外政策と日韓交渉』214～216頁。
50) 前掲金斗昇『池田勇人政権の対外政策と日韓交渉』107～108頁。
51) 前掲高崎宗司『検証 日韓会談』132～136頁、前掲太田修『日韓交渉』207～211頁、前掲吉澤文寿『戦後日韓関係』172～177頁、前掲金斗昇『池田勇人政権の対外政策と日韓交渉』151～160頁。
52)『日韓経済協会30年史』1991年、26～30頁、木村昌人「日本の対韓民間経済外交」(『国際政治』第92号、1989年10月) 120～121頁、前掲金斗昇『池田勇人政権の対外政策と日韓交渉』197～202頁。
53)『エコノミスト』1962年3月20日、6～11頁。
54) 松本博一「日韓会談の経済的側面」(『エコノミスト』1962年9月11日) 16～17頁。
55) 1962～63年において、三井物産、住友商事、東洋綿花などが取引実績の上位を占めていた(『日韓経済協会30年史』33頁)。
56) 1963年の民間借款交渉については、前掲太田修『日韓交渉』221～222頁、前掲吉澤文寿『戦後日韓関係』191～193頁、1964年の借款成立については、前掲吉澤文寿『戦後日韓関係』197～205頁参照。
57) 前掲吉澤文寿『戦後日韓関係』195～196頁。
58)『日本外交主要文書・年表(2)』1984年、584～596頁。
59)『昭和財政史 終戦から講和まで 総説・賠償・終戦処理 1』第1巻、東洋経済新報社、1984年、504～505頁。
60) 前掲金斗昇『池田勇人政権の対外政策と日韓交渉』166頁、前掲通商産業省編『経済協力の現状と問題点』1971年版、248頁。
61) 前掲通商産業省編『経済協力の現状と問題点』1971年版、132～133頁。
62) 1965年前後の日本・インドネシア関係については、前掲宮城大蔵『戦後アジア秩序の模索と日本』第6章、前掲吉次公介『池田政権期の日本外交と冷戦』第4章、前掲波多野澄雄・佐藤晋『現代日本の東南アジア政策』第4、5章など参照。
63) 鹿島平和研究所編『日本外交史』29、306頁。
64) 前掲宮城大蔵『戦後アジア秩序の模索と日本』第2～4章。
65) 同上、223～230頁。
66) 研究動向については、前掲保城広至『アジア地域主義外交の行方』249～252頁参照。
67) 同上、258～264頁。
68) 同上、261頁。
69) 同上、270～293頁、前掲高橋和宏「「南北問題」と東南アジア経済外交」117～119頁、『外務省の百年』下、原書房、1969年、1139、1144頁。
70) 末廣昭「経済再進出への道」(中村政則ほか編『戦後日本 占領と戦後改革』第6巻、

岩波書店、1995年、鄭敬娥「60年代における日本の東南アジア開発」(『国際政治』第126号、2001年2月)。
71) 前掲高橋和宏「「南北問題」と東南アジア経済外交」。
72) 野添文彬「東南アジア開発閣僚会議開催の政治経済過程」(『一橋法学』第8巻1号、2009年3月)。
73) 前掲保城広至『アジア地域主義外交の行方』299～301頁。
74) 外務省『わが外交の近況』1977年版、51～53頁。
75) 会議に付随してもたれる2国間会談を円借款供与の意図表明の場にするという演出もみられた(日本輸出入銀行編『二十年の歩み』1971年、307、309頁)。
76) アジア開発銀行設立までの経緯については、鄭敬娥「1960年代アジアにおける地域協力と日本の外交政策」(九州大学『比較社会文化研究』第11号、2002年)、松下健一「アジア開発銀行の設立と発展」(『レファレンス』第364号、1981年5月)、渡辺武『アジア開銀総裁日記』日本経済新聞社、1973年等参照。
77) 大来佐武郎ほか「アジア経済協力機構の構想を語る(上)」(『国際問題』第26号、1962年5月) 21頁、大来佐武郎「アジア開発銀行の発足」(『国際問題』第73号、1966年4月) 10～11頁。
78) 外務省経済協力局政策課「アジア開発銀行設立構想の経緯と問題点」1964年7月22日(外務省記録『アジア開発銀行関係 設立関係』第1巻、B'-6-3-0-41-1)、大蔵省国際金融局投資第一課「アジア開銀構想の進捗状況」1965年7月1日(『昭和財政史 昭和27～48年度 18』473～475頁)。
79) 外務省国連局経済課「アジア開発銀行諮問委員会第2回会合について」1965年8月17日(外務省記録『アジア開発銀行関係 設立関係』第5巻、B'-6-3-0-41-1)。
80) 前掲鄭敬娥「1960年代アジアにおける地域協力と日本の外交政策」70～75頁、前掲渡辺武『アジア開銀総裁日記』27～29頁、前掲保城広至『アジア地域主義外交の行方』289頁。
81) 参議院大蔵委員会における大蔵大臣官房財務調査官・堀込聡夫の答弁による(『第51回国会参議院大蔵委員会会議録』第13号、1966年3月25日、3頁)。
82) 『第51回国会衆議院外務委員会会議録』第15号、1966年5月11日、2～7頁、戸叶里子議員の発言等。
83) 安藤実「アジア開発銀行」(静岡大学『法経研究』第20巻3号、1972年2月) 42頁。
84) 前掲日本輸出入銀行編『二十年の歩み』115～117頁、『海外経済協力基金二十年史』1982年、51～52頁。
85) 前掲日本輸出入銀行編『二十年の歩み』117頁。
86) 同上、112～114、235頁。
87) 同上、118、154頁。
88) 同上、巻末統計。
89) 同上、236～237頁。
90) 台湾円借款は、当初は輸銀の担当であったが、1966年12月に一部が基金に変更され

た(竹原憲雄「海外経済協力基金と借款体制」『立教経済学研究』第 53 巻 3 号、2000 年 1 月、36 頁)。
91) 前掲『海外経済協力基金二十年史』77 頁。
92) 大内力編『現代日本経済論』東京大学出版会、1971 年、87〜90、110〜116 頁。
93) 前掲通商産業省編『経済協力の現状と問題点』1970 年版、260 頁。
94) 日本貿易振興会編『海外市場白書』1970 年版、323 頁。
95) 前掲『経済協力の現状と問題点』1970 年版、261 頁。
96) 隅谷三喜男ほか『台湾の経済』東京大学出版会、1992 年、268 頁。
97) 前掲『経済協力の現状と問題点』1971 年版、248〜251 頁。
98) 前掲経済企画院『主要経済指標 1981』224 頁。
99) 同上、217 頁。
100) 前掲『経済協力の現状と問題点』1971 年版、306〜317 頁。
101) 前掲日本輸出入銀行編『二十年の歩み』252〜255 頁。
102)『日本貿易会 50 年史』別冊統計集、1998 年、24〜29 頁。
103) 同上、18〜29 頁。
104) 前掲『経済協力の現状と問題点』1971 年版、306 頁。
105) 前掲『昭和財政史 昭和 27〜48 年度 19』571 頁。

あとがき

　本書は、原朗を代表とする現代日本経済史研究会による研究成果の一部である。この研究会は、商工官僚の美濃部洋次が残した資料の整理が一段落した1986年に始まり、今年度で27年目を迎えた。美濃部資料を利用した研究は、近代日本研究会編『戦時経済』（山川出版社、1987年）として刊行され、その後研究会は原朗代表を中心に『日本の戦時経済——計画と市場』（東京大学出版会、1995年）、『復興期の日本経済』（東京大学出版会、2002年）、『戦時日本の経済再編成』（日本経済評論社、2006年）、『高度成長始動期の日本経済』（日本経済評論社、2010年）などの研究成果を発表した。本書はこれらに続き主に1960年代の高度成長展開期を対象にした。

　前著『高度成長始動期の日本経済』の刊行直後から、本書に向けた準備に取りかかった。以下は研究会での報告等の記録である。本書に収録したもの以外にも、後述の東アジア比較経済史シンポジウムなどの他の機会に発表したものや、未発表の研究があるので、それらを含めて研究活動の経過と報告題目を記しておく（これ以前の研究経過は前著「あとがき」を参照されたい）。

2010年度

5月
柳沢遊・植田浩史「高度成長期における小営業の発展とその制約条件——戦後型雇用制度の定着と徒弟制縮小」
沼尻晃伸「戦時期〜戦後改革期の土地区画整理と地主・小作農民——尼崎市を事例として」
原朗「日本の軍事基地——基地と地理」

6月
『高度成長展開期の日本経済』予備報告(1)

原朗「高度成長期の市場経済と制度設計」
柳沢遊「高度成長期の衣料品流通——紳士服既製服を中心に」
西野肇「家電産業における企業行動」
植田浩史「後発自動車メーカーのサプライヤ組織化——三菱自動車名古屋製作所柏会の活動」
山崎澄江「産業基盤整備と企業立地」
池元有一「金融業の情報化」
石川研「民放テレビの展開とコンテンツ制作体制」
加瀬和俊「農家労働力動員方式の一特質——季節労働者失業給付問題を手がかりとして」
金子文夫「国際収支構造の変化と資本輸出の展開」

7月
『高度成長展開期の日本経済』予備報告(2)
原朗「成長展開期の制度設計と市場経済」
柳沢遊「高度成長期の衣料品流通——紳士服既製服を中心に」
池元有一「金融業の情報化——事務合理化とオンライン化」
植田浩史「後発自動車メーカーのサプライヤ組織化——三菱自動車名古屋製作所柏会の活動」
石川研「民放テレビの展開とコンテンツ制作体制」
伊藤武夫「総合エネルギー政策の展開」
金子文夫「国際収支構造の変化と資本輸出の展開」
渡辺純子「繊維産業の産業調整——10大紡の多角化投資」
西野肇「家電産業における生産体制と製品政策」
加瀬和俊「経済成長と農家労働力——農業就業者と労働市場」

11月
石井寛治・原朗・武田晴人編『日本経済史』第5巻（東京大学出版会、2010年9月刊）合評会

12月
池元有一「金融業の情報化——事務合理化とオンライン」

山口由等「資本形成と都市化」
宣在源「高度成長期の日本技術者」
石川研「民放テレビの展開とコンテンツ制作体制」
植田浩史「自動車産業における分業構造の展開」
山崎澄江「産業基盤整備と企業立地」

2011年1月
柳沢遊「『鮮満一体化』構想と寺内・山県」

2月
沼尻晃伸「1960年代における地方自治体の公害対策と企業・住民——三島市を事例として」
原朗「十河信二と満鉄・興中・新幹線——東大と郷里西条市に残された資料を中心に」
渡辺純子『産業発展・衰退の経済史』（有斐閣、2010年12月刊）合評会

3月
原朗編『高度成長展開期の日本経済』提出原稿の検討会（14〜16日予定）、東日本大震災の影響で中止

2011年度
4月
加瀬和俊「出稼ぎ労働者の諸類型——出稼ぎ者に占める農家世帯員の比重に注目して」
宣在源「技術者の雇用と内部労働市場——高度成長期の日本」
植田浩史「高度成長期における労働力不足と分業構造の変化——自動車地域を対象に」

5月
岡崎哲二「貿易自由化の政治経済学——戦後日本のケース」
山口由等「流通部門の投資活動——社会資本整備と企業の設備投資」
柳沢遊「1950-60年代の衣料品問屋——紳士服・ワイシャツ製造卸売業者を中心に」

8月
伊藤正直「所得倍増計画と財政・金融政策」
柳沢遊「1950年代の衣料品問屋」
沼尻晃伸「1960年代における地方自治体の公害対策と企業——三島市（静岡県）の渇水問題を事例として」
武田晴人編著『高度成長期の日本経済——高成長実現の条件は何か』（有斐閣、2011年8月刊）合評会

2012年1月
林采成「満鉄における鉄道業の展開——効率性と収益性の視点より」

2月
柳沢遊「1950-60年代の衣料品問屋の盛衰——紳士服製造卸売業者を中心に」
原朗「『始動期』への批判と『展開期』序章について」
山崎志郎「物資動員計画と共栄圏構想の形成」

2012年度
5月
柳沢遊「高度成長期の日本経済・日本社会研究の現状と課題——ひとつの問題提起」
加瀬和俊「戦時期における農地転用と市場メカニズム——坂根嘉弘『日本戦時農地政策の研究』をめぐって」
山崎志郎「太平洋戦争と物資動員計画——共栄圏構想の崩壊」

6月
渡辺純子「米国の貿易調整援助」
金子文夫「グローバル危機と東アジア経済圏」

　この間、この研究会を母体として学会パネルディスカッションも組織した。これらの企画は、3月から4月の研究会でアイデアを出し合い、5月にテーマの確認、個別報告の概要を紹介するという形で進めた。コメンテーターや当日会場に来られた方々からは大変貴重なご意見をいただいた。

2010年11月　政治経済学・経済史学会秋季学術大会（首都大学東京）パネル・ディスカッション
テーマ　高度成長期における小経営の発展とその制約条件
柳沢遊「高度成長期における商店員の待遇」
植田浩史「高度成長期における小工場の雇用スタイルの変化」
張楓「家具産業における労使関係――広島県家具産地を中心に」
コメンテーター：谷本雅之

2011年10月　政治経済学・経済史学会秋季学術大会（立命館大学）パネル・ディスカッション
テーマ　貿易自由化と国際的調整
岡崎哲二「貿易自由化の政治経済学」
呂寅満「貿易自由化と産業再編成政策」
寺村泰「市場の棲み分け――陶磁器輸出の事例」
コメンテーター：尾高煌之助・阿部武司

　また、本書の準備研究の多くは、2004年にスタートした東アジア比較経済史シンポジウムでも報告された。シンポジウムは韓国の産業史研究会（代表：宣在源平澤大学校）と現代日本経済史研究会の共催の形で、年1、2回のペースで開催された。第1回から第6回の記録は、前著の「あとがき」で紹介しているので、第7回から本年9月の第10回シンポジウムについて概要を紹介しておこう。報告原稿（日本語版および韓国語版）は、研究会HP（http://gendaishi.main.jp/）で確認できるので、そちらを参照されたい。この研究交流は、植民地問題、戦後東アジアの政治・経済問題に関して豊富な知見をもたらしてくれた。この企画は、宣在源、呂寅満（江陵原州大学校）、林采成（ソウル大学校）3氏の韓国側メンバーの努力なしには不可能であった。とくに毎年8月から9月にかけて呂氏を中心に大量の翻訳を引き受けてくれたことを、感謝とともに申し添えておきたい。

第7回 2010年9月　蔚山大学校
原朗「成長展開期の制度設計と市場経済」

金子文夫「国際収支構造の転換と資本輸出の拡大」
加瀬和俊「出稼労働者の諸タイプとその推移——失業保険金受給問題を手がかりに」
伊藤武夫「総合エネルギー政策の形成」
石井晋「生産性上昇率格差と消費者物価——成長メカニズムについて」（原稿提出のみ）

第8回 2011年9月　平澤大学校
　第1部　高度成長展開期の日本経済
伊藤正直「所得倍増計画と財政金融」
植田浩史「労働力不足と分業構造の変化——愛知県自動車産業集積地域を対象に」
柳沢遊「1950～60年代の衣料品問屋の盛衰——紳士服製造卸売業者を中心に」
沼尻晃伸「1960年代における地方自治体の渇水対策と企業——三島市（静岡県）を事例に」
　第2部　韓国経済再建から高度成長への経路　1945-60年代前半
崔相伍（ソウル大学校）「対外貿易の再建と経済復興」
宣在源（平澤大学校）「人的資源の形成と技術革新」
裵錫満（高麗大学校）「国家主導下の造船業育成政策の展開——計画造船の実施と造船業育成の試み」
林采成（ソウル大学校）「1950年代韓国における石炭市場の競争構造の形成と大韓公社の経営安定化」

第9回 2012年2月　東京大学
宣在源「転換期の韓国経済」
李定垠（高麗大学校）「5.16軍事政府の商業借款導入政策と運用——大資本家との関係を中心に」
李明輝（梨花女子大学校）「1950年代の韓国における金融制度と金融市場」
崔相伍「韓国の経済開発計画研究——1950年代半ば～1960年代初頭」
李相哲（聖公会大学校）「韓国経済官僚の植民地起源説検討——1950年代～60年代前半」
徐文錫（檀國大学校）「1950年代韓国における技術人材の実態と活動」

第10回 2012年9月　慶一大学校

第1部　20世紀日本の市場経済と制度設計
渡辺純子「産業調整助成政策の国際比較——アメリカ貿易調整支援の事例」
柳沢遊「20世紀前半期の日本の勢力圏への商工移民——大連への日本人商業移民40年」
金子文夫「20世紀の東アジア経済圏」
西野肇「20世紀日本の電機・電子工業」
　第2部　20世紀韓国の重化学工業化
朴燮（仁濟大学校）「韓国の高度成長」
朴永九（釜山外国語大学校）「誤解と真実——重化学工業化を通じてみた20世紀後半韓国の工業化戦略」
朴賢（延世大学校）「戦時期朝鮮の石炭生産力拡充計画」
裵錫満「太平洋戦争期朝鮮における戦時金融金庫」

　これらの報告のうち、韓国側の報告のいくつかは本書と並行して刊行を準備している『復興期の韓国経済』（日本経済評論社、2013年）に収録される予定である。戦後東アジア世界の経済構造を俯瞰するため、本書と合わせて参照されたい。シンポジウムを通じて多くの韓国人研究者と知り合えたことは、われわれのかけがえのない財産であり、本書およびこれらの諸研究を通じて、戦後日本や東アジアの諸相の理解が深まれば、なによりである。
　戦後高度成長期の研究は史料公開の面で制約も多かったが、切り口を変えて見るたびに大きな刺激を得られる研究課題であった。経済成長率を指標にすれば周知のように何度かの景気変動に区分される日本の高度成長期も、対世界経済、対アジア関係、産業（調整）政策、産業・金融構造、産業組織、都市と農村、労働と生活の変化からは、またさまざまな時期区分が可能である。本書は必ずしも執筆者の共通な歴史像を打ち出したものではない。1950年代「始動期」、60年代「展開期」という区分も、本書序章で示したようにそれぞれをさらに二分する見方が可能であり、対象ごとの固有の変容過程を含んだ緩い区分である。これには、丹念に資料を読み込む中から、それぞれの歴史像を結んでいくというわれわれの研究交流のあり方が反映されている。より明確な歴史像は、研究会に参加しているメンバーがすでに多くの著書の中で明らかにしている。ひとつひとつ書名を挙げることはしないが、それらを参照されることを望む。

毎年、年度当初に秋の東アジア比較経済史シンポジウムの企画と、学会パネル・ディスカッションテーマを設定し、一次資料の調査、月例研究会の開催、そして数年ごとに論文集を刊行するという研究活動は、科学研究費補助金による長年にわたる財政支援によっている。今期に関しては、基盤研究A「20世紀日本の市場経済と制度設計──世界経済・東アジア経済との関連を中心に」（代表原朗、2008年度～2012年度、課題番号20243023）に支えられた。また、今回の出版にあたっては、2012年度科学研究費補助金研究成果公開促進費（課題番号245167）の交付を受けた。これらの支援に心より感謝している。

2012年10月
現代日本経済史研究会

執筆者紹介 (執筆順)

伊藤正直(いとう まさなお)
1948 年生まれ
東京大学大学院経済学研究科博士課程単位取得退学、経済学博士(東京大学)
現在、東京大学大学院経済学研究科教授
主要業績:『戦後日本の対外金融――360 円レートの成立と終焉』(名古屋大学出版会、2009 年)、『なぜ金融危機はくり返すのか』(旬報社、2010 年)

岡崎哲二(おかざき てつじ)
1958 年生まれ
東京大学大学院経済学研究科第二種博士課程修了(経済学博士、東京大学)
現在、東京大学大学院経済学研究科教授
主要業績:"Interbank Networks in Prewar Japan: Structure and Implications," (with Michiru Sawada) *Industrial and Corporate Change*, 21(2): 63-506, 2012
"Supplier Networks and Aircraft Production in Wartime Japan," *Economic History Review*, 64(3): 973-994, 2011

植田浩史(うえだ ひろふみ)
1960 年生まれ
東京大学経済学研究科第二種博士課程単位取得退学、博士(経済学)(東京大学)
現在、慶應義塾大学経済学部教授
主要業績:『現代日本の中小企業』(岩波書店、2004 年)
『戦時期日本の下請工業』(ミネルヴァ書房、2004 年)

宣在源(セン ゼウォン)
1963 年生まれ
東京大学経済学研究科第二種博士課程単位取得退学、博士(経済学)(東京大学)
現在、(韓国)平澤大学校日本学科准教授
主要業績:「日本の雇用制度――復興期(1945〜49 年)の雇用調整」(『経済学論集』[東京大学]第 64 巻第 1 号、1998 年)、『近代朝鮮の雇用システムと日本――制度の移植と生成』(東京大学出版会、2006 年)

山口由等(やまぐち よしと)
1967 年生まれ
東京大学大学院経済学研究科博士課程単位取得退学
現在、愛媛大学法文学部准教授
主要業績:『近代日本流通史』(共著、東京堂出版、2005 年)、「1930 年代・東京の市民生活と市場・マーケット」(『愛媛経済論集』第 30 巻 1・2・3 号、2011 年 3 月)

柳沢遊（やなぎさわ　あそぶ）
1951年生まれ
東京大学大学院経済学研究科博士課程単位取得退学
現在、慶應義塾大学経済学部教授
主要業績：『日本人の植民地経験——大連日本人商工業者の歴史』（青木書店、1999年）
　柳沢遊・木村健二編著『戦時下アジアの日本経済団体』（日本経済評論社、2004年）

加瀬和俊（かせ　かずとし）
1949年生まれ
東京大学大学院経済学研究科博士課程中途退学、農学博士（東京大学）
現在、東京大学社会科学研究所教授
主要業績：『戦前日本の失業対策』（日本経済評論社、1998年）
　『失業と救済の近代史』（吉川弘文館、2011年）

沼尻晃伸（ぬまじり　あきのぶ）
1964年生まれ
東京大学大学院経済学研究科第二種博士課程単位取得退学、博士（経済学）（東京大学）
現在、立教大学文学部教授
主要業績：『工場立地と都市計画——日本都市形成の特質1905-1954』（東京大学出版会、2002年）、
　「地域からみた開発の論理と実態」（大門正克ほか編『高度成長の時代1　復興と離陸』大月書店、2010年）

金子文夫（かねこ　ふみお）
1948年生まれ
東京大学大学院経済学研究科博士課程単位取得退学、博士（経済学）（東京大学）
現在、横浜市立大学国際総合科学部教授
主要業績：『近代日本における対満州投資の研究』（近藤出版社、1991年）
　「資本輸出の展開——対アジア進出を中心に」（原朗編『高度成長始動期の日本経済』日本経済評論社、2010年）

編著者紹介

原　朗（はら　あきら）

1939 年生まれ、東京大学大学院経済学研究科博士課程中退
東京大学名誉教授　首都大学東京客員教授
主な業績：『国家総動員』㈠経済（中村隆英と共編、みすず書房『現代史資料』43、1970 年）
『昭和財政史　終戦—講和 1　総説／賠償・終戦処理』（安藤良雄と共著、大蔵省財政史室編、東洋経済新報社、1984 年）
『日本の戦時経済』（編著、東京大学出版会、1995 年）
『戦時経済総動員関係資料集』全 65 巻（山崎志郎と共編、現代史料出版、1996〜2004 年）
『復興期の日本経済』（編著、東京大学出版会、2002 年）
『戦時日本の経済再編成』（山崎志郎と共編、日本経済評論社、2006 年）
『近現代日本経済史要覧』（三和良一と共編、東京大学出版会、2007 年、補訂版 2010 年）
『高度成長始動期の日本経済』（編著、日本経済評論社、2010 年）

高度成長展開期の日本経済

2012 年 11 月 10 日　　第 1 刷発行　　定価（本体 8900 円＋税）

編著者　原　　　　朗
発行者　栗　原　哲　也
発行所　㈱日本経済評論社
〒 101-0051　東京都千代田区神田神保町 3-2
電話 03-3230-1661　FAX 03-3265-2993
URL：http://www.nikkeihyo.co.jp/
印刷＊藤原印刷・製本＊高地製本所
装幀＊渡辺美知子

乱丁・落丁本はお取り替えいたします。　　Printed in Japan
Ⓒ HARA Akira, 2012
ISBN978-4-8188-2239-9

・本書の複製権・翻訳権・上映権・譲渡権・公衆送信権（送信可能化権を含む）は、㈳日本経済評論社が保有します。
・JCOPY 〈㈳出版者著作権管理機構　委託出版物〉
本書の無断複写は著作権法上での例外を除き禁じられています。複写される場合は、そのつど事前に、㈳出版者著作権管理機構（電話 03-3513-6969、FAX03-3513-6979、e-mail: info@jcopy.or.jp）の許諾を得てください。

高度成長始動期の日本経済	原朗 編	6400 円
戦時日本の経済再編成〔オンデマンド版〕	原朗・山崎志郎 編著	5700 円
物資動員計画と共栄圏構想の形成	山崎志郎 著	14000 円
戦時経済総動員体制の研究	山崎志郎 著	18000 円
戦時金融金庫の研究──総動員体制下のリスク管理	山崎志郎 著	4600 円
金融ビジネスモデルの変遷──明治から高度成長期まで	粕谷誠・伊藤正直・齋藤憲 編	8000 円
安定成長期の財政金融政策──オイル・ショックからバブルまで	財務省財務総合政策研究所 編	5400 円
グローバル化・金融危機・地域再生	伊藤正直・藤井史朗 編	2500 円
戦前日本の失業対策──救済型公共土木事業の史的分析	加瀬和俊 著	6800 円
失業問題の政治と経済	加瀬和俊・田端博邦 編著	3200 円
高度経済成長期の農業問題──戦後自作農体制への挑戦と帰結	西田美昭・加瀬和俊 編著	6200 円
戦時下アジアの日本経済団体	柳沢遊・木村健二 著	5200 円
大塚久雄『共同体の基礎理論』を読み直す	小野塚知二・沼尻晃伸 編著	2800 円
新生活運動と日本の戦後──敗戦から1970年代	大門正克 編著	4200 円
新版 日本経済の事件簿──開国からバブル崩壊まで	武田晴人 著	3000 円

表示価格は本体価（税別）です

日本経済評論社